杉村博文教授退休記念

# 中国語学論文集

杉村博文教授退休記念中国語学論文集刊行会 編

白帝社

杉村博文先生 近影

## 略歴に代えて

　古川先生が略歴を書けと言う。略歴とは言え，歴は歴である。社会通念上，歴は"有案可査"でなければならない。それは時に取り沙汰されるX歴詐称という事件からも分かる。つまり，歴とは公的なものであり，大学入学から始めるとすれば，通常，十行もあれば事足りる。しかし古川先生から多少私的なものでも構わないというお墨付きを得た。そこでこの場を借りて，ある先生の思い出を書き留めておきたいと思う。その先生との出会いから私の歴は始まる。

　私は1951年6月，徳島県の山村の手工業者の家の長男として生まれた。村は名を美郷村といった。美郷は貧しいけれども広い村で，幼稚園から中学校まで，小さいながらも四つずつあった。私が通ったのは下から二つ目に小さい種野幼稚園・小学校・中学校である。同じ敷地内に幼・小・中が同居し，運動会などは合同で行われた。どの学年も一クラスしかなく，クラスの規模も三十名前後であったので，(1＋6＋3)×30名の運動会であったが，そこにPTAは勿論，村の青年団や婦人会のプログラムも組み込まれたため，運動会の日は一年中で最もにぎやかな一日となった。雨にならないように，何日も前から照る照る坊主を作って軒先に吊るしたものである。

　そんな山の学校にH先生が赴任して来られたのは，私が小学校五年生の時である。中学校の英語が担当であった。H先生は目立った。長身で，そのせいか少し猫背で，七三に分けた髪の毛は言うことを聞かないふうで，しかも近眼の眼鏡を掛けていた。H先生は私が出会った最初の，近眼鏡を掛けた先生である。中学生たちはH先生を「カッパ先生」と呼んでいた。由来は知らない。

　当時の学校には宿直制度があった。若くて——三十歳を少し出たくらいだったと思う——男性のH先生はよく宿直当番が当たったようだ。当直の日の放課後，H先生は小学校の六年生を集めて英語の予備教育を始めた。赴任して中学校を教え，これではだめだと思ったのか，単に有り

余る時間を持て余しただけなのか，そこは分からない。幸いにも私はその放課後の英語入門に参加することができた。家が学校のすぐ傍にあり，朝だと通学前に一時間以上家の仕事を手伝わなければならなかったが，夕方は手伝いを逃げようと思えば逃げられたのである。農家の子供が多く，家の都合で予備教育に参加できない者もたくさんいた。不公平と言えば不公平であるが，クラスの大半が金のタマゴとして中卒で就職する時代である。どこからも文句は出なかった。

　私の方言は sake と shake を区別しない。どちらも [ʃeɪk] と発音する。「先生」は [ʃen·ʃe] である。確か中学校に上がってからのことだと思う。[seɪk] と [ʃeɪk] の違いを明晰に意識しえたとき，なんとも名状しがたい気分に襲われたことを覚えている。ある日，職員室に呼ばれた。[a] とか [ɑ] とか [ʌ] とかの話だったと思う。私の発音があまりにひどかったのであろう，H 先生は人さし指を湯のみ茶碗に突っ込み，木机の天板に発音記号を書きながら説明を始めた。中二の時には，H 先生が書いた原稿を棒読みするだけであったが，県の中学生英語弁論大会に連れて行ってもらった。

　H 先生の薫陶を受けて，英語は私の得意科目となり，高校に入学する頃には将来の選択に外国語が確乎と根を下ろしていた。H 先生は私が中三になったとき，他校に転出された。心にポカーンと大きな穴が空いた気がした。当時はそれをどういう言葉で表現すればいいのか分からなかったが，後に覚えた中国語で言えば"失落感"が相当するようである。ばかを承知で崔顥「黄鶴樓」をまね，旧事を偲んでみた。

　　少年已辭鄉學去，故里猶存鄉學樓。
　　人事俱往不復反，綠溪依舊涓涓流。
　　蜻蜓點水戲無息，河鹿鳴迲呱不休。
　　竹馬青梅尋夢裡，鄉音縹緲夢幽幽。

外国語が中国語として具体化したのは，高校で習った漢文と世界史が好きになったからである。何も知らずに『十八史略』などを買って読んでいた。高三の夏休み，私は県の英作文コンクールに参加した。甲子園で三沢高校と松山商業の決勝戦の日だったので，家でテレビを観ていたかったが，何日かして優勝したと告げられたとき，H先生に少しだけ恩返しができた気がしてうれしかった。そして，1970 年 4 月，私は（旧）大阪外国語大学中国語学科に入学した。

　2016 年 9 月 30 日

杉 村 博 文

## 杉村博文（すぎむら・ひろふみ）先生

| | |
|---|---|
| 1951 年 6 月 | 徳島県麻植郡美郷村（現吉野川市美郷）生まれ。 |
| 1970 年 3 月 | 徳島県立川島高等学校卒業。 |
| 1974 年 3 月 | 大阪外国語大学外国語学部中国語学科卒業。 |
| 1976 年 3 月 | 大阪外国語大学大学院外国語学研究科東アジア語学専攻修了。 |
| 1976 年 4 月 | 大阪外国語大学外国語学部中国語学科助手。 |
| 1976 年 9 月 ～ 1978 年 8 月 | 北京語言学院（現北京語言大学），北京大学中文系に出張。 |
| 1981 年 1 月 | 大阪外国語大学外国語学部中国語学科講師。 |
| 1984 年 1 月 | 大阪外国語大学外国語学部中国語学科助教授。 |
| 1989 年 2 月 ～ 1990 年 3 月 | 北京日本学研究センター客員助教授。 |
| 1995 年 1 月 | 大阪外国語大学外国語学部地域文化学科教授。 |
| 2001 年 3 月 ～ 2002 年 1 月 | 北京大学中文系特任教員。 |
| 2007 年 10 月 | 大阪大学大学院言語文化研究科教授。 |
| 2017 年 3 月 | 規定により定年退職。 |
| 2017 年 4 月 | 大阪大学名誉教授。 |

## まえがき

　平成29（2017）年3月を以て杉村博文先生が定年を迎えられ大阪大学の教壇を去られる。
　ここに杉村先生のご退職を記念して，先生とご親交の深い国内外の研究者そして先生に教えを受けた門下生から心よりの感謝の気持ちを込めてこの論文集を捧げる。

　杉村先生は昭和45（1970）年4月に大阪外国語大学外国語学部に入学され，中国語と運命的な出会いをはたされることとなる。先生が本書のために書いてくださった「略歴に代えて」はこの年の春で句点が打たれているが，先生の中国語人生は正にここに始まる。大阪外大の学部と大学院で学ばれたのち母校に残り教鞭を執られて以来，大阪外大そして大阪大学外国語学部・大学院言語文化研究科の大阪市上本町八丁目・箕面市粟生間谷のキャンパスで中国語の教育と研究にたずさわってこられた。
　杉村先生は終始一貫して中国語の本質を見極めんとされ，その真摯な学問的姿勢から産まれた数多くの研究成果は，日本国内のみならず中国や海外における中国語文法研究に大きな影響を与え，斯界に多大の貢献をなしたことは贅言を要さない。また，教壇の先生はいついかなる時も学生思いで，厳しくも慈愛に満ちた授業を通して，中国語の魅力と魔力を私たち後輩に伝えてくださった。
　職住接近主義で徒歩通勤を実践しておられた先生は，出勤退勤の途上でも二宮尊徳よろしく中国語の書物を肌身離さず手元に携え，長身痩軀の先生独特のあの足取りで，中国語の文章を楽しげに「読んで」（不仅"看"中文，还"念"中文）おられた。先生の研究室からテキストを音読される声が漏れ聞こえるのも常であったし，余暇の気晴らしの趣味は中国語の例文収集だ…と何の衒いもなくおっしゃっておられた。中国語を究め，中国語に生きる，とは如何なることかを自らの身を以て示してくださった。

いよいよこの春，杉村先生が永年過ごされた研究室や教室を離れてしまわれるのは，あまりにも寂しく，定年規定なるものが実に恨めしいが，先生の中国語人生はこれからも尚いっそう円熟の度を増し，後進を裨益し続けてくださるものと信じる。現に間もなく先生ご自身の論文を収めた書物が大阪大学出版会から中国語版，日中言語文化出版社から日本語版が出版される予定であり，中国語研究を志す我々の必読書となることは必定である。

　この論文集が成るにあたっては，お写真や略歴など快くご提供くださった杉村博文先生，玉稿を寄せてくださった各執筆者と編集の労をとられた白帝社の杉野美和さんにたいへんお世話になった。編集委員会を代表して，心からのお礼を申し上げる。谢谢各位！

　2017年1月冬晴れの日に

古 川 　裕

# 目　次

略歴に代えて……………………………………杉村博文　　i

杉村博文先生　履歴……………………………………………　iv

まえがき………………………………………古川　裕　　v

【语法研究；文法研究】

语言库藏类型学与认知语言学………………………刘　丹青　　1

从副词连用限制看"都"的句法位置和语义性质‥‥沈阳・吴菡　25

"在 V 着"与"继续 V 下去"
　　──从日汉对比来观察其共性………………原由起子　47

词法和句法之间的互动及其接口……………………古川　裕　69

现代汉语双及物结构式语义内涵的再分析……………任　鹰　85

論台灣華語的非現實體標記"會"
　　──從時間概念語言範疇化的角度……………簡　靖倫　100

对话语体中模糊限制语"好像是（吧）"的语用功能浅析
　　………………………………………………西　香織　119

"谢谢了""对不起了"的语用特征………………徐　雨棻　138

"谁说的"的语用否定功能………………………章　天明　146

感情と感覚の構文論
　　──"痛快"と"涼快"の境界──………木村英樹　153

中国語教育文法設計の必要性
　　──バックワード・デザインによる中国語学的文法からの解放──
　　………………………………………………鈴木慶夏　177

中国語個体量詞選定プロセスについて……………橋本永貢子　197

方向補語"起"の意味ネットワーク…………………島村典子　217

「2＋1」型三音節複合名詞の二音節語基……………袁　暁今　236

現代中国語の〈一・二人称代名詞＋指示詞＋量詞＋名詞〉
　における指示詞選択………………………………………小野絵理　258

〈存在〉と"場所詞＋是／有＋NP"………………………中田聡美　279

【对比研究；対照研究】【词汇研究；語彙研究】

语言研究的经验基础和人文关怀
　——几个基于概念结构的跨语言比较的研究案例……李强・袁毓林　301

从标记有无看汉日对信息来源的处理
　——以感情、感觉及状态变化的表达为例………………杨　凯荣　326

起点を表す"从"と「から」
　——日本語母語話者が産出した誤用例の分析を通して——
　………………………………………………………………張　恒悦　350

日中両言語における蓮，桃に関する慣用表現の対照研究
　………………………………………………………靳卫卫・段静宜　367

日本語と中国語の「頭」を含む漢字語彙
　——その形態的特徴と意味比較——………………………大西博子　391

日本語の名詞型同語反復文に関する語用論的研究
　——コンテクストを視野に入れて——……………………葛　婧　412

"娘"字疏證………………………………………………………胡　士雲　425

杉村博文先生　著作目録…………………………………………………　437

執筆者紹介……………………………………………………………………　443

语法研究;文法研究

# 语言库藏类型学与认知语言学

## 刘 丹青

## 0 引言

**0.1** 语言库藏类型学（Linguistic Inventory Typology）是笔者在研究话题优先（徐烈炯、刘丹青 1998，刘丹青 2001、2008、2009，Liu 2004）、动词型—名词型语言（刘丹青 2010）等显赫语言现象的基础上于 2010 年倡设（刘丹青 2011，基于 2010 年会议论文）的一个语言类型学分支，旨在围绕形式和语义的复杂参差关系进行深入的跨语言研究，揭示语言（语法）形式库藏和语义范畴的互动，尤其是库藏对语义的影响。此后有系列论文继续推进库藏类型学的理论构建和个案研究（刘丹青 2012a、b，2013a、b、c，2014a、b，2015a、b）。语言库藏类型学的理念和研究方法，尤其是该理论中的核心概念"显赫范畴"，已得到一些同行的认同并付诸研究实践，与此相关的已有成果有强星娜 2011，吴建明 2013，夏俐萍 2013，林忠 2013，李昱 2014，史文磊 2014，王芳 2014，高亚楠、吴长安 2014，陆丙甫、应学凤、张国华 2015，夏俐萍、严艳群 2015，白鸽 2015 等，并形成了一批以此为框架的学位论文和博士后出站报告。

**0.2** 库藏类型学注重从跨语言的视角观察语义范畴（含语用功能）和语法库藏手段的双向制约，尤其关注语言库藏在不同语言中的存在与否及库藏属性（显赫度）对语义范畴的影响。

以往的语言类型学大体上认定（Greenberg 1966，Croft 2003:13），不同的语言有很不相同的语法体系和手段，由此形成的语法形态范畴和句法结构也不相同，但是语义内容是跨语言普遍的，因此类型学所从事的跨语言比较，应当从语义范畴出发，假如从句法范畴出发，往往已经带有语种的

成见。Croft 2003:13 明确地说,"最终解决方案是语义",即看同样的语义范畴在不同的语法体系中是如何得到结构表征的。Croft 2001:133 也怀疑基本语法范畴如主语、宾语之类的普遍性,认为即使是主语宾语这样的语法范畴也往往有语种个性,并且存在于特定构式中,很难有跨语言的共性。

库藏类型学则认为,普遍性的语义范畴无疑是存在的,但是跨语言的形义关系,并不是一种语义对一种或多种语法手段那么简单。从语义范畴出发寻找语法对应物,既是有用的视角,也有内在的局限,不能作为唯一的考察路向。库藏类型学强调要补充由形式库藏反观语义范畴的视角,注意到语言库藏的存在与否与相关语言范畴的显赫度,会对语义系统产生影响,形成形义关系的语际参差性,其中影响最大的现象是显赫范畴的超范畴扩张和语言之间的跨范畴对应。这是库藏类型学特别关注、而其他语言学理论——包括认知语言学、形式语言学及目前的类型学理论等——比较忽略的现象。因此,库藏类型学重点研究的是语言学理论的一个核心问题——形义关系,特别是语际形义参差现象。

0.3 对一形多义现象的关注是库藏类型学和认知语言学及其他相邻学说的共同点,如何描述和解释一形多义现象,则构成了语言库藏类型学和其他相邻学说的区别。

无论是词汇手段还是语法手段,一形多义多能(以下多简称一形多义)现象是人类语言一定程度上的常态。以有限的形式手段表达无穷的意义,除了依赖组合的力量和语言的递归性,一形多义也是任何语言都大量采用的扩大语言表达力的经济性策略。甚至研究一形多义现象时不太被注意的音系层面,其实也有一形多能现象。例如某个声调调值,可以代表甲调类的本调,在另一些组合中又可以是乙调类的条件性变体(变调)。普通话的 35 调值(语音学上的声调)就分别代表阳平的本调和上声的变调两种调类身份(音系学上的声调)。再如福州话的 [ouŋ] 韵,既是 [ouŋ] 韵的本韵,用于阴平、阳平、上声等调类,如"恩"[ouŋ$^{55}$];又是 [uŋ] 韵的变韵,是 [uŋ] 韵遇阴去、阳去时的调类变体,如"问"[ouŋ$^{242}$]。而 [ouŋ] 韵本身,又有变体 [əuŋ] 作为自己的变韵(参看 Chao 1934,陈泽平 1998:13-

14、76-77）。同一个语音单位在表征语言单位方面的功能是不同的。一形多义现象也是造成语义范畴语际差异的重要的甚至根本的原因。

鉴于语言中无处不在的一形多义现象，很多学派都将一形多义现象当作自己重要的甚至核心的研究领域。认知语言学很重视研究隐喻、转喻等认知机制在人类语言中的广泛作用，以此解释语言使用中大量的一形多义现象。其他多个学说也以研究一形多义现象为自己的核心领域。如语法化学说主要研究一个形式如何从实词义项发展出虚词的功能和形态功能。语言类型学的语义地图学说直接研究语言单位多功能模式的跨语言共性和差异。语言库藏类型学也将一形多义现象作为自己的核心研究领域，因此，以上提到的这些学说，都是库藏类型学最相邻的学说，库藏类型学的提出和发展，也确实得益于这些学说的丰富学术营养。但是，我们之所以在已有上述这些理论学说的情况下，还要倡设语言库藏类型学，是因为库藏类型学以自己特有的视角——注重形式库藏对语义范畴的反作用——观察到了人类语言在形义关系上的一些根本性属性，甚至不再把一些看似一形多义的现象简单地定性为一形多义（详后）。这些情况在认知语言学等现有学说的框架内无法获得很好的揭示和解释。这就构成了语言库藏类型学与其他相邻学科的区别所在。

本文选取以上诸学说中的认知语言学为比较对象，通过讨论库藏类型学和认知语言学的关系，阐发库藏类型学的理论内核和研究范式。我们无意全面评述认知语言学，而主要围绕认知语言学和库藏类型学密切交汇的理论区域，主要是范畴化问题和一形多义问题，分析库藏类型学和认知语言学的共同关切和不同取向。

## 1 语言库藏类型学的基本概念

为了下文的比较，这里先解释一下库藏类型学的若干基本概念，借以简述库藏类型学的形式意义观，顺便提及这些概念中已经隐含的与认知语言学的理念区别。

## 1.1 语言库藏（linguistic inventory）

语言库藏指特定语言整体或其中某一子系统中的形式手段的总和。语言库藏包括语音及韵律要素、词库、形态手段、虚词、句法成分及其位置、构式、复句等所有语言单位的层面。语言库藏类型学适合于以上所有方面的研究，目前我们关注的重点是语法库藏，主要指从形态到复句的各级库藏，但是也涉及到语音要素、词库等方面的库藏类型学问题。

认知语言学强调语言的认知基础。认知是语义的来源。在语言的形义关系中，认知语言学自然强调语义对形式的制约作用。库藏则是语言的形式手段一面（与形式语言学说的"形式"不同）。语言库藏类型学以"库藏"命名，就是在承认语义对形式的制约作用之前提下特别关注形式对语义的反作用。库藏类型学在理念上认同形义双向互动。但在诸多学说都集中关注语义对形式的制约作用的情况下，库藏类型学承担的重点任务就是考察形式对语义的反作用。

## 1.2 显赫范畴（mighty category）

指一种语言中凸显而又强势的句法语义范畴。所谓凸显，即该语义在特定语言中容易获得形式表征，得到明显的范畴化。所谓强势，即该范畴所用的语法库藏手段，还常常扩展到其他一些语义内容的表达，而这些内容在其他语言里经常是用其他语法—语义范畴的手段来表达的。显赫范畴在语法上表现为常用，类推性强，使用强制性高，在语义上占据该手段表达的语义域的核心（原型）位置，在心理上容易激活（参看刘丹青2011，2013a、b）。而扩展用法的表征要通过跨语言比较来观察，看其在其他语言中经常归属什么范畴。

显然，库藏类型学像认知语言学一样高度关注语言的范畴化问题。显赫范畴的属性中也含有"原型"特征，跟认知语言学的原型范畴论有关。但是，显赫范畴需要以"其他语言"为参照，应当在跨语言学比较中确定；而认知语言学的范畴化，一般是在单一语言内部界定的。因此，语言库藏类型学本质上是一种类型学说，以跨语言比较为己任。

### 1.3　入库（in inventory）、离库（out of inventory）

得以进入语法库藏的手段，称为入库或在库。某种形式手段从特定语言库藏中消失导致相关范畴在该语言中消失，称为离库。入库和显赫是两个等级。显赫以入库为前提，但入库范畴只有获得显赫所需的强势才能归入显赫范畴。这些术语都传达库藏类型学特有的概念。

### 1.4　库藏裂变（split in inventory）

针对一形多义现象，库藏类型学特别关注语言形式在心理库藏中的同一性问题。显赫范畴扩展产生的多义多能现象，在语言库藏中都属于同一个单位。如果来自同一库藏单位的成分或手段在扩展过程中因为形式变异、语义分化等原因在语言心理中失去了联系，不再被母语人视为同一个单位或手段，即称为库藏裂变（详见刘丹青 2015a）。范畴内的扩张和库藏裂变的关系，类似词汇学中多义词和同音词的关系。但是，这后一对概念只见于词汇学领域，研究语法多义现象的各种学说，都不太注意清晰界定同义或同源单位的同一性问题。而这个问题对库藏类型学来说，是事关理论核心的问题，因此需要特别关注，"库藏裂变"就是为了表征这一区别而设立的概念。

### 1.5　超范畴扩张（trans-categorical expansion）和跨范畴对应（cross-categorical correspondence）

语言中的显赫范畴经常扩张到其他范畴，即表达显赫范畴的库藏手段用于其他语言中属于其他语义语用范畴的功能，这就是超越自身范畴的扩张。当一种语言的显赫范畴在自己语言中出现超范畴扩张时，它就会和其他语言的其他范畴发生跨范畴对应。例如，汉语体貌范畴也兼带起到表达（隐含、默认）时态的功能，就是一种超范畴扩张；而汉语的体貌范畴和其他语言的时态范畴就出现了跨范畴对应，即体貌范畴和时态范畴的对应（详下）。超范畴扩张是就特定语言内部说的，虽然也需要其他语言的参照；跨范畴对应是就语言之间的形义对应关系说的。两者是对同一现象的

不同角度的观照。超范畴扩张和跨范畴对应是形义关系语际参差性的主要成因,也是以往语言学理论比较忽略的领域,需要库藏类型学展开研究。

## 2 认知语法的语言范畴化学说与库藏类型学的显赫范畴观

### 2.1 认知语言学的范畴化理论

#### 2.1.1 语言的范畴化作用

语言范畴化是认知语言学等理论的基本概念,指语言使用者在使用语言单位时以此对外部世界的对象所进行的某种归类/分类。当人们用同一个语言单位指称两个或两个以上的不同对象时,如用"狗"指不同的狗的个体,或用"红"指深浅色调彼此稍有不同的颜色时,就在进行归类/分类,即建立类,也就是范畴化(参看 Taylor 1995:F41)。

范畴化所借助的语言单位有实词,虚词,形态、句法结构等。范畴化在语言系统中的实现方式主要有词汇化(由专用词项来表达)和语法化(包括形态化、虚词化、构式化等)。需要用临时性的短语或句子来表达的观念不是范畴化或至多是低程度的范畴化。

在另一个层面,语言学的术语系统又将语言单位本身进行语言学的范畴化,形成"语素、词缀、词、名词、动词、短语、句子、主语、谓语……"这些范畴。

在人类所处的外部世界或人自创的观念、想象世界中,充满了离散的或连续的万千事物,个体数量胜于恒河沙数,语言单位将这无数的个体概括成有限的类别。在类的内部,包含很多既有共性又允许互有差异的个体;在类和类之间,则划出一定的界限,虽然界限也常常是模糊的。语言单位在范畴化过程中的作用是至关重要的,甚至是决定性的。

重视语言单位在范畴化中的作用,这也是语言库藏类型学的基本起点。正是靠了特定语种库藏中的各种单位或表达手段,该语种才能形成特定的词汇范畴和语法范畴,表达一定的语义类别。范畴化其实就是语言实现其思维工具功能的主要机制。在语言库藏单位造就范畴系统这一点上,库藏类型学基本认同认知语言学的范畴化理论。

### 2.1.2 认知语言学的原型范畴观

原型范畴，是认知语言学的重要的甚至核心的概念。范畴化理论的核心内容就是原型理论，所以 Taylor 1995《语言范畴化》一书的副题是"语言学理论中的原型"(prototype，又译"类典型")。与原型理论相关的范畴化理论学说还包括家族相似性、隐喻引申和转喻（借代）引申等。

原型理论认为，范畴并不是传统逻辑语义学所认为的由对内一致、对外排斥的非此即彼的一束特征所界定的，而是以原型为代表的一系列边界模糊的成员所构成的集。原型是最能代表该范畴的成员，拥有最多该范畴的典型属性，此外还有很多成员程度不同地属于该范畴，它们也可能程度不同地属于相邻的另一个范畴。范畴和范畴之间并没有清晰的界限，但是不同范畴的原型是显著有别的。例如，"杯子"范畴的原型跟"碗"范畴的原型是不会相混的。但是，随着器皿直径和深度的比例、有无把手、甚至盛着饮料还是食物这些参数的变化，具体器皿对"杯子"和"碗"的隶属度会改变，可能以不同的程度同时隶属于"杯子"和"碗"，"杯子"和"碗"之间并没有截然的界限。（参看 Taylor 1995:§3.2, Lakoff 2005:121）这是词汇项所体现的范畴化的原型性。

我们也完全可以将原型范畴理论用到语法范畴等语言学范畴上来。例如，形态中的复数也是一个原型范畴，有典型的复数，也有复数形式的另一些不等同于复数的用法。例如，a tree, three trees，这是原型的单数和复数的对立，trees 表示树超过一棵。但是 oats（燕麦）的复数就不是典型的复数，因为只有复数形式，不管多少都用这个复数形式，近似不可数名词的用法；同样的 sweat（小麦），是与燕麦接近的粮食作物，不管多少，都用 sweat 的单数形式，正是不可数的用法。而 savings（储蓄）、belongings（随身行李），也没有单复数的对立，不管存多少钱、存多少次，不管带多少件行李，都只用复数形式。复数的类指用法，如 Cats like fish（猫喜欢鱼）中的 cats，不指具体的猫，而是猫作为一个动物类的特性。同样的意思，也可以用单数加冠词说成 The cat likes fish。但是这些复数表达都在不同程度上围绕着原型的复数范畴而存在，采用着复数的形态。

家族相似性（family resemblance）是范畴原型性的一种表现形式。一群对象以不同的方式带有该范畴原型的一些特点，彼此又各有一些不同于其他对象的特点，人们通过一个个同中有异的具体实例来感知把握一个范畴，由这些实例成员共同组成一个围绕着原型的范畴，范畴成员和非成员之间并没有明确的界限。Taylor 1995:39-40 以维特根斯坦举过的英语 game（比赛、游戏）的各种种类之间的异同关系为例来说明家族相似性原理。

范畴化、原型论、家族相似性这些互相关联的概念，都同时适合于词汇和句法领域。例如，词类具有家族相似性，袁毓林 1995 就以家族相似性的观念分析过汉语词类，也将原型范畴和家族相似性拓展到句法结构等其他语法领域。我们注意到，被划归名词的词语，彼此之间都有一些共性，但很难找到对内统一对外排斥的属性。不同的成员都各有特点，彼此间共性所在和差异所在也各不相同，还有些成员是否属于名词也比较模糊，例如方位词，用作动量补语的名词（"打了一鞭子"中的"鞭子"）、所谓动名词（如"计划、学习、座谈、决斗"）。因此，名词构成一个原型范畴。句法结构，包括构式，作为具有家族相似性的原型范畴，也可以举出很多例子。如汉语的双宾语构式，"给他一本书"，"教他数学"、"教他开车"、"叫他老王"、"评他一个劳动模范"、"说他坏话"、"扣了他一顶大帽子"、"喷了他一脸水"、"罚他款"、"抢他钱包"，等等，每个小类的内部语义关系和句法属性都不尽相同（可以通过句法变换展示），但彼此又都在某些方面有共同点。

## 2.2 库藏类型学的范畴观与认知语言学的异同

库藏类型学像认知语言学一样高度重视语码（即语言库藏中的成分或手段）的范畴化作用和范畴化对语言特点包括词汇句法语义系统的作用。它们都认识到，词汇成员或语法要素能将人类认知中的范畴化成果凝固下来，成为一种语言中比未经范畴化的内容更加凸显和稳固的东西。范畴化的内容，可以因语言而异。例如谓语动词的时态（tense）义，即现在过去将来等的区别，在有些语言中是通过形态手段（或加上虚词手段）高度

范畴化的,而有的语言中时态义没有范畴化,只在需要时态表达时以迂曲方式来实现。库藏类型学也基本接受认知法范畴化理论中的原型论观点,同意一个范畴未必可以用有限的区别性特征进行非此即彼的划分,同时接受家族相似性等范畴化现象的分析。

但是,库藏类型学对范畴化在语言中的作用有自己的独特见解,认为认知语言学关于范畴化的学说,不足以充分揭示语言的形义关系的复杂性和跨语言差异的实质。下面主要围绕语法范畴问题,分析一下库藏类型学的范畴观跟认知语言学范畴观的主要差异。

2.2.1 认知语言学主要关注单个语义范畴本身在特定语言中的表征,库藏类型学更多从跨语言角度关注多个范畴间的关系,关注范畴化中的强者——显赫范畴向其他语义语用域的扩张。

范畴化理论注意到具体语言的范畴化让特定的语义语用范畴在该语言中得到明确表征,从而获得稳定的优先表达的机会。例如,时态(tense)靠了形态手段在英语中得到了范畴化,这样,时态在英语中就获得明确表征。这表现为每个定式动词(finite verb)都必须显性标明事件或命题的时间状态。而在时态没有范畴化的语言中,时态信息往往通过时间名词、时间副词、时间从句等手段迂曲式地表达,或用体标记等相近范畴蕴含(刘丹青 2014a),很多时候时态信息在显性层面是阙如的,意义上也确实可以模糊。请看例(1):

(1) 灶君是玉皇大帝专派来监督人们生活的看守者。<u>腊月二十三这天</u>他要到天上去汇报,被他观察<u>监视了一年</u>,谁能没一点错事呢?若被他如实汇报,惹恼玉皇老爷就有麻烦。只得想办法对付。<u>发现他天天看人下厨</u>,养成贪吃习惯,人们就在送行宴会上,专门用麦糖给他<u>做些糖瓜</u>,外边<u>还沾上芝麻</u>,看着好看,吃着脆甜。灶君贪嘴,少不得要多吃几个,哪知一到嘴里就变得粘粘糊糊,把嘴粘得张不开了。到了天上汇报时,说起话来含糊不清。<u>知道上了当</u>却不敢揭发,怕暴露自己多吃多占的错误。玉皇老爷听不明白,也就得过且过,不再深究人们的错误了。

把灶君放心<u>送走</u>,人们本可以自由自在过年了。但好事多磨。

人间没神仙了,妖魔也会放开胆子作怪。但据说妖怪都怕两样东西,一怕红色,二怕爆炸声。所以过年时人们先用红纸写"春联"(民间叫写对子)贴在门口。再放爆竹烟花,除夕之夜,绝不走动,各家备好食品,全家聚在一起,以娱乐守岁。天一亮妖魔退走,人们这才出门走动,互相拜贺平安度过了一年。

(邓友梅《糖瓜祭灶新年来到》)

例(1)是邓友梅叙述北京年俗的文字。既然是风俗,就是反复发生的,从体范畴来说,属于惯常体(habitual aspect)。但是,惯常体只是体貌(aspect)而非时态(tense),在时态语言里,惯常体可以跟不同的时态组配,例如英语的 used to 专用于过去惯常体。从时态上看,这段叙述似当属泛时态(timeless),在有些语言中归属现在时的一种用法,如英语的 timeless present tense。但是,汉语没有时态标记。作者为了表达的生动性,以单次事件的笔触来描写惯常行为,有写明单一时间范围的(腊月二十三这天),有完整体标记配合时量补语的(被他观察监视了一年),有用达成貌动词、具有瞬间一次性的(把灶君放心送走),等等,例中划线的部分都是有悖于泛时态的。从时态上说,段落中的事件表达既可以识解为过去——通过叙述过去的状况来反映习俗;也可以识解为将来——每到过年都将如此来一遍,也可以是泛时(属广义现在时)。而在汉语中,作者不需要考虑它们的时态问题,因为没有范畴化,既可以借用其他时态的迂曲手段来表示泛时行为,也尽可以留下时态的模糊空间,不必一一指明。所以该段落中大量的语句没有明确的时态义属性。

库藏类型学不但关注范畴化的内容本身在所在语言中的表征,更关注入库范畴中的强者——显赫范畴向其他语义语用域的扩张,因为这是范畴化对形义关系更加深远的影响,也是范畴化塑造一种语言类型特点的更强大的力量。而显赫范畴向其他语义语用域的扩张,需要用其他语言作为参照来观察,只有在比较中我们才能知道什么是范畴化及其功能扩张所造成的类型特点。前文所引的我们以往的系列研究已经揭示了范畴化的这种扩张力,而认知语言学的范畴化理论还未见系统地正面涉及这一方面。

例如,汉语语法没有将时态(tense)范畴化,却将体貌(aspect)范

畴化了,其中包括语法化程度已经很高的体助词"了1、着、过",还有体貌义的句末语气词(了2、来着)及一批半虚化的体貌标记(起来、下去、上、下),还可以加上虚化程度偏低的体貌副词,如"已经、曾经、正、在、正在"等,它们共同组成了一个体范畴系统。其中最核心最显赫的入库手段是体助词,它们在语言使用中的强势使得体貌成为汉语的显赫范畴。刘丹青2014a显示,汉语表达实际上常常让作为显赫范畴的体貌成分物尽其用,靠体标记默认时态意义:"了1"、"过"默认过去,"着"默认现在。这也是造成完整体标记在汉语虚词中占据绝对高频位置(仅此于"的",位居第二)的原因。换言之,体范畴常常将其功能扩张到其他语言属于时态范畴的语义域。赵世开、沈家煊1984通过语料对比统计,发现汉语"了"的用例在英语中有45%实现为一般过去时,只有23%实现为完成体。这显示汉语的体貌范畴常常与其他语言的时态范畴对应,我们称为跨范畴对应。根据Bhat 1999(转引自尚新2005),在时体式(式mood尚新文称为态)三种动词范畴中,得到凸显的范畴往往代替行使其他两个范畴的功能。尚新2005认为汉语是体凸显的语言,英语是时凸显的语言,汉语体便常常有时间指向功能。他将体范畴的时间指向归因于体义相交特征。库藏类型学则将这种现象视为更广泛的显赫范畴扩张的具体实例之一。刘丹青2014a指出,体貌的时态义,只是有条件的默认或兼带隐含,并不改变其体的本质,也不改变汉语没有时态范畴的类型特征。体标记所隐含的时态义,常常不是断言,是可以随着句子结构或语境因素的变化而取消的,如"了"也可以用于将来行为——"你吃了饭再走吧!",或在条件句中表达非现实事件或惯常体——"喝了我的酒,上下通气不咳嗽",但它们确实又在未被取消时在语言交际中扮演重要角色,甚至在语篇统计上占有优势(如上引赵、沈文所得的"了"45%适合译为英语过去时的比例)。

再如,副词作为词类主要是对动词或形容词谓语进行修饰限制,通常没有论元属性,是一种修饰功能的词类范畴化。在很多语言里,我们看不到副词承担着内含动词论元的作用。但是,在英语的构词法库藏中,由于存在名词向形容词和形容词向副词的高度能产的派生形态,两种构词手段的连环运用使副词派生法和副词状语的位置成为显赫范畴,可以在分词小

句等特定结构中容纳动词的非宾语性的论元成分,作为两重派生之源头的名词循此成为了动词的论元。而非宾语性的论元成分,在其他语言中主要是通过介词等手段引进的,在英语中也可以换用介词表示(参看刘丹青 2011)。如:

(2) a. This is a nationally distributed network. = b. This is a network that is distributed *throughout the nation*. (nation > national > nationally) '这是一个遍及全国的网络'

(3) a. This is a *materialistically* inclined theory. = b. This is a theory (that is) inclined *to materialism*. (materialism > materialistic > materialistically) '这是一种倾向于唯物主义/物质主义的理论'

由于有了这种构词法,英语还能让某些名词直接带上副词后缀充当论元,因为这些名词本身就是形容词直接转用为名词,于是可以在已经转用作名词的形容词词形上带上副词后缀。这里,起更大作用的是形容词的词形,而不是形容词的词性,因而更加体现了语法库藏的扩张力。如下面例(4),individual 本身是表示"个体的、个人的"的形容词,但是该词又可以转指名词"个体、个人",并且该形容词并不能还原成名词词根 *individue 之类,于是带上副词后缀后,形式上是该形容词的副词形式,实际为动词 orient 介引了"个体、个人"这一论元:

(4) a. The school took some individually-oriented educational measures. = b. The school took some educational measures that were oriented to individuals. (individual > individually) '该校采取了一些面向个体的教育措施'

英语副词构词法作为一种构词法库藏手段出现了功能扩张,成为英语中从句位置介引论元的重要手段之一。这种副词构词法与其他语言的论元型介词形成了跨范畴对应[1]。

范畴化造就的语法范畴在语种内部的超范畴扩张和语种之间的跨范畴对应,是库藏类型学带来的新视角,这些都不在认知语言学的范畴化理论范围内。尤其是跨范畴对应,必须是跨语言研究的结果,而认知语言学主

要基于单一语言系统内部的研究。

**2.2.2** 认知语言学重视隐喻、转喻等机制在一形多义现象中的作用 (Lakoff & Johnson 1980)，库藏类型学认为一形多义有更加复杂多样的原因，而显赫范畴的扩张力则是促成这些现象的重要动力，大量的一形多义现象无法用隐喻转喻之类认知—语义机制来解释。

在认知语言学的原型范畴论中，一个原型范畴的语言单位或手段在表达偏离其原型的语义功能时主要就靠语义引申机制，最重要的是隐喻（暗喻）和转喻（借代）(Taylor 1995:122)。隐喻基于不同认知域/经验域的两个概念的联想关系或相似性（同上 Taylor 1995:130-131），也即不同语义域的相似性；转喻基于两个概念的相关性，要求两者并存于一个给定的观念结构中（同上：123-124）。不仅词汇范畴如此，句法范畴的引申扩展，也主要基于这些模式。Taylor（1995:§11.5, 215）设有专节讨论句法结构的隐喻用法，文献中还有专门研究语法中的隐喻的专著，如 Steen 2007。隐喻转喻机制已在汉语语法研究中得到广泛应用。既有共时层面的研究，如袁毓林 2004 用容器隐喻、套件隐喻的实例对汉语中一些同现关系的解释，沈家煊 1999 对汉语语法中的转喻现象的研究；也有历时层面的语法化研究，如吴福祥 2007 用隐喻和转喻尤其是后者来解释方位词"后"的语法化机制。

语言库藏类型学所关注的显赫范畴的功能扩展，虽然可能跟隐喻、转喻这些引申机制有关，但主要不是这些，甚至不限于语义引申机制，而是由很多不同的语法库藏原因和用法机制所造成。库藏类型学更关注的是原型范畴同时兼表其他功能的现象，而隐喻、转喻这些机制都用来解释喻体取代本体、一个场合只出现一种功能的现象，因此隐喻转喻等语义引申机制很难成为库藏类型学功能扩展的主要机制（详下）。

---

1) 根据 Lehmann 2015:93，英语副词后缀源自名词 like（相似物）的语法化，其源头结构"形容词+like"本是一种定中结构，X+like 大致表示"X 的样子"。现代英语短语 '…and the like'（……等等）仍然保留了 like 的名词义。因此，该副词后缀来源不是介词 like，本身没有介引名词论元的作用。法语副词后缀 ment 也来源于同类名词的语法化，X+mente 在通俗拉丁语中表示"X 的意思"。

例如，话题的本质属性是话题性，话题性作为一个语篇的概念，包含一系列语篇特征，如信息的起点，有定或类指（两者可归并为可辨认度；两者都有可辨认度），已激活性或易激活性（如无定成分就不是易激活的信息），统摄后面述题内的空位及回指成分的功能、话题链功能等。这些，都跟话题的内在本质属性相关联。但是，徐烈炯、刘丹青1998:228-237指出，上海话的话题标记"末"等，还常有很强的对比功能，能构成对比性话题（但功能不同于对比焦点），如（同上：229）

(5) 我有两个媳妇；大媳妇末蛮会做人个，小媳妇末，一眼勿懂啥，只晓得孛相。（蒲课50）'我有两个儿媳；大儿媳么，很会做人的，小儿媳么，一点儿（道理）都不懂，只知道玩儿'

由对比性功能还发展出了分句连接功能，如：

(6) 李小姐真是有福气。屋里向末有铜钱；爷娘末双全；身体末好，搭之做人，也蛮和气个。（蒲课289）'李小姐真是有福气。家里又有钱；爹妈又双全；身体又好，加上做人，也挺和气的'

例(5)(6)中带话题标记"末"的句子，在普通话译中多宜加上关联副词"又"，而上海话原句用了"末"就不再需要关联词语。(6)末一分句没用话题标记，就用了连词"搭之"（和、而且）。可见话题标记有分句连接功能。这是从(5)那种话题对比功能进一步发展出来的。

对比性作为一种语篇特征常见于跟话题相对立的焦点，跟话题性倒没有必然的联系。也不能说对比性功能是话题功能的隐喻或转喻的产物。徐烈炯、刘丹青1998:206-212在分析话题的原型意义和核心功能时没有包括对比性。我们认为，话题标记的对比性来源于话题标记的凸显功能（highlighting function），而凸显性（prominence）在语篇中更多地是焦点的属性[2]。所有焦点都属凸显信息，而话题中只有一部分带有凸显性，并且其凸显性还不能超过同句中述题中的新信息（徐烈炯、刘丹青1998）。因此凸显功能不是话题的固有属性，话题标记是在话题所在的语篇中获得

---

2) 根据刘丹青2014b，"凸显"有功能语法含意和认知语法含意的区别。此处指的是功能语法意义上的凸显。功能语法的凸显主要基于信息结构。焦点成分都带有凸显特征。

凸显功能，进而发展出对比功能的。这里起作用的是语篇机制而不是语义引申的认知机制，而更重要的原因是话题标记在该方言中的显赫强大。话题标记甚至可以发展出代替系词的功能（刘丹青 2008：§1.12.1.1，强星娜 2008），这种功能，可能来自话题标记用于名词性表语时的语境感染和吸收，因为话题标记位于主语和表语之间，又常与系词相邻，因而将本来由系词表达的判断关系吸收为自己的兼带功能，以显赫的话题标记覆盖了系词功能。话题标记和系词也很难说是隐喻或转喻的关系。

又如，上文分析的副词状语的介引论元作用，来源于名＞形构词形态吸纳论元的作用，再由形＞副构词形态从形容词继承该功能，主要靠的是特定形态机制的显赫性，不能说介引论元作用来自副词范畴的隐喻、转喻或语义引申的其他认知机制。

再如，刘丹青 2012b 指出，"比"字句作为现代汉语的基本差比句在句法上是汉语话题结构的子结构，是话题结构扩展的产物。"比"字差比句句法上很不同于其他许多语言的差比句，有特殊的句法自由，如可以将属性主体和比较主体分开（价格百货大楼比我贵），也有特殊的句法限制，如比较主体和基准必须出现在主语/话题区域，不能出现在谓语核心之后（I eat more noodles than rice ＞ *我比米饭吃更多面条），这些都与话题结构有高度的同构性。从语义—认知角度，很难在差比句和话题结构间建立隐喻相似性和转喻相关性，其他语言也很少看到差比句与话题结构同构，甚至汉语史上和方言中的其他差比句也不像"比"字差比句那样有所有这些话题结构的属性，如"苛政猛于虎"、粤语"阿良高过阿豪"，基准就在后面。这种情况的形成，与"比"字短语历史上来自带话题性的动词短语有关。话题结构是"比"字由比较动词语法化为前置介词的构式环境，因此，话题范畴向差比范畴的扩张，由语法化和构式化机制所造就，而动力则来自话题结构的显赫性，认知—语义机制的作用则并不明显。这种机制，跟 Goldberg（1995，第三章）关于构式之间的承继性有一定关联（构式语法也产生自广义的认知语法），即子构式可以从母构式继承特征。可以认为汉语"比"类差比句从话题句构式中继承了特有的句法自由和句法限制。不过，Goldberg 讲构式承继，更多还是强调认知理据的继承，包

括隐喻、转喻等机制在其中的作用,而我们的库藏类型学研究发现这里更多的是从显赫范畴的构式库藏中继承到的句法特征,与认知—语义没有直接的关系。世界上众多语言的差比句甚至汉语的其他差比构式并没有这类特殊的句法自由或句法限制,尽管差比范畴的认知基础是相同的。只有话题结构特别显赫的语言才发生了这两种范畴的句法同构。因此,形式库藏视角所看到的东西不是认知—语义视角所能看到的。

## 3  认知语言学的义项独立观与库藏类型学的义项非独立观

库藏类型学和认知语法在范畴化扩展功能上的最根本差异在于对义项独立性的不同认识。对义项非独立性的关注可能是库藏类型学的形义观与认知语言学和其他几乎所有语言理论的形义观的分水岭。

认知语法认为,一个范畴,在家族相似性范围内的成员都属于该范畴本身,对应于词汇中的单义词或多义词中的单一义项。假如具体成员之间身份不明,至多会产生模糊(vague)。例如,"杯子"是单义词,尽管有些杯子可能不典型,甚至更像碗,属杯属碗有些模糊,但不影响"杯子"和"碗"本身义项的确定。超出该范围,须用隐喻或转喻等手段来解释的,就是该范畴的扩展功能,一形多能,对应于词汇中的多义词的不同义项。假如多能之间界限不明,就会产生歧义(ambiguity)。在特定语境中,原型功能和扩展功能只能二取其一。如"他是一匹黑马",此处"黑马"用来隐喻预想之外的有力竞争者,它就不再指它的原型义项——动物界的黑色之马。Taylor 1995:102 设置了一些测试方式来判定两个成员是该范畴的同一功能还是扩展之后的不同功能。具有家族相似性的不同成员仍可以作为单义词用一个词项来表示,受共同的修饰,而通过转喻隐喻引申的义项就不能跟原型义项合为一个言语词表达或很难共享修饰限制。下面我们举一个汉语的例子:

(7) 他俩每人画了一颗树,张浩画了一棵松树,李睿画了一棵棕榈树。"松树"没有片状叶子,"棕榈树"没有分枝,各自缺少"树"的原型的一项主要属性,但是还是以家族相似性的方式被认同为树,所以能有(7)的

说法。再看下例：

(8) ??张浩画了一棵松树，王珊画了一棵柳树，李睿画了一棵双宾语结构树，一共画了三棵树。

(8)听来很怪，因为语法学的结构树形图是原型树的隐喻用法，很难跟原型用同一个言语词来指称，也很难接受共同的修饰限制。一个词在指称一个义项时，无法同时指称另一个义项。

言语交际中确实有一个单位同时指向两个义项的情况。在传统理论中，主要被归入两种情况，一是可能导致误解的歧义，二是双关修辞手法，二者均非言语交际的常态[3]。

句法语义范畴同样如此。Taylor 1995:201-202 指出英语领属结构所指的原型领属关系有一系列属性，但作为一种句法结构的领属式也常用于在一个或多个方面偏离原型领属属性的众多语义关系（其他语言亦然，偏离幅度和范围或有不同）。例如，John's car，可以是约翰拥有的轿车（原型义），也可以是约翰租来的车，约翰正在开着的（不属于他的）车，约翰经常谈论的（不属于他的）车等等。尽管 John's car 可以在不同情景下分别表示不同的语义关系，但是在特定场合，John's car 只能表示这种种关系中的一种。换言之，一种形式在聚合关系中可以表达多种语义功能，在组合关系中只能表达潜在语义功能中的一种。

实际上，不同语法理论迄今所关注的一形多义现象，主要就是指这类现象，可以称为"聚合为多、组合为一"，或"语言为多，言语为一"。这类多义观可以概括为"义项独立观"，即语言（聚合关系）中的多义形式在言语语境（组合关系）中只呈现其中的一个义项，因此每个义项在语言

---

[3] 出现失误性歧义时，说话人并未意识到该单位在语境中多解的可能性，本意只想表达单一语义。如在接电话时用"小明出去了"来告知对方小明已出国，就可能给受话人传达歧义信息，不知背景者很可能误解为只是临时出家门。双关修辞有意指向两个义项，但这是在特定语境下偶一采用的积极修辞手段，有的近乎语言游戏。如理发店的对联"虽是毫末技艺，却是顶上功夫"，"毫末"指头发，通过双关指细微小事；"顶上"指头顶，通过双关指技术的高超顶尖。正是因为语言常态是多义单位在一个语境中只能指单一义项，所以交际时才需要避免含混，或以双关的特殊手段来达到修辞和游戏的特殊效应。

使用中都是彼此独立的。

语言中大量存在符合义项独立观的现象。但是，多义现象不仅于此。语言库藏类型学所关注的范畴扩张及其造成的结果，主要并不是上面这种聚合为多组合为一的现象，而是显赫范畴在表达原型范畴的同时兼表其他范畴语义功能的现象，其中包括的一种情况，是在特定语境中兼表的范畴得到临时的凸显[4]，原型范畴义仍然存在，只是不被凸显。由于一形多义现象在传统理解上已经被纳入义项独立观的框架，因此，库藏理论所涉及的义项非独立的功能扩展和兼表现象，跟这些一形多义现象不宜相提并论。上面所举的显赫扩展的例子，基本上例示了这些现象。下面略加分析。

如尚新 2005、刘丹青 2014a 所分析，汉语的体标记在无标记语境中都有默认的时态解读，即完整体"了1"和经验体"过"默认过去时，进行体/持续体"了"默认现在，因此，它们也就能在表达体貌的同时兼带完成标示时态的交际功能。如：

(9) 常四爷：要抖威风，跟洋人干去，洋人厉害！英法联军烧了圆明园，尊家吃着官饷，可没见您去冲锋打仗！　　　（老舍《茶馆》）

(9)的"了"和"着"分别用在单谓语句的动词上时，这种情况下默认的理解分别是过去时和现在时。汉语母语人对此都会获得这样的解读。正是靠了这样的兼表功能，外国人在学习和使用汉语时，经常可以将母语中的相关时态用汉语的体标记表示（当然远非处处有效）。另一方面，即使在兼表时态信息时，体貌义仍然存在，并作为原型范畴处在不能取消的断言部分，而时态义则处在可以被取消的默认隐含地位。两种语义在语境中并存而有主次，这与认知范畴化理论所关注的原型功能（基本义）和扩展功能（引申义）之间你上我下式的交替关系是很不相同的。

再如，英语定冠词 the 的原型意义是表示名词短语的有定性，属于指称范畴。此外，定冠词也有多种扩展功能，其中之一是名词化功能，如在 the rich, the poor, the disabled 等表述中，the 帮助形容词用作类指名词，

---

[4] 这里的"凸显"接近认知语法意义上的凸显，指在认知心理中的相对重要性。参看刘丹青 2014b。

表示作为一类人的富人、穷人、残疾人。英语语法书一般不提定冠词 the 有名词化功能，但是倘若没有 the，这些形容词无法直接作为类指名词充当论元，可见其确实有帮助名词化的功能，如：

(10) He likes to take care of *(the) poor.

另一方面，即使在帮助名词化时，定冠词的作用依然存在。这里的 the poor 是类指性名词语。很多类指成分和定指成分在一点上享有共性——都是说话人设定听话人能够认定和激活的对象，这是类指能分享定冠词有定功能的理据。英语中没有专用的类指手段，类指表达是通过复数形态、定冠词 the、不定冠词 a/an 等手段表示的，用什么手段与类指的语义次类属性有关。白鸽 2015 引述 Carlson 1977、Vergnaud & Zubizarreta 1992、Krifka *et al* 1995 等研究说明，英语的"定冠词＋光杆可数 NP"表类指时，一般只限于指称那些在人们头脑中的"已经确定下来的类"（well-established kinds），而不能指称那些带有临时分类性质的或尚未在人们头脑中固化下来的类（ill-established kinds）。例如，可以用 The Coke bottle 指作为瓶子的一类的可乐瓶，但是不能用 the green bottle 指绿色的一类瓶子（该短语能表示有定的一只绿瓶子）。定冠词用来让形容词名词化时更是如此，因为"定冠词＋形容词/分词"表类指时能用的形容词更加有限，仅限于少数普遍固化于母语人心目中的一些人群类别，富人、穷人、残疾人等都是如此。这表明，即使在显然具有名词化功能时，标记有定指称的原型功能仍然存在，只是在特定语境中，名词化功能作为扩展功能比原型功能更加凸显，这也是库藏扩展中常有的现象。上述例子呈现出以下的跨范畴对应：

(11) the rich, the poor,　　　这富*(的)，这穷*(的)，
　　　the disabled　　　　　　这残疾*(的)
　　定指范畴　　　　　　　　定指范畴*(＋名词化)

　　　　　　　　　　　　　　富者、穷者、残疾者
　　　　　　　　　　　　　　词类派生—名词化

the 是定冠词，属于有定范畴，汉语跟它最接近的范畴是含定指义的指示词，所以以实线表同范畴对应。但是在这儿，汉语必须借助名词化手段如

加"的"才能使对应的汉语组合自然合格,说明英语定冠词此时兼有名词化功能,书面汉语也可以加名词化标记"者"。但汉语名词化操作属于词类派生范畴,跟英语的定指标记不属同一范畴,所以用虚线表示其跨范畴对应。定指范畴和词类派生范畴不存在相互替代、二取其一的隐喻、转喻关系,而是在同一个表达式中同时存在并得到表征的不同的语义功能侧面。名词化的功能及类指功能都是由定冠词 the 作为显赫范畴扩展到词类派生范畴和类指义域而产生的。三种功能同时以不同的方式存在,是义项非独立现象的显著体现。

另一方面,显赫范畴的扩张,不会永无止境。一个单位的表义负荷,会受到人脑的记忆负担和理解难度的制约。过度扩展,会在库藏手段上形成语义和/或形式的分化,从而导致库藏裂变。例如,刘丹青 2015a 展示,中古方位成分"许"在现代吴语中有很多扩展义项和功能,却因为语义和语音的分化,已经被大部分母语人视为不同的成分,无法感知它们与"许"的关联,它们彼此之间的关联也已经中断,不再视为同一单位。句法库藏同样如此。汉语动结式基本上是从连动结构发展来的,但是今天,动结式和连动式已经被普遍视为不同的结构,有不同的形式特征和功能特征(需另文详述),这也是句法层面的库藏裂变。库藏裂变与否,是库藏类型学的重要研究对象,需要进一步加强,还需要心理语言学实验等手段的介入,以更准确地反映母语人对库藏同一性的心理感知。

要充分了解和解释自然语言中形义关系的复杂性,不但要关注义项独立视角下形义之间的非一对一关系,更要关注义项非独立的种种情况。这是目前的认知范畴化理论和其他语言学派尚未关注的领域,也正是语言库藏类型学作为语言理论的学说在重点开拓的领域。

# 4  小结

语言库藏类型学和认知语法共享对范畴化的重视、都高度关注语言中普遍存在的一形多义/多能现象。认知语言学范畴化理论中的原型理论、家族相似性观念,以及隐喻、转喻等理论板块,都对库藏类型学有启发作

用。

语言库藏类型学的显赫范畴理论,不但关注范畴本身在所在语言中的表征,而且特别关注范畴之间的关系,将显赫范畴向其他语义语用域的功能扩张,视为导致形义关系语际参差性的一个主要因素。由此体现库藏类型学和认知语言学的众多差异。

显赫范畴的功能扩张,不仅要关注对象语言本身,还要以跨语言比较为参照。这种功能扩张,在语言内部表现为超范畴扩展,在语言之间则造成跨范畴对应。这与认知语言学重点关注单一语言的范式不同。

显赫范畴的功能扩张,有各种机制,其中相关范畴库藏手段的显赫度是重要因素。很多扩张无法用认知语言学的隐喻、转喻等认知—语义机制来解释。

认知语法等传统各派理论研究一形多义现象,包括转喻隐喻理论,都建立在"聚合为多、组合为一"、"语言为多、言语为一"的义项独立观的基础上,义项之间是"你上我下"的交替关系。库藏类型学注意到功能扩张多以默认蕴含、同时兼表、非断言、可取消这类情况出现,常常在表达一种语义范畴的同时兼带表达另一种范畴的语义。只有跳出传统义项独立观,才能充分揭示这些事关人类语言形义关系本质的现象。

## 参考文献

白鸽 2015 定指标记与类指义的表达——语言库藏类型学视角,《外国语》第 4 期

陈泽平 1998 《福州方言研究》,福建人民出版社

高亚楠、吴长安 2014 从显赫词类的扩张性看量词趋的语法化历程,《古汉语研究》第 2 期

李昱 2014 汉语双及物构式二语习得中的语言变异现象研究,《世界汉语教学》第 1 期

林忠 2013 介词结构漂移的语用功能解释,《中国社会科学院研究生院学报》,第 4 期

刘丹青 2001 论元分裂式话题结构初探,《语言研究再认识——庆祝张斌先生从教 50 周年暨 80 华诞》,上海教育出版社

刘丹青 2008　话题理论与汉语句法研究，沈阳、冯胜利主编《当代语言学理论汉语研究》，商务印书馆

刘丹青 2009　话题优先的句法后果，程工、刘丹青主编《汉语的形式与功能研究》，商务印书馆

刘丹青 2010　汉语是一种动词型语言——试说动词型语言和名词型语言的类型差异，《世界汉语教学》第1期

刘丹青 2011　语言库藏类型学构想，《当代语言学》第4期

刘丹青 2012a　汉语的若干显赫范畴：语言库藏类型学视角，《世界汉语教学》第3期

刘丹青 2012b　汉语差比句和话题结构的同构性：显赫范畴的扩张力一例，《语言研究》第4期

刘丹青 2013a　显赫范畴的典型范例：普米语的趋向范畴，《民族语文》第3期

刘丹青 2013b　方言语法调查研究的两大任务：语法库藏与显赫范畴，《方言》第3期

刘丹青 2013c　古今汉语的句法类型演变：跨方言的库藏类型学视角，郑秋豫主编《第四届国际汉学会议·语言资讯和语言类型》，台湾中研院

刘丹青 2014a　论语言库藏的物尽其用原则，《中国语文》第5期

刘丹青 2014b　当功能遇到认知：两种概念系统的貌合神离，*International Journal of Chinese Linguistics*, Vol. 1, No. 1

刘丹青 2015a　语言库藏的裂变：吴语"许"的音义语法分化，《语言学论丛》第51辑，商务印书馆

刘丹青 2015b　汉语及亲邻语言连动式的句法地位和显赫度，《民族语文》第3期

陆丙甫、应学凤、张国华 2015　状态补语是汉语的显赫句法成分，《中国语文》第3期

强星娜 2008　话题标记代系词功能的类型学初探，《语言科学》第6期

强星娜 2011　上海话过去虚拟标记"蛮好"——兼论汉语方言过去虚拟表达的类型，《中国语文》第2期

尚新 2005　体义相交理论：汉语体标记的时间指向功能，《语言科学》第5期

沈家煊 1999　转指与转喻，《当代语言学》第1期

史文磊 2014　语言库藏显赫性之历时扩张及其效应——动趋式在汉语史上的发展，*International Journal of Chinese Linguistics*, Vol. 1, No. 2

完权 2014　副词问句的语用功能，《汉语学习》第2期

王芳 2014　条件句的非典型成员——事实条件句,《汉语学习》第 2 期

吴福祥 2007　汉语方所词"后"的语义演变,《中国语文》第 6 期

吴建明 2013　人称"聚合结构"理论的汉语视角,《当代语言学》第 1 期

夏俐萍 2013　益阳方言"阿"的多功能用法探析——兼论由指称范畴引发的语义演变,《中国语文》第 1 期

夏俐萍、严艳群 2015　湘赣语小称标记"唧"的主观化及形态演变——以湖南益阳方言为例,《方言》第 3 期

徐烈炯、刘丹青 1998　《话题的结构与功能》,上海教育出版社

袁毓林 1995　词类范畴的家族相似性,《中国社会科学》第 4 期

袁毓林 2004　容器隐喻、套件隐喻及相关的语法现象——词语同现限制的认知解释和计算分析,《中国语文》第 3 期

赵世开、沈家煊 1984　汉语"了"字跟英语相应的说法,《语言研究》第 1 期

周晨磊 2016　从汉语方言被动句施事必现看形式库藏对语义范畴的制约,《语言研究》第 1 期

Chao, Yuen-Ren 1934　The non-uniqueness of phonemic solutions of phonetic systems, 中央研究院史语所集刊（BIHP）Vol. 4, Part 4. 此据《赵元任语言学论文集》,吴宗济、赵新那编,商务印书馆,2006

Croft, William 2001　*Radical Construction Grammar: Syntactic Theory in Typological Perspective*, Oxford University Press. 此据世界图书出版公司 2009 年国内原文影印版

Croft, William 2003　*Typology and Universals*, 2nd Edition, Cambridge: Cambridge University Press

Goldberg, Adele E. 1995　*Constructions: A Construction Grammar Approach to Argument Structure*, University of Chicago Press. 中文版,吴海波译,北京大学出版社,2013

Greenberg, Joseph 1966　Some universals of grammar with particular reference to the order of meaningful elements. In Joseph Greenberg (ed.) *Universals of Language*, Mass Cambridge: M. I. T. Press

Lakoff, George 2005　*Ten Lectures in Cognitive Linguistics by George Lakoff*（乔治·莱考夫认知语言学十讲）,高远、李福印主编,北京航空航天大学外国语言系和北京航空航天大学外国语言研究所刊印

Lakoff, George and Mark Johnson 1980　*Metaphors We Live By*, Chicago: University of Chicago Press

Lehmann, Christian 2015　*Thoughts on Grammaticalization*, 3rd Edition, Berlin: Language Science Press

Liu, Danqing 2004　Identical topics: A more characteristic property of topic prominent languages, *Journal of Chinese Linguistics*（USA）, Vol. 32, No.1. 中译文载徐烈炯、刘丹青《话题的结构与功能（增订版）》，强星娜译，上海教育出版社，2007

Steen, Gerard J. 2007　*Finding Metaphor in Grammar and Usage*, Amsterdam/Philadelphia: John Benjamins

Taylor, John 1995　*Linguistic Categorization: Prototypes in Linguistic Theory*, 2nd Edition, Oxford University Press. 此据世界图书出版公司2001年国内原文影印版

\* 本文由会议报告《语言库藏类型学与它的小伙伴们》之一部分扩充改写而成。原稿涉及语言库藏类型学与认知语言学、语法化理论和语义地图模型的关系，曾在第3届类型学视野下的汉语与民族语言研究高峰论坛（北京语言大学2015年3月）宣读，本文只取其中库藏类型学与认知语言学的关系这一主题。

（Liú·Dānqīng　中国社会科学院语言研究所）

# 从副词连用限制看"都"的句法位置和语义性质

沈 阳　吴 菡

## 1 副词"都"究竟表示什么语法意义？

对副词"都"的研究，也就是关于"都"的语义性质的研究，一直是汉语语言学最热门的话题之一，至今似乎仍"你方唱罢我登场"，众说纷纭，莫衷一是。

王力 1944 最早提出"都"是"表示全部范围的副词"，朱德熙 1982、蒋严 1998 也认为"都"是范围副词。吕叔湘 1980 对"都"的语法意义进行了再分类：即一般的"都"字句（如"他们都走了"）中的"都"表"总括"；"连"字句（如"连啤酒都不喝"）中的"都"表"甚至"；"都 NP 了"句（如"都八点了"）的"都"表"已经"。刘振平、刘倩 2006 提出"都"的"总括义"是对语句预设中的命题集合进行的全称量化，"甚至义"是对句子推衍中的命题集合进行的全称量化，"已经义"突出了隐含义。李文浩 2010 则从构式的角度探讨"都 XP 了"的形成机制，认为其中包含"事态的已然性、对事态已然性的强调、对事态极性程度的强调"三重意义，前两重意义属于构件及其组合关系的意义，第三重意义属于构式的整体意义。跟"都"的意义"三分说"不同，蒋严 1998 坚持认为"都"的所谓"已经"义来源于体标记"了"，并非"都"本身意义。而张谊生 2005 认为"都"只有两个意思，其一是表客观的范围总括，其二是表主观的强调语气，他还通过历时考察认为，"连"字句中"都"的主观性增强，作用也从突出焦点变成了强调情态。吴平、莫愁 2016 进一步提出应从语义和语用两个层面考察"都"的性质，语义层面的"都"表复数量和全称量，

语用层面的"都"表主观极量,传递说话语气,"都"的具体解读涉及"真值语义、规约隐含、一般会话隐含、特殊会话隐含"四类意义表达方式。

近年形式句法理论和形式语义理论对"都"语法意义的讨论更加热烈,但无非是想把"都"的语法意义归为某一种意义。主要观点有 Lee 1986 的"全称量词说",Huang 1996 的"存在量词说",潘海华 2006,郭锐、罗琼鹏 2009,罗琼鹏 2009 的"广义分配算子说",袁毓林 2005b 的"加合算子说",Xiang 2008 的"最大化算子说"以及潘海华 2006,蒋静忠、潘海华 2013 提出的"全称量化三分结构"说。徐烈炯 2014 对上述说法均提出质疑,认为所谓"都"具有的"最大值、穷尽性、排他性、分配性"等都只是"都"所表示语法意义的充分条件,并不是必要条件,他认为只要说话者认为在某一方面达到了相当程度,就可以用"都",因此"都"表达的是主观相对值,并不要求客观的全称量化。徐同时认为张谊生 2005 关于"都$_1$"表客观总括、"都$_2$"表主观评价的说法也不十分准确,因为"都$_1$"也可以包含主观成分。

总的来看,截至目前学者们对副词"都"语义作用的争论主要还是围绕在诸如"都"的意义应三分、两分还是只有一个,以及"都"是表主观意图还是只表全称量化等问题上。应该说上述各种结论看上去都不无道理,也都来自于对相关句式、相关构式、形式语义、语用关联及历时考察等角度,但这些意义究竟是怎么得来的,似乎还缺乏必要的形式验证。

本文尝试提出一种新的办法来验证汉语至少有两个副词"都"和至少存在两种语法意义,即"都 a"是语气副词,表强调,"都 b"是范围副词,表总括。我们的具体做法是,根据"制图理论(Cartographic Theory)"建立的副词功能层级系统,通过对"都"与其他各类副词连用情况的观察,找到"都"在副词层级中原始位置和变化位置,由此确定为什么说有两个"都"和为什么"都"会有且只有相应的两种语法意义。

## 2 怎么通过副词的不同句法位置确定"都"的意义?

所谓"制图理论"框架下的副词功能层级系统,是指 Cinque 1999、

2013 建立的一种句法结构形式。这种理论认为，不同的副词实际上都对应着某种特定的功能范畴，或者说在句法结构"树"上副词都占据着某一种功能投射的标记词位置（Specifier）；而绝大多数副词自身的句法位置是固定有序的，即使有时看上去同一个副词可出现在不同的位置，那只是某类副词本身或其周围其他成分进行了"移动（moving）"的结果。Cinque 提出的这一副词与功能范畴对应的层级顺序，已得到了英语、法语、挪威语、波斯尼亚语、韩语、阿尔巴尼亚语，乃至克里奥尔语等诸多语言类型的印证。这一副词层级系统如(1)所示：

(1) 跨语言的副词与 IP 屈折层功能范畴对应关系图：

a. $\text{Mood}_{\text{speechact}}$　　　　　　b. $\text{AdvP}_{\text{speechact}}$ (frankly,......)
　　$\text{Mood}_{\text{evaluative}}$　　　　　　　　$\text{AdvP}_{\text{evaluative}}$ (fortunately,......)
　　$\text{Mood}_{\text{evidential}}$　　　　　　　　$\text{AdvP}_{\text{evidential}}$ (allegedly,......)
　　$\text{Mod}_{\text{epistemic}}$　　　　　　　　$\text{AdvP}_{\text{epistemic}}$ (probably,......)
　　$\text{Tense}_{\text{past/future}}$　　　　　　　$\text{AdvP}_{\text{past/future}}$ (then,......)
　　$\text{Mod}_{\text{necessity}}$　　　　　　　　$\text{AdvP}_{\text{necessity}}$ (necessarily,......)
　　$\text{Mod}_{\text{possibility}}$　　　　　　　　$\text{AdvP}_{\text{possibility}}$ (possibly,......)
　　$\text{Aspect}_{\text{habitual}}$　　　　　　　　$\text{AdvP}_{\text{habitual}}$ (usually,......)
　　$\text{Aspect}_{\text{repetitive}}$　　　　　　　$\text{AdvP}_{\text{repetitive}}$ (again,......)
　　$\text{Aspect}_{\text{frequentative}}$　　　　　　$\text{AdvP}_{\text{frequentative}}$ (frequently,......)
　　$\text{Mod}_{\text{volition}}$　　　　　　　　$\text{AdvP}_{\text{volition}}$ (willingly,......)
　　$\text{Aspect}_{\text{celerative}}$　　　　　　　$\text{AdvP}_{\text{celerative}}$ (quickly,......)
　　$\text{Tense}_{\text{anterior}}$　　　　　　　　$\text{AdvP}_{\text{anterior}}$ (already,......)
　　$\text{Aspect}_{\text{terminative}}$　　　　　　　$\text{AdvP}_{\text{terminative}}$ (no longer,......)
　　$\text{Aspect}_{\text{continuative}}$　　　　　　$\text{AdvP}_{\text{continuative}}$ (still,......)
　　$\text{Aspect}_{\text{continuous}}$　　　　　　　$\text{AdvP}_{\text{continuous}}$ (always,......)
　　$\text{Aspect}_{\text{retrospective}}$　　　　　　$\text{AdvP}_{\text{retrospective}}$ (just,......)
　　$\text{Aspect}_{\text{durative}}$　　　　　　　　$\text{AdvP}_{\text{durative}}$ (briefly,......)
　　$\text{Aspect}_{\text{prospective}}$　　　　　　　$\text{AdvP}_{\text{prospective}}$ (imminently,......)
　　$\text{Mod}_{\text{obligation}}$　　　　　　　　$\text{AdvP}_{\text{obligation}}$ (obligatorily,......)

| | |
|---|---|
| Aspect$_{frustrative}$ | AdvP$_{frustrative}$ (in vain,......) |
| Aspect$_{completive}$ | AdvP$_{completive}$ (partially,......) |
| Voice$_{passive}$ | AdvP$_{manner}$ (well,......) |
| **Verb** | **Verb** |

根据(1)的副词分类层级系统，各类副词对应的整个"IP 层级"，实际上是一个集语态、情态、时态、体态等各类功能范畴为一体且相互交织的系统。其中表"情态"的副词大致遵循以下顺序："言语行为＞评价语气＞传信语气＞认识情态＞必要情态＞盖然情态＞意愿情态＞道义情态＞动力情态"。而传统意义上汉语很多表"时间"的副词在这个系统中实际上都是表"体态"的副词，如习惯体副词"通常"，重复体副词"再"，频率体副词"常常"，快速体副词"马上"，延续体副词"仍旧"，进行体副词"正在"等等。同时 Cinque 1999:106 还注意到表频率、重复、速度的副词存在着高低两个句法位置：高位副词修饰整个事件，而低位副词修饰动作过程，因此较低位的完成体副词之下还存在着快速体、重复体和频率体的低位副词。这种现象可大致描述为(2)：

(2) [completely AspP Completive (Ⅰ)

　　[tutto AspP [Completive [well Voice

　　[fast/early Asp celerative (Ⅱ)

　　[again Asp repetative (Ⅱ)

　　[often Asp frequentative (Ⅱ)

　　[completely Asp Sg Completive (Ⅱ)

假如上述(1)(2)的副词层级系统确实是可信的，那么就可以根据这个副词层级系统来观察汉语的各类副词，也包括验证副词"都"在其中的位置。根据我们考察，不同于其他位置比较固定的副词，副词"都"在上述系统中，具体说在其中"语气副词""时体副词"和"范围副词"等系统中，其位置是"可变"的，或者说"都"实际上可能存在着多个原始的句法位置。比如"都"可以出现在"确实、不妨、只得"等语气副词、"终于、忽然、已经"等时体副词，以及"一概、总共"等范围副词的前面或后面，却不能出现在"难道、诚然、竟然"等语气副词的前面，也不能出现在"安

然、按时"等情状副词的后面。这样来看,这些不同位置上的"都"就可能原本就是不同的"都",由此才对应不同的语义特征或者表示不同的语法意义。将"都"同其他各类副词的共现连用情况进行分析,就不但可能帮助定位"都"在副词层级系统中的原始位置,也可以进而对"都"具有不同意义的原因做出解释。

## 3 "都"与语气副词共现连用时表示什么意义?

先看"都"与语气副词共现连用的情况。以上述制图理论提出的"副词与功能范畴对应的层级顺序"为基础,通过对大量汉语语料的观察,我们得到了下面"现代汉语语气副词的句法层级系统"。即汉语的语气副词具有下面(3)的层级顺序(">"的意思是"高于"):

(3) 汉语语气副词的层级系统:
  A. 言语行为类副词:难道、莫非、……
 > B. 评价类副词:诚然、显然、……
 > C. 意外类语气副词:竟然、居然、……
 > D. 示证类语气副词:明明、果然、……
 > E. 认识情态或然类副词:恐怕、或许、……
 > F. 认识情态委婉推断类副词:好像、似乎、……
 > G. 认识情态强调类副词:的确、根本、……
 > H. 认识情态估测类副词:多半、大概$_1$、大约$_1$、……
 > I. 认识情态必然类副词:肯定、必定、……
 > J. 认识情态委婉表达意见类副词:不免、不妨、……
 > K. 道义情态类副词:万万、必须、……
 > L. 动力情态类副词:宁愿、只得、……

进而再通过对北京大学 CCL 语料库大量语料的考察就可以发现,有一部分语气副词只出现在"都"之前,不能出现在"都"之后,或者说"都"不能出现在这些副词之前(至少"都+语气副词"的可接受度会大大降低)。如下面(4)例子所示:A 类言语行为类副词"难道",B 类评价类语气副词

"当然"，C 类意外类语气副词"居然"，D 类传信类语气副词"果然"和 E 类或然类语气副词"或许"，都无不如此。比较：

(4) a1. 熹宗气得两手乱颤地说："这满朝的文武，**难道都**是白吃皇粮的么？"

a2. *熹宗气得两手乱颤地说："这满朝的文武，**都难道**是白吃皇粮的么？"

b1. 孩子在父母亲的眼里**当然都**是很漂亮的。

b2. *孩子在父母亲的眼里**都当然**是很漂亮的。

c1. 他们从报纸上获悉，广州"六合彩"第一期至第六期中的头奖**居然都**无人中取。

c2. *他们从报纸上获悉，广州"六合彩"第一期至第六期中的头奖**都居然**无人中取。

d1. 这一天我们**果然都**扑了空。

d2. *这一天我们**都果然**扑了空。

e1. 这里的人们**或许都**能给你讲一段王佐和袁文才的故事。

e2. *这里的人们**都或许**能给你讲一段王佐和袁文才的故事。

但从 F 类认识情态表委婉推断类语气副词"好像"开始，以及向更低位的语气副词考察，就会发现"都"就可很自然地出现在这些语气副词前，或者说这些语气副词既可以出现在"都"之前，也可以出现在"都"之后，即"语气副词+都"和"都+语气副词"两种语序的可接受度都没有问题。如下面(5)例子所示：除 F 类"好像"，还有如 G 类强调类语气副词"确实"，H 类估测类语气副词"最多"，I 类必然类语气副词"必然"，J 类委婉意见类副词"未必"，以及 K 类道义情态类副词"必须"和 L 类动力情态类副词"只好"，也都是如此。比较：

(5) a1. 欧盟各国的国民现在**好像都**成为了"欧洲公民"。

a2. 欧盟各国的国民现在**都好像**成为了"欧洲公民"。

b1. 论者的观点，**确实都**有一定的道理。

b2. 论者的观点，**都确实**有一定的道理。

c1. 在每一种款项里**最多都**有两项可能的收入。

c2. 在每一种款项里**都最多**有两项可能的收入。

d1. 凡是美好的事物，优秀的天赋，**必然都**会受到重视，并且得到合理的发展。

d2. 凡是美好的事物，优秀的天赋，**都必然**会受到重视，并且得到合理的发展。

e1. 当然，带来的年轻人也**未必都**当局长，但工作上要接上茬儿呀！

e2. 当然，带来的年轻人也**都未必**当局长，但工作上要接上茬儿呀！

f1. 如果想在这样的比赛中取胜，每名球队**必须都**有所贡献。

f2. 如果想在这样的比赛中取胜，每名球队**都必须**有所贡献。

g1. 大部分科研人员无电脑可用，手头工作**只好都**停下来。

g2. 大部分科研人员无电脑可用，手头工作**都只好**停下来。

从上面"都"与语气副词共现连用情况来看，首先是"都"能达到的最高句法位置是在或然类语气副词"或许"的层次，因此"都"无疑处在副词层级的较高位置。但更重要的发现是，在副词"都"既可出现在有些语气副词之后，也可出现在某些语气副词之后的中间层级中，"都"与语气副词连用的两个语序，即"语气副词＋都"和"都＋语气副词"，虽然看起来都成立，但其实二者在语义上存在着明显差异。比较下面(6)：

(6) a1. 论者的观点，**确实都**有一定的道理。

　　a2. 论者的观点，**都确实**有一定的道理。

语感上也可明显体会到上面(6)中"都"和"确实"的不同连用语序带来的意义不一样。对此我们的解释是："确实"和"都"的辖域不同：(6a)中副词"确实"的辖域是"都有一定的道理"，"都"应该重读，即成为语义焦点；而(6b)中，副词"确实"的辖域是"有一定的道理"，"都"无须重读，"确实"才是句子重音和语义焦点。也就是说，"语气副词＋都"中"都"负载重音，这里的"都"就只是表范围和总括，并对主语进行加合运算；"都＋语气副词"中的"都"在不负载重音情况下只是个焦点敏感算子，其目的是为了让紧随其后的语气副词成为句子焦点，从而表达主

观情态。由此可见,出现在认识情态类语气副词前后的"都",并不是同一个"都",而是本来就在不同位置上的"都",而正是这种差别才带来"都"意义的不同。我们认为,通过这种语义差别就可以认定在副词层级系统中有"都a"和"都b"两个位置:高位的"都a"(即语气副词之前的"都")是在较高的语气情态层级上的情态副词;而低位的"都b"(即语气副词之后的"都")则是较低层级上表总括的范围副词。这种现象如下面(7)所示:

(7) 在认识情态层语气副词与"都"的连用顺序:

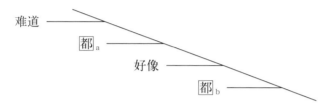

《现代汉语八百词》和《现代汉语虚词词典》中的都将"都"做了三个义项的划分,即前文提到的"总括、甚至、已经"。袁毓林 2004 和叶娜 2005 都注意到,副词"都"上述义项的差别实际上存在着句法位置的差别。根据他们的观察,当"都"作"总括"义解时,既可以出现在助动词前,也可以出现在助动词后。例如:

(8) a. 远程教育可以让每一个 18 岁的青年**都能**接受高等教育。
　　b. 远程教育可以让每一个 18 岁的青年**能都**接受高等教育。

而"都"作"已经"义解时只出现在助动词前,属于体态范畴(AspP),其位置要高于表总括的"都",因此不能出现在助动词后(如果出现在助动词后则不做"已经"解)。例如:

(9) a. 他屋子里的书**都可以**堆成山了!(都=已经)
　　b. 组成复韵母的诸音素,**可以都**是元音。(都≠已经)

至于"都"做"甚至"义解则属于语气模态层(ModP),其位置更高,对应出现在"连……都"的句型中,此时"都"当然就更不能出现在助动词后了。例如:

(10) a.　连小孩**都敢**坐过山车,你却不敢。
　　b. *连小孩**敢都**做过山车,你却不敢。

上面(8)中的"都",袁毓林2005a和2005b解释为"加合算子",具有分配义和总括义。但这个作为范围副词的"都"为什么不管出现在助动词前还是出现在助动词后都能作"总括"义解,即位置变而意义不变呢?我们注意到,其实这个"都"即使在助动词前也要重读,可见这个可出现在助动词前的"都",无论在意义上还是负载重音上,都不同于只能出现在其他语气副词前的情态副词"都a",而只是作为范围副词"都b"临时移动到助动词前面而已(无论在助动词前后都必须重读,且都是表"总括"义,就是证据)。换言之,按照我们的分析,范围副词"都b"虽然可以移动到助动词前,但却不可能移动到其他语气副词前,其位置只能在其他语气副词后;反之作为语气副词的"都a"则不可能出现在其他语气副词后,只能出现在其他语气副词前(一旦看起来同形的"都"出现在其他语气副词后,就不再是"都a",而是"都b")。这也就是前面(5)(6)和(9)的例子所证明的现象。

而(10)则恰恰是一个补充例证。其中"都"作为焦点敏感算子出现的位置正处在表"甚至"的强调义语气副词附近,正如徐烈炯2014所述,这个"都"并不表示全称量化意义,而是表主观认为达到的程度,因此很多人解读成带有强调的"甚至"义。事实是这个表"甚至"的"都"目的只在于强调后面的内容,并且"连……都"中"都"也是无须重读的,可见这个"都"只能是"都a",所以也就无法出现在助动词"敢"之后。

## 4 "都"与时体副词共现连用时表示什么意义?

再看"都"与时体副词共现连用的情况。同样以上述制图理论提出的"副词与功能范畴对应的层级顺序"为基础,通过对大量汉语语料的观察,我们得到了下面"现代汉语时体副词的句法层级系统"。即汉语的时体副词具有下面(11)的层级顺序(">"的意思是"高于"):

(11) 汉语时体副词的层级系统:

A【(曾经)过去时【(早晚)将来时【(通常)习惯体【(终于)成功体

> B【(又)重复体 i【(常常)频率体 i【(旋即)接续邻近体【(忽然)突然体【(立刻)快速体 i【(暂时)短时 经历体 i

> C【(仍然)继续体【(总是)持续体

> D【(已经)相对将来时【(方才)回顾体【(即将)预期未来体

> E【(一直)长时经历体/(暂且)短时经历体 ii【(在)进行体【(尽快)快速体 ii【(再三)重复体 ii【(屡屡)频率体 ii】

袁毓林 2002 曾讨论了"都"与时间副词共现的情况：其一，少数时间副词只能居于副词"都"之前，如"终于、到底"等，认为这与语气有关；其二，少数时间副词只能出现在副词"都"之后，如"刚、才、正、正在、已经"等，认为这与时间有关；其三，不少时间副词可以出现在副词"都"前后，如"常常、仍然、始终、赶紧、忽然"等，认为这大多含有方式义。然而也有学者发现例外（潘国英 2012 发现"都终于"好像可以说）。可见"都"与时间副词共现连用的实际情况也较为复杂。我们主要按照制图理论建立的汉语时体副词层级系统来考察时体副词与"都"的共现连用现象。比较下面各组例子：

(12) A. 曾经＋都 ／ 都＋曾经：

a1. 在城市演变史上，两者**都曾经**辉煌一时。

a2. 在城市演变史上，两者**曾经都**辉煌一时。

B. 通常＋都 ／ 都＋通常：

b1. 义务教育法令**通常都**规定了家长不履行送子女入学义务要受到处罚的条款。

b2. 义务教育法令**都通常**规定了家长不履行送子女入学义务要受到处罚的条款。

C. 终于＋都 ／ 都＋终于：

c1. 到跳舞和祝酒**都终于**结束时，那种梦一般的恍惚状态便像玻璃似的粉碎了。

c2. 到跳舞和祝酒**终于都**结束时，那种梦一般的恍惚状态便像玻璃似的粉碎了。

D. 再＋都 ／ 都＋再：

d1. 张导，咱们**再都**好好想想，一定要让本子好，要上就不能砸牌子。

d2. 张导，咱们**都再**好好想想，一定要让本子好，要上就不能砸牌子。

E. 常常＋都 ／ 都＋常常：

e1. 某些学习成绩欠佳、智商发育水平较低的孩子，**常常都**是酸性体质。

e2. 某些学习成绩欠佳、智商发育水平较低的孩子，**都常常**是酸性体质。

F. 旋即＋都 ／ 都＋旋即：

f1. 这些钱**旋即都**被蒋介石用来进行反革命"围剿"。

f2. 这些钱**都旋即**被蒋介石用来进行反革命"围剿"。

G. 忽然＋都 ／ 都＋忽然：

g1. 什么总长、次长、参事，甚至留学生**忽然都**变成考古家了。

g2. 什么总长、次长、参事，甚至留学生**都忽然**变成考古家了。

H. 立刻＋都 ／ 都＋立刻：

h1. 小屋中每个人的手**立刻都**握紧了他们已下定决心至死不离的大刀。

h2. 小屋中每个人的手**都立刻**握紧了他们已下定决心至死不离的大刀。

I. 暂且＋都 ／ 都＋暂且：

i1. 是生理的冲动，环境的包围，是自由的意志，**暂且都**不管。

i2. 是生理的冲动，环境的包围，是自由的意志，**都暂且**不管。

J. 还＋都 ／ 都＋还：

j1. 我同事当时**还都**挺纳闷的，觉得我怎么会这么想，我说是第六感觉告诉我的。

j2. 我同事当时**都还**挺纳闷的，觉得我怎么会这么想，我说是第六感觉告诉我的。

K. 总是＋都 ／ 都＋总是：

k1. 通往内部的内门**都总是**有警卫兵值勤。
k2. 通往内部的内门**总是都**有警卫兵值勤。
L. 已经＋都 ／ 都＋已经：
l1. 每天早晨职员**已经都**来上班了，但是他还漫不经心的总是迟到。
l2. 每天早晨职员**都已经**来上班了，但是他还漫不经心的总是迟到。
M. 都＋刚刚 ／ 刚刚＋都：
m1. 大家**都刚刚**到，有的坐着，有的走来走去。
m2. 大家**刚刚都**到了，有的坐着，有的走来走去。
N. 都＋即将 ／ 即将＋都：
n1. 我想，大概一切**都即将**结束，真是一场梦。
n2. *我想，大概一切**即将都**结束，真是一场梦。
n3. 我许的两个愿望**即将都**要实现了。
O. 都＋正 ／ ?正(在)＋都：
o1. 他们**都正**积极努力地工作，在自己的企业中大搞创新工作。
o2. 他们**正都**积极努力地工作，在自己的企业中大搞创新工作。
o3. 他们**都正在**积极努力地工作，在自己的企业中大搞创新工作。
o4. *他们**正在都**积极努力地工作，在自己的企业中大搞创新工作。
P. 都＋赶紧 ／ 赶紧＋都：
p1. 村人看见赵七爷到村，**都赶紧**吃完饭，聚在七斤家饭桌的周围。
p2. 拿到香烟的**赶紧都**往自己口袋里放，像是怕人来抢似的。
Q. 都＋骤然 ／ 骤然＋都：
q1. 忽然间从外面传来一种什么可怕的呼声，全堂宾朋的心**都骤然**一紧。
q2. 忽然间从外面传来一种什么可怕的呼声，全堂宾朋的心**骤然都**一紧。
R. 都＋重新 ／ 重新＋都：

r1. 他将家具**重新都**归了位。
r2. 他将家具**都重新**归了位。
S. 都+屡次 / 屡次+都：
s1. 初次交战中不少球员都显得不太适应，以至双方**都屡次**出现失误。
s2. 孩子**屡次都**因为上呼吸系统充血而到诊所求诊。

通过上面例子可以发现，时体副词与"都"共现连用显然是比较自由的，"都"大体上都可出现在任何时体副词的前面或后面（只有进行体"正在+都"似乎不能说，但同样表进行体的"正+都"就没有问题）。但不难发现，其实跟"都"与语气副词共现连用的情况几乎一样，时体副词前后两个"都"的句法位置和语法意义有明显不同，重音表现也不同（即出现在时体副词前的"都"无须重读，而出现在时体副词之后的"都"必须重读）。可见二者并非同一个"都"：前者的"都"是焦点敏感算子，作用在于突出紧跟其后的时体副词上，即是"都 a+时体副词"；而后者的"都"是加合算子表总括义和分配义，即是"时体副词+都 b"。

## 5 "都"与其他副词共现连用时表示什么意义？

最后来看"都"与范围副词、协同副词、方式副词、程度副词等共现连用的情况。

"范围副词"是与数量范畴紧密相关的副词，根据范围副词所表达的量可区分两个小类：一是表示全量的总括性范围副词，如"并、大都、都、概、全、通通、皆、俱、均、悉、统统、一概、一律"等；二是表示部分量的限定性范围副词，主要包括"才、就、只、光、单、刚、仅、不过、不只、单单、仅仅、刚刚、刚好、恰恰"等。按照 Cinque 2013 的功能范畴层级，范围副词处在前面(1)所列系统的低位部分，范围副词也归为体副词，表达"范围体/完全体"。见(13)所示：

(13) 跨语言的副词与 IP 屈折层功能范畴对应关系图（部分）：

$\text{Mod}_{\text{obligation}}$ $\quad\quad\quad\quad$ $\text{AdvP}_{\text{obligation}}$ (obligatorily,...)

| | |
|---|---|
| Aspect$_{frustrative}$ | AdvP$_{frustrative}$ (in vain,..) |
| Aspect$_{completive}$ | AdvP$_{completive}$ (**partially**,..) |
| Voice$_{passive}$ | AdvP$_{manner}$ (**well**,..) |
| Verb | Verb |

看起来"都"是可以出现在总括性范围副词前或后的,但依照普通非算子性质的副词位置具有唯一性的观点,这一类范围副词,如"一概"等,位置都是不可变的。由此可以推断,出现在范围副词前后的"都"实际上是有不同位置的,即一定是不同的"都"。例如:

(14) a. 所有关系户他**一概都**不理。(都 b)

b. 所有关系户他**都一概**不理。(都 a)

但"都"和限定性范围副词连用时,"都"只能出现在"只,才,单单,仅仅,光"这些副词前,也就是只有"都 a"的用法。而"总括性范围副词"同"限定性范围副词"连用时的顺序是"总括性范围副词>限定性范围副词"。比如"都+只,都+才,都+就,都+不过,都+仅仅";再如"一共+只,统共+只,一概+只,一律+只,一共+不过,总共+才,总共+就,一共+刚好"。换言之,按照上面分析,应该能得到一个"'都 a'>总括性范围副词>限定性范围副词"的副词连用顺序。如(15)例子所示:

(15) a. 黄花梨木后,每间雅座**都只**一张方桌,椅子数把。

b. 刚认识时,我们**都才** 20 来岁

c. 一切操作**都只**靠工具栏和菜单实现,而无需编制任何程序。

d. 所有这些念头**都仅仅**一闪而过。

e. 学校现在共有 300 名学生,可课外阅读书籍**总共才** 100 来本,不够用啊!

f. 现在时间是 2012 年 1 月 11 日晚上 11 点 11 分 11 秒**一共刚好** 10 个 1。

张谊生 2000,黄河 1990 曾认为存在"时间副词>范围副词"的副词连用顺序。然而汉语的事实并不完全如此。例如:

(16) a. **刚刚一共**做了三四十个俯卧撑,就出大气了,这体质不行啊。

b. 对清理检查范围内的各种乳制品，必须**立即全部**下架，停止销售。

c. 她走进客厅时，男人们**全部立即**站了起来。

d. 自本通告公布之日起一个月内，**一律重新**办理税务登记手续。

e. 有位中年妇人坚持要见他，不肯说出姓名，**只再三**强调他绝对不会拒绝见她的。

例(16a)中时体副词"刚刚"只能出现在范围副词"一共"之前，顺序位置不可逆，"刚刚"已经属于时体副词中很低的层级，因此应是较低层级的"时体副词＞范围副词"。而(16b)和(16c)中"立即"和"全部"则是可以互为先后的，这跟"立即"作为速度体有高低两个位置有关，即高位的"'立即'(速度体 i)＞全部＞低位的'立即'(速度体 ii)"。例(16d)说明"一律＞重新"，即"范围副词＞重复体 ii"。例(16e)则是"范围副词'只'＞'再三'(重复体 ii)"，且位置不可逆。由此可发现，前面谈到的时体副词跟"都"的连用顺序中，低位的速度体、频率体、重复体的句法位置是很低的，要低于范围副词。时体副词 ii 类主要修饰动作行为，具有很强的方式意义。由此就可以得到一个这些副词的连用顺序层级，即"时体副词 i＞范围副词＞限定副词＞时体副词 ii"。同时根据前文各类副词跟"都"的位置关系考察，就可以得到一个更大的副词连用顺序："都 a＞时体副词 i＞范围副词＞限定副词＞时体副词 ii＞都 b"。

"协同副词"在张谊生 2000 中列出"一并、一齐、一道、一同、一起"等。协同副词跟"都"的连用时，"都"也可以出现在协同副词前后，即应该存在两个"都"。例如：

(17) a. 我和慰问团总部工作人员**一起都**坐在前面几排的小马扎上。

b. 当时社会上传说廖公带了许多亲友，连保姆**都一起**去了日本。

c. 由外交大臣起草的反建议，现连同苏联的原提案**一并都**在电报中拍发给你。

d. 由外交大臣起草的反建议，现连同苏联的原提案**都一并**在电报中拍发给你。

而协同副词同其他类副词连用时，协同副词都在后且位置不可逆。因此可得到的连用顺序是"都 a＞时体副词 i＞范围副词＞限定副词＞时

体副词 ii ＞ 协同副词 ＞ 都 b"。例如：

⑱ a. 他们**刚刚一起**／**一道**度过一个周末。

　　b. 如果我们是在谈现实世界的联盟，那么**仅仅一起**／**一同**反对恐怖主义是不够的。

　　c. 第伍大道第二波时尚潮装全面上新了，各位**赶紧一起**分享给身边的潮男吧！

"方式副词"我们选取史金生 2003 提及的几种情状副词。这类情状副词相当于张谊生 2000 中的描摹副词，既有表状态的副词，也有表方式的副词。将方式副词跟"都"进行连用考察可以发现，"都"因情状副词的不同而有不同的位置。在"特意、趁机"等带有一定主观意义的情状副词中"都"的位置可前可后，而像"埋头、安然"这样的情状方式副词则只能出现在"都"后（即"都"在前）。例如：

⑲ A. 时机类：

a1. 由于奥斯曼帝国和奥匈帝国崩溃，巴尔干国家大多**都趁机**扩大了疆土。

a2. 他身上带了几个手榴弹，这回他想**趁机都**给扔了，不然被在身上太沉。

B. 意志类：

b1. 检疫合格的蓝戳子就盖在羊肉上了嘛，我**特意都**拿来存在了这儿的冰箱里。

b2. 检疫合格的蓝戳子就盖在羊肉上了嘛，我**都特意**拿来存在了这儿的冰箱里。

C. 状态类：

c1. 经过消防部队的奋战，围困在万余平方米火海中的人们**都安然**脱险。

c2. *经过消防部队的奋战，围困在万余平方米火海中的人们**安然都**脱险。

D. 方式类之埋头小类：

d1. 沃兹尼克在八小时之外，整天**都埋头**设计新型电脑。

d2. *沃兹尼克在八小时之外,整天**埋头都**设计新型电脑。

再来比较这两类情状副词同其他副词的连用顺序。可以发现其顺序是:"时体副词 i '刚' > 趁机",范围副词"全部"可以与"趁机"互为先后,而"按时"则只能出现在"全部、赶紧"的后面,可见"按时"类副词是典型的低位方式副词。例如:

(20) a1. 他们**趁机全部**逃往了国外。

　　a2. 他们**全部趁机**逃往了国外。

　　b1. 他们**刚刚趁机**都跑了。

　　b2. *他们**趁机刚刚**都跑了。

　　c1. 该校毕业生近日**全部按时**与三家经办银行签订了毕业还款承诺书。

　　c2. *该校毕业生近日**按时全部**与三家经办银行签订了毕业还款承诺书。

　　d1. 你得**赶紧按时**交材料,否则就来不及了。

　　d2. *你得**按时赶紧**交材料,否则就来不及了。

综上就可以将上述几类副词的连用顺序归纳为:"都 a > 时体副词 i > 情状副词 i (表状态) > 范围副词 > 限定副词 > 时体副词 ii > 协同副词 > 都 b > 情状副词 ii (表方式)"。

"程度副词"在张谊生 2000 中所列的非常多。然而其中典型的程度副词包括"非常、很、特别、相当、更"等,都只能出现在"都"之后,不能出现在"都"之前。例如:

(21) a1. 即使被认为是"普通的风景",在我眼中**都非常**"不普通"。

　　a2. *即使被认为是"普通的风景",在我眼中**非常都**"不普通"。

　　b1. 我们**都特别**不喜欢使馆的工作,闭塞且人事关系复杂。

　　b2. *我们**特别都**不喜欢使馆的工作,闭塞且人事关系复杂。

不过(21)中的"都"其实全是表焦点敏感算子的"都 a",重音都在程度副词上。程度副词的句法位置也只是在表方式的情状副词 ii 之上。例如:

(22) a. 他**特别拼命地**往上爬,不在乎其他一切事情。

b. 他们**全都更**努力了。

c. 新年里希望我们大家**一起更**开心。

通过上面的分析，就可以得到副词"都"的句法位置的层级分布总框架。见⑵3)所示：

⑵3)"都"与其他副词连用的层级分布：

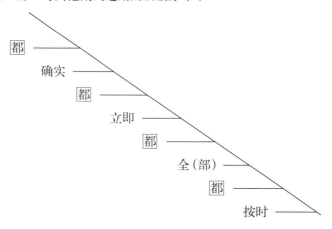

下面将前面提到的各类副词放到一起跟"都"进行连用比较，可以发现更多情况。例如：

⑵4) a. 他们**都**确实立即出发了。

b. 他们确实**都**立即出发了。

c. 他们确实立即**都**出发了。

d. 他们确实立即**都**全出发了。

e. 他们确实立即全**都**出发了。

f. 他们确实立即全**都**按时出发了。

g. *他们确实立即全按时**都**出发了。

⑵5) a. 他们确实**都**出发了。

b. 他们确实立即**都**出发了。

c. 他们确实立即全**都**出发了。

d. 他们确实立即全/**都**按时出发了。

例⑵4)说明作为焦点敏感算子的"都a"基础生成于 ModP 层，位于

委婉推断类语气副词之上,或然类副词(Mood-irrealis)之下,句子重音均在"都 a"后的副词上,并能够因为要对不同层级内的副词进行修饰强调而进行移动。而例㉕说明"都 b"作为本义表总括的范围副词基础生于 Asp 层的范围体位置(Aspect-completive)。作为表分配义和总括义的加合算子,通常都在较低的位置,也不能移动。因此即使看上去似乎是同一个"都",一旦出现在其他类副词前,这个"都"就不再是"都 b",而是"都 a"了。例如:

㉖ a. 他们确实立即按时**都**(**都**$_b$)出发了。

b. 他们确实立即**都**(**都**$_a$)按时出发了。

实际上,语气副词"都 a"和范围副词"都 b"均有自己对应的功能投射,"都"依旧占据了自身所在投射的标记词位置,也即处于副词层级系统某两个功能范畴之间。表面上看到两类"都"都可以移动,实际是因为由于语用需要,说话者会删除投射穿插在深层结构中大量其他功能范畴之间冗余的"都",而选择想要强调的语域。为突出作为焦点的其他副词会选择"都 a",而要在行域上进行加合则选择"都 b"。

此外,跟张谊生 2005、蒋严 1998 等意见一致,我们也认为"都"并不存在时体意义,也不表"已经"。其实下面㉗中"都"同样表语气情态,句子的重音也在"上班"上。这就是徐烈炯 2014 所提出的,当说话者认为某一方面达到了相当程度时就会使用"都",表达一种极性的情态。这里只是语气功能范畴的"都 a"投射穿插在体范畴副词"已经"的投射中造成的,并不是属于语气功能范畴的"都 a"也具有时体意义。这也就可以解释为了什么(27 b)加上副词"已经"并不改变句子的意义。例如:

㉗ a. 他**都**上班了,你还没起床。

b. 他**都已经**上班了,你还没起床。

最后还需要说明为什么"*正在+都、*只+都、*很+都"这些副词连用现象不合语法,亦即为什么作为范围副词的"都 b"所在的功能范畴不能穿插出现在这些副词所在的功能投射之后。这或许是因为,"都 b"基础生成在范围副词的功能范畴中,或者说"都 b"能出现在协同副词之后,程度副词之前是"都 b"所在投射穿插时最低能到达的位置。

## 6  本文得到了什么结论？

本文在制图理论范式所得的语气和时体副词层级系统上，通过考察"都"这样一个"不定位"副词同语气、时体、范围、协同、情状、程度等副词的共现连用的限制，定位了两种不同语法意义"都"的句法位置，并得出以下"都"和其他各类副词的功能层级顺序："语气副词 i＞都 a＞语气副词 ii＞时体副词 i＞情状副词 i（表状态）＞范围副词（都 b）＞限定副词＞时体副词 ii＞协同副词＞都 b＞程度副词＞情状副词 ii（表方式）"。

也就是说，"都 a"和"都 b"是功能投射层级系统中的两个功能投射标记词。而且语气层功能投射对应的副词"都 a"和体态层功能投射对应的副词"都 b"都是穿插在其他"定位"副词对应的功能层级中的。在语用层面上，说话者会删除冗余的"都"而选择想要强调的语域进行强调或量化，这就造成了表面上看到的"都"的所谓移动现象。

### 主要参考文献

郭锐、罗琼鹏 2009　复数名词短语的指称和"都"量化，刘丹青、程工主编《汉语形式与功能论文集》，商务印书馆

黄河 1990　《常用副词共现时的顺序》，北京大学出版社

黄瓒辉 2004　《量化副词"都"与句子的焦点结构》，北京大学博士学位论文

蒋静忠、潘海华 2013　"都"的语义分合及解释规则，《中国语文》第 1 期

蒋严 1998　语用推理与"都"的句法语义特征，《现代外语》第 1 期

蒋严 2009　梯级模型与"都"的意义刻画，程工、刘丹青主编《汉语的形式与功能研究》，商务印书馆

李文浩 2010　作为构式的"都 XP 了"及其形成机制，《语言教学与研究》第 5 期

李文山 2013　也论"都"的语义复杂性及其统一刻画，《世界汉语教学》第 3 期

刘振平、刘倩 2006　"都"的句法和语义特征，《沈阳师范大学学报（社会科学版）》第 2 期

吕叔湘 1957　《中国文法要略》，商务印书馆

吕叔湘 1980 《现代汉语八百词》,商务印书馆
罗琼鹏 2006 "都"量化与"连…都"结构,《语言学论丛》第 34 辑,商务印书馆
罗琼鹏 2009 《现代汉语的分配量化研究》,北京大学博士学位论文
马真 1983 关于"都/全"所总括的对象的位置,《汉语学习》第 1 期
马真 2004 《现代汉语虚词研究方法论》,商务印书馆
潘国英 2012 范围副词"都"的共现语序,《对外汉语研究》第 3 期
潘海华 2006 焦点、三分结构与汉语"都"的语义解释,《语法研究与探索(十三)》,商务印书馆
史金生 2003 语气副词的范围、类别和共现顺序,《中国语文》第 1 期
王力 1944 《中国语法理论》,商务印书馆
吴平、莫愁 2016 "都"的语义与语用解释,《世界汉语教学》第 1 期
徐烈炯 2007 《焦点结构和意义的研究》,外语教学与研究出版社
徐烈炯 2014 "都"是全称量词吗?,《中国语文》第 6 期
徐以中 2005 副词"都"的主观性、客观性及语用歧义,《语言研究》第 3 期
叶娜 2005 副词的句法位置及其制约因素,北京大学硕士学位论文
袁毓林 2005a "都"的语义功能和关联方向新解,《中国语文》第 2 期
袁毓林 2005b "都"的加合性语义功能及其分配性效应,《当代语言学》第 4 期
袁毓林 2008 反预期、递进关系和语用尺度的类型,《当代语言学》第 2 期
张谊生 2000 《现代汉语副词研究》,学林出版社
张谊生 2003 范围副词"都"的选择限制,《中国语文》第 5 期
张谊生 2005 副词"都"的语法化与主观化———兼论"都"的表达功用和内部分类,《徐州师范大学学报(哲学社会科学版)》第 1 期
朱德熙 1982 《语法讲义》,商务印书馆
Cinque, G. 1999 *Adverbs and Functional Heads: A Cross-Linguistic Perspective*, New York: Oxford Univ. Press
Cinque, G. 2002 *The Cartography of Syntactic Structures, vol. 1: Functional Structure in DP and IP*, New York: Oxford Univ. Press
Cinque, G. 2013 Again on tense, aspect, mood morpheme order and the "mirror principle". In *The Cartography of Syntactic Structures, vol. 9: Functional Structure from Top to Toe*, ed. P. Svenonius, pp.232–265, New York: Oxford Univ. Press
Huang, Shi-zhe 1996 *Quantification and predication in Mandarin Chinese: A*

*case study of dou*, Philadelphia, PA: UPenn dissertation

Lee, Thomas 1986 *Studies on quantification in Chinese*, Los Angeles, CA: UCLA dissertation

Xiang, Ming 2008 Plurality, maximality and scalar inferences: A case study of Mandarin dou, *Journal of East Asian Linguistics* 17, pp.227-245

（Shěn・Yáng　长江学者特聘教授／南京大学）
（Wú・Hàn　对外经济贸易大学）

# "在V着"与"继续V下去"
## ——从日汉对比来观察其共性

### 原　由起子

## 0　前言

本文拟通过日汉对比阐明"在V着"与"继续V下去"的共性。由于原2015论述"在V着"的特性之际，已考察到了其特征有可能与同属融合型的"继续V下去（Vつづけていく）"之间存在共性。故这里将进一步探讨这个问题。其论据见下面举出的例子。

(1) 人们继续追赶着，呐喊声渐渐远去。（曹文轩〈小尾巴・第五只轮子〉）
　　人々は追いかけ続け、叫び声がしだいに遠ざかっていった。

(2) ある日庭で米を搗いているときに驟雨(しゅうう)があったので、たちまち臼(うす)と杵(きね)を合わせて室内へ抱え込んで、平然と搗きつづけた。
　　　　　　　　　　　　　（三島由紀夫「奔馬」『豊饒の海（二）』）
　　一天正在庭院捣米，忽然下起暴雨，于是立即连臼带杵一起抱到屋里，接着又若无其事地继续捣起米来。
　　　　　　　　　　　　　（许金龙译〈奔马〉《丰饶之海(上)》）

例句(1)是"继续V"与"V着"相融合的，而例句(2)是"继续V"与"V起来"相融合的例子。由此可知融合型是相关的。

本文先考察"在V着"与"继续V下去"的共性。

## 1　"在V着"

关于"在V着"，原2015:35的结论如下：

总而言之,"在 V 着"是意识到"现在(某时)"前后的持续,然而其还特地把"现在(某时)"纳入视野之中,即其焦点在于"现在(某时)。其形成过程如下:先将"V 着"看做时间上有一定长度的事态整体,然后再看将动作过程看做一个点的"在 V"表示的事件,并且把它看做其部分。这种特征与"在 V"有所不同。"在 V"看的是隔断"现在(某时)"前后的持续的"现在(某时)"。形成这一特征的原因是木村 2014 所论述的日汉两语的视点(perspective)的差别。因为把采取当事者现场立足型视点的日语「テイル/テイタ」翻译成汉语的"V 着"的使用也会受到汉语旁观者俯瞰型视点的影响。

比如说话人初次发现外面下雪的时候,日语说「あっ、雪が降っている」,以「テイル」来表述。而汉语则说"下雪了",用"了"来表述。木村 2014:112-113 就这种现象做出了如下叙述:

　　先说结论,这里也可以看得出日语当事者现场立足型视点与汉语旁观者俯瞰型视点的对立。即日语以立足现场的当事者的视点,置身于眼前正在发生的下雪这种状况之中,将与不停地下的雪同时推移的〈现在〉—或者〈其时〉的时间的流淌即继续之感,正如"是在于己"体感性地把握。这就连接到把现状作为〈运动的继续〉把握这种范畴化。而汉语说话人用以恰如旁观者俯瞰型的视点,把展现在眼前的状况以前的状况—即下雪以前的状况也进入视野,与其对比之下把眼前的状况把握。此事连接到把现状作为〈变化的既存〉把握这种范畴化。汉语说话人把非降雪与降雪这两种不同的事态都总括性地(summary)把握。将其两种事态都进入射程内,作为由一个事态至另一个事态的〈变化〉把握现实。

　　与此相反,日语的说话人则置身于发生降雪这一事态的现场,以此(sequential)体感或观察其事态的经过。很明显,前者的视野比后者更广,应该说是宏观或俯瞰。

现在再次简单地表述一下"在 V 着"的特征。首先,"V 着"本身是可以作为事态整体。这一特征通过"V 着"和"了"的共现可知。

(3) 现在柴进差不多是惊愕地看着她了。　　　　　(朱日亮〈归去来兮〉)

今では柴進はほとんど驚愕して彼女を見ているようになった。

例(3)的"了"是"了₂",如木村2014所说,这是把事态总括性地(summary)加以把握的事例。因为就像该文所论述的那样,"了₂"可以把两种不同的事态都总括性地加以把握。换句话说,是与"V着"共现时的两种不同的事态即非持续("V")与持续("V着")。如此看来,"V着"也可以看成一个事态整体。

另外,"V着"把动作看做均质的线条性的,而表示从"现在(某时)"以前到"现在(某时)"和由"现在(某时)"至"现在(某时)"以后的持续。它意识到动作的起点和终点。如下所示。

(4) 之后,卞大容就开始急切地等待着纪委来人——他们至少来调查调查。　　　　　　　　　　　　　　　　　　　　　　（池利〈有了快感就喊〉）
その後,卞大容は切に規律委員会が人をよこすのを待ち始めていた——彼らは少なくとも調査にやってくるだろうと。

(5) 这情景足足持续了十个小时,在这期间,那几个士兵始终举着枪瞄准他的脑袋。　　　　　　　　　　　　　　　　（余华〈往事与刑罚〉）
この光景は優に10時間は続いた。その間,その数人の兵士はずっと銃をかまえて彼の頭を狙っていた。

例(4)的"V着(等待着)(待っている)"与表示动作开始的"开始~(～し始める)"共现,例(5)的"V着(举着)(かまえている)"除了"足足持续了十个小时(優に10時間は続いた)"和"在这期间(その間)"以外,还与"始终(ずっと/始終)"共现。"始终"是表示从开始到最后的整个过程[1]。它明显意识到动作的起点与终点或者至少可以说是可以把动作看做有起点和终点的,也可以把动作看做是有一定的长度的。

还有"V着"既可以表示从"现在(某时)"以前到"现在(某时)"的持续,也可以表示从"现在(某时)"到"现在(某时)"以后的持续。如下所示。

(6) 彼らはいかにも幸福そうに見えた。みんなどこか特別な場所に

---

[1] 《现代汉语词典》第6版(商务印书馆2012年)的记述如下。表示从头到尾；一直：

向かって，何か楽しいことが待ち受けている場所に歩を運んで
いるようだった。

(村上春樹『色彩を持たない多崎つくると、彼の巡礼の年』)

他们看上去似乎幸福无比。好像都在走向某个特别的地方，那儿
有开心的事情正等着他们。

(施小炜译《没有色彩的多崎作和他的巡礼之年》)

(7)「近いうちに結果を連絡できると思う」

「連絡を待っている。もし何か私にできそうなことがあったら，
遠慮なく言って」　　　　　　　　　　　　　　　　　(同上)

"我想用不了多久就能告诉结果。"

"我等着你的联系。如果有什么能帮上忙的，就跟我说。别客气。"

(同上)

例(6)的日语「待ち受けている」表示从"现在（某时）"以前到"现在（某时）"的持续。汉语翻译成"正等着"。例(7)的日语「連絡を待っている」从上下文看是从"现在（某时）"到"现在（某时）"以后的持续。下面看"在V"的特征。

"在V"将不均质的动作过程看做一个点。如下所示。

(8)　事实上，那个人全身都在肿大，发烧。　　　(须一瓜〈蛇宫〉)
　　　実際は，その人は全身が腫れ上がり，発熱していた。

(8)'　#事实上，那人全身都肿大着，发烧。

(9)　晓菌几次抬头看他的时候，他都在看晓菌。　　　　(同上)
　　　暁菌が数回顔を上げて彼を見た時，彼はその度に暁菌を見ていた。

(9)'　#晓菌几次抬头看他的时候，他都看着晓菌。

(10)　想想也是，人嘛，都在变，老姨在变，她把自个儿当成了皇后，
也就容不下别人了。　　　　　　　　　(孙惠芬〈岸边的蜻蜓〉)
　　　そうだ。人というのは皆変わっているのだ。おばも変わっている。彼女は，自分を皇后として，他の人を受け入れられなくなっている。

⑽′ #想想也是，人嘛，都变着，老姨变着，……

例(8)"在"与带结果补语的"肿大（腫れ上がる）"共现。"在肿大"是说出现结果之前的渐变的过程。把例(8)的"在V"变换成"V 着"的(8)′则不自然。例(9)"在"与"几次抬头看他的时候（数回顔を上げて彼を見た時）"共现。这个词组是表示把动作看做一个点的。这里使用"在V"较为自然，把"在V"变换成"V 着"的(9)′则不自然。例⑽"在"与"变（変わる）"共现。"在变（変わっている）"与例(8)一样，也是说出现结果之前的渐变的过程。这里的"在V"变成"V 着"不妥当，例⑽′明显不自然。

从以上的例子可以看得出汉语采取旁观者俯瞰型视点，把事态总括性地（summary）加以把握，把这一事态看做事态整体，表示从"现在（某时）"以前到"现在（某时）"和从"现在（某时）"到"现在（某时）"以后的持续。与此相反，"在"作为其部分把不均质的动作过程看做一个点。可以说它表示的是隔断"现在（某时）"前后的持续的"现在（某时）"。因而两者融合的形式"在V 着"是意识到"现在（某时）"前后的持续，然而同时其还特地把"现在（某时）"纳入视野之中。

上述论断也可以从下面一个现象来加以证明。其为日语采取当事者现场立足型视点，依次（sequential）体感事态的经过，因此有时"V 着"与日语「タ」相对应。如下所示。

⑾ 勲は昂奮のあまり頬に血が昇るのを感じたが，辛うじて自分を抑えた。そしてこう言った。（三島由紀夫「奔馬」『豊饒の海(二)』）
因为过于兴奋，阿勋觉得热血涌上了脸颊。他极力压抑着自己，同时这样说到…… （许金龙译〈奔马〉《丰饶之海(上)》）

⑿ 沙羅は歩きながら興味深そうにつくるの顔を見た。「どんなこと？」 （村上春樹『色彩を持たない多崎つくると、その巡礼の年』）
沙罗边走边饶有兴味地望着作的脸。"是什么？"
（施小炜译《没有色彩的多崎作和他的巡礼之年》）

例⑾的日语「辛うじて自分を抑えた」和「そしてこう言った」是两个独立的句子（＝两个独立的事件），等于两个事态，即为两个单体。

于此相应的汉语是"他极力压抑着自己"和"同时这样说"的两个部分（事件$_1$和事件$_2$），其后句（事件$_2$）同时也表示事态的完结。这里应该注目的是日语「辛うじて自分を抑えた」用「タ」，但是汉语则不说"他极力压抑了自己"而说"他极力压抑着自己"。汉语用"V 着"，这正因为汉语把两个不同的事件整个儿总括性地加以把握，即先看事态整体，然后看其部分，所以表前一部分（事件$_1$）的前句里面的动词带有"着"，而表后一部分（事件$_2$＝表示事态的完结）的后句里面的动词就不带有"着"。与此相反，日语则把事态的经过依次加以体感或观察，因此「自分を抑えた（压抑着自己）」和「そしてこう言った（同时说）」这两个句子（两个事态）依次出现。例(12)，日语「歩きながら興味深そうにつくるの顔を見た（边走边饶有兴味地望着作的脸）」后面没有动词，直接引用对话文「どんなこと？（是什么？）」。在这里，日语还是把两个事态依次性地加以把握，将其看成各个单体。而汉语如其译文所示，则把两个事件看做一个事态整体。因而表前一个部分（事件$_1$）的前句里用"着"，而对话文前边本来没有动词却当作有动词"说"表后一个部分（事件$_2$＝表示事态的完结）。

## 2　"继续 V"、"V 下去"、"继续 V 下去"

原、常次 2013:184-185 将"继续 V"、"V 下去"、"继续 V 下去"这三种形式与日语「Vつづける」、「Vていく」、「Vつづけていく」进行了比较，其主旨如下所述。

汉语"继续 V"可以描写 telic 事态，可以中断、反复。在"现在（某时）"以前→"现在（某时）"→"现在（某时）"以后的时间的流淌之中表示"现在（某时）"起继续这个动作。对此，日语的「Vつづける」不仅有描述 telic 事态，有可以中断、反复的「Vつづける$_t$」，而且还有描述 atelic 事态，不可中断、反复的「Vつづける$_a$」。前者相当于"继续 V"，后者相当于"V 下去"。汉语的"V 下去"不能描述 telic 事态，可以描述 atelic 事态，不能中断、不能反复。从表面上看，"V 下去"似乎只有「Vていく」相对应，但是，实际上

有可以描述 telic 事态，可以有中断、反复的「Vていく$_t$」的一面，也有描述 atelic 事态，不可中断、反复的「Vていく$_a$」的一面。但是，也不能断定「Vていく$_t$」与"继续 V"相对应。因此「Vつづける$_{t\cdot a}$」翻译成汉语时，多用"继续 V 下去"。从形式上看，"继续 V 下去"应该与「Vつづけていく」相对应，但从调查的结果看，其出现频度非常低。[2)]

但在原、常次 2013:182 中，关于"继续 V 下去"叙说不描述 telic 事态，也不描述 atelic 事态这一点，只是进行了简单的说明，没有详细论述。因此本文将再次观察一下这三种形式的特征，尤其着重于"继续 V 下去"而论述，以便阐明其与"在 V 着"的共性。

## 3 "继续 V"

"继续 V"所表示的继续可以中断、反复。也可以用于重新开始和两种不同的动作的连续。由此可知"继续 V"其焦点在于"现在（某时）"，是说"现在（某时）"起继续这个动作。它把"现在（某时）"看做继续的起动点。请看下面的例子。

⑬ 车子已经开进上路 5 号大门，停在前院的办公楼前。"继续开"，
   陆所长吩咐老孙。　　　　　　　　　　　　　　　（麦客〈风语〉）
   車はすでに 5 号門を入り，前庭の事務棟の前に止まったが，「前に進めて」と陸所長が孫さんに言った。

⑭ 还好，他又继续往前溜达。　　　　　　　　　　　　　（GB）
   まだいい，彼はまた散歩し続けた。

⑮ 男はまたマスターと話を始めていた。（綾辻行人『人形館の殺人』）
   男顾客继续和老板聊天。　　　　　　　　　（樱庭译《人偶馆事件》）

例⑬，因为停车后说"继续开"，所以可以看得出有中断。例⑭，与表示反复意义的副词"又"共现。由此可知"继续 V"可以用于表示反复。

---

2) 这里没有修改原文的论旨，但是对一部分词语加以了改动。

"继续V"既可以表示中断、反复,也可以表示复数性的继续开始的起动点。例⒂的日语「またマスターと話を始めていた」表示中断,同时也表示反复。换句话说,其即重新开始。与此相应的汉语译文是"继续和老板聊天"。

"继续V"其焦点在于"现在(某时)",这从下面的例子中可以看得出。

⒃ コーン,と硬い音を響かせて,ボールは床に落下した。そしてそのまま,まっすぐ転がっていく。　　(綾辻行人『迷路館の殺人』)
台球"咚"一声掉在地上,又继续朝前滚去。

(谭力译《迷宫馆事件》)

⒄ 这天晚上在家里继续干的时候终于有了眉目。　　　　　　(forum1)
その日の夜家でやり続けていた時,ようやく目鼻がついた。

例⒃日语「ボールは床に落下した(掉在地上)」和「(そしてそのまま)まっすぐ転がっていく(〔又继续〕朝前滚去)」是两个不同的动作。但是「そしてそのまま(又)」表示两个动作的连续。汉语译文把这种连续用"继续V"来表示。这里之所以可以用"继续V",是由于"继续V"的焦点在于"现在(某时)",隔断"现在(某时)"前后的继续。只有"现在(某时)"纳入视野之中,把"现在(某时)"的继续看做一个点(=继续的起动点)。因而例⒄就应该用"继续V"。例⒄与表时点的"这天晚上(その日の夜)"和"在~的时候(~のとき)"共现。这些词语正是表示其焦点在于"现在(某时)"。如把例⒀~⒄的"继续V"变换成"V下去"则不太自然。但是关于这一点现在姑且不谈,将在下节详细论述。

因为"继续V"其焦点在于"现在(某时)",把"现在(某时)"的继续看做一个点(=继续的起动点),所以其焦点不在于"现在(某时)"的继续,即从"现在(某时)"以前到"现在(某时)"和从"现在(某时)"到"现在(某时)"以后的继续则使用另外形式或加以其他因素来表示。这由下面举的例子可以看得出。

⒅ 一方,達也と洋子は一年の時からずっと上位をキープし続けている。　　(東野圭吾「小さな故意の物語」『犯人のいない殺人の夜』)

另一方面，达也和洋子则从高一时就一直保持着较为靠前的排名。

（袁斌译〈小小的恶作剧故事〉《没有凶手的杀人夜》）

⒆ ずるずるとすでに慣れ親しんだ悪夢を見つづけることを望むよわよわしく不安な自分を容認した。

（大江健三郎『万延元年のフットボール』）

却容忍孱弱胆怯的自己希望继续做着已经拖拖拉拉的习惯熟悉的僵梦……

（郑民钦译〈万延元年的足球队〉）

例⒅日语「一年のときからずっと上位をキープし続けている（从高一时就一直保持着较为靠前的排名）」是从"现在（某时）"以前到"现在（某时）"的继续。汉语译文使用"（一直）V着"。除此以外还有"坚持V"、"持续V"也可以表示从"现在（某时）"以前到"现在（某时）"的继续。

"V着"既可以表示从"现在（某时）"以前到"现在（某时）"的继续，又可以表示从"现在（某时）"到"现在（某时）"以后的继续。因而还有"继续V着"这一融合型，如例⒆所示。例⒆日语「すでに慣れ親しんだ悪夢を見つづける」的汉语译文是"继续做着已经拖拖拉拉的习惯熟悉的僵梦"。假如只有"继续V"，就不能表示从"现在（某时）"到"现在（某时）"以后的继续。如此有"继续V"和"V着"的融合型存在，其反倒可以证明"继续V"不能表示从"现在（某时）"到"现在（某时）"以后的继续。虽然如此，但是还有一个问题要加以分析搞清楚。其即"继续V着"与"继续V下去"的区别何在？为此需要先阐明"继续V下去"的特征。现在还不能详细论述，但是至少也可以说"继续V着"的"V着"表示的继续动作是均质线条性的，而"继续V下去"的"V下去"所表示的继续动作则是其内容带有展开的，不是均质线条性的。这一点我们将在下节详细叙述。

上述"继续V"的特征之中，尤其可以中断、反复、重新开始这几种特征也就意味着"继续V"表示的继续这一流程中可以有接头，其接头可以看成继续的起点，同时可以看成继续的终点。因此它可以与表较短的时间的词语共现来表示继续的期限，以致可以描述telic事态。如下所示。

⑳ 冯俊指出，中国城市化进程在未来十年继续深化……　　（认识）
馮駿は，中国の都市化はこれからの10年進行しつづけるだろうと指摘した。

㉑ 中越边境继续流了十年血，不是后遗症？　　（forum2）
中国とベトナムの国境で10年血が流されつづけて，後遺症じゃないとでも？

如例⑳、㉑所示，其表继续期限的词语一般是表示较短的时间的。

## 4　"V下去"

"V下去"表示的继续不可有中断、反复、重新开始，即其是不可断开的继续。它不能用于表示两种不同的动作的连续，也不能与表时点的词语共现。因而可以说其不把"现在（某时）"看做继续这个动作的起动点。通常与不可断开的、没有期限的时间词语共现，可以描述 atelic 事态，还可以描述带有展开性的动作的继续。这种继续相对地看来可以说是线条性的。但是这条线并不是均质的，而是不均质的，这正因为其是继续带有展开性的。请看下面举的例子。

⒀′ #车子已经开进上路5号大门，停在办公楼前。"开下去"，陆所长吩咐老孙。

⒁′ #还好，他又往前溜达下去。

⒂′ #男はまたマスターと話を始めていた。
　　#男顾客和老板聊下去。

例⒀′是把例⒀表示中断的"继续 V"变换成"V下去"的。例⒁′是把例⒁表示反复的"继续 V"变换成"V下去"的。例⒂′是把例⒂表示重新开始的"继续 V"变换成"V下去"的。例⒀′、⒁′、⒂′都较为不自然。请再看下面的例子。

⒃′ #台球"咚"一声掉在地上，又朝前滚下去。

⒄′ #这天晚上在家干下去的时候终于有了眉目。

例⒃′是把例⒃表示两种不同动作连续的"继续 V"变换成"V下去"的。

例(17)'是把例(17)的与表示时点的词语共现的"继续V"变换成"V下去"的。例(16)'、(17)'都较为不自然。

"V下去"可以与表不可断开的时间的词语共现。如下所示。

(22) 一个人很难长时间装下去的。　　　　　　　　　　（forum3）
　　 人は長い間なりすますことはできない。

(23) 进化论问题会长期争论下去的。　　　　　　　　　　（方舟子）
　　 進化論の問題は長期間論争されていくだろう。

(24) 因为它们可以无限分裂下去，长生不老，那就是——癌细胞。
　　　　　　　　　　　　　　　　　　　　　　　　　　（同上）
　　 それらは無限に分裂していくことができるので，長生きする。
　　 それがすなわち癌細胞である。

例(22)～(24)的"V下去"与"长时间（長い間）"、"长期（長期間）"、"无限（無限に）"共现，这些词都是表示不可断开的、不表示期限的时间。

以上从(13)'～(24)的例句可以论证"V下去"所表示的继续是不可中断、反复、重新开始的，而且是描述atelic事态，其焦点不在于"现在（某时）"，不把"现在（某时）"看做继续的起动点。还有下面的例子可以证明"V下去"是表示有展开性的动作的继续。

(25) 回復の見込みのない病に冒されている事実を知らされ，創作の
　　 意欲も衰え，なおのらりくらりと生きつづけるのは私の主義に
　　 合わない。　　　　　　　　　　（綾辻行人『迷路館の殺人』）
　　 既然知道自己得了不治之病，加上创作能力衰退，苟延残喘下去
　　 不符合我的原则。　　　　　　　　　（谭力译《迷宫馆事件》）

例(25)日语「（のらりくらりと）生きつづける」的汉语译文是"苟延残喘下去"。相当于日语「生きる」的直译是"活"。"活"这类动词容易形成"V下去"，却很少形成"继续V"[3]。因为"活（生きる）"本来就不可中断，如有中断即意味着"死（死ぬ）"。还有"活"这个行为一般有展开性的，其并非均质线条性，而是不均值的线条性。例(25)日语有「の

---

[3] 假如说"继续活"，听话人就联想到说话人置身于紧迫的状况，比如在于生死关头。

らりくらりと（游手好闲／无所事事）」这一副词，这个副词是描写动作方式的。"V下去"本来就容易与这类状语搭配。从这一现象也就可以知道"V下去"所表示的继续动作是有展开性的。可以说例㉕的汉语译文"苟延残喘下去"是把"游手好闲／无所事事"和"活下去"两个成分包括在一起的。

如上所述，"V下去"为不可中断、反复、重新开始，不能用来表示前后不同动作的连续。反过来说，"V下去"把继续看做没有接头的。虽然如此，但这并不意味着"V下去"不意识到起点与终点。下面看表示"V下去"也意识到起点的例子。

㉖ 从那个晚上之后，我再也没有了绵绵不断、一直诉说下去的能力。
（张炜〈描花的日子〉）

あの夜から，私はもう綿々と途絶えることなく訴えていく力がなくなった。

㉗ 不知为何，我从没觉得卡车上的主人公光荣，我只觉得尴尬，这个人，老到从此不能工作了，只能待在家，一日日昏聩颟顸下去。
（刘汀〈午饭吃什么〉）

なぜだかわからないが，私はそのトラックの上の主人公が光栄だと思ったことがない。私はただ，気まずく感じ，この人は，これから働けなくなるまでに老い，ただ家にいて，日々，だらだらと暮らしていくだけだと思った。

徐静茜 1992:671 叙说"V下去"里的"去"指从现在向将来延续。但是例㉖句子里有表示以"现在（某时）"以前为起点的"从那个晚上之后（あの夜から）"。例㉗句子里的"从此（これから）"则表示以"现在（某时）"为起点。由此可知"V下去"可以意识到起点。下面举些表示"V下去"意识到终点的例子。

㉘ 如果可以，他愿意在这里永远生活下去。乐乐呵呵生活下去，直到死。
（王棵〈我叫刘晓腊〉）[4]

---

[4] 汉语"永远"与日语「永遠に」有所不同。汉语"永远"如例㉘所示，可以有终点，但是日语「永遠に」没有终点。

もしできることなら、彼はここでいつまでも生活していきたいと思っている。死ぬまで楽しく生活していくのだ。

(29) 她最后那一口气落不下去，嘴一翕一合，一翕一合，慢慢微弱下去，最后就定住了。　　　　　　　　（赛壬〈祖母即将死去〉）

彼女は最後の一息をなかなか終われなかった。口を閉じるたびに、しだいに弱くなっていき、最後に息をひきとった。

例(28)的"生活下去（生活していく）"与"直到死（死ぬまで）"共现，例(29)的"微弱下去（弱くなっていく）"与"最后就定住了（最後に息をひきとった）"共现。这两个词组都表示"现在（某时）"以后的终点。从此可知"V下去"也可以意识到终点。

"V下去"有时可以意识到起点，有时也可以意识到终点。由此可推，它还可以同时意识到起点与终点。如下所示。

(30) 有的人挖了一半没见水，弃之；我只不过是始终挖下去，一直到见水为止。　　　　　　　　　　　　　（北京大学语料库 CCL）

ある人は半分まで掘っても水が出ないので諦めてしまった。私はただ最初から最後まで、水が出るまで掘ったにすぎない。

(31) 经院分五个等级，孩子们一个等级一个等级地学下去，从五个等级毕业后还要经过严格的考试，再跟师父实习若干年，才能出徒独立行医。　　　　　　　　（阿云嘎著・哈森译〈满巴扎仓〉）

修練所は５つの等級に分かれていて、子供たちはひとつずつ学んでいき、５番目の等級を卒業しても、まだ厳しい試験を経なければならず、さらに師匠について何年か実習して、やっと独立して医療を行うことができる。

例(30)的"V下去"与"始终"共现。"始终"是"从头到尾"的意思。例(31)句中有"经院分五个等级（修練所は５つの等級に分かれていて）"。这个分句也可以说是表示"从头到尾"的。从例(30)、(31)可以看得出"V下去"可以同时意识到起点与终点。

"V下去"也可以意识到起点与终点。这与"V下去"描述 atelic 事态这一事有如何关系？从表面上看，似乎两者之间有矛盾。其实，并没

有矛盾。这两个现象倒互有关联。其间有一个因素使两者关联在一起。其即"V下去"表示的继续动作有展开性。"V下去"沿着动作、行为的展开往下看。虽然可以意识到起点与终点,但是其注目的着重点与其侧重于动作、行为的展开,不如继续的期限。因此它可以意识到起点与终点,却也可以描述 atelic 事态。与此相反,"继续V"注目的着重点则侧重于继续这个动作的起动点,其焦点在于"现在(某时)"。

"V下去"注目的着重点与其侧重于动作、行为的展开,不如继续的期限。虽然如此,但是也有与表示从起点("现在〔某时〕")到终点("现在〔某时〕"以后)的较长的期限的词语共现的例子。如下所示。

(32) 这种天气持续下去,五十年后地图上有没有英国呢? (forum4)
このような気候が続いていけば,50年後地図に英国があるだろうか?

例(32)与表较长的期限的"五十年后(50年後)"共现。

"V下去"不可中断、反复、重新开始,也不能用于表示前后不同动作的连续。不意识到继续的接头,因此不容易与表短时间的词语共现。如下所示。

(20)′ #冯俊指出,中国城市化进程将在未来十年深化下去…… (认识)
(21)′ #中越边境流下去了十年血,不是后遗症?

例(20)′、(21)′是把例(20)、(21)的"继续V"变换成"V下去"的。例(20)′、(21)′都较为不自然。例(20)′、(21)′都不能与"十年"共现。由此可以说,"十年"不像例(32)的"五十年"那样长到减弱其与继续接头的关系,并不能使"V下去"注目的着重点侧重于动作、行为的展开方面。

如上所述,"V下去"可以意识到起点与终点。"V下去"本来是与"V下来"相连接的。所以一般以由"现在(某时)"以前至"现在(某时)"的继续为前提,基于其前提,还描述从"现在(某时)"到"现在(某时)"以后的继续。

## 5 "继续 V 下去"

"继续 V"表示"现在（某时）"起继续，有继续的接头，将把其继续起动点看做一个点。其焦点在于"现在（某时）"。与此相反，"V 下去"没有继续的接头，其继续是不可断开的，将其继续看做不均质的线条。虽说没有接头，但它还是可以意识到起点与终点。由此可知，"继续 V 下去"是采取旁观者俯瞰型视点，先以不均质线条性的"V 下去"把事态总括性地（summary）加以把握，将其看做事态整体，然后将可以看做点（＝继续的起动点）的"继续 V"看成其部分。它意识到从"现在（某时）"以前到"现在（某时）"和从"现在（某时）"到"现在（某时）"以后的继续，但特把"现在（某时）"纳入视野之中，其焦点在于"现在（某时）"。由此可说其特征与"在 V 着"有共性。虽然有"继续 V 下去"固有的特性，但是还可以透视与"在 V 着"的共性。详细在下面叙述。

先看"继续 V 下去"中断、反复的关系。"继续 V 下去"可以中断、反复。如下所示。

(33) 老人的声音哽咽了。他平静了一会儿才继续说下去……

（张炜〈寻找鱼王〉）

老人が声をつまらせた。彼はしばらく気持ちを落ち着けてから、ようやく話しつづけていった……

(34) 毛泽东邀请他们共进夜宵，餐毕又继续谈下去，一直到凌晨三点。

（北京大学语料库 CCL）

毛沢東は彼らを招待して夜食を共にし、食事が終わってからも、また明け方3時まで話しつづけた。

例(33)句中"平静了一会儿（しばらく気持ちを落ち着けた）"表示"继续 V 下去（話しつづけていった）"之前有中断。例(34)的"继续 V 下去"与表反复的副词"又（また）"共现。从例(33)、(34)可以看得出"继续 V 下去"可以中断、反复。由此可推，"继续 V 下去"其焦点在于"现在（某时）"。如下所示。

(35) ……只有她活着，他这盘棋才继续下下去。　（张子影〈天亮之前〉）

彼女が生きていてこそ、彼のこの勝負は続いていくのだ。

(36) 大家正等着他继续画下去哩，他却已经放下了笔。

(周大新〈曲终人在〉)

皆がまさに彼が描きつづけていくのを待っていたのに彼は筆を擱いてしまった。

例(35)的前句"……只有她活着(彼女が生きていてこそ)"表示"她(彼女)"现在正在于生死关头，是描写极其紧迫的情况。其焦点在于"现在(某时)"。理所当然"继续 V 下去"其焦点也在于"现在(某时)"。例(36)的"继续 V 下去"与"正(まさに)"共现。自不待言，这个现象也表示"继续 V 下去"其焦点在于"现在(某时)"。

如上所说，"V 下去"可以意识到"现在(某时)"以前的起点和"现在(某时)"以后的终点。由例(34)句中可以看得出"继续 V 下去"也可以意识到"现在(某时)"以前的起点与"现在(某时)"以后的终点。下面再把(34)改写成例(37)。

(37) 毛泽东邀请他们共进夜宵，餐毕，又继续谈下去，一直到凌晨三点。

毛沢東は彼らを招待して夜食を共にし、食事が終わってからも、また明け方3時まではなしつづけた。

例(37)"继续 V 下去"的起点是"餐毕(食事が終わる)"以前(="现在〔某时〕"以前)，而终点则是"餐毕"以后(="现在〔某时〕"以后)的"凌晨三点(明け方3時)"。

"继续 V 下去"为意识到从"现在(某时)"以前到"现在(某时)"和从"现在(某时)"到"现在(某时)"以后的继续，还特把"现在(某时)"纳入视野之中，其焦点在于"现在(某时)"。此由下面例(38)与其上下文(39)、(40)可以验证。

(38) 「犯人」は、母屋の戸のどれかの合鍵を持っている。とりあえずそう考えるとして……

(綾辻行人『人形館の殺人』)

"凶手"持有正房某处的钥匙，继续推测下去……

(樱庭译《人偶馆事件》)

例(38)的上文如下。

㉟「犯人」はどうやって蔵の中に入ったのか。
あれ以来，繰り返しその問題について考えてみるけれども，これという答えは出てこない。
"凶手"究竟是如何进入仓库的呢？
我反复考虑这个问题，但得不出任何有价值的答案。

例㊳的后文如下。

㊵ あれこれ考えてみたものの，頭の中では結局，このようないくつかの組み合わせを検討するくらいしかできなかった。
我再三考虑，仍然没有任何突破性观点。

例㊳日语句子里有「とりあえず」。与这里的「とりあえず」相应的汉语是"暂时"。由此可知其焦点在于"现在（某时）"。例㊴日语「あれ以来，繰り返しその問題について考えてみるけれども（我反复考虑这个问题）」这一分句表示从"现在（某时）"以前（＝起点）到"现在（某时）"的继续。例㊵日语全句表示"现在（某时）"以后的终点，即「頭の中では結局，このようないくつかの可能性の組み合わせを検討するくらいしかできなかった（仍然没有任何突破性观点）」。日语和汉语译文比较起来，汉语译文更为能表示其终点。

由以上的例子可以推导出来的结论如下。

木村 2014 所叙述的视点（perspective）的差别也反映在"继续 V 下去"这一形式中。先就"V 下去"而说，"V 下去"如例㉚、㉛所示，其将由"现在（某时）"以前至"现在（某时）"以后之继续看做是有起点与终点的。而就"继续 V"说，其将"现在（某时）"纳入视野之中，其焦点在于"现在（某时）"。即将继续动作的起动看做一个点。形成"继续 V 下去"的过程则如下。先将"V 下去"看成可以给"现在（某时）"前后的继续套上时间的框架，把它看做时间上有一定长度的事态整体，将其事态整体总括性地（summary）加以把握，然后再将继续这个动作的起点看做一个点，把"继续 V"当作其部分。这种特征与"在 V 着"具有共性。虽说具有共性，但是其中也有差别，即由于"V 下去"固有的特性，其不需要明示事态整体时间上的框架。"V 下去"独特的特性即虽说可以意识

到起点与终点，但却也可以描述 atelic 事态。其原由在于"V 下去"注目的着重点侧重于动作、行为的展开性。因为"V 下去"注目的着重点侧重于动作、行为的展开性，所以其不容易与表短时间的词语共现。鉴于此特性，假如以实线比拟"在 V 着"中"V 着"表示的事态整体的框架，"继续 V 下去"之中"V 下去"表示的事态整体的框架则只不过是虚线。这种特征不相与原、常次 2013 的论述矛盾，其论述即"继续 V 下去"不描述 telic 事态，也不描述 atelic 事态。

关于"继续 V 下去"这一特有性质，下面的例子倒也可以作为旁证。

(41) 人们继续追赶着，呐喊声渐渐远去。

(曹文轩〈小尾巴・第五只轮子〉)

人々は追いかけ続け，叫び声がしだいに遠ざかっていった。

例(41)的下文如下。

(42) 大约过了两个多钟头，参与追赶的几个青羊村的村民，疲惫不堪地回到了青羊村。

およそ 2 時間あまりが過ぎ，追跡に加わっていた青羊村の村民は疲労困憊して青羊村に戻った。

如例(41)、(42)所示，"继续 V 着"与表短时间的"两个多钟头（2 時間あまり）"共现。因为"V 着"可以用表 telic 的短时间的词语套上框架。如上节 3 例(19)的说明所述，"继续 V 着"与"继续 V 下去"的区别在于前者"V 着"描述均质线条性动作，而后者"V 下去"则描述不均质线条性动作，其继续没有接头，再加上其注目的着重点侧重于动作、行为的展开性。注目的着重点侧重于动作、行为的展开性，所以"继续 V 下去"不需要明示事态整体时间上的框架。此便是它不容易与表短时间的词语共现的原由。虽然如此，但是本质上展开也可以有起点与终点。因此可以透视它具有与"在 V 着"的共性。说到这里，还有一个问题要提一下。即"继续 V 着"也是采取旁观者俯瞰型视点，先以"V 着"把事态总括性地 (summary) 加以把握，将其事态看做事态整体，然后用把"现在（某时）"作为继续起动点的"继续 V"当作其部分。其焦点在于"现在（某时）"，隔断"现在（某时）"前后的继续，特把"现在）某时"纳入视野之中。

此可以由如上"继续V"与"V着"的特性推导出来。

　　如上所述，汉语"继续V下去"采取旁观者俯瞰型视点，把事态总括性地（summary）加以把握，将其事态看做事态整体。此由下面现象也可证明。即如下所示。(i)从"现在（某时）"以前到"现在（某时）"的继续（"V着"），(ii)"现在（某时）"的继续的起动（"继续V"），(iii)从"现在（某时）"到"现在（某时）"以后的继续（"V着"、"继续V着"），(iv)以由"现在（某时）"以前至"现在（某时）"之继续作为前提，基于此前提，到"现在（某时）"以后的继续（"V下去"），(v)意识到"现在（某时）"前后的继续，而特把"现在（某时）"纳入视野之中，其焦点在于"现在（某时）"（"继续V下去"）。这五种继续，汉语由五个不同的说法来分担。

　　与此相反，日语「Vつづける」基本上则可以用于这五种继续，(i)～(v)的分担比汉语较为不清楚，其使用范围较广。由于使用「Vつづける」的频度较高，使用「Vしていく」的频度相对地降低。尤其该与第五种继续(v)"继续V下去"相应的「Vつづけていく」的出现频度非常低。[5] 由此可窥见日语不是采取旁观者俯瞰型视点,把事态整体总括性地(summary)加以把握，而是采取当事者现场立足型视点，把事态依次（seaquential）加以把握。但是关于「Vつづける」与「Vしていく」的分布情况，应该更加仔细加以调查。

# 6　余论

　　"继续V下去"的"继续V"其焦点在于"现在（某时）"。此由它可以与"在"共现，既不相排斥也不相重复这一现象可以看得出来。如下所示。

　　(43) 僕にとっていちばん大事なことは，自分が今も小説を書き続け

---

5)　并不是说没有「Vしていく」，确实偶尔可以听到其说法，但是我们搜集到的2166条实例之中，却一条也没有。

ているし……　　　　　　　　　（村上春樹『村上春樹雑文集』）
対我来说最宝贵的，是自己至今仍在继续写小说……

（施小炜译《村上春树杂文集・无比芜杂的心绪》）

"继续V下去"的"下去"的位置可以出现把事态整体总括性地加以把握、表示从"现在（某时）"以前到"现在（某时）"以后的继续的，此由有"继续V完"这一形式可以推测。因为"V完"的"完"可以意识到"现在（某时）"以前的起点和"现在（某时）"以后的终点。如下所示。

㊹ 他还停留在刚才的情绪上，他还要把话继续说完……

（林那北〈龙舟〉）

彼はまだ先ほどの気持ちのままで、なお引き続き話し終えようとした……

此位置也可以搁置"起来"，由此可窥见"开始V起来"也具有与"在V着"、"继续V下去"共同的性质，其性质有可能是各种融合型之间相通的。如下所示。

㊺ ある日庭で米を搗いているときに驟雨があったので、たちまち臼と杵とを合わせて室内へ抱え込んで、平然と搗きつづけた。

（三島由紀夫「奔馬」『豊饒の海（二）』）（＝例(2)）

一天正在庭院捣米，忽然下起暴雨，于是立即连臼带杵一起抱到屋里，接着又若无其事地继续捣起米来。

（许金龙译〈奔马〉《丰饶之海（上）》）

例㊺日语「搗きつづけた」的直译可能是"继续捣米"，但实际上汉语译文是"继续捣起米来"。"V起来"表示动作的开始，同时也可以表示动作的持续，于此已有先行研究指[6]。自不待言，虽然如此，但还需要做更深入的调查研究。

参考文献

木村英樹 2014　こと・こころ・ことば―現実をことばにする「視点」,『人文知1　心と言葉の迷宮』, pp.97-118, 国語文法研究会編, 朋友書店

[6]　刘月华等 1983:346，戴耀晶 1997:96，吕叔湘 1992:442，丸尾誠 2008:36-37

丸尾誠 2008　現代中国語の補語"起来"について,『日中言語対照研究論集』第 10 号
戴耀晶 1997　《现代汉语时体系统研究》, p.96, 浙江教育出版社
原由起子、常次莉恵 2013　"继续 V"、"V 下去"、"继续 V 下去"——从日中对比的角度再观其特征,『中国語文法研究』2013 年巻, pp.168-187, 朋友書店
原由起子 2015　再论"在 V 着"——从日汉对比观察其特征,『中国語文法研究』2015 年巻, 中国語文法研究会編, 朋友書店
刘月华、潘文娱、故韡 1983　《实用现代汉语语法》, p.346, 外语教学与研究出版社
吕叔湘主编 1992　《现代汉语八百词》, p.442, 商务印书馆
徐静茜 1992　也论".下来"、".下去",《现代汉语补语研究资料》, pp.670-676, 北京语言大学出版社

例句出处
綾辻行人 2009　『迷路館の殺人』新装改訂版, 講談社（谭力译 2013　《迷宫馆事件》, 新星出版社）
綾辻行人 2010　『人形館の殺人』新装改訂版, 講談社（樱庭译 2013　《人偶馆事件》, 新星出版社）
東野圭吾 1994　小さな故意の物語,『犯人のいない殺人の夜』, 光文社（袁斌译 2010　小小的恶作剧故事,《没有凶手的杀人夜》, 人民出版社）
三島由紀夫 1997　奔馬,『豊饒の海(二)』, 新潮文庫（许金龙译 2000　奔马,《丰饶之海(上)》, 北京燕山出版社）
村上春樹 2010　『村上春樹雑文集』, 新潮社（施小炜译 2013　《村上春树杂文集·无比芜杂的心绪》, 南海出版公司）
村上春樹 2013　『色彩を持たない多崎つくると、彼の巡礼の年』, 文藝春秋（施小炜译 2013　《没有色彩的多崎作和他的巡礼之年》, 南海出版社）
大江健三郎 1998　『万延元年のフットボール』, 講談社文芸文庫（郑民钦译 2008　万延元年的足球队,《大江健三郎精品集》, 复旦大学出版社）
阿云嘎著·哈森译 2013　满巴扎仓,《人民文学》第 12 期
曹文轩 2014　小尾巴·第五只轮子,《人民文学》第 6 期
池利 2003　有了快感就喊,《人民文学》第 1 期
李铁 2014　护林员的女人,《人民文学》第 7 期

林那北 2010　龙舟,《人民文学》第 3 期
刘汀 2014　午饭吃什么,《人民文学》第 7 期
麦客 2010　风语,《人民文学》第 6 期
塞壬 2015　祖母即将死去,《人民文学》第 9 期
孙惠芬 2004　岸边的蜻蜓,《人民文学》第 1 期
王棵 2015　我叫刘晓腊,《人民文学》第 4 期
须一瓜 2003　蛇宫,《人民文学》第 2 期
余华 1995　往事与刑罚,《余华作品集》,中国社会科学出版社
张炜 2014　描花的日子,《人民文学》第 6 期
张炜 2015　寻找鱼王,《人民文学》第 6 期
张子影 2015　天亮之前,《人民文学》第 6 期
周大新 2015　曲终人在,《人民文学》第 4 期
朱日亮 2003　归去来今,《人民文学》第 7 期
北京大学语料库 CCL
认识　http://renshi.people.con.on/GB/14998807.html
forum1　www.xys.org/forum/db/6/14/92.html
forum2　www.xys.org/forum/db/17/215.html
forum3　www.xys.org/forum/db/7/131/53/html
forum4　www.xys.org.forum/db/8/40/223.html
方舟子　www.xys.org/xys/netters.Fang-Zhouzi/evolution/darwintrial12/txt
GB　www.xys/org/xys/magazine/GB/2000/xys0012/txt


　　　　　　　　　　　　　　　　（はら・ゆきこ　姫路獨協大学）

# 词法和句法之间的互动及其接口

古川 裕

## 0 引言

现代汉语词法体系和句法体系之间过度阶段上有一组很特殊的语法成分，有代表性的具体例子有"可怕、可气、可怜、可笑"和"怕人、气人、动人、惊人"以及"好吃、好看、好说、好办"和"难吃、难看、难办、难忘"等双音节词语。这些词语在构词法（morphology）、造词法（word formation）以及句法（syntax）上都具有相当有意思的语法性质。

这些词语从比较静态的构词法角度来看，要归属于合成词（complex word），但从比较动态的造词法角度来看，有些例子可以超越词（word）的范畴还能扩展为词组（phrase）即句法结构（syntactic structure），换言之，这类词语可谓既属于词法平面的同时也属于句法平面。这些词语的特殊性还比较突出地表现在句法平面上：这些词语结构内部虽然都含有动词性语素，但是作为词语整体来看，它们已经丧失掉原来动词的性质而重新获得了新的语法性质，即形容词性。词形和词性发生变化的同时，句法层面上还要引起"施事主体（agent）的背景（background）化"以及"受事客体（patient）的前景（foreground）化"这样一个很重要的语法功能。这一语法功能所体现的，一方面是词语内部论元结构（argument structure）的价位变化，另一方面也是由此发生的句子内部名词的排位变化，即语态变换（voice change）。

我们认为，通过对这些词语的研究可以比较清楚地观察到现代汉语语法系统里词法和句法二者之间互相促动并互相制约的动态联系以及这二者之间的接口（interface）。围绕这个有趣的问题，本文准备从以下两个方

面进行讨论：

(a) 句法词的词法特点：造词成分的语法化及随之发生的语法功能的变化。

(b) 句法词的句法特点：论元结构的配位变化以及语态变化的词法表现。

## 1 句法词的词法特点

### 1.1 结构特点

我们首先从构词法的静态角度来观察一下上面所举的那些结构内部包含动词性语素的双音节成分。为了讨论的方便，本文把词语内部的动词性语素叫做"潜在动词"，记做 V；比如说，"可怕"的潜在动词是"怕"，"怕人"的潜在动词也是"怕"；"好吃"和"难吃"的潜在动词都是"吃"等，余例类此。

根据表明形式上的共性和个性，这些词语可以分为如下两个大类四个小类：

（甲）"可 V"型（A 类：以"可怕"为代表）和"V 人"型（B 类：以"怕人"为代表）

（乙）"好 V"型（C 类：以"好吃"为代表）和"难 V"型（D 类：以"难吃"为代表）

合成词一般可以分成两种，一种是复合词，还有一种是派生词。复合词是由两个或两个以上的词根合成的，如"朋友、庆祝、火车、照相机"等；派生词是词根加词缀（前缀和后缀）构成的，如"桌子、木头、阿姨"等。"可怕、怕人、好吃、难吃"等词语自然都可以分成"可+怕"、"怕+人"、"好+吃"、"难+吃"等前后两个单位的组合，不过如果要再进一步进行分析的话，我们就得面临一个困境，即很难判断它们是属于复合词还是属于派生词：如，除去 V 以后剩下来的"可"字、"好"字和"难"字都既有词根（像助动词）的性质，同时多少也有一点词缀（前缀）的性质；B 类"怕人"里的"人"字也一样，一方面有词根（当动词性语素"怕"的

宾语）的性质，另一方面也有一点词缀（后缀）的性质。因此，我们只能说这些词语既像是复合词也像是派生词，正处于合成词系统里复合词和派生词的中间阶段。

### 1.2 "可 V"型结构和"好 V／难 V"型结构的语法性质

从造词法的动态角度来说，有一点需要我们注意，即这些词语内部两个字之间的构造关系正好和句法结构（词组）的组合关系非常相似。比如，A 类"可 V"型词语的内部构造关系就跟句法层面助动词"可（以）"跟谓词性宾语 V 的搭配关系有一定的内在联系；C 类"好 V"型以及 D 类"难 V"型词语也可以看做是助动词"好／难"支配动词 V 的述宾关系[1]。B 类"V 人"型词语的内部构造也和一般的述宾结构"VN"平行，比如"气人"能扩展为"气死人、把人气死"是和"气我"能扩展成"气死我、把我气死"的情况相平行的。

鉴于以上这些构造特点、我们首先要承认这些词语既属于词法平面，同时也属于句法平面，因此我们在本文将这些词语叫做"句法结构式合成词（syntactic complex）"，简称"句法词"。语言事实告诉我们，形式上有"可 V"或"好 V／难 V"等这样几个类型的句法词并不一定都是词，它还可以是词组；换言之，从这几种造词框架里能够生产出来的语言单位既可以是词也可以是词组，这正好符合上面所说的句法词既能属于词法平面也能属于句法平面这一看法。

句法词不管是属于 A、B、C、D 哪一种小类，词内所潜在的动词性语素 V 可以是能够独立成词的自由语素（free morpheme），比如："怕（可怕／怕人）"、"气（客气／气人）"、"吃（好吃／难吃）"和"看（好看／难看）"等；也可以是不能独立成词的粘着语素（bound morpheme），比如"喜（可喜／喜人）"、"悲（可悲）"、"疑（可疑）"等。这里我们也不能忽视汉语历时平面的演变。这些粘着性的动词语素过去在古代汉语里很

---

1) 朱德熙 1982 第 5.13 章明确指出形容词"好"和"难"有助动词的用法。还可参看奥田宽 2000。

有可能是可以独立成词的自由性语素。这也就是说，从现代汉语这个共时的观点来看，潜在动词 V 的语法性质对句法词的成立已经并不起到很重要的作用了。"可"字现在虽然粘着性较强，但本来是一个文言成分，过去应该说是一个自由性较强的语素，原来就有相当于助动词的功能，如"后生可畏"、"奇货可居"、"可望而不可求"等说法里的"可"字。又如：

（1）就有道而正焉，可谓好学而已。　　　　　　　　（《论语·学而》）

（2）及平长，可娶妻，富人莫肯与者。　　　　　　（《史记·陈丞相世家》）

可见，从古代汉语一直到现代汉语书面语，"可"字后面本来就有条件比较自由地添加动词性成分（可以是单个儿的动词，也可以是动词性词组），换言之，"可"字后面的动词性成分既可以是单音节的词，也可以是双音节以上多音节的词组。"可"字如果跟单音节语素组合的话，组合结果就有条件能够成为双音节词；"可"字如果和双音节以上的成分组合的话，结果就成为三音节以上的成分，就很难成为一个词而只能是一个词组了。正因为这个原因，在现代汉语这个共时平面上，A 类"可 V"型结构的词语有些可以说已经凝固成一个词，也有一些只能说是临时组合的词组。前者有"可气、可怕、可怜"等已经登录在词典里的双音节词，这些词语都是属于词法平面的成分；后者有"可介绍（没什么可介绍的）"、"可说（无话可说）"之类的临时性词组，这些词语应该说是属于句法平面的临时性组合成分。又如：

（3）这话不可全信，不可不信。　　　　　　　　（北京大学 CCL 语料库）

（4）他哪里知道近半年连小妹也说他是可敬不可爱。谁能理解我的苦衷啊！　　　　　　　　　　　　　　　　　（北京大学 CCL 语料库）

与此同时，我们也能注意到"可"字的身份也随之发生变化：词里边的"可"字是词缀（前缀），或者可以说是已经高度语法化了的构词成分；词组里边的"可"字应该说是功能相当于"可以"的助动词，或者可以说是双音节助动词"可以"的单音形式。随着和它相结合的 V 的身份变化，"可"字的语法化程度也发生由高到低的程度变化，即"可"字可以由词缀（高度语法化成分）提升为一个词（低度语法化成分）。

尽管如此，我们也还是不同意把词汇化的"可 V"和词组的"可 V"

这两者分开来讲，倒要主张有必要把这两者统一起来，要把这两个不同层次的成分统一对待。只要有这样的观点，我们就可以指出"可V"型等几种造词框架既能够生产词也能够生产词组。我们认为，这种有可塑性的语言现象正好可以说明现代汉语词法与句法之间所特有的互通性。

在造词法上能够起到关键作用的还有韵律方面的条件。为了能使A、B类"可V/V人"型词语以及C、D类"好V/难V"型词语最终能成为一个稳定的词汇形式即双音节，V在韵律层面上只能是一个单音节的动词性成分。正因为这个原因，比如我们只能用单音节动词"怕"来构成A类"可怕"和B类"怕人"，却不能用双音节形式的近义词"害怕"来构造"*可害怕"或"*害怕人"等词。另外，还有一些"可V"是粘着性的，它们只能出现在固定的四字格里，例如"深不可测"里的"？可测"、"无可适从"里的"？可适从"、"不可思议"里的"？可思议"、"笑容可掬"里的"？可掬"、"妙不可言"里的"？可言"等等。这些"可V"型组合都不能从已固定化的四字格里取出来而单独使用，只能说是构词部件。其实，只要有一个条件，双音节动词也就可以潜在这几类词语里："不可+双音V"，比如"不可想像"可以成立（试比较"？可想像"很难成立）；还有，"不好+双音V"、"很难+双音V"以及"难以+双音V"等。

C类"好V"型和D类"难V"型结构的情形也和"可V"型结构非常相似。正如朱德熙1982以及吕叔湘1999等所指出过的那样，"好办/难办"以及"好说/难说"这些词语里的"好"和"难"的作用类似助动词，分别表示"容易做某件事"或"不容易做某件事"。我们认为这是一个开放的类，从逻辑上来讲，所有的动作行为都有可能"容易做"或"不容易做"。例如，"巧妇难为无米之炊"、"家家都有一本难念的经"、"一言既出，驷马难追"等俗语里的"难"字表示的都是"不容易"的意思。那么凡是能表示动作行为的动词性词语都会有可能出现在C、D两类结构里了。为了调节韵律条件，"好"字和"难"字往往会变成"很好""不好""很难""难以"等双音形式。这又正好说明这两类"好V/难V"性词语也可以从词汇平面的构词现象扩展到句法平面的组合现象。请看下面的例子：

(5)"好+懂"：他那篇文章很好懂。

(6)"好+商量":算了吧,这已经没什么好商量的了。

(7)"不难+想像":他的心情不难想像。

(8)"很难+插手":这件事我们很难插手。

(9)"很难+令人相信":这个消息很难令人相信。

(10)"很难+用一句话来描写":当时的情景很难用一句话来描写。

(11)"难以+同美国改善关系":新华社德黑兰 1 月 31 日电  伊朗总统拉夫桑贾尼今天说,在目前状况下,伊朗难以同美国改善关系。

### 1.3 "可V"型句法词和"V人"型句法词

下面我们再看一下各类句法词。我们先看 A 类"可V"型句法词和 B 类"V人"型句法词。A 类句法词和 B 类句法词之间潜在动词有一种局部性的互换关系。具体说,有些动词性语素V在"可V"和"V人"这两类造词框架里都可以出现,比如"怕"可以构造 A 类"可怕"和 B 类"怕人",还有"可气"和"气人"、"可喜"和"喜人"、"可恨"和"恨人"也都一样。但是实际上大部分V还是有选择性而没有互换性,只能出现在 A 类或 B 类其中一种造词框架里头。例如,"悲"只能构造 A 类"可悲"而不能构造 B 类"*悲人";相反,"惊"只能构造 B 类"惊人"而不能构造 A 类"*可惊"。

从语义上看这两类句法词的共性,我们就可以发现这两类句法词的潜在动词V大部分都是跟"喜怒哀乐"等人们心理感情有关系的动词性语素。具体例子如"喜、笑、乐、爱、悲、气、恼、感、叹、敬、佩、贵、怕、惊、怖、憎、恨、怪、恶、鄙、怜、醉、信、疑"等,本文把这些归入 A-1 类。另外,还有一些不表示心理感情的动词性语素,如"可观、可见、可靠、可取、可行"等,这些V大都是不能单说的粘着语素,也就是带有文言性的书面语体字。换言之,这里就有现代汉语和古代汉语之间互通的接口,本文把这些词归入 A-2 类。A-2 类的V都不能出现在 B 类"V人"型框架里,比如可以说"可观",但不能说"*观人"。

从"可"字的角度来看,我们也可以说这里有两种"可":跟 A-1 类的V相结合的"可"字表示"令人感到V";跟 A-2 类的V相结合的"可"

字表示"可以V"。具体成员如下：

A 类 "可V"型句法词：

A-1：可爱、可悲、可鄙、可怖、可耻、可怪、可靠、可恨、可乐、可怜、可佩、可气、可恼、可叹、可恶、可惜、可喜、可笑、可信、可以、可憎等。

A-2：可观、可见、可靠、可取、可行、可耕、可谓、可想（而知）等。

B 类 "V人"型句法词：动人、烦人、感人、恨人、惊人、累人、迷人、恼人、怕人、气人、烫人、喜人、吓人、噎人、宜人、诱人、醉人等。

A 类和 B 类这两种造词框架的生产性也有高低之分。B 类"V人"型是个封闭的类，属于这一类的具体词汇大概不外乎是上面所举的那几个词。与此类相反，A 类结构可以说有相当高的生产性。"可__"型这一造词框架的空格里，除了动词性成分 V 以外，还有一部分名词性语素（记做 n）也可以出现。例如：

An 类"可n"型句法词：可口、可身、可体、可心、可以等。

Ax 类"可x"型固定格：

[可V可v] 可歌可泣、可敬可佩、可有可无、可加可不加、可望而不可及、可望而不可即、可望而不可求等。

[可V之O] 可造之才、可乘之机、可乘之隙等。

[X Y可V] 确凿可信、随处可见、和蔼可亲、难能可贵、无话可说、笑容可掬、倚马可待、指日可待、垂手可得、端倪可察、大有可为、屈指可数、孺子可教、后生可畏、奇货可居等。

[X不可V] 妙不可言、深不可测、俗不可耐、高不可攀、牢不可破、急不可待、坚不可摧、怒不可遏、势不可挡等。

[不可V2] 不可抗拒、不可拒绝、不可接受、不可思议、不可救药、不可开交、不可理喻、不可置信、不可磨灭、不可名状、不可偏废、不可侵犯、不可企及、不可企及、不可胜数、不可胜计、不可胜言等。

[无可V2] 无可奈何、无可适从、无可厚非、无可讳言、无可非议、

无可厚非、无可否认、无可奉告、无可反驳、无可比拟、无可比拟、无可争议、无可置疑、无可争辩、无可指责、无可避免、忍无可忍等。

[有 n 可 V] 有机可乘、有迹可循、有案可稽、有案可查、有利可图等。

## 1.4 "好 V"型句法词和"难 V"型句法词

C 类"好 V"型句法词和 D 类"难 V"型句法词基本上是一对一对立的反义形容词,例如"好吃:难吃"、"好听:难听"、"好说:难说"等。也有一部分例子没有反义形式,如"好玩儿:*难玩儿"、"好惹:*难惹"。还有一有意思的例子,"好过"有两个反义形式"难过"和"不好过",这两个词用法稍微有所不同,"日子/生活"等可以搭配"不好过";描写人的心理状态的时候可以搭配"(心里)难过"。

从语义角度看,我们对这两类句法词还可以进行进一步的分类:一类是表示"感官效果(形象、声音、气味、味道、感觉等)的好坏";另一类表示"容易不容易做某件事"。具体例子分别如下:

C 类 "好 V"型句法词
C-1:好吃、好过、好喝、好看、好受、好听、好玩儿、好闻等。
C-2:好办、好说、好懂、好使、好走、好惹等。
D 类 "难 V"型句法词
D-1:难吃、难过、难喝、难看、难受、难听、难闻等。
D-2:难办、难说、难懂、难走、难忘、难学等。

上面这个语义上的分类正好反映结构内部的区别。如上所述,前一类 C-1 类"好 V"型和 D-1 类"难 V"型句法词,其结构内部的结合非常紧密,很多都已经实现词汇化。相反,后一类 C-2 类"好 V"和 D-2 类"难 V"都不大像是词,而很像是"助动词+动词"结构的词组。

我们可以说,C-1 和 D-1 这两类是封闭的类,实例有限,都属于词法平面,基本都收在词典里,因此我们不能随便用别的 V 来产生这类新词;而 C-2 和 D-2 这两类则是开放的类,结构性质比较接近可以自由组

合的词组，因此我们可以用很多动作性动词来构成这类句法词，词典无法把此类句法词都收进去。因为 C-1 类和 D-1 类基本已经词汇化，不管是"好 V"还是"难 V"，双音节的韵律约束比较强，V 应该是单音节的动词性语素；而 C-2 类和 D-2 类因为是自由组合的词组，韵律约束并不强，V 可以是单音节，也可以是多音节的成分，例如"好说、好跟他说、好商量、好跟他们商量"等。这两类句法词，"好"字和"难"字也有语法化程度的高低之分：C-1 和 D-1 类（"好吃：难吃"、"好看：难看"等）里边的"好"字和"难"字语法化程度较高，其功能基本等同于构词成分，即前缀；C-2 和 D-2 类（"好办：难办"、"好说：难说"）里边的"好"字和"难"字语法化程度较低，其功能比较接近于助动词。

## 2 句法词的句法特点

### 2.1 句法词的词性

我们先看一下句法词的词类性质。句法词有如下语法分布：可以受程度副词的修饰，如"很可怕"；可以当定语，如"可怕的故事"；可以当谓语，如"这个故事很可怕"；可以当补语，如"说得非常可怕"；可以带补语，如"可怕极了"；可以出现在比较句，如"比老虎还可怕"，不能直接当状语，如"*很可怕地说"，等。以上这些语法分布正好跟性质形容词相同，只有一点不相同，那就是句法词不能重叠，如"*可可怕怕／*可怕可怕"。

张伯江 1996 曾认为"好看、好受、好听"等都不是形容词而应该算作不及物动词里的一类。我们从句法词的语法分布来判断这些词属于性质形容词里的一小类。也许我们可以说，句法词既不是典型的性质形容词，也不是纯粹的不及物动词，只好承认它们正处于这两个谓词性词类之间由动词向形容词靠拢的一个过渡性阶段。

### 2.2 句法词的论元结构及其句法表现

下面我们换个角度从词语的论元结构来看一下句法词的语法性质。我

们都会承认不及物动词和形容词都是很典型的 1 价谓词,句法词也一样是 1 价动词。谈到这里,我们似乎可以说在论元数为 1 这个共性上面,不及物动词、形容词和句法词这三者构成一条有连续性的关系。其实这个说法过于太笼统,不能正确反映句法词真正的句法特点。

我们需要做的是对句法词的论元角色(argument role)加以进一步的分析。不及物动词唯一的一个论元一般是代表施事类的名词,如"她又哭又笑"、"太阳升起来了,黑暗留在后面"这样例句里的"她"和"太阳、黑暗"等。与此相反,句法词的一个论元都不是代表施事类的名词。通过研究我们发现,句法词具有"主体施事名词(agent)的背景化"这样一个很重要的语法功能。具体说,句法词要从潜在动词 V 的论元里除掉一个论元,而且这个要被除掉的论元一定是代表施事的主体名词。反过来说,句法词的论元里不能有代表施事范畴的名词,因此句法词充当谓语的句子里不能出现其潜在动词 V 的施事主体名词[2]。下面两组例句可以证明这一点:

⑿　句法词"可怕"及其潜在动词"怕"

12a　我们都很怕那只大老虎。

12b　*我们都很可怕那只大老虎。

12c　那只大老虎,我们都很怕。

12d　*那只大老虎,我们都很可怕。

12e　那只大老虎很可怕。

⒀　句法词"好吃"及其潜在动词"吃"

13a　我们都爱吃这种面包。

13b　*我们都好吃这种面包。

13c　这种面包,我们都爱吃。

13d　*这种面包,我们都好吃。

13e　这种面包很好吃。

---

[2]　"可怜"可以做为 2 价动词用,如"对这种一贯做坏事的人,我们绝对不能可怜他。"可参看史有为 1992:155。

下面我们可以用示意图表示句法词及其潜在动词的论元增减关系：

(12)′　　[潜在动词 V]　　　　　　　　[句法词"可 V"]
　　　　怕（Agent〈Theme〉）　⟷　　可怕（Theme）
　　　　我们　怕　老虎。　　　　　　老虎　很可怕。

(13)′　　[潜在动词 V]　　　　　　　　[句法词"好 V"]
　　　　吃（Agent〈Theme〉）　⟷　　好吃（Theme）
　　　　我们　吃　面包。　　　　　　面包　很好吃。

值得注意的是，句法词当谓语的句子里受事对象名词能当主语绝不是宾语主题化的结果。如上例(12d)(13d)所示，"*那只大老虎，我们都很可怕"、"*这种面包我们都好吃"都不成立，显然这些例子都不能带有施事名词"我们"。可见，在句法词当谓语的句子里施事主体名词都被隐退到背景里去了，因此对说话人和听话人来说，潜在动词 V 的主体名词根本不在所考虑的范围之内，无人问津：比如我们说"那只大老虎很可怕"或说"这种面包很好吃"的时候，我们根本不在乎"谁怕老虎"或"谁吃面包"的问题："可怕"和"好吃"虽然用潜在动词 V 来构词，但所描写的是 V 的受事客体（patient）所具有的属性。

## 2.3　句法词和语态变换

从潜在动词 V 的角度来说，句法词是该动词论元的"减价现象"：本来有两个论元（即 2 价）的及物动词 V，一旦放到句法词里，它的论元数就由 2 价减到 1 价。句法词减价现象的本质就是施事主体名词的背景化，或者说隐藏化，同时也是受事客体名词的前景化，或者说显眼化。值得我们特别指出的是，潜在动词 V 进入句法词的时候，发生动词的减价现象的同时，句法平面也发生句中名词的排列变化：那就是，原来充当潜在动词 V 的宾语的受事名词要提升为句法词谓语句的主语。谓语动词的形态变化促动句中名词的排列顺序，这不外乎是"语态变化（voice change）"。

总之，句法词最重要的句法功能应该说是引起潜在动词 V 的论元减价现象，并由此引起受事名词的升级现象来实现语态变换。我们用下图表示词法层面和句法层面的互动现象：

我们举几个实例来确认一下句法词谓语句的特点，请看例句：

⑭ A 类"可 V"型：

但两个人再也睡不着觉。家里多了一把黄伞。这才深切地体会到，家里多了东西远比少了东西可怕。　　　　　　　　（刘心武《黄伞》）

⑮ B 类"V 人"型：

高妈喊了他一声："祥子！门口有位小姐找你，我正从街上回来，她跟我直打听你。"等祥子出来，她低声找补了句："她（虎妞）像个大黑塔！怪怕人的！"　　　　　　　　　　（老舍《骆驼祥子》）

⑯ C 类"好 V"型：

"你们看见过杀头吗？"阿 Q 说，"咳，好看。杀革命党，唉，好看，好看。"　　　　　　　　　　　　　　　　　　（鲁迅《阿 Q 正传》）

⑰ D 类"难 V"型：

我第一次听她唱歌儿，倒不怎么难听。

由上可见，在句法词做谓语的句子里充当主语的成分都是潜在动词 V 原来的受事名词提升而成的。

## 2.4　句法词和潜在动词

用"施事主体名词的背景化"以及"受事客体名词的前景化"这样一对新的概念，我们就可以预测下面两个句子会有不同的语义结构，并且容

易解释为什么会有不同语义关系的原因:

(18) 我太太特别害怕。

(19) 我太太特别可怕。

上面两个例句看似非常相近,其实意思完全不同。为什么?因为谓语动词"害怕"和"可怕"的论元结构不一样,主语名词"我太太"的语义角色也就不一样。前一例(18)谓语动词"害怕"是典型的2价动词(如,老鼠害怕猫),其两个论元是感受主体(优先当主语)和感受对象(优先当宾语)。那么例句中的主语"我太太"就能很自然地解释为感受主体,结果整句构成"我对某一个事物的存在而感到很害怕"的语义关系。刚好相反,后一例(19)谓语动词"可怕"的主语不是感受主体,而恰恰是感受对象。这是因为句法词"可怕"的论元结构里只能有受事对象的缘故。这样,主语名词"我太太"就被解释为潜在动词 V"怕"的感受对象了。

另外,我们在古川裕2003专门讨论现代汉语感受谓语句的句法特点时,曾指出句法词谓语句和使动态(causative voice)谓语句之间有着非常密切的互通关系:举例来说,句法词"可怕/怕人"的功能相当于"使人害怕(令人害怕、叫人害怕、让人害怕)"等使动态动词组。A类"可V"型句法词和B类"V人"型句法词大部分都表示人的"喜怒哀乐"等人的感受经验这一事实也支持这一点。

[词法层面]      [句法层面]

感受起因 + 句法词谓语      感受起因 + 使动态动词组

(20) 野生的老虎   很可怕。 ⟷ 野生的老虎 让人感到很害怕。

(21) 虎妞的长相   很怕人。 ⟷ 虎妞的长相 使人感到很害怕。

## 2.5 从句法词重新看一下词法和句法之间的接口

本文开头就讲到句法词既属于词法现象,同时也属于句法现象。最后我们再一次重新看一下词法和句法的接口在哪里。如上文所述,C、D类"好V、难V"型词语,其成员内部并不均匀,有的结合得很紧密,已凝固成一个词(C-1、D-1类);有的结合得很松散,像是一个"助动词+

动词"型词组（C-2、D-2 类）。我们认为、前一类是句法词的原型（prototype），而后一类则是边缘性的例子。最明显的差别是，后一类非典型的句法词充当句子的谓语的时候，该句中可以有施事主体名词出现。试比较一下 C-1 类"（不）好吃"和 C-2 类"（不）好说"之间的不同表现：

(22a) *我们真不好吃这种面包。
(22b) *这种面包，我们真不好吃。
(22c) 这种面包真不好吃。

(23a) 我真不好说那件事的真相。
(23b) 那件事的真相，我真不好说。
(23c) 那件事的真相真不好说。

(24a) 我们都不能说明那件事的真相。
(24b) 那件事的真相，我们都不能说明。
(24c) 那件事的真相不能说明。

上例⑵代表典型的"助动词＋动词"性动词组当谓语的句子。由上可见，⑵"不好说"和⑵"不能吃"的语法表现完全相同，即句中可以出现施事主体名词充当主语。这些语言事实一方面证明 C-2 类句法词"好说"确实属于"助动词＋动词"型的述宾词组；同时，另一方面还证明 C-1 类"好吃"确实是一个词。

## 3 总结

### 3.1 从词到词组的连续统

综上所述，句法词各种实例并不是单一单位的集合，而是一条由词可以游移倒词组的连续统（continuum）。我们相信这样有可塑性的观点可以帮助我们理解词法系统和句法系统之间的互动性。请看下图：

|  | 句法词 < < < < 句法结构 | | | |
|---|---|---|---|---|
| A 类"可V"型 | A-1 可怕 | A-2 可靠 | 不可想象 | 可以想像 |
| B 类"V 人"型 | 怕人 | | 怕死人 | 叫人害怕 让人害怕 使人害怕 令人害怕 |
| C 类"好V"型 | C-1 好吃 | C-2 好说 | 不好解决 | |
| D 类"难V"型 | 难吃 | 难办 | 难以想像 不难想像 | |

### 3.2 句法词和离合词

过去讲现代汉语词法和句法之间的互动现象的时候，我们经常提到离合词。离合词可以说是动词范畴里的已和非典型性成分，那么句法词也可以说是形容词范畴里的一个很有意思的非典型性成分。我们认为，离合词和句法词都可以很清楚地给我们揭示现代汉语语法体系里词法系统和句法系统之间的动态联系。

综上所述，本文从词法和句法互动的界面观察了句法词，主要发现一下几点：

(a) 句法结构式合成词（句法词）既属于词法平面，也属于句法平面。
(b) 句法词的论元结构不继承潜在动词 V 的论元结构。论元数目要减少，要除掉 V 的施事主体名词。
(c) 句法词具有"施事主体名词的背景化"以及"受事客体名词的前景化"这一对句法功能。
(d) 句法词特有的句法词的促成句中名词的排位变化，引起句子的语态变化。

现代汉语的语态变换不仅有句法手段，还有词法手段。句法词可以视为语态变换的词法表现之一。

## 参考文献

古川裕 2009 動詞由来型形容詞の意味と構造に関する日中対照研究，《汉日理论语言学研究》，学苑出版社

木村英樹 2002 中国語二重主語文の意味と構造，『認知言語学Ⅰ：事象構造』，東京大学出版会

曹逢甫、林麗卿 2001 橫看成嶺側成峰—以漢語難字結構爲例談句法與構詞之間的關係，『現代中國語研究』第 2 期，朋友書店

董秀芳 2002 论句法结构的词汇化，《语言研究》第 3 期

古川裕 2003 现代汉语感受谓语句的句法特点，《语言教学与研究》第 2 期

古川裕 2005 "怕"类词的句法功能及其扩展机制，《汉语语法研究的新拓展（二）》，浙江教育出版社

吕叔湘 1999 《现代汉语八百词（增订本）》，商务印书馆

奥田宽 2000 作为助动词的"容易"和"好"，《语法研究和探索（十）》，商务印书馆

史有为 1992 《呼唤柔性—汉语语法探异》，海南出版社

袁毓林 2002 论元角色的层级关系和语义研究，《世界汉语教学》第 3 期

张伯江 1996 性质形容词的范围和层次，《汉语功能语法研究》（与方梅合著），江西教育出版社

朱德熙 1956 现代汉语形容词研究，《语言研究》第 1 期

朱德熙 1982 《语法讲义》，商务印书馆

＊本文初稿曾发表在《现代中国语研究》第 5 期，此次发表有所修改。

（ふるかわ・ゆたか　大阪大学）

# 现代汉语双及物结构式
# 语义内涵的再分析

## 任 鹰

## 1 引言

1.1 这里所说的双及物结构式,是指述语动词后带有两个名词性成分,两个名词性成分分别与述语动词发生及物性关系的语言结构式。在以往的汉语语法研究中,人们通常从句法形式的角度着眼,称之为双宾语结构。张伯江 1998 则另辟蹊径,从句式语义的角度着眼,将此类结构称为双及物结构,并对其特有的句式义加以分析、概括。前述研究为揭示一类句式的共同特征和生成理据,提供了独特的视角和有效的方法,对整个句式范畴的扩张机制的阐释,也是十分科学、合理的。不过,在我们看来,其中某些结论似乎还存有值得商榷之处。

张伯江 1998 主要是以句式语法理论对汉语的双及物结构式展开分析的,提出双及物结构式作为独立的句式应有其特有的句式义,典型的双及物结构式的句法与语义特征应为:在形式为"A+V+R+P"的句式里,施事者有意地把受事转移给接受者,这个过程是在发生的现场成功地完成的。"刚才老李送我一本书"、"昨天邻居卖我一把旧椅子"等,就是具有典型例示作用的双及物结构。一类句式也就是一种语法范畴,在句式的演化也即范畴的扩展中,隐喻(metaphor)往往是不可缺少的认知环节。张伯江 1998 正是从隐喻发生的角度对双及物结构式由典型成员至非典型成员的扩展过程进行说明的,其中涉及施者与接受者的引申、给予物的引

申及给予方式的引申。通过对以隐喻为主要途径的引申机制的剖析,从大部分双及物结构中都归纳出以"给予"为核心的句式义。"给予"必然涉及给予者、接受者及给予者所与也即接受者所受之物,在"给予"事件的三个参与者中,给予者是动作的发出者,接受者及所受之物则是动作的支配对象,由于接受者及所受之物均有理由在同一个结构中作为述语的支配性成分出现,因而将"给予"义的存在看作双及物结构成立的关键,是很有说服力的。然而,该文也指出,并不是所有的双及物结构都能引申出"给予"义。无法引申出"给予"义的双及物结构,主要是指含"买"、"拿"、"偷"、"借"等具有[＋取得]语义特征的动词的结构。该文将对此类结构的处理看作以句式语法理论解释双及物结构的一个难题,因为"从认知语义和句式语法的观点看,'我买/拿了他一本书'的确是施事者的一种主动性行为,句式也可以说是涉及三个参与者,但能否解释为其语义也是由双及物式核心语义'给予'引申出来的呢？困难在于动词的词汇意义跟'给予'正相反,我们寻找不出任何线索可以说明'买'等动词有引申的'给予'义。"[1] 我们认为,要想解决这个"难题",唯有摆脱"给予"义的制约,在一个更高的层次上发掘双及物结构式的核心语义,寻求对各类双及物结构式均具有涵盖力的语义内涵,只有以这样的句式义为基础,才能对双及物结构的生成理据作出更合理的解释。

---

1) 拙作初稿完成后,笔者读到张伯江 1999(张伯江 1998 修改稿)。该文指出:"如同'我问他一个问题'就是给予了一个'请求'一样,'我买了他一本书'则是给予了'他'一个'损失'。""一本书"是喻体,"一本书的损失"是转指物,从给予类动词构成的双及物结构到索取类动词构成的双及物结构,句式的整体意义没有改变,其中的引申机制便是转喻。可是,在我们看来,双及物结构式的"给予"义得以形成的一个很重要的因素,就是句中述语动词本身具有或者能够在句式中获取"给予"义,而表示"获取"的动词不仅本身不含"给予"义,也不具备在句式中获取"给予"义的语义条件。在同一个事件中,"给"与"得"是处于两个端点的行为,或者说,"给"与"得"是一个事件的两个侧面,"得"是与"给"联系在一起的,无法转以表示"给"的方式和目的。"给予"与"获取"是两相对立的语义特征,具有[＋获取]语义特征的动词是难以在句式中取得[＋给予]语义特征的。

**1.2** 应当说,"给予"义只是一部分双及物结构式的语义内涵,另有一部分双及物结构式的语义内涵是与"给予"相对立的"取得"。那么,"给予"义和"取得"义的表达为何能够使用同一类语言结构式呢?我们认为,这主要就是因为在"给予"义与"取得"义之上还有能够涵括二者的更高层次的语义,表"给予"结构与表"取得"结构有着共同的语义基础[2]。简单地说,无论是"给予"还是"取得",其实都是附着物以附着体为参照点的转移,"给予"是附着物以附着体为位移终点的转移,"取得"则是附着物以附着体为位移起点的转移,前者可被看作正向转移,后者则可被看作负向转移。这种转移往往是在第三者的控制下进行的,第三者所施行的动作是转移得以发生并完成的条件。动作的施行者、附着物与附着体是"给予"或"取得"事件的主要参与者,动作的施行者使附着物移入或移出附着体是"给予"或"取得"事件的主要内容。

## 2 典型的双及物事件及其表述方式

**2.1** 语言是现实世界的反映,语句是事件的表述,在现实世界中,将附着体与附着物联系起来的事件主要有两类:一是使附着物附于附着体,二是使附着物脱离附着体。在上述两类事件中,附着体和附着物都会

---

[2] 还有一个值得注意的现象,即汉语中存在一些词内包含反向语义的动词,如"抹"、"刷"等既可以表示"使附着",也可以表示"使脱离",而"借"、"租"等既可以表示"给予"义,也可以表示"取得"义,授受兼用。按照认知语言学理论,一种语言形式不可能表达两种甚或几种毫不相干的内容。反向语义能够采用同一词语形式,就是因为从两种反向语义中能够概括出共有的语义要素。无论是"抹上"、"刷上",还是"抹下"、"刷下",也无论是"借入"、"租入",还是"借出"、"租出",所表述的事件都是某物在某种外界因素作用下的转移,只是转移的方向有所不同。不同方向的两种转移过程可被看作一类事件,或许就是一个动词含有两种反向语义的主要原因。

不同方向的"转移"可被作为一类事件并固化为一种词语形式,当然也就更有理由被作为一类事件外化为一种句法格式。

受到动作的作用,并在动作的作用下产生某种变化。其中,附着体所产生的变化应被归结为状态的变化,附着物所产生的变化则属于位置的变化。同时,我们看到,门派纷呈、学说各异的现代语言学理论,譬如,菲尔墨(Charles Fillmore)的格语法理论、道蒂(David Dowty)等人的题元理论及近来非常引人注目的配位理论,都把状态的改变和位置的移动看作事物变化的两种最为重要的形式,而变化性通常又被看作受事成分从而也被看作宾语成分的典型特征。也就是说,在动作的作用下有所变化的事物是受事性较强的事物,而受事性越强,越是有利于实现为语言结构的宾语成分。对于一个事物及其指称形式来说,变化性—受事性—宾语性,是环环相扣并具有因果关系的属性。如果在同一个事件中,两个事物的变化程度同样显著,两个成分的受事性质难分强弱,在表述这一事件时,宾语成分的选择就失去了唯一性。菲尔墨所提出的"核心成分级别"的确定标准和道蒂所提出的"论元选择"的基本原则,都已表明这样的意思。

2.2 一个动词可支配的具有受事性质的配项不止一个,就意味着这个动词是具有多重语义特征和多向支配能力的动词,与不同的配项相组合,是不同的语义特征和支配能力在起作用。此类动词在对其配项进行格位指派时,既可以在语言视点的控制下确定一个受事成分,另一个隐而不现或通过"格的转化"[3] 机制转化为其他语义成分,也可以利用能够增加受事成分句位的句式(如"把"字句、"被"字句等),使其两个配项(如代表附着体的配项和代表附着物的配项)都以受事身份出现在语句中。例如:

---

[3] 袁毓林 1998 曾提到"格的细分、合并与转化"问题。其中,语义格的转化(transform)就是指"随着透视域的改变,语义场景中的有关要素的作用发生了变化;最终,导致表达这些场景要素的语言成分的语义格发生了变化。""透视域"是菲尔墨在其二期理论提出的一个概念,主要是指说话人在进行表达时,对客观场景的构成要素的选择或称"过滤"的程序。

A

(a) a'. 他用绳子捆行李　(1) 他把绳子捆了行李
　　a'. 他在行李上捆绳子　(2) 绳子被他捆了行李
　　　　　　　　　　　　(3) 他把行李捆了绳子
　　　　　　　　　　　　(4) 行李被他捆了绳子
　　　　　　　　　　　　(5) 他在捆行李
　　　　　　　　　　　　(6) 他在捆绳子
　　　　　　　　　　　　(7) 绳子捆了行李
　　　　　　　　　　　　(8) 行李捆了绳子

(b) b'. 他用涂料刷墙壁　(1) 他把涂料刷了墙壁
　　b'. 他在墙壁上刷涂料　(2) 涂料被他刷了墙壁
　　　　　　　　　　　　(3) 他把墙壁刷了涂料
　　　　　　　　　　　　(4) 墙壁被他刷了涂料
　　　　　　　　　　　　(5) 他在刷涂料
　　　　　　　　　　　　(6) 他在刷墙壁
　　　　　　　　　　　　(7) 涂料刷了墙壁
　　　　　　　　　　　　(8) 墙壁刷了涂料

在上述例句所表述的事件中，附着物和附着体都是动作作用的对象，整个事件发展的过程就是在动作的作用下附着物向附着体转移的过程，转移的结果便是附着物发生了位置变化，附着体发生了状态变化。例句所体现的是经"透视域""过滤"后语义格实现及组配的状况，a'、b'作为不同格式的基础句，对"格的转化"状况显示得比较清楚；其他几个例句分别以不同的句法框架对动词的两个配项的语义角色进行测试，测试结果便是两个配项都有条件充当对受事性质有所要求的句法成分，如处置式中"把"的宾语、被动句主语及施动句宾语。

在另外一类将附着体与附着物联系起来的事件即附着物脱离附着体的事件中，附着体和附着物同样都可以被看作动作作用的对象，指称附着体和附着物的成分也都能以受事者的身份出现在语句中。例如：

B

(a) 他扫院子里的垃圾　(1)　他扫院子　　　(2)　他扫垃圾
　　　　　　　　　　　(3)　他把院子扫了　(4)　他把垃圾扫了
　　　　　　　　　　　(5)　院子被他扫了　(6)　垃圾被他扫了
　　　　　　　　　　　(7) *他把院子扫了垃圾
　　　　　　　　　　　(8) *他把垃圾扫了院子
　　　　　　　　　　　(9) *院子被他扫了垃圾
　　　　　　　　　　　(10) *垃圾被他扫了院子
　　　　　　　　　　　(11) *院子扫了垃圾　(12) *垃圾扫了院子

(b) 他抹桌子上的灰　　(1)　他抹灰　　　　(2)　他抹桌子
　　　　　　　　　　　(3)　他把桌子抹了　(4)　他把灰抹了
　　　　　　　　　　　(5)　桌子被他抹了　(6)　灰被他抹了
　　　　　　　　　　　(7) ?他把桌子抹了灰　(8) *他把灰抹了桌子
　　　　　　　　　　　(9) *桌子被他抹了灰　(10) *灰被他抹了桌子
　　　　　　　　　　　(11) ?桌子抹了灰　　(12) *灰抹了桌子

与例句 A 不同的是，例句 B 中的附着体与附着物作为受事成分在不同的句位上共现比较困难。对这种差异形成的原因，暂时还无法作出非常明确的解释。不过，通过两类结构的对比，我们感到似乎主要是事理和认知因素在起作用，基本同附着体与附着物的受事性质无关[4]。

就其本质而言，前述例句中的动词都是具有双重语义特征和双向支配能力的动词。如对其语义特征加以描述，可记作 [使附着] 或 [＋使脱离] 及 [＋致增] 或 [＋致减]。将附着体作为支配对象，是 [＋致增] 或 [＋致减] 语义特征在起作用；将附着物作为支配对象，则是 [使附着] 或 [＋使脱离] 语义特征在起作用。归根结底，句法成分的组合也就是语义特征的组合，一个动词具有双重语义特征，便会具有双重组合能力或称双向支配能力，可与不同性质的成分组合在一起，从不同的角度支配不同的成分。

2.3　其实，在某些语言结构中表现出语义特征和支配能力的灵活性、多样性特点的动词，并不限于本身具有双重语义特征和双向支配能力的动

词。句式语法认为,"句式语义与词汇语义之间是一种互动关系"(参见张伯江1999),词义制约句式,句式影响词义,句式的形成与词语的意义和功能有关,同时,词语的意义和功能也能为句式所调整。有些动词的组配特点甚至配价方式会在运用中有所改变,往往就是所在句式影响和调整的结果。为此,我们看一个动词是否具有双重语义特征和双向支配能力,不能仅看其在抽象语境中的语义和用法。

2.4 应当说,现实世界存在着将附着体与附着物联系起来的"双及物事件",是语言中的双及物结构存在的客观基础。可是,语言毕竟不是现实事件的简单映现,语言系统有其自身的运作机制,典型的"双及物事件"并不能直接实现为语言中的双及物结构。在双及物结构式中,述语动词后的两个名词性成分虽然都与动词发生及物性关系,但及物性关系的强

---

4) 按句法成分和语义成分的一般配位规律,在汉语语句中,受事所经常充任的句法成分主要为动词的直接宾语、被动句主语和"把"字宾语,此外,还可充任受事主语。前文说过,在一个将附着体与附着物联系起来的事件中,附着体与附着物都是在动作的作用下有所变化的成分,都是受事性成分。附着体与附着物如要共现于同一个句子,那么在一方充任直接宾语的情况下,可供另一方选择的句位则有被动句主语、"把"字宾语及所谓的受事主语或称话题句的话题。而无论是充任被动句主语,还是充任"把"字宾语或是受事主语,除了对其受事性质有所要求之外,还有其他方面的角色要求。简单地说,作为被动句主语,应当含有"受影响者(affectee)"或"遭遇者"这样的角色特征,作为"把"字宾语和受事主语则需分别附有处置对象及说明对象这样的角色特征。(参见杉村1993,木村1997等) 仅仅具有受事性,而不具备其他角色特征,是无法在对其相应的角色特征有所要求的句位上出现的。从道理上说,"添加"是比"消除"更为突显的变化,人们更倾向于把附着物的添加看作对附着体的影响和处置,看作附着体自身状况的变化;例句A中的附着体是位移终点,例句B中的附着体则为位移起点,与位移起点相比,更容易受到关注的是位移终点,人们更倾向于将被移至某处看作某物所受影响和处置。另外,语言自身的调适机制在此也起到一定的作用。例句B在动词所代表的动作完成之前,附着物附于附着体也即属于附着体,两者之间存在领属关系。当附着体与附着物均需表述时,可以如例句B(a)和B(b)所示,先由代表附着体和附着物的成分组成表示领属关系的偏正结构,偏正结构再作为一个整体与述语动词发生结构关系,这样既不影响语义的表达,又可在句法上有所俭省。

弱是有所不同的，人们通常所说的直接宾语的受事性质要强于间接宾语[5]。而在典型的双及物事件中，附着体与附着物的受事性质是难分强弱的，因而在进行句位分派时，就难以对二者作出直接或间接宾语的区分，或者说，直接宾语和间接宾语的分化就失去了最重要的依据。我们发现，典型的附着体和附着物如要在述语动词后共现，就要在代表附着体的名词性成分后加上方位词"上"、"里"等，构成方位结构。例如：

C

(a)(1) *他捆行李一根绳子　(2) 他捆行李上一根绳子
(b)(1) *他浇花一盆水　　　(2) 他浇花上一盆水
(c)(1) *他刷墙壁一桶涂料　(2) 他刷墙上一桶涂料[6]

---

5) 在双及物结构式中，直接宾语的受事性质强于间接宾语的受事性质，已为配位理论所证明。另外，从句式变换的角度也可以证明这一点。譬如，人们通常所说的双宾语句在与被动句、"把"字句的变换中，有比较整齐、有序的差异。在变换为被动句时，双宾语句中的直接宾语和间接宾语都或可以充任主语；而在变换为"把"字句时，除极个别语句，充任"把"字宾语的大都只能是直接宾语。值得注意的是，"把"字宾语与被动句主语往往具有句法上的单向蕴含关系，即"把"字宾语都能充任被动句主语，而被动句主语却不一定能充任"把"字宾语。这种单向蕴含关系使我们有理由推断，"把"字宾语对受动性的要求要高于被动句主语。另外，如要双宾语句分解为简单形式的 SVO 句，述语动词一般都能与直接宾语组成动宾结构，而与很多间接宾语无法直接组合。有些动词词义和用法非常接近，但与间接宾语的组合能力却不尽相同，如"抢"和"偷"。"张三抢了李四五十元钱"和"张三偷了李四五十元钱"（陆丙甫 1998 例句）均能成立，"张三抢了李四"、"张三抢了五十元钱"及"张三偷了五十元钱"都很顺畅，"张三偷了李四"则不够自然。其区别究竟在哪里呢？陆丙甫 1998 指出："区别主要就在于被抢者必然知道抢的事实，是行为有意识的过程参与者，比被偷者受到动作过程更大程度、更直接的影响（如精神受到刺激等）。""被抢者"在事件中所受影响大于"被偷者"所受影响，与"被偷者"相比，"被抢者"更具变化性，虽然这种变化性可能仅仅体现为人的精神状态的无形变化，有别于外在的有形变化，但仍可被归入"变化"范畴。"变化"是受事成分的典型特征，也是宾语成分的重要特性。"被偷者"能作双宾语句的间接宾语，但不能作 SVO 句的直接宾语，而"被抢者"既能作双宾语句的间接宾语，又能作简单句的直接宾语，原因就在于二者的受动性有所不同。

6) 将"墙壁上"简化为"墙上"，是因为后者比前者顺畅，这主要是音节调协的需要在起作用，与本文所讨论的问题无关。

我们知道，方位词有将具有空间性的非处所成分处所化的功能，在一个具有空间性的事物性成分后加上方位词，会使其事物性受到抑制，处所性得到凸现，会使之由事物性成分转为处所性成分。而由事物性成分转为处所性成分，有时便意味着由动作的支配对象转为动作的关涉对象，意味着其受动性有所减弱。而一方受动性有所减弱，便与另一方有了区别，从而对二者也就有了作出直接宾语和间接宾语的分工的可能。相反，去掉方位词，则会使一个处所性成分还原为事物性成分。加有方位词的词语在由其他句位移做直接宾语时，常常要以去掉方位词为条件，也表明直接宾语的强受事性有同处所性相排斥的倾向。

## 3  非典型的双及物事件及其句法要求

3.1  按照词典的释义，"附着"是指"较小的物体黏着在较大的物体上"[7]。典型的附着体与附着物应为具有特定的空间维度的物质实体，而在典型的以附着体与附着物发生联系为主要内容的事件中，附着体与附着物所发生的变化是从外观可以判明的物理变化，附着体增添或消除了什么，附着物被添加在哪里或被从哪里消除，都是实实在在、一目了然的。在典型的双及物结构式所反映的事件中，给予物或索取物（简称予取物）多为一般物体，予取物的转移通常也是有形的、外显的，这与典型的附着物及其转移方式没有什么区别；而给予对象或索取对象（简称予取对象）多为指人成分，予取对象所发生的变化往往是无形的、内隐的，这与典型的附着体及其变化形式是有区别的。在现实事件中，至少是在说话人的语言心理中，予取物与予取对象的受事程度是不尽相同的，正是这种受事程度的差异使得二者可以分别在两个对受事性质有不同要求的句位上出现。受事程度较差、与动词的及物性关系较弱的成分出现在靠近动词的位置，受事程度较高、与动词的及物性关系较强的成分出现在离动词较远的位

---

7)  参见《现代汉语小词典》（商务印书馆1980年版）

置，合乎句法和语义的交互调控规律。同时，将变化较大的事物作为新信息放在句末，也合乎信息传递的一般原则。

3.1.1　前面说过，在语言范畴由核心至边缘的扩展中，隐喻起着重要的作用，而隐喻形成的基础则是属于不同认知域的认知对象的相似性。进入双及物结构的予取物与予取对象虽然不是本来意义上的附着物与附着体，它们之间的关系也不是典型的附着关系，但二者在事件中所体现出的相互关系与典型的附着关系相类似。从道理上说，无论是一件物品，还是一条信息，乃至一个称呼，只要归领有者所有，也就等于依附于领有者。就其本质而言，领属关系与附着关系是非常相近甚至难以分清彼此界限的两种事理关系，从领属关系中可以引申出附着关系，同样，从附着关系中也能引申出领属关系。双及物结构所表述的事件都是围绕"给"与"取"，也就是围绕着领属关系的转移展开的，在述语动词的两个宾语成分之间最终都能引申出较为抽象的附着体与附着物关系。

将领属关系的转移同附着关系的改变对等起来，是有着一定的共性特征的语言认知机制。池上嘉彦1991就曾谈到，"John sprayed Paint on the wall（约翰在墙上喷涂料）"和"John sprayed the wall with paint（约翰用涂料喷墙）"，分别与动词"give（给予）"和"provide（供给）"所经常构成的两类代表性结构相对应，前者相当于"John GAVE paint TO the wall（约翰给了墙壁涂料）"，后者则相当于"John PROVIDED the wall WITH paint（约翰拿涂料给了墙壁）"。广义的表示"剥夺"的动词也有类似表现。譬如，"John cleared snow from the path（约翰从通道上扫去了雪）"和John cleared the path of snow（约翰扫去了通道上的雪），如换用词义较为抽象的代表性动词"take（取掉）"、"deprive（剥夺）"，前者可变成"John TOOK snow FROM the path（约翰从通道上取掉了雪）"，后者可变成"John DEPRIVED the path OF snow（约翰取掉了通道上的雪）"。从上述分析可以很清楚地看出，就其底层语义结构而言，表述"使附着物附于附着体"事件的语句与含有"给予"义的语句相吻合，表述"使附着物脱离附着体"事件的语句与含有"取得"义的语句相吻合，

它们之间存在互释关系。

　　认知框架的建立是隐喻得以发生的基本条件，认知框架的内容和特点决定着隐喻发生的模式，为此，有相近的认知框架就会有相近的隐喻模式。而"'认知框架'是人根据经验建立的概念与概念之间的相对固定的关联模式，对于人来说，各种认知框架就是'自然的'经验类型。"[8] 认知框架是经验性的，共同的认知框架的建立，要以共同的生命体验和生活感受为前提。人类的生命体验和生活感受有许多相通的东西，因此，人类的认知方式就有共性色彩，认知框架具有趋同倾向。这种共性色彩和趋同倾向的存在，正是不同的语言常有相同或相近的隐喻模式的根源。典型的附着关系属于空间关系，以相同的语法结构式表达空间关系和领属关系是具有跨语言特点的句法现象，这说明关于领属关系与空间关系相联系的认知框架，对于领属关系与空间关系的相似性的认识，普遍存在于人类的语言心理之中。正如池上嘉彦 1998 所指出的："相同的句法结构所表示的不会是完全不同的语义，而是相关联的语义。……例如，'空间的存在'和'领有'两种状况的表述经常采用相同的句法形式，——「部屋には窓がある（房间有窗户）」和「太郎には子供がいる（太郎有孩子）」、'The room has two windows（这个房间有两扇窗户）'和'John has two children（约翰有两个孩子）'，表明两种概念在认知上有着密切关系。在此，通过'比喻'所展开的认知上的操作是显而易见的。"

　　**3.1.2** 如前所述，典型的以附着体与附着物发生联系为主要内容的双及物事件有两类，而两类事件分别有着不同的扩展方向。"给予"是使附着物附于附着体事件的延伸，"取得"则是使附着物脱离附着体事件的延伸，而无论如何延伸，事件的核心内容——"转移"都始终没有改变。既然予取物也即引申的附着物在"给予"或"取得"动作的作用下发生以予取对象为参照点的"转移"，是双及物性结构式所表述事件的核心内容，

---

8）参见沈家煊 1998。

那么将双及物结构式的内涵概括为"使转移",也许更为贴切、全面。以"使转移"为语义线索,可在各类双及物结构式之间建立一条清晰的句式扩张的"暗喻链"。例如:

D

典型的双及物事件(附着物附于附着体)
　　　　　｜引
　　　　　｜申(相似性　隐喻机制)
非典型的双及物事件(给予义双及物结构式):
　(1) 老李送我一本书(现场给予类)
　(2) 他扔给我一个纸团(瞬时抛物类)
　(3) 爸爸寄给我两百元钱(远程给予类)
　(4) 老王答应我两张电影票(允诺、指派类)
　(5) 老师问学生一个问题(传达信息类)
　(6) 爸爸叫他小三儿(命名类)[9]
　　　……　……

典型的双及物事件(附着物脱离附着体)
　　　　　｜引
　　　　　｜申(相似性　隐喻机制)
非典型的双及物事件(取得义双及物结构式):
　(1) 我买了他一本书(现场取得类)
　(2) 我吃了他一盒饭(即时耗损类)
　(3) 我订了他一车货(历时索求类)
　(4) 我占用了他很多时间(抽象获取类)
　　　……　……

在上述例句中,与动词发生及物性关系的事物属于不同的认知域,予取物转移的形式也不尽相同,但由于在属于不同认知域的范畴之间可以找到某

---

[9] 前述例句主要引自张伯江 1998。

种相似性,一条非常清晰的"暗喻链"便得以形成。不难看出,在例句的直接宾语与间接宾语之间都能引申出附着物与附着体关系,整个语句都能引申出附着物以附着体为参照点进行转移的意义。就拿转移特征并不突出的 a(6)来说,"爸爸叫他小三儿"等于"爸爸"把"小三儿"这个称呼给了"他","小三儿"这个称呼也就转移并附着于"他"。"他"不属于空间物体,"小三儿"也不是实体物质,但作为转移终点与转移物,它们与某些空间实体范畴具有相似性,从而也就有了被与后者划入同一上位范畴的可能。再看取得义双及物结构式,在句中动词所表示的动作完成之前,直接宾语所代表的事物无一例外地归间接宾语的指称对象所有,二者之间具有领属关系也即引申的附着关系。在动词所表示的动作发生之后,归属物也即引申的附着物自原来的领有者也即引申的附着体转移出去,施动者成为新的领有者和附着体。"我买了他一本书"等于"书"由"他"转移至"我",是附着物"书"脱离附着体"他"的转移过程;"我占用了他很多时间"等于属于"他"的时间用在"我"的身上,极其抽象的附着物"时间"脱离颇具象征意味的附着体。通过例句还可以看出,表示"予取"两种不同含义的双及物结构式在句式扩展中带有一定的不均衡性,后者通常不如前者自由,前者的扩展范围大于后者,这同典型的附着物与附着体在共现的自由度上所表现出的不对称相像。

**3.2** 由于在双及物结构式中,施动者—予取者被置于比较有利于突出施事成分[＋自主][＋意志]等原型特征的主语位置上,因而整个语句带有明显的[＋主动]含义,即予取行为是由主语主动发出的。如此一来,整个结构式的语义核心就应被概括为"主动转移。"

## 4 结语

**4.1** 附着物与附着体既是两个重要的概念范畴,也是两个重要的语

言范畴。在将附着物与附着体联系起来的双及物事件中，动作具有双向支配能力，附着物与附着体都是在动作的作用下发生变化的成分，都可以被看作动作的支配对象。这一事实映现于语言，便是在以附着物与附着体发生联系为主要内容的语言结构中，代表附着物与附着体的成分都可以实现为受事成分，因而都有条件充当宾语成分。与典型的双及物事件不同，非典型的双及物事件中的附着体与附着物虽然都为动作的支配对象，但二者受动作作用及其变化程度是有差异的，而双及物结构式两个对受事性质有不同要求的宾语位置的设置，恰好可使两个受事性质有差异的受事成分各得其位。总之，形式是为功能服务的，每一种语言结构式都有其自身的生成理据和表义功能，都与特定的现实事件相联系，也都有其独特的语义框架，双及物结构式也不例外。在同一个事件或称场景中，引申的附着体—予夺对象与引申的附着物—予夺物都是受动作作用的受事成分，是动词分别与两个名词性成分发生及物性关系的双及物结构式得以形成的前提；同时，受事性质有强弱之别，又是两个及物性成分能在对受事性质有着不同要求的句位上共现的条件。可以说，双及物结构式正是恰切地体现一个动词性成分与两个名词性成分之间所具有的不同的及物性关系的语言结构式，该语言结构式独立地存在于语言系统的理由和价值也就在于此。

4.2　认知语法理论主张，从本质上说，句式同语词一样，都是整个语言符号系统的组成部分。作为一种语言符号，形式必然要与意义相联系，要与特定的概念体系相对应。同时，如同词义在词语的运用中常会得到引申、扩展一样，句法结构的语义内涵在运用的过程中也会有所扩充，对其扩充方式虽然不能作出必然性预测，但还是可以作出方向性分析的。双及物结构式的生成和运用充分证明了这一点。

主要参考文献
池上嘉彦1991　『「英文法」を考える』，筑摩書房
池上嘉彦1998　訳者解説，『認知言語学入門』，F・ウンゲラー，H・-J・シュミット著，池上嘉彦訳，大修館書店

西村義樹 1998　認知文法と生成文法,『言語』第 11 期
木村英樹 1997　漢語被動句的意義特徵及其結構上之反映, *Cahiers de Linguistique - Asie Orientale* 26(1), pp.21-35
李临定 1984　双宾句类型分析,《语法研究和探索》第二辑, 北京大学出版社
陆丙甫 1998　从语义、语用看语法形式的实质,《中国语文》第 5 期
马庆株 1983　现代汉语的双宾语构造,《语言学论丛》第 10 辑
沈家煊 1998　转指和转喻, 首届汉语语言学国际学术讨论会
杉村博文 1993　处置与遭遇──再论 S（把）,《日本近、现代汉语研究论文选》, 靳卫卫译, 北京语言学院出版社
杨成凯 1986　Fillmore 的格语法理论（上）（下）,《国外语言学》第 1、3 期
袁毓林 1998　《现代汉语动词的配价研究》, 江西教育出版社
张伯江 1998　现代汉语的双及物结构式（初稿）, 第十次现代汉语语法学术讨论会
张伯江 1999　现代汉语的双及物结构式（修订稿）,《中国语文》第 3 期
朱德熙 1979　与动词"给"相关的句法问题,《方言》第 2 期
Fillmore, C. J. 1975　『格文法の原理』, 田中春美等訳, 研究社
Lakoff, George 1993　『認知意味論─言語から見た人間の心』, 池上嘉彦等訳, 紀伊國屋書店
Taylor, John R. 1996　『認知言語学のための 14 章』, 辻幸夫訳, 紀伊國屋書店
（译著所标日期均为译本出版时间）

＊笔者多年前在攻读博士学位期间, 曾获日本外务省国际交流基金, 赴大阪外国语大学撰写博士论文, 得到指导教官杉村博文先生的悉心指导和无私帮助。当时能在较短的时间内顺利完成论文和答辩, 是同杉村老师的指导和帮助分不开的。其时正值认知语言学在日本"大行其道", 各种认知语言学文献的出版速度和规模已至令人叹为观止的地步, 这使我深切感受到了新的理论观念的冲击力！拙作就是在此期间撰写的, 写作中参考了较多日本学者的认知语言学著述及译作, 后因部分内容写入博士论文, 故未再单独发表。此次应邀为杉村老师退休纪念文集撰稿, 特此修改、奉上此文, 谨向杉村老师表示由衷的敬意与谢忱！

(Rén・Yīng　神戸市外国語大学)

# 論台灣華語[1]的非現實體標記"會"
## ——從時間概念語言範疇化的角度

簡　靖倫

## 1　問題意識

首先，看例(1)：

(1) 我父親中午去釣魚
　　a. 華：我父親中午去釣魚，結果一條都沒釣到。
　　b. 普：我父親中午去釣魚，你去嗎？

若要求漢語母語話者將(1)"我父親星期三去釣魚"這個未完成的句子補完，我們可以藉由補完成分發現華語母語話者與普通話母語話者對"我父親中午去釣魚"這個事件的時間理解有所不同。多數華語母語話者會優先將其解讀為已然事件—"my father went fishing at noon"，所以問卷回答[2]以釣魚事件結束後的結果居多。普通話母語話者（以北方地區為主）則可允許將(1a)理解為未然事件"my father is going fishing at noon"，意即，"現在（發話時點）"還不到中午，父親也還沒出發去釣魚。

也就是說，如果時間軸上的事件發生時點在未來時，華語就必須添加能願動詞，如"會"、"要"等或其他表事件未然的成分。如果沒有這些成分，華語會將句子理解為已然。而普通話在具有表事件未然的成分時，事

---

1) 本文中的"華語"指在台灣所使用的漢語變體。在台灣亦有其他意見主張應將其稱為"國語"。關於"華語"、"國語"之爭不於本文討論。因台灣過往歷史中所謂的"國語"尚有其他語種，如日本語。且目前台灣社會對"國語"一詞的概念逐漸轉向多元化，"國語"不再單指華語一種語言，故本文採用"華語"一詞。
2) 參考附錄的部分問卷調查結果。

件時制無庸置疑屬於未然,但是即便缺乏表事件未然的成分也不影響未然時制的成立。

從上述結果來看,華語"會"在使用上的重要程度大於普通話,二者性質明顯有所差異。僅以普通話的文法作為判斷華語的標準顯然有失偏頗,故本文的研究目的可整理為下列二點:

(a) 證明華語中大量"會"的產生並非多餘、或強調表現,而是因為南方漢語與普通話對時間概念理解有所差異。普通話的時間關係語系統屬於"過去—非過去";華語則隸屬於"現實—非現實"系統。兩者的"會"看似同一漢字,其內在性質則有所差異。

(b) 藉由比較普通話的"會",羅列分析華語"會"所表達的情態義及其語用特徵。主要分普通話的"可能"義、以及華語的"預斷"、"慣常"、"隱性要求"及"婉轉表達自我"四大類。以冀系統化華語中最受重視的"非現實"範疇。使其他時間關係語系統的母語話者也能理解"現實—非現實"系統語言中對時間概念的理解方式。

## 2 二元時制系統(Binary Tense System)

Comrie 1985(*Tense*)一書中指出,語言的時間系統雖可分成三個時制,過去式、現在式與未來式,但從動詞變化的使用情形來看,許多語言都是將三個時制簡化為"二元時制系統(binary tense system)"。而所謂的二元分類法並非是"A與B"的均等分法,而是"A與非A"的不平等關係。印歐語系多為"過去式—非過去式"時制系統,如芬蘭語、德語,重視"過去式"的標記,屬於"非過去的""現在"與"未來"其標記使用則是可有可無。另外還有"未來式—非未來式"的迪爾巴爾語(Dyirbal)以及可能為"現在式—非現在式"的布因語(Buin)。

而漢語雖然無法藉由動詞範疇(verbal category)的變化表達時制,但誠如鄭良偉 1992 所述,漢語亦有表達時制概念的時間關係語系統。同文中也指出閩南語(華語亦同)的時間語法範疇屬於"現實—非現實

（realis-irrealis）"。前瞻、未然時體一定要有"會"、"beh"、"愛"等標記；已然事態的"有"跟"了"則沒有絕對的必要性。普通話則與阿爾泰語系接觸頻繁，已經變成偏向"過去式—非過去式（past-nonpast）"時制系統，但又非完全的"過去式—非過去式"，只有在幾個語境中呈現與華語相異的表現：

> 漢語各"方言"的時間語法範疇十分複雜。不只限於句法，詞法上有內部差異，連語意結構上也有差異。台灣話的時間關係語系統基本上是 realis-irrealis 類型。漢語較古，較南方的語言也屬於這個類型。普通話除了這個叫基本的類型的特點以外，還有較新的過去/非過去類型（past-nonpast）的特點。這個新特點，越近北方，越屬於口語，越多而明顯；越屬於古代漢語，顯出受古漢語或南方漢語的影響越多的現代漢語或普通話裡越少而不明顯。在北京話裡，這個新特點也不是一下子引進到所有的語境裡。目前，只有在變動語境和全貌語境呈現，有限度地過非過去語意對立。　　　　（鄭良偉 1992）

從以上論述中，我們可以得知鄭良偉 1992 早已察覺例(1)的分析結果："華語必須具有表非未然成分，事件的未然時制方能成立"，並將導致這種現象的原因解釋為華語受到接近古漢語的閩南語影響，其時間關係語系統已轉為"現實—非現實"。

## 3　過往文獻

從時間概念論文"會"的使用的研究僅有鄭良偉 1992，但因該篇論文的考察對象為華語及普通話的時間概念語系統，故未單就"會"作出深入的探討。普通話"會"的記述多指其功能為表事件發生的"可能性"。而華語"會"的文獻則著重於大量出現的使用特徵，並將其成因推測為受閩南語影響。本節在此將"會"的相關研究依考察語料的來源分普通話及華語兩類。

## 3.1 普通話的"會"

普通話中"會"的分類法主要有呂叔湘 1980 的三分法與 Li & Thompson 1981、朱德熙 1982、刘月华 1983 等的二分法。

呂叔湘 1980(《现代汉语八百词》)中將"會"分動詞與助動詞兩種,作助動詞時可分"能力"、"擅長"、"可能性"3 種用法。朱德熙 1982、刘月华 1983 的二分法與呂叔湘 1980 的不同在於,將"擅長"歸類於"能力",能願動詞"會"的用法僅分爲"能力"與"有可能"兩義。刘月华 1983(《实用现代汉语语法》)雖然與朱德熙 1982 都是二分法,但朱德熙 1982 是將漢語能願動詞分類於助動詞一類,而刘月华 1983 則是把能願動詞歸類於動詞一類。

## 3.2 華話的"會"

湯廷池 1976 僅將助動詞"會"分爲"能力"與對未來事情發生的可能性判斷的"預斷"。沒有提及"可能性"的用法,而該文中也特別註明分析語料以華語爲主。謝佳玲 2001 中則是進一步詳述了"預斷"義的成立條件:(i)"可能"不受時式限制,"預斷"則不可用於現在或過去時式。(ii)只有"預斷"會的母句動詞可以與"認爲"或"確定"搭配。(iii)"可能"的事件可爲表恆態的"個體性述語","預斷"事件必須帶有"變動性"(changeable)。

另外,劉小梅 1997、張永利 2000、黃育正 2007 也都列舉了華語中"預斷"以外的語義,如"泛指義""歸納性描述""對人的承諾"等。

## 4 華語"會"的使用及其情態意

本節使用華、普的譯文對照,藉由與普通話的對比進行考察。4.1 分析華語於各時制中的使用情形。4.2 從否定形及反覆問句的使用證明"可能義"非華語"會"的主要情態義。4.3–4.6 則依照普通話的容忍度高低,將華語"會"分成"預斷"、"慣常"、"隱性要求"、"婉轉表達自我意見"

四種情態意。前兩者在普通話中為多餘表現，後二者則是病句。

## 4.1 華語與普通話的"會"於各時制中的使用情形

在第1、2節已經整理過華語在表未來時的事件時，必須要有"會"。但實際的語言中，華語"會"的使用顯然不限於未來事件，在現在、甚至過去時中也都可以看到"會"的大量使用。如以下例句：

(a) 事件發生時點：未來

(2) 「やめさせたいなら，わたしの願いをきいて」

「わかった。<u>女房には話す</u>。近いうちに必ず話す。だから，変なことを考えるな」　　　　　　　　　　　　　（『予知夢』東野圭吾）

"你要是想让我停下来，就得听我的话！"

"好，<u>我跟老婆说</u>，最近这段时间一定说！求求你不要再想傻事了！"　　　　　　　　　　（《预知梦》普通话版　译者：赵博）

"要我住手，就快點完成我的心願。"

"好…我<u>會</u>跟我老婆說。近期內我一定開口，你千萬別做傻事啊。"　　　　　　　　　　　（《預知夢》華語版　譯者：杜信彰）

(b) 事件發生時點：現在

(3) 「でもね」清美は唇を舐めた。「その時,そんなのよりも。もっとすごい写真を撮っちゃったんだ」

「えっ，どんな写真？」

「うん，それはちょっといえないけど，あたしにとっては幸運な写真」

「何だよ，それ。<u>気になるなあ</u>」　　　　　　　（『予知夢』東野圭吾）

"其实"，清美舔了舔嘴唇，"和这个相比，我还拍到了更厉害的照片呢。"

"喂，什么照片？"

"唔，这不能说，总之对我来说，是一张幸运照片。"

"到底是什么？<u>你急死我了</u>。"

（《预知梦》普通话版　译者：赵博）

"不過啊，"清美舔舔嘴唇。"跟那張靈異照片比起來，當時我還拍到另一張更棒的照片喔。"

"哦……甚麼樣的照片？"

"嗯……內容我不便透露，對我而言，那是張幸運照片。"

"這算甚麼，這樣我⬚會⬚很在意耶。"

（《預知夢》華語版 譯者：杜信彰）

(c) 事件發生時點：過去

(4) だからたぶん塚原さんは，この問題に関心をお持ちになって，申し込まれたのだと思われます。申し込まないと，この参加票は手に入らないそうですから。　　（『真夏の方程式』東野圭吾）

所以我们猜想，或许是冢原先生对此很感兴趣，所以便提出了申请。如果不提出申请的话，就没法弄到入场券的。

（《真夏的方程式》普通话版 译者：袁斌）

所以塚原先生大概很關心這個問題，才會申請。因為不申請的話，無法拿到這張入場卷。　（《眞夏的方程式》華語版 譯者：陳系美）

(2)的語境是，男子答應之後一定會跟妻子坦白，並且離婚，所以「女房には話す」屬未然事件。而這句話的譯文就如同第1、2節的分析結果，華語需要"會"、"要"等成分才能表達事件的未來時制，若將普通話的"我跟老婆说"置於華語中，華語母語話者會將其視為已然事件；普通話則無此限制，有沒有"會"不影響未然事件的成立。

(3)的劃線則是表達現在處於「気になる（很在意）」的狀態。雖然兩者的譯文有很大的差距，但從時間概念的理解上來看，普通話譯文用表變化、完了的"了"；華語則用表未來的"會"。如果華語使用普通話的譯文對文義也不會造成誤解。但普通話則無法接受"會"，該事件的發生時間會變成未來，與前後文脈不符。

(4)是警察在調查被害者塚原的死因時，討論塚原生前的行為。因此"塚原先生申請入場券"事件屬於已然。普通話譯文使用"了"是符合事件完了的用法；但華語卻使用"會"將後句事件相對未來化。而在現在時制與上述未來與現在時制不同的是，普通話譯文在華語中也能成立；而普

通話如使用華語的"會",雖然不至於不成立,但顯得多餘。

　　總結本節的考察結果可以得知,台灣華語"會"在表未來事件時,必須使用,而現在及未來事件時,雖然"會"的有無不影響事件發生的時點,但仍偏向會使用。

### 4.2 "可能"義

　　如過往文獻所示,普通話"會"表"可能性";華語"會"的主要功能則是"預斷"義。因為"會"的語義往往是複合的,所以這種差異在單用"會"時不明顯。但如果是普通話使用"會"否定形"不會"或者反覆問句"會不會"時,華語無法使用相同的表現對應。如下例:

(5) 「どういうことかしら」弥生は額に手を当てた。「あたし,何か勘違いをしたのかしら。絶対にそんなことないと思うんですけど」
　　　　　　　　　　　　　　　　　　　　（『予知夢』東野圭吾）
"这是怎么回事呢?"弥生把手捂在额头上,"难道是我搞错了?可我觉得绝对 不会 错的。　　（《预知梦》普通话版　译者:赵博）
"這是怎麼回事呢?"彌生用手抵著額頭。"難不成是我搞錯了?不可能啊,我明明聽見了……"　（《預知夢》華語版　譯者:杜信彰）

(6) 塚原さんは現役時代の捜査資料のようなものを残しておられないのですか。　　　　　　　　　（『真夏の方程式』東野圭吾）
您这里 会不会 留有些冢原先生当年的搜查资料呢?
　　　　　　　　　　　（《真夏的方程式》普通话版　译者:袁斌）
塚原先生在職時期的搜察資料有沒有留下來?
　　　　　　　　　　　（《眞夏的方程式》華語版　譯者:陳系美）

(5)的普通話是"不會",但該事件已經發生,不符合"預斷"成立的條件("預斷"不可用於過去時式),所以華語便譯為"不可能"。(6)詢問"可能性"的有無時,普通話用"會不會";但華語則避開使用[3]。

### 4.3 "預斷"義

　　以華語為語料的過往文獻中,都認定華語"會"的主要功能表"預斷

義"。對"預斷"做出詳盡的描寫的有謝佳玲 2001，認爲"預斷"的事件必須爲未然，事件性質具有"變化性"。其判定標準則爲母句動詞可以與"認爲"或"確定"搭配。以下則依照謝佳玲 2001 的標準，將華語"會"分爲完全符合條件的"典型預斷"，以及"非典型預斷"與"固定用法"。

(a) 典型預斷：
(7) 瑠璃警察に捜査本部が立てられ<u>そう</u>ですね。

（『真夏の方程式』東野圭吾）

<u>估计得</u>在玻璃警署设置一个搜查本部了啊。

（《真夏的方程式》普通话版 译者：袁斌）

會在玻璃分局成立偵查總部吧。

（《真夏的方程式》華語版 譯者：陳系美）

(8) 「そうなると，どうやってその相手を見つけ出すかだな。やはり地道に関係者を当たっていくしかないか」
「まあそうだろうが，さほど大変な作業でもない<u>と思う</u>ね。何しろ，範囲はかなり絞られる」
「そうかい」

（『予知夢』東野圭吾）

"如果是那样的话，怎么才能找出他的恋人呢？看来只能老老实实地找知情人了解情况了。"
"也许吧。不过我倒<u>觉得</u>不是什么难事。不管怎么说范围是很有限的。"
"是吗？"

（《预知梦》普通话版 译者：赵博）

"現在的問題是該如何找到小杉的情人囉？我想大概只能一一詢問跟他有來往的人吧！"
"話雖如此，但我認爲不會花太多功夫才對，畢竟調查範圍已經縮小到相當程度了。

---

3) 華語的"會不會"多作爲如"部份去山上教書的平地老師也會歧視他們，有些老師體罰前，還會故意問，你們會不會拿番刀來砍我啊？"（取自 Sinica 語料庫）一類的語境中，類似情態詞的用法。鮮少如普通話"會不會"一樣用於詢問事件發生的可能性。

　　　　"有嗎？"　　　　　　　　（《預知夢》華語版 譯者：杜信彰）

典型預斷的"會"從以上例句的日文原文或者普通話的譯文都可以看到，所表示的是話者主觀判斷的情態義。日文原文爲「そうだ」、「と思う」，而普通話譯爲"估計""覺得"，相較之下，重視"非現實"的華語的表現都是很穩定的"會"。接下來我們來看所謂的"非典型預斷"。這種用法的事件既非未然，事件性質也不具有"變化性"，但是母句動詞卻可以加上"認爲"、"確定"等：

(b)"非典型預斷"：

(9) 実際、取調室の環境は悪くなかった。空調は程よく効いているし、刑事たちが煙草を吸わないので、<u>空気が濁ることもない</u>。

（『真夏の方程式』東野圭吾）

老实说，审讯室的环境倒也不算太差。空调冷暖适宜，刑警们也没有点烟，所以<u>感觉</u>空气也不是很混浊。

（《真夏的方程式》普通话版 译者：袁斌）

其實，偵訊室的環境不差。空調很好，刑警們不抽菸，所以空氣也<u>不會</u>混濁。　　（《眞夏的方程式》華語版 譯者：陳系美）

(10) 那个河不{CD会}太深，也不太宽，我们就趁机会游泳，游到对岸。

（HSK 动态作文语料库）

華：那個<u>不會</u>太深，也<u>不會</u>太寬

→（我感覺/我認爲）那個河不太深，也不太寬

這一類的用法多爲表現在狀態的靜態事件，用以表達主觀判斷的結果，用普通話表達的話就如(9)所示，代表"（我）覺得"的意思。與典型"預斷"最大的不同在於，普通話無法接受這種用法。(10)原文爲非漢語母語話者的作文，"CD"代表多餘病句，但如果從華語話者的視點來看，這個句子毫無疑問可以成立的。

(c)"固定用法"

華語中"預斷"會的固定用法有表"不客氣"的"不會、不會"，以及婉轉否定的"會嗎？"兩種。例句如下：

(11) 男：小姐，請問一下有沒有賣牛島鐵盒？

女：有啊，你從前面右轉的第二排架子上就有了。
男：喔好。謝謝。
女：不會。　　　　　　　　　　（周杰倫 MV《半島鐵盒》）

預斷"不會"習慣連用兩次，"不會、不會"的使用情形較多。於對方道謝後使用。普通話通常會在對方說"謝謝"後回答"不客氣"、"沒事（兒）"；華語的"不會"也具有相通的功能，表達"我不覺得你需要客氣"或者"我覺得你不需要客氣"。藉由否定對方道謝，表達"謙遜"、"親暱"的語用功能。接下來看華語的"會嗎？"用法。

(12) 女：沒。我不幽默的。你講話才有趣呢。
　　男：會嗎？
　　女：嗯。我平常很少笑的。可是見到你，就會忍不住發笑。

（痞子蔡《欅寄生》）

普通話的"會嗎？"僅用於詢問事件未來發生的可能性；相較之下，華語的"會嗎？"鮮少用於詢問事件的可能性，更多是用來表達婉轉地否定、不相信對方，表達自己有不同的意見。如(12)是表達"我不覺得我有趣"，男生不贊同女方對自己的讚美。這種用法也是普通話難以理解的表達方式。

### 4.4 "慣常"體（HABITUAL）[4]

所謂的慣常體，根據 Comrie 1976 的定義，就是指非單一的，發生時間具有一定長度的事件。而對於"一定長度"究竟是多長則屬於話者主觀的判斷。

日本學者奧田 1986、1996 從時間軸上的事件重複觀察重複發生的事件與時制‧時體的關係，發現反覆事件有保留時間，脫離時體的現象。並

---

[4] "慣常體"雖然是"體（Aspect）"的一種，但本文採山田孝雄 1908 所提出的觀點。認同語言中的時制，不過是發話者主觀的角度對時間流動的判斷。所謂的"現在"其實是我們對當下情景"描寫"，"過去"則是我們的"回想"，"未來"則是"預期或推測"。時制是話者對存在於時間中的事件的觀察；時體是話者從事件內部觀察時間的流動，所以即便話者認為自己對時間概念的表達是客觀描述，但其實兩者都是話者主觀的情態表現。

認爲日語中高度抽象的反覆事件的動詞使用完成體（「ル」），抽象度較低的偏向使用未完成體（「テイル」）。藉由奧田1986a、b的結果我們可以得知慣常體並非均質的概念，其抽象度隨事件性質、發生頻率的不同，與時間軸的緊密會發生變化。本節參考奧田1986a、b對日語的慣常體的三程度分類法分析華語中"會"如何作爲慣常體標記。

(a) 超時概念：

⒀ 愛人があまり近くに住んでいるのは，男にとって居心地の悪いものだ。　　　　　　　　　　　　　　（『予知夢』東野圭吾）
对男人来说，情人住得离自己太近，绝不是一件舒服事。
　　　　　　　　　　　　　　　　（《预知梦》普通话版 译者：赵博）
情婦住家與自家近在咫尺，只⃞會讓男人坐立難安。
　　　　　　　　　　　　　　　　（《預知夢》華語版 譯者：杜信彰）

"超時概念"指事件的主語多非特定單一人物，多爲抽象的群體。如⒀中是指所有的"男人"。這種情況的普通話雖然不會將"會"的使用視爲病句，但使用情形不如華語穩定。

(b) 個人特徵：

⒁ 湯川の声は冷めている。相手が興奮するほど白けてしまうというのが，この男の若い頃からの特徴だ。　　（『予知夢』東野圭吾）
汤川的声音不愠不火，对方越是兴奋，他就越是冷淡，这是他年轻时养成的习惯。　　　　（《预知梦》普通话版 译者：赵博）
湯川冷冷地說道。對方越興奮，他就越⃞會潑人冷水。此人自年輕起就是這副德性。　　　（《預知夢》華語版 譯者：杜信彰）

⒂ 因爲我以前⃞會吃牛肉，所以我只是很好奇，如果算命的跟你說不能吃，你還會不會吃。

"個人特徵"通常具有特定主語，描述主語的性格，或是於某一段時期的生活習慣。⒂的華語"會"在普通話中顯得多餘，而⒂中"以前"後加"會"的用法在普通話中則無法成立。

(c) 單純反覆：

"單純反覆"用於指持續某一時期，重複發生的具體事件。

⒃ もちろんいつもベッドの下に置いてあるわけではない。敏夫が長期出張する時の習慣である。　　　　　　（『予知夢』東野圭吾）

当然，枪并不是一直放在床底下的，这只是由美子在敏失长期出差时的习惯。　　　　　（《预知梦》普通话版 译者：赵博）

當然，獵槍並非一直擺在床底下。只有在敏夫長期出差時，她才 會 這樣做。　　　　　　　　　（《預知夢》華語版 譯者：杜信彰）

⒃ 普通話也非病句，但不似華語依然固定使用"會"表達慣常事件。從上述例句中，我們可以看到華語"會"最爲"慣常體"標記的情形相當穩定，而普通話也並非完全不可以使用"會"標示"慣常體"。這點亦符合鄭良偉 1992 所述，普通話只有在變動語境和全貌語境屬於穩定的"過去—非過去"型，因此在反覆事件的語境中，"會"甚至定義爲"半範疇化"的標記。（柯理斯 2005、2007）

## 4.5　隱性要求

⒄ 弟弟往廁所後，我把電視關掉後，走進房間將床鋪好，誰知那一轉身，我弟就站在房門口，前後還不到 5 分，心想怎麼這麼快，這當我要開口問他時。

　　"哥哥，陪人家去好不好。"這時我才知道原來是還沒去。
　　"剛剛叫你和我一起去，你就不要，現在自己去。"
　　"哥哥，人家 會怕 。"弟弟露出一副快哭的樣子。
　　"有什麼好怕阿，哥哥我都把窗戶和門都關起來了，沒有人會來。"
　　"哥哥……"弟弟欲言又止，接著開始哭了起來。
　　"怎麼哭了，哥哥陪你去就是了。"
　　"哥哥，我不要刷牙了。"一邊留著眼淚，一邊用力著抓著我的褲子。於是我問他："怎麼了，爲什麼不要去了。"
　　"因爲人家剛剛要走到廁所時，看到一個女生的頭在高高的天花板上一直對著我'嘻嘻嘻'的笑。"

（《巴哈姆特》http://forum.gamer.com.tw/C.php?bsn=60201&snA=11556）

故事中真實事件發生的順序如下：
1. 哥哥叫弟弟一起去廁所，弟弟拒絕
2. 弟弟自己去廁所
3. 弟弟去廁所途中看到鬼，心中害怕（弟弟感到害怕的時點）
4. 弟弟折返回房間，要求哥哥陪他去廁所（"人家會怕"的發話時點）
5. 哥哥問弟弟為什麼害怕，才知道原來弟弟見到鬼。

如果以普通話的語感來看，這種表達當下情感的"會怕"用法是難以理解的。先看中川正之 2013（『漢語からみえる世界と世間―日本語と中国語はどこでずれるか』）引用徐一平分析北方方言的單音節形容詞的用法，然後與日語的形容詞單用作比較：

中国の日本語学者徐一平氏は「形容詞一語文は，現状を描写することにより，間接的に要求を実現するものであるが，中国語では警告，命令にはなっても感嘆にはならない」と述べている。（中略）

中国語：（子供が）「冷」（＝抱きしめてもらいたい）

日本語では，感情移入が用意で自己と他者の同一化が行われ，たとえば「寒い」という感覚が，話し手のみとどまらず，その場を共有する者に蔓延し，状況にまで連続することも中国語とは大きな隔たりがある。（中略）

（エピソード１）中国人と結婚した知り合いの日本人女性が，お腹が痛くて「痛い，痛い」と呻いていたら「だから，何をしてほしいのか」と逆に旦那に叱られ，「痛いから，痛いといってるの，お願いだから，そっとしておいて」と頼まなければならなかったという。これは日本語の呻きを中国人が間接「命令」と理解したのであろう。私ならこのような場合，そっとしておいてもらうか，同じように苦痛に顔をしかめて「痛いねぇ」と感覚を共有してほしいところである。

也就是說，日語形容詞單用時，是希望對方能感同身受。而漢語（北京方言）則帶有要求改善的語氣。作為南方漢語的華語使用"會＋謂詞"表達當下狀態時，其實與北京方言的單音節形容詞語氣相同，也都是婉轉地對

聽者表達要求。如⒄的"人家會怕"就是在要求哥哥陪自己去上廁所。所以日語、北京方言、華語的語氣差異可以整理如下：

⒅ 僅單一形容詞用於發話時：
　　日語：希望對方有同理心
　　漢語：要求對方改善現狀 → 北京方言：冷！
　　　　　　　　　　　　　　華語：會冷！

因為華語中這類用法是表達要求，所以可進入這個謂詞結構的成分也有所限制，只能是帶有負面義的，如"會怕"、"會冷"、"會熱"、"會痛"、"會傷心"。正面義的如"會舒服"、"會飽"、"會開心"則無法成立。另外，如果事件性質必須要有改善的餘地，所以"會長"、"會短"一類的性質形容詞也不能用於該結構。且因為是不直接言明要求的用法，聽者與話者之間通常都具有理解對方要求的默契，也因此多僅限於關係親密，如親子、情侶、家人之間使用。

### 4.6　婉轉表達意見

華語的"會+VP"可組合成"會覺得"、"會發現說"、"會想說"等，用以表達不同意見。實例如下：

⒆ 主持人：我會覺得有兩位，以後你們可能不適合在台灣生存。對！因為你們的期待值太高了，他寫剛進入職場要七萬塊錢，七萬塊等於一個助理教授的起薪（後略）。　（《幸福學堂 世代落差—金錢觀》
　　　https://www.youtube.com/watch?v=zW87eFlxSZQ）

⒇ 受訪者：以前的人沒有這些（指社群網路），還是很快樂啊！
　　主持人：可是我會覺得說，這當然有點小小的反諷啦！我是覺得，我們可以選擇我們要用，有的時候我們也可以選擇不用，可是不要完全封殺了，所有的數位科技用品。（《幸福學堂 數位公民知多少》
　　　https://www.youtube.com/watch?v=uY7ybS9APQE）

如上兩例所示，這類用法都是在表不贊同對方的想法或意見時，但又礙於無法直接表示反對，所以使用"會+VP"格式。這種"會"的語義類似"預斷"義，幾乎等同於話者主觀的"認為"、"確定"義。

## 5  結論

　　過往"會"的文獻多不區別普通話及華語語料,因此往往只是將普通話的判斷標準套入華語,將華語的"會"視爲多餘或表強調,這都是缺乏對華語結構的了解。爲此,本稿藉由鄭良偉 1992 提出的時間關係語系統差異的論點,證實普通話的時制系統偏向"過去/非過去"("會"→ 非過去範疇),而華語的時制系統則是"現實/非現實"系統("會"→ 非現實),兩者受周圍環境的語言接觸影響,已經是完全不同性質的未來時式標記。

　　而導致華語"會"的大量成因,則是因爲華語的"會"因隸屬於重視的"非現實"範疇,所以不僅在表未然事件中,有絕對必要的使用性。甚至在各種時制中也偏好將事件"非現實"化。也因此產生了豐富的情態義。本稿將其依照普通話的接受度高低分爲四種,分別是"預斷"、"慣常"、"隱性要求"、"婉轉表達意見"。希冀非華語的漢語母語者也能理解華語的結構。

　　另外,過往研究中,多將華語中大量的"會"視爲閩南語的影響。但如對照後述閩南語的"會"的用法,可以發現不是所有的閩南語的"會"都進入了華語。如,環境或情理上許可與否的用法"那個囝仔明年會(用)讀書阿!"(華語譯文:那個孩子明年可以上學了)(楊憶慈 2007)、或者表示可能結果的動補結構"走會快"(華語譯文:跑得快)(楊憶慈 2007)等。換言之,閩南語中表動補結構、表條件許可等其他語義的"會"都沒有進入華語,華語受閩南的影響的其實只有本文所論及的"非現實化"表現。換言之,過往研究對華語種種現象多歸咎於閩南語的影響,而未曾將其與閩南語做出深入的比較。隨著沒有閩南語背景環境而將華語作爲母語的台灣人逐漸增加,應將華語視爲獨立語言的必要性也應該隨之提高。

參考文獻
中川正之 2013　『漢語からみえる世界と世間―日本語と中国語はどこでずれる

か』，岩波現代文庫

奥田靖雄 1986 条件づけを表現するつきそい・あわせ文—その体系性をめぐって—，『教育国語』87，pp.2-19，むぎ書房

奥田靖雄 1996 文のこと—その分類をめぐって—，《教育国語》pp.2-22,むぎ書房

山田孝雄 1908 『日本文法論』，宝文館

黃育正 2007 《台灣閩南語情態動詞「會」及其衍生複合詞研究》，碩士論文，新竹：國立新竹教育大學台灣語言與語文教育研究所

柯理思 2005 現代汉语里表示 HABITUAL 一类认识情态的范畴化，pp.36-45，The 2nd Kent Ridge International Roundtable Conference on Chinese Linguistics

柯理思 2007 汉语里标注惯常动作的形式，张黎等主编《日本现代汉语语法研究论文选》，pp.101-125，北京语言大学出版社

劉小梅 1997 《國閩客語的動態文法體系及動態詞的上加動貌語意》，文鶴出版社

刘月华、潘文娱、故韡 1983 《实用现代汉语语法》，北京：商务印书馆

吕叔湘 1980 《现代汉语八百词》，北京：商务印书馆

湯廷池 1976 助動詞「會」的兩種用法，《語文週刊》1427 期。收錄於 1981，助動詞「會」的兩種用法，《國語語法研究論集》1-6

湯廷池 1996 《國語語法研究論集》，台北：台灣學生書局

謝佳玲 2001 漢語表強調的"是"與表預斷的"會"，《清華學報》新第 31 期，pp.249-300，新竹：清華大學出版社

楊憶慈 2007 台灣國語「會」的用法，《遠東學識學報》第 1 期，pp.109-122，台南：遠東科技大學

曾心怡 2003 當代台灣國語的句法結構，碩士論文，台北：台灣師範大學華語文教學研究所

張永利 2000 論漢語預斷「會」的語意，宣讀於第九屆國際中國語言學會議，新加坡

鄭良偉 1992 台灣話和普通話的時段時態系統，《中國境內語言暨語言學》第一輯，pp.179-232

朱德熙 1982 《语法讲义》，北京：商务印书馆

Comrie, Bernard 1976 *Aspect: An Introduction to the Study of Verbal Aspect and Related Problems*, Cambridge University Press

Comrie, Bernard 1985　*Tense*, Cambridge University Press
Li, Charles N. & Thompson, Sandra A. 1981　*Mandarin Chinese: a Functional Reference Grammar*, University of California Press

例文出典
華語語料庫　中央研究院現代漢語平衡語料庫（簡稱 Sinica 語料庫）
　　　http://app.sinica.edu.tw/kiwi/mkiwi/
普通话语料库　HSK 动态作文语料库（需注册）
　　　http://202.112.195.192:8060/hsk/login.asp
東野圭吾 2000　『予知夢』，東京：文藝春秋
　　译者：赵博 2007　《预知梦》，海口：海南出版社
　　譯者：杜信彰 2007　《預知夢》，台北：獨步文化
東野圭吾 2011　『真夏の方程式』，東京：文藝春秋
　　译者：袁斌 2012　《盛夏的方程式》，北京：现代出版社
　　譯者：陳系美 2012　《眞夏方程式》，台北：三采文化股份有限公司
痞子蔡 2002　《檞寄生》http://www.jht.idv.tw/novel/novel29_1.htm
周杰倫 MV《半島鐵盒》
動漫及遊戲社群網站《巴哈姆特》
電視節目《幸福學堂》

附錄 問卷調查結果

| 題目：完成下列未完成的小句 | | | | 答題者出身地 |
|---|---|---|---|---|
| 1. 我父親中午去釣魚， | | 2. 沒人買你的東西， | | |
| 結果一條都沒釣到。 | 已 | 你還天天去擺攤，好認眞。 | 已 | 台灣 |
| 花了3小時只釣到2條。 | 已 | 就要去想問題出在哪裡 | 已 | 台灣 |
| 正中午的也太熱了吧。 | — | 就要想盡辦法把東西推銷出去啊。 | 已 | 台灣 |
| 下午不知道會不會回來。 | 已 | 你應該檢討原因是什麼 | 已 | 台灣 |
| 我很想去，但要上班，無法去 | 已 | 是不是你的品質不好，可以多詢問顧客意見改善 | 已 | 台灣 |
| 回家時帶回二條石斑魚。 | 已 | 就要思考爲什麼會這樣。 | 已 | 台灣 |
| 今天不用在家吃飯。 | 已 | 也許商品需要做個調整。 | 已 | 台灣 |
| 晚餐可以加菜了。 | 已 | 就要檢改進，才有收入。 | 已 | 台灣 |
| 結果沒釣到半隻魚，還跑去喝酒。 | | 沒錢了 | 已 | 台灣 |
| 請問找他有什麼事？ | 已 | 你要不要考慮換個行銷方式。 | 已 | 台灣 |
| 晚上有魚吃了。 | 已 | 所以我自己去買了 | 已 | 台灣 |
| 晚上吃他釣的魚。 | — | 我跟你買吧 | 已 | 台灣 |
| 一直到晚上才回家 | 已 | 是不是廣告做得不夠 | 已 | 台灣 |
| 晚上可以加菜了。 | 已 | 我再低價出售。 | 已 | 台灣 |
| 晚餐有新鮮的魚可以加菜了。 | 已 | 是因爲你不接受他人的建議 | 已 | 台灣 |
| 肯定只能钓到小鱼。 | 已 | 你应该大声吆喝。 | 已 | 中國 |
| 所以晚点儿回家 | 已 | 你的东西又贵质量又差 | 已 | 中國·北京 |
| 你去吗？ | 未 | 收拾起来走吧。 | 已 | 中國·山東 |
| 我也得陪着去 | 未 | 你就别想赚钱了 | 已 | 中國·上海 |
| 所以我必須在家里呆着。 | — | 没事，总会有人看上的。 | 已 | 中國·紅河 |
| 大概晚上回来 | 已 | 你早点放弃吧 | 已 | 中國·江蘇 |

| | | | | |
|---|---|---|---|---|
| 傍晚才回来。 | 已 | 你自己买吧。 | 已 | 中国·江苏 |
| 可是忘记带鱼饵了。 | 已 | 你需要更努力 | 已 | 中国 |
| 之后我就再也没有见过他。 | 已 | 自认倒霉吧 | 已 | 中国 |
| 我特别想和他一起去 | — | 你赶紧收拾收拾回家吧 | 已 | 中国·沈阳 |
| 结果钓到了一条鲨鱼。 | 已 | 你也不要放弃。 | 未 | 中国·浙江 |
| 你想不想一起去？ | 未 | 我买吧。 | 已 | 中国·广东 |
| 下午应该能吃到很多新鲜的鱼啦 | 已 | 好可怜 | 已 | 中国·江苏 |
| 结果一条也没钓到。 | 已 | 就你这质量！ | 未 | 中国·扬州 |
| 下午不上班。 | — | 做得太差了！ | 未 | 中国·河南 |
| 你下午再來找他吧。 | 已 | 你得想點營銷手段。 | 已 | 中國·廣西 |
| 直到晚上才回来。 | 已 | 你应该想想哪里出来问题。 | 已 | 上海 |
| 结果一条都没钓到。 | 已 | 你就等着赔钱吧。 | 未 | 中国·重庆 |

（Chien Ching Lun）

# 对话语体中模糊限制语
# "好像是(吧)"的语用功能浅析

西　香織

## 0　引言

　　我们并不是在所有交际场合都把事情讲得清清楚楚,有时根本就没有必要讲清楚。对某种事情没有把握或者由于种种原因不易讲清楚时,我们往往要使用一些模糊限制语来故意含糊其辞。作为模糊限制语的"好像是(吧)"也是不例外。"好像"在《现代汉语词典》(第六版)的解释为:

　　① 动 有些像;像:他们俩一见面就~多年的老朋友。
　　② 副 似乎;仿佛:他低着头不作声,~在想什么事。

　　关于副词"好像",以往的研究主要从语法(句法)、语义或语体的角度进行分析,且大部分都是与"仿佛"、"似乎"、"貌似"等近义词进行对比讲解(吕勇兵、吕晓燕 2003;王洪涌 2010;李小军 2015 等)。我们首先看看《现代汉语八百词》(增订本)对副词"好像"的解释:

　　　　仿佛,似乎。表示不十分确定的推测判断或感觉。有时用在主语前或主语后意思不变。也可以和'一样'、'似的'搭配使用。
　　　　他~只通知了小王一个人(=~他只通知了小王一个人)|他说得那么真切,~事情就发生在眼前 [一样] | 到这儿就~到了自己的家 [一样] | 她~有点儿不舒服 [似的]
　　　　有时表示某一情况或事物表面如此或某人这样认为,但实际情况或说话人看来并不是如此。
　　　　这些问题~挺复杂,实际上并不难解决 | 从表面上看~也有人拥护他,那只不过是极少数的别有用心的人 | 这箱东西~挺有份量,

其实并不重。

'好像'有时也可说成'好像是',仍表示不大确定。

这个人我～是在哪儿见过｜记不太清楚了,～是他先离开的

《现代汉语虚词例释》解释副词"好象(＝好像)"时分两种用法：(i)表示不十分肯定的判断或感觉；(ii)引出比喻。可见,副词"好像(是)"主要表示"不十分确定的推测判断或感觉",它还可以表示"比拟、比喻"。迄今为止,似乎没有文章从语用学的角度专门讨论"好像是"。本文试图从语用学视角,分析表示不确定的推测之意的模糊限制语"好像是(吧)",探讨其语用功能,了解说话人在汉语言语交际中使用这一形式的交际意图是什么。本文将重点分析说话人对某事完全可以做出很明确、很肯定的判断的情况下,仍然使用"好像是(吧)"的例子。

## 1  副词"好像"的特征

本文首先概括前人关于副词"好像"的研究成果。

吕勇兵、吕晓燕 2003 从语用意义、词语搭配、句式选择、表达效果等方面来讨论了"好像"、"仿佛"、"似乎"三者的差异。其中对于表示不确定的推测之意的"好像"指出如下特点[1]：

(a)"好像"的推测是依据某些特征而做出的,更让人觉得可信。

例：一个早出的社员,赶着一头毛驴。驴背上驮着一个线口袋,里边鼓鼓囊囊,<u>好像装的西葫芦</u>。　　　　(汪曾祺《受戒》)

"好像"还可以表达一种更加主观性的判断,强调句意与事实不一致,而这正是此时说话人要表达的本意。

例：和尚却笑嘻嘻的,<u>好像很高兴</u>。　　　　　　　　(汪曾祺《受戒》)

(b)"好像"在句中出现时,还表达举例的作用,当然这种举例也带着拿不准、不肯定的意思。从句意表达上看,这个例证出处并不是

---

1) 本文所举的例子(包括别人所举的例子)中凡是加粗、加下划线、波浪线的部分均为笔者所为。例子原文中若有错别字或不规范用字,本文将在该字后面以[　]标出正确之字。

需要关注的焦点信息。

> 例：有一天，他不知道从什么地方得来的消息，<u>好像是</u>一本书上说，俄国近代文学的创设者 Gogol 也犯这一字[宗]病，……
> （郁达夫《沉沦》）

(c) 在句子中使用"好像"表示推测，这是一种合理性的推测。它有种种依据，说话人（作者）表达的意向也是让读者接受该推测，因而这种推测的可信度很高。作者的出发点是一致性、相似性，是在一致性前提下蕴涵不一致的深意。

> 例：她<u>好像</u>要把一辈子所受的委曲[屈]、不幸、孤单和无告都哭了出来。
> （汪曾祺《受戒》）

(d) 用"好像"表示推测时，通常是由前因推出后果。

> 例：他见了人就抿着个大嘴笑，<u>好像</u>为了眼睛能够睁开而怪不好意思似的。
> （汪曾祺《受戒》）

李小军 2015 主要探讨了"好像"、"似乎"、"仿佛"三者之间在语义、句法、语体上的差异。李文对"好像"的观点可以概括如下：

(a) "好像/似乎/仿佛"表示推测时都具有"强肯定性推测"义，因而说话人有时为了给自己的话语留下余地，或是为了增加话语的随意性、委婉度就会刻意使用"好像/似乎/仿佛"。一般情况下，三者的使用更像是一种交际策略。

> 例：田卫东笑道："在这儿，这句话<u>好像</u>应该由我来说更合适。是吧？"
> （陆天明《苍天在上》）

(b) "好像"（状中短语）的组合始见于元代，清代时才有典型的推测副词用法。"好像"推测义的衍生可以用认知语言学中的隐喻来解释，具体过程为：1) 具体的相似 → 2) 抽象的相似 → 3) 基于相同特征上的推测、分析 → 4) 基于事理上的推测。这一演变过程还伴随词性的转变和句法降类，即"好像"从动词充当谓语虚化为副词充当状语。

(c) 语义上，"好像"更侧重于表达说话人的主观态度，即说话人希望听话人接受自己的观点，或是使自己的肯定性话语形式更委婉。

例:"冷吗？你<u>好像</u>有点心不在焉。"吃了青米团粑果，喝了点酒，他心满意足歪在床上，抚摸着她的手，那手竟冰冰凉。

(胡辛《蒋经国与张亚若之恋》)

此时，说话人不是为了确认"心不在焉"的真伪，而是希望通过委婉的言语来表达对对方的关切。

(d) 语体上，"好像"更口语化，在对话语体中的使用频率要高于"似乎"和"仿佛"，而且越来越高。正因为"好像"多用于对话语体，也更容易沾染上说话人的情绪，而带有更多的言者主观性——说话人希望听话人接受自己的观点或为自己的肯定性话语形式增加委婉度。"好像"在口语中还可以后置，这也源于它较强的口语色彩。

例:"吴海呢，怎么没来？"小张问。"他去北海了<u>好像</u>。"小孙说。

(篱笆网·生活社区，www.liba.com)

由上述两个研究的论述我们可以概括：在对话语体中使用的副词"好像"表示说话人并不十分确定自己的推测、判断或感觉，但这种推测一般都是具有一定的合理性，而且往往都有种种依据。作为一种交际策略，"好像"的使用侧重于表达说话人的主观态度，即说话人希望受话人接受自己的观点，同时希望通过使用"好像"来为自己的肯定性话语形式增加委婉度。

## 2　什么是模糊限制语

副词"好像"在语用学研究中还可以看作一种模糊限制语（hedges）。首先，我们需要弄清什么是模糊限制语。最初提出模糊限制语这一概念的是 G. Lakoff。Lakoff 1973:471[1972:195] 主要从逻辑学角度将它定义为："words whose meaning implicitly involves fuzziness – words whose job is to make things fuzzier or less fuzzy"（其词义隐含着模糊性的词语——使事物变得更加模糊或更少模糊的词语）[2]。P. Brown & S. Levinson 1987:145 将模糊限制语视为维护面子的策略之一[3]，并将它定义为"a particle, word, or phrase that modifies the degree of membership of a predicate or noun phrase in a set"(用来修改某个谓语或名词短语所表示的话题真值程度的助词、词或名词短语)。E. Prince *et al.* 1980 将模糊限制语分成两大类,即:变动型模糊限制语(approximators)和缓和型模糊限制语(shields)[4]。前者按照实际情况改变对话题的认识,应属语义范畴,而后者并不改变话题内容,只是传达了说话人对话题所持的猜疑或保留态度,应属语用范畴(何自然 1985:28)[5]:

(a) 变动型模糊限制语:
　　a. 程度变动语(adaptors):*somewhat, sort of, almost describable as, some, a little bit* 等;
　　b. 范围变动语(rounders):*about, approximately, something around* 等;

(b) 缓和型模糊限制语:
　　a. 直接缓和语(plausible shields):*I think, I take it, probably, as far as I can tell, right now, I have to believe, I don't see that* 等;
　　b. 间接缓和语(attribution shields):*according to her estimates, presumably, at least to X's knowledge* 等。

显然,本文所讨论的汉语模糊限制语"好像(是)"属缓和型模糊限制语中的直接缓和语。直接缓和语"表示说话人对某事所作的直接猜测,或者指说话人表示他对某事持有的犹疑态度","常用于说话人对某事情的真实程度信心不足,没有把握或不敢予以肯定"(何自然、冉永平编著 2002:274-275)。缓和型模糊限制语的语用功能是"使说话人得以恪守合作原则或礼貌原则等,在清楚表达会话含义的情况下尽量避免将意见强加于人,避免过于武断"(何自然、冉永平编著 2002:277)。

---

2) 关于模糊限制语在语用方面的作用,Lakoff 在文中也有所提及。
3) 他们将它列为负面礼貌策略(negative politeness strategies)中的策略 2。
4) Lakoff 提出的模糊限制语主要指的是变动型模糊限制语中的程度变动语。
5) 这些术语的中文翻译依据的是何自然 1985;何自然、冉永平编著 2002 等。

B. Fraser 2010:22 把模糊限制策略（hedging）定义为"a rhetorical strategy, by which a speaker, using a linguistic device, can signal a lack of commitment to either the full semantic membership of an expression (propositional hedging), or the full commitment to the force of the speech act being conveyed (speech act hedging)"（说话人使用语言手段来能够表示对于一句话所包含的全部语义不做保证（即：命题性模糊限制策略）或对于所传达言语行为力量不做全面参与（即：言语行为性模糊限制策略）的一种修辞性策略)[6]。命题性模糊限制策略大致包括 Prince *et al.* 的变动型模糊限制语；言语行为性模糊限制策略包括缓和型模糊限制语。

　　有一些学者指出，模糊限制语的使用与说话人的职业、身份、性别等有密切的关系（何自然 1985；陈林华、李福印 1994；何自然、冉永平编著 2002 等）。比如，医生、律师、科学工作者、外交官等人经常会遇到一些不能或不愿意确切地解释某种事情的场合，这时他们往往使用模糊限制语。"从一个角度看，模糊限制语在从事这些职业的人员口中，又往往成为他们展示业务或学识水平的重要手段。但从另一个角度看，这些人在遇到估计不确，或者因遭受过挫折而对话题感到把握不大，再加上碍于身份而不得不发表见解时，为了体面，往往设法应付过去，模糊限制语也正是他们最得力的言语手段"（何自然 1985:31）。陈林华、李福印 1994:59 指出："女性，特别是年青女子，使用模糊限制语多于男性，表现得更为礼貌、谦虚或得体，所谈内容，易于被他人接受。这也许正是年青女子适合公关职业的原因之一"，是女性话语的一个特征。杨毓隽 2002:52 也提到社会地位是影响礼貌的重要因素之一，并指出："下级在说话时更注重礼貌。这一点在女性语言中表现得非常突出。由于女性在社会中总处于弱势，所以女性说话时要比男性更委婉，犹豫，模糊，其显著特征便是更多地使用模糊限制语"。而吴小芬 2012 以 QQ 群聊文本为语料，考察在网络传播中使用模糊限制

---

[6] 严格地说，"hedge" 和 "hedging" 所指的意思不完全相同，但到目前为止，"hedging" 似乎还没有统一的中文翻译，因此本文暂且将它译成 "模糊限制策略"。

语的性别差异后发现，表达说话人不确定的主观态度的"好像（是）"、"(有)可能"、"似乎"、"仿佛"、"大概"、"也许"等模糊限制语气副词在不同的性别话语中的使用基本没有差异（吴小芬 2012:111-113）。

陈治安、冉永平1995:22-23还从 H. P. Grice 的"合作原则"（cooperative principle）和 P. Brown & S. Levinson、G. N. Leech 等人提出的"礼貌原则"（politeness principle）的角度来分析模糊限制词语在言语交际中的使用情况，并指出礼貌原则的提出更有助于"为什么人们在交际中喜欢用模糊限制词语来间接表达会话意图"，而合作原则不能清楚地说明这一问题。他们还说，在日常交际中，有些言语行为在本质上和对方的面子相悖，即所谓"威胁面子的行为"（face threatening acts）。在对方面子受到威胁时，尽可能使用一些模糊限制语（如："Wait here for a while, please."、"You are wrong, it seems to me."等），削弱对他人批评的锋芒或抵触，缓和紧张气氛，即遵守礼貌原则。

杨毓隽 2002:51-53指出使用模糊限制语的4个交际目的，即：(i)为了使言语交际得以顺利进行；(ii)为了提供恰当的信息；(iii)为了避免承担责任；(iv)为了使话语更礼貌。

## 3 模糊限制语"好像是（吧）"

下面我们选用一些小说、电视剧（剧本）、电视/广播节目中的对话（包括访谈）为语料[7]，来考察"好像是(吧)"这一模糊限制语。"好像是(吧)"这一形式经常用于日常汉语口语对话之中。由于是口语对话，"好像是"后置于句末的情况也较常见（如例(1)b、d，(2)a，(3)）。

(1) 王蒙：您刚才说这个我倒想起一个什么事来了，有三年了吧，两年，我在《文汇报》上看一篇文章，就是也是媒体人，杨

---

7) 本文所选语料主要来自中国传媒大学媒体语言语料库（MLC）、北京语言大学BCC汉语语料库。还参考了一些电视连续剧（剧本）、网络小说等。MLC中的对话是对实际对话加工而成，因此，感叹词、语气词、填充词等很多经常出现于自然口语对话中的成分都被省略掉。

澜她采访克林顿。克林顿 a好像是去上海还是干什么，都是他自己的回忆录，…（略）…克林顿年龄并不大，他现在 60 几我不知道，60 刚过 b好像是，因为他当选总统的时候才 47 岁。

窦文涛：他 c好像是心脏也闹了点毛病。

王蒙：心脏闹的毛病多了。

查建英：搭了一次桥，d好像是。

（《锵锵三人行》凤凰卫视 2010-12-09）

(2) 婉乔：我说两个吧，印象比较深的就在咱们这边尚都这边有一个烤肉自助，但是我忘了它叫什么名字。

盛博：尚都 SOHO 里边。

婉乔：对，然后叫什么什么巴西烤肉，三个字 a好像是。

盛博：戈拿旺吗？

婉乔：b**好像是**，就是才 60 多块钱一个人。

（《1039 都市调查组》北京人民广播电台 2012-10-25）

(3) 陈鲁豫：你还记得那是哪一年哪一月哪一天在电视上看到王建海的？

刘静：2007 年六月。

陈鲁豫：2007 年的夏天。

刘静：六月份好像是。　　（《鲁豫有约》凤凰卫视 2012-04-28）

本文在下面主要考察用于回答对方提问时单独出现的"好像是（的）（吧）"的用法，如例(2)b[8]。

## 3.1 一般用法及其语用功能

模糊限制语"好像是（吧）"在对话语体中最常见、典型的形式为除

---

[8] 本文主要考察对象为单独使用的"好像是（吧）"，但这并不表示其他"好像是"的例子没有语用研究价值。如，例(3)中，说话人第一次回答时说"六月"，但对方确认时说"夏天"，而说话人在心中"六月"有可能是很肯定的。因此说话人要纠正对方，但又不想太直接，就加上"好像是"来维护对方的面子。这是出于礼貌。

了单独使用"好像是（吧）"以外，后面往往还跟着"（但是）{我也不太清楚/我也不是很清楚/我也记不清了/不记得了/我忘了/原来没听说过/总是感觉不是/又好像不全是}。"等表示转折的后续句。此时，"好像是（吧）"主要表示说话人不十分确定的推测判断，说话人由于对某事的真实性没信心，因而不敢肯定，更不敢对自己所说的话承担责任。我们接着来看一些具体例子：

(4) 记者：那你是怎么去做的这个访问呢？

　　肖红霞：我先生，他的朋友找到他的，然后叫我们去的。

　　记者：他这个朋友就是时代的工作人员么[吗]？

　　肖红霞：**好像是吧**。

　　　　　　　　　　（《新闻和报纸摘要》中央人民广播电台 2010-01-05）

(5) 刘薇：我知道的还有哪吒闹海。

　　罗兵：哪吒闹海是我们小时候看的一个。

　　刘薇：它好像是新出了一个。

　　罗兵：又新出了？

　　刘薇：ₐ**好像是**，我这个不是特别清楚，因为前一段时间有人要做这个衣服，然后我问他，他说他们学校有一个什么活动要出国产动画，他挺喜欢那个就出了一个哪吒闹海，就有一个肚兜，把那些头发梳起来，不过扮演出来还挺像的。

　　罗兵：肚兜那个是还没有遇到真人之前，在当时还是李靖的孩子的时候是一个肚兜。

　　刘薇：ᵦ**好像是**。　　（《行家》北京人民广播电台 2009-10-19）

(6) 梁文道：因为她们两个跟克林顿还有点间接的渊源，因为她们是帮一个电视台打工，当记者，那个电视台是戈尔自己开的电视台。

　　查建英：叫 Current。

　　梁文道：对，**好像是**。然后，因为戈尔这几年老搞环保、公民社会这种宣传，就开一家电视台来搞这些东西。…（略）…

　　　　　　　　　　（《锵锵三人行》凤凰卫视 2009-08-07）

有时，说话人一开始用肯定的口气说话，但当对方重复自己刚说的话以确认其话语内容时，说话人或多或少对自己的判断失去信心，因而也不敢太肯定了。如：

(7) 许子东：还有一个林志炫，是吗？

马家辉：它[他]被 out 了。

许子东：out 了。[？]

马家辉：**好像是吧**。

许子东：没有吧。[？]

马家辉：杨宗纬被 out 了。　　（《锵锵三人行》凤凰卫视 2013-03-23）

有时，受话人对说话人使用"好像是"这种模糊限制语表现出不满的情绪，往往还会追问对方。如：

(8) 潘玉龙就迎上去急切地问道："查到了吗？"

同学皇[王]顾左右，拉着潘玉龙走到一个角落，拿出手里的一张登记卡，压着声音问道："是叫马世伦吗？"

潘玉龙："**好像是**。"

同学："到底是不是？"

潘玉龙："是，那人就姓马！"　　（海岩《五星大饭店》电视）

在例(8)中，对方追问"到底是不是？"后，潘玉龙马上改口说"是"。但他其实对那个人的确切姓名没有太大的把握，不敢太肯定，因此说"那人就姓马"，而并没有说"那人就叫马世伦"，仍然表现出对其全名不是太肯定的态度。

另外一种情况是说话人并不是故意含糊，但也不完全是由于对某事的真实性没有把握才说出"好像是（吧）"。如：

(9) 戴嘉突然问："那女的三十多岁，还没结过婚？"

陈一平正和妻子躺在一个被窝里商量明天做血检的事。…(略)…

陈一平心不在焉地回答："**好像是吧**。"

戴嘉追问："是不是对你有点意思？"

陈一平瞪了她一眼："什么时候了，还这么醋！"

（管虎《冬至》电视剧）

此时，说话人只是心不在焉，对话题没有兴趣，含糊地应付对方的问话而已。这种用法可以算是"好像是（吧）"一般用法的一种例外。

### 3.2 特殊用法及其语用功能

本文所说的特殊用法指的是说话人故意含糊地回答说"好像是（吧）"。有时，说话人对某人、某物、某事的肯定程度非常高，而且对此很有信心，完全可以做出很明确、很肯定的判断。但由于种种原因，说话人不便给予肯定回答说"是"，于是就加了个"好像"来敷衍应对。本文根据其语用功能将这种用法分为五类。

#### 3.2.1 敷衍以便结束当前的话题

说话人对某事的判断也许非常肯定，但由于某种原因，说话人不愿意展开该话题，就用"好像是"来先敷衍一下。说话人的态度一般从上下文、情景语境可以判别。如：

⑽ 小茜双目圆睁，抬起头来："那个青年就是隆北悍匪东东儿？"

易锋寒道："**好像是**。小茜，我们不要多管闲事，就此趁乱离开吧，否则被你家里人看见就麻烦了。"　　（断空《游剑蛮巫》）

在例⑽中，易锋寒说了"好像是"后，马上就说"小茜，我们不要多管闲事"。类似例子还有：

⑾ 白牡丹指着朱明安穿在身上的米色西装问于婉真："这是那回咱在万福公司给明安买的吧？"

于婉真瞅了朱明安一眼，含糊地承认："**好像是吧**。"

（周梅森《孽海》）

在例⑾中，于婉真在心里非常清楚朱明安穿的西装是在哪里买的，可她不愿意与情敌白牡丹多聊，很想结束当前的话题，就选择含糊的回答。

#### 3.2.2 掩饰自己的过错、责任

说话人对某事的判断在心里非常肯定，因为对方问的都是与自己所做之事（一般都是坏事）有关。但如果承认说"是"，那就要承担责任了。

因此就用"好像是（吧）"来敷衍尴尬的场面。如：

⑫ 卢云低头沉思，那日他人在扬州大街，伸手从破衣口袋一摸，居然取出一片金叶子，顺手用了，却没想过打哪儿来的。…（略）…琼芳微微一笑，她从怀中取出一片金叶子，冷冷问道："姓卢的！那日你用的金叶子，是不是这等形款？"卢云左瞧右看，颔首便道："**好像是**。"琼芳娇嗔道："<u>什么好像是！就是！</u>那是姑娘在荆州庙里塞给你的！你当哪儿来的？" （孙晓《英雄志》）

⑬ 鲁教授眼中亮光一闪，神情微微一震，旋即恢复平静，问肖雨轩："这字是谁拿来的。[？]"

"是我。"石天宇在一边应了一声。

鲁教授仔细打量石天宇几眼："你是从哪得来的，是不是一本书的封面。"语气微微有点激动。

"**好像是**。"石天宇看出那本书必定大有来头，说话模棱两可。他生性淳朴，但也知道遇事只说三分话。

"<u>什么叫好像是</u>。"鲁教授扶着桌面的手微微颤抖："那本书是不是没有字？"…（略）…

石天宇知道撒谎不能太简单，既然书大有来历，要是说捡来的，鬼也不会相信。 （袁忠武《夺命十三针》）

⑭ 幼儿园老师说，可能是睡眠环境突然改变让陈燕暂时无法适应，引起心理变化，导致尿床。

陈燕妈问陈燕，是你尿的吗。[？]

陈燕说，**好像是吧**。

陈燕妈说，<u>什么叫好像是</u>，尿没尿你没感觉吗？

陈燕说，没感觉，闭上眼睛就睡着了，一睁眼天就亮了。

（孙睿《我是你儿子》）

在这种情况下，受话人在很多情况下就对方话里的弦外之音或对方不太诚实的态度做出一些否定、不满等的反应，甚至还会追问对方。在上述三个例子中，受话人对说话人的回答表现出比较强烈的反应，说："什么好像是！就是！"、"什么叫好像是"等。实际上，在很多情况下受话人

一开始就用比较强烈的语气问对方,而对方含糊的回答更使其火上加油。除了上面的例子以外,还可以看到"不是好像,就是!"、"是就是,不是就不是!"等反应。

### 3.2.3 表示谦虚

说话人对某事的判断在心里已有定论,因为该谈论内容一般都涉及说话人自己的事情。但如果大方地承认,难免会给人以骄傲自大的印象,因此说话人为了表示谦虚而说"好像是(吧)"。如:

(15) 张杰:我觉得我跑的[得]很快。

罗兵:真的?你是短跑是长跑?

张杰:短跑。经常参加一些活动,一些运动会。

罗兵:拿过名次吗?

张杰:从小就是飞毛腿,跑得非常快。

罗兵:真的假的,我怎么现在看不出来你有跑步的那种?

张杰:我现在已经从体育转向文艺了。以前在体育上面蛮有建树的,大大小小的奖还是拿过的,也是国家三级运动员吧。

罗兵:你还是三级运动员呢?就是跑步吗?

张杰:**好像是**。我短跑大概是 100 米。

罗兵:非常著名的百米是吗?

(《我的奥运情》北京人民广播电台 2008-07-28)

在例(15)中,张杰不断地说自己擅长跑步运动,跑得非常快,还说自己曾经是个国家三级运动员,但他同时还用不少其他模糊限制语(如:"觉得"、"吧"、"大概")来降低自我夸耀的嫌疑。类似的例子还有:

(16) 主持人:我现场先询问一下,因为听说有一个叫"易中天吧"。

易中天:**好像是**。

主持人:您别好像是。

易中天:我不得做谦虚状吗[嘛]。

主持人:据说您经常潜水在那里。我们现场有"易中天吧"的创始人,就是那位穿着黄衣服的姑娘,…(略)…

(百家讲坛《易中天品三国》中央电视台，拷问易中天)

(17) 窦文涛：《锵锵3人行》今天我有猛料，当然这个马博士也带了猛料来。

马家辉：**好像是**。

窦文涛：马博士带了什么猛料？

马家辉：因为我觉得我上一集跟子东兄也吵的[得]太凶了，所以我为了赔罪给他带了一个食物，这是个巧克力。

(《锵锵三人行》凤凰卫视 2009-07-30)

例(16)中，易中天清楚地知道百度贴吧上有个"易中天吧"，而且他自己还经常访问这个贴吧，却说"好像是"。但他后来自己也承认他这么回答是为了做谦虚状。在例(17)中，如果马家辉承认自己带的东西是个"猛料"（即具有轰动性、爆炸性的消息、材料），也许会令人反感，也会令人失望。因此先以谦虚的态度缓和一下语气，表示自己带的东西有可能谈不上是什么"猛料"。当然，过于谦虚有时会变成一种虚伪，容易令人产生厌烦情绪（如例(16)："您别好像是。"），所以应适可而止。否则，不但无法实现说话人预期的交际目的，反而有可能损害自己的面子。

### 3.2.4 避免损害对方的心情和体面

此类"好像是（吧）"的语用特征为说话人对某事的真实性很有信心，而且在一般情况下，对方心里也非常清楚这件事的真实性，但如果说话人承认了，就有可能进一步伤害对方的感情，因此，说话人用"好像是（吧）"来维护对方的面子。

(18) 杨紫曦："告诉你我现在就后悔了！我后悔该和他早点分！也许那时我还能找个更好的！同事一场，林夏我必须劝你一句，下回再管别人闲事前先把自己的问题搞清楚！连疯子那种垃圾你都爱，你就没有资格说我！说到底，你还不是爱疯子的钱？所以，我半斤你八两！"…(略)…

林夏许久才反应过来，一咧嘴对着肥四差点哭了出来："她……她……是不是说我和疯子在一起是为了钱？"

肥四："**好像是吧**……"　　　　　　（陈思诚《北京爱情故事》电视）

在例(18)中，说话人肥四明明在场听到杨紫曦对林夏说的话，但杨紫曦的话已经让林夏大受刺激，肥四不能再刺激她，就只好选择"好像是吧"这种含糊的回答。此时，说话人往往会吞吞吐吐。例(19)也是在类似的情景下使用"好像是吧"：

(19) 作为当今首屈一指的韩流大明星，他怎么也没有想到有一天自己竟然会这么狼狈地吃到"闭门羹"。

"秀贤啊，刚才我是不是被人拒绝了？"他问身边一个模样呆萌却很帅气的单眼皮男生。

单眼皮男生挠挠头："**好像是吧**，你一说名字人家就不搭理你了。"

（镔铁《僵尸韩娱》）

### 3.2.5 因其他原因而故意含糊

此类"好像是（吧）"在上下文、情景语境中很难明确判别说话人的交际意图，但又与"好像是（吧）"的一般用法不相同。说话人对某事也许有着非常清楚的判断，但由于某种目的（如隐瞒事实、调侃等）而故意含糊。

(20) 虬髯客接道："然后我就去看了下克丽丝塔格和你的同伴，那人叫韩雪？好像她也是蒙陈族的塔格？"萧布衣愣了下，"**好像是**。"他才发现虬髯客倒是真的很有本事，不经意的打听到很多事情，竟然连韩雪哪个族的都能知道。韩雪也是个塔格，这他以前倒是从来没有想过，只是想必塔格也有大小高低之分，…（略）…

（墨武《江山美色》）

(21) 她看着这个脸上有两个洞的人，用一种快要没有声音的声音问："你真的就是那个胡铁花？""**好像是的**。"这人的笑容居然也很温和："胡铁花好像也只有一个。"　　　　　　（古龙《午夜兰花》）

(22) "周晓宇！你今天要上场比赛？"他问道眼神中闪过一丝光芒。"**好像是吧**！"我模棱两可的回答让他有点迷惑。

"我会好好看你们的比赛！"他认真的说。

"希望能为我们加油。"我露出一丝鬼笑:"不要像上次那样,没有看完,就走掉了。"

(陈华《那一曲军校恋歌》)

## 4 "好像是(吧)"的语用特征

在以往的研究中,很少有人谈到模糊限制语"好像是(吧)"的语用功能,更没有人谈到其特殊用法。但从上述讨论可以看出,作为缓和型模糊限制语的"好像是(吧)"在口语对话语体中,起着各种各样的缓和作用,其交际意图也各不相同。我们在此回顾一下上面所讨论的"好像是(吧)"的用法及其功能。

1. 一般用法——非故意含糊

一般用法主要表示说话人一种不十分确定的推测。说话人由于对某事的真实性没有信心,因而不敢肯定。用"好像是(吧)"可以增加话语的委婉度。该用法正好遵循 Grice 的会话合作原则中的质量准则(maxim of quality,即不要说缺乏足够证据的话)。其交际意图则是为了避免对话语内容承担责任,以便维护自己的面子,起到自我保护的作用。

2. 特殊用法——故意含糊

特殊用法的特点是说话人对某事的肯定程度非常高,而且对其很有信心,完全可以做出很明确、很肯定的判断,但出于种种意图,故意含糊其词。该用法一般都是有意违背 Grice 的会话合作原则。其意图主要可以分为如下五种:

a. 敷衍以便结束当前的话题:因说话人不愿意或不方便展开该话题而需要结束或转移话题。

b. 掩饰自己的过错、责任:说话人为了避免对方追究过错责任,维护自己的面子而需要掩饰。

c. 表示谦虚:说话人为了维护自我形象,不给人留下骄傲自大的印象,需要表现一种谦虚的态度。

d. 避免损害对方的心情和体面:说话人为了避免伤害对方的感情,需要维护对方的面子,缓和对方的情绪。

e. 因其他原因而故意含糊。

虽然说话人有上述各种不同的意图，但显然，一般都是为了避免使交际一方或双方陷入尴尬的境地。

对说话人用"好像是（吧）"来表现一种不十分肯定、模棱两可的态度时，受话人对此有时流露出不满或不耐烦的情绪，则往往会说"什么叫好像是！"等。这种倾向在用法 2b 中最为明显，偶尔在用法 1、2c、2e 中也出现。受话人的这种反应表示，受话人可能了解说话人的交际意图，但并没有接受。换句话说，说话人预期的语用效果并没有达到。

李小军 2015 将老舍和王朔的作品视为北京话不同时期口语的代表，对比二者作品中"好像"等副词的使用情况后指出，在对话语体中"好像"的使用频率有增高的趋势（老舍 5.7%→王朔 36.7%）。虽然李文并没有提到作为模糊限制语的"好像是（吧）"，但笔者在收集语料时发现，早期的小说中确实很难找到"好像是（吧）"的例子，尤其是其特殊用法的例子。由此，我们或许可以这样推测，模糊限制语"好像是（吧）"的一些特殊用法是新起的、或者是正处于发展阶段的用法。随着社会生活的变化，"好像是（吧）"的用法也在不断地发展变化，进而产生了多种类型的语用功能。

另外，前人指出，模糊限制语的使用与说话人的职业、身份、性别等有密切的关系。本文没有专门就这一方面进行研究，不过，在我们收集的语料中，说"好像是（吧）"的人，男女、各种职业、各个年龄段的都有。就目前的情况看，似乎并没有什么明显的差异。在这一方面，今后还需要进行进一步的调查和分析。

## 5 结语

本文主要对口语对话语体中的模糊限制语"好像是（吧）"进行了初步的分析。如上所述，缓和型模糊限制语一般表示说话人对某事的猜疑或保留态度，其中，直接缓和语常用于说话人对某事的真实程度没有把握或不敢予以肯定。其主要语用功能是使说话人能够遵守合作原则或礼貌原则

等,以此来缓和对他人批评的锋芒,或减少对方的抵触情绪。模糊限制语无疑是在言语交际中扮演着相当重要的角色,"好像是(吧)"也无例外。本文也提到这一形式由于种种原因而故意违背合作原则的例子(即特殊用法),但这些例子一般都会遵守礼貌原则,只是说话人的意图不同而已。然而这并不是意味着模糊限制语的使用在任何时候都恰当有效,有时反而会适得其反,造成误解,引起对方的反感和不快(如用法2b),甚至还会导致交际失败。这在跨文化交际中可能会表现得更为明显。B. Fraser 2010: 15提到第二语言学习者掌握语用能力(pragmatic competence)的重要性。他说,如果学习者缺乏模糊限制策略等语用能力,在交际中往往会被误认为缺乏礼貌,令人觉得不快,学习者也会误解别人的意图等等。因此,模糊限制策略的正确使用和正确理解对非母语者来说也是至关重要的。笔者认为,语用能力直接影响到言语交际的效果,无论对母语者还是二语学习者来说,如何正确使用模糊限制语往往是交际成功的重要前提之一。

参考文献

北京大学中文系1955、1957级语言班编1982 《现代汉语虚词例释》,商务印书馆

陈林华、李福印1994 交际中的模糊限制语,《外国语》(上海外国语大学学报)第5期,pp.55-59

陈治安、冉永平1995 模糊限制词语及其语用分析,《四川外语学院学报》第1期,pp.18-24

何自然1985 模糊限制语与言语交际,《外国语》(上海外国语学院学报)第5期,pp.27-31

何自然、冉永平编著2002 《语用学概论》(修订本),湖南教育出版社

李小军2015 相似、比拟、推测、否定——"好像""似乎""仿佛"的多维分析,《汉语学习》第2期,pp.3-13

吕叔湘主编1999 《现代汉语八百词》(增订本),商务印书馆

吕勇兵、吕晓燕2003 试论副词"好像"、"仿佛"与"似乎",《吕梁高等专科学校学报》第4期,pp.57-59

王洪涌2010 "貌似"与"好像"相因生义,《汉语学报》第3期,pp.77-80

吴小芬2012 模糊限制语使用的性别差异考察——基于网络传播的视角,《语言

文字应用》第 2 期，pp.105-113

杨毓隽 2002　模糊限制语与言语交际，《外语教学》第 4 期，pp.49-53

中国社会科学院语言研究所词典编辑室编 2012　《现代汉语词典》（第 6 版），商务印书馆

Brown, Penelope and Levinson, Stephen C. 1987　*Politeness: Some Universals in Language Usage*, Cambridge: Cambridge University Press

Fraser, Bruce 2010　Pragmatic Competence: The Case of Hedging. In Gunther Kaltenböck, Wiltrud Mihatsch and Stefan Schneider (eds.), *New Approaches to Hedging* (*Studies in Pragmatics*), pp.15-34, Bingley: Emerald Group

Grice, H. Paul 1975　Logic and Conversation. In Peter Cole and Jerry L. Morgan (eds.), *Syntax and Semantics, 3: Speech Acts*, pp.41-58, New York: Academic Press

Lakoff, George 1973　Hedges: A study in the Meaning Criteria and the Logic of Fuzzy Concepts, *Journal of Philosophical Logic*, 2(4), pp.458-508. (Lakoff, George 1972　Hedges: A Study in Meaning Criteria and the Logic of Fuzzy Concepts. In Paul Peranteau, Judith Levi and Gloria Phares [eds.], *the Eighth Regional Meeting*, Chicago Linguistics Society [CLS 8], pp.183-228)

Prince, Ellen F., Frader, Joel and Bosk, Charles 1980　On Hedging in Physician-Physician Discourse. pp.1-19, In *AAAL Symposium on Applied Linguistics in Medicine*. University of Pennsylvania

（にし・かおり　北九州市立大学）

# "谢谢了""对不起了"的语用特征

徐 雨棻

## 1 引言

对母语非汉语的外国人来说,"了$_2$"的习得是个难点。因此,对他们来说,在语用层面上灵活运用"了$_2$"这门课题是一件难上加难的事。例如,礼貌用语"谢谢、对不起"附加上"了$_2$"后的表达效果,是没有汉语语感的外国人难以掌握的。

(1) a. "林小姐,请喝汽水!""<u>谢谢了</u>,不喝。" (笔者造句)
    b. "林小姐,请喝汽水!""<u>谢谢</u>,不喝。" (杨沫《青春之歌》)
(2) a. "<u>对不起了</u>,我有事要先走了!" (笔者造句)
    b. "<u>对不起</u>,我有事要先走了!" (谷歌中国)

如例句(1),在拒绝接受对方的建议并向对方道谢的情况下,"谢谢了"比"谢谢"听起来更有人情味,拒绝的口吻也较为委婉[1]。如例句(2),在先行道歉的情况下,"对不起了"比"对不起"更能表现出说话人想先行离去的强势态度。这类带"了$_2$"的"谢谢了、对不起了"的表达效果在课堂教学中都鲜少被提及。本文试图从"了$_2$"的语法意义"表示新情况的出现"(朱德熙1982)和"谢谢、对不起"的语义特征着手,对"谢谢了、对不起了"这类带"了$_2$"的礼貌用语的使用语境和语用效果进行探讨,并通过与"谢谢、对不起"的对比,提出对外汉语教学的建议。

---

1) 杉村 2000 和荒川 2003 指出,用"不……了"来拒绝对方,语气就较柔和。因此,例句(1)用"谢谢,不喝了"来拒绝的话,同样也具有委婉的语气。

## 2 "谢谢了、对不起了"的语义特征

《现代汉语词典（第5版）》将"谢谢、对不起"标记为动词。另外，Austin 1955:160 将"Thank、Apologize"看作是"行为式（Behabitive）"的"施为动词（Performative Verb）"，并将带有施为动词的施为句称为"显性施为句（Explicit Performative Sentence）"。显性施为句的特征如下：(i)主语为第一人称单数；(ii)宾语为第二人称；(iii)可与副词"特此（hereby）"同现；(iv)施为动词用主动语态、一般现在时。

我们参考 Austin 的说法，将"谢谢、对不起"看作是施为动词。如此一来，"（我）谢谢（你）、（我）对不起（你）"就表示"我现在正对你执行表示感谢、道歉的行为"。然而，附加上"了$_2$"后，"对你表示感谢、道歉的行为'现在正被我执行'"这一语义就转变为"对你表示感谢、道歉的行为'已被我执行了'"，这就表示"我现在没在对你执行表示感谢、道歉的行为"。

另外，"谢谢、对不起"除了作施为动词以外，还用于说话人对听话人产生谢意、歉意的情况。因此，带有"了$_2$"的"（我）谢谢（你）了、（我）对不起（你）了"就表示"我对你产生谢意、歉意了"。

由上可知，"谢谢了、对不起了"的语义有二：一是"我已对你执行了表示感谢、道歉的行为了"；二是"我对你产生谢意、歉意了"。在这两种语义的作用下，并根据使用语境的不同，"谢谢了、对不起了"就会衍生出不同的语用效果。

## 3 "谢谢了、对不起了"的使用语境和语用效果

语料显示，"谢谢了、对不起了"主要用于以下三种语境：(i)对对方善意的言行表示感谢、对自己的过错表示道歉的情况；(ii)先行感谢、先行道歉的情况；(iii)在拒绝接受对方建议时表示感谢、道歉的情况。

## 3.1 对对方善意的言行表示感谢、对自己的过错表示道歉的情况

当"谢谢了、对不起了"用于对对方善意的言行表示感谢、对自己的过错表示道歉的情况时，会衍生出"程度不深的谢意、歉意"和"不诚恳的感谢态度、道歉态度"的语用效果。

### 3.1.1 程度不深的谢意、歉意

请看下面两个例句：

(3) "噢，你找王校长。她搬到816弄1号去了。"那妇女说完，疑惑地问："你是她什么人？"晓华顿了一下，含笑对那妇女说："我找她有点事，<u>谢谢了</u>。"便匆匆走了。　　　　　（卢新华《伤痕》）

(4) "谁的凌志车？挡着我的车了，帮忙挪一下，谁的凌志车？""<u>对不起了</u>姐姐，我这就给您挪。"　　　（电视剧：《重案Ⅵ组》）

说话人在表达程度不深的谢意、歉意时，一般用带"了$_2$"的"谢谢了、对不起了"来表达。如前所述，"谢谢了、对不起了"除了表示"我对你产生谢意、歉意了"以外，还表示"我已对你执行了表示感谢、道歉的行为了，即我现在没在对你执行表示感谢、道歉的行为"。因此，与表示"我现在正对你执行表示感谢、道歉的行为"的"谢谢、对不起"相比，"谢谢了、对不起了"所呈现的谢意度、歉意度就没有"谢谢、对不起"来得高。这就不难理解为何"谢谢了、对不起了"常用于说话人想表达自己淡淡的谢意、歉意的语境了。

例句(3)的语境是说话人（晓华）想赶紧逃离对方侵犯自己隐私的提问，用"谢谢了"表达完谢意后，就快速离开的情况。例句(4)是说话人（凌志车的车主）对自己的车挡到了对方的车这件事，用"对不起了"表达完歉意后，就准备将车移开的情况。这两个例句都是说话人想赶紧将谢意、歉意表达完后，就马上做下个行动的语境。这种想赶紧道完谢、道完歉后就马上做下个行动的想法造成说话人用"谢谢了、对不起了"带出"我已对你表达完谢意、歉意了，接下来我要做别的事了"的意思。因此，例句(3)、(4)中的"谢谢了、对不起了"就会被理解为谢意度、歉意度较

低的表达方式。

若将例句(3)、(4)中的"谢谢了、对不起了"换成"谢谢、对不起",语义就变为"我现在正对你执行表示感谢、道歉的行为"。如此一来,谢意度、歉意度就会跟着提升,在表达上也就更加礼貌。

### 3.1.2 不诚恳的感谢态度、道歉态度

由于"谢谢了、对不起了"的语义是"我已对你执行了表示感谢、道歉的行为了",所以这类表现就会衍生出"我已将表示感谢、道歉的行为执行完毕,我已不再道谢、道歉了"的含义。因此,若说话人用"谢谢了、对不起了"来道谢、道歉,就会给听话人有"不是打心底道谢、道歉"以及"态度不诚恳"的印象。

(5) "……,现在才发现,你们是好人。"姑娘虽然说得很真诚,只是王海特别讨厌别人说他是好人,就觉得忽然没意思起来。也不知道什么时候,他开始讨厌好人这个称呼,因为社会上早已经把这个好人说走了味儿,往往说谁谁是好人,就和说谁谁特别没用一样。也是觉得天不早了,就说:"<u>谢谢了</u>,我要走了。"

(张宇《软弱》)

例句(5)的说话人(王海)因对"好人"这个赞美词抱有不以为然的态度,所以用谢意度较低的"谢谢了"来表示自己并非打心底感谢对方的赞美。这里若用"谢谢"道谢,听起来就像是真心感谢对方似的,也会给人有较为诚恳的感觉。

(6) 她们知道,自己惹下的乱子不少,……,两人来到了红绫的身前,向两头银猿一拱手:"<u>对不起了</u>,刚才摸了你们的头,不知道你们的头是摸不得的,什么时候,等我们练成了全身会冒火的本领,再来摸你们吧。"

(倪匡《烈火女》)

另外,如同例句(6)的语境,歉意度较低的"对不起了"也常被用于说话人觉得不完全是自己的错,以及对自己所犯下的错做辩解的情况。这是因为说话人打算道完歉后,就马上进行辩解的动作,所以下意识地想赶紧将道歉的行为执行完毕,因此,就采用带有"我已将表示道歉的行为执

行完毕,我已不再道歉了"的含义的"对不起了"来进行辩解式的道歉。另外,从例句(6)的语境可知,辩解式道歉一般是不诚恳的。

通过3.1的考察可知,"谢谢了、对不起了"若用于对对方善意的言行表示感谢、对自己的过错表示道歉的语境下,就会给人有"没那么礼貌、没那么诚恳"的印象。因此,这类表现不能在上述语境中对长辈和不熟悉的朋友使用。

### 3.2 先行感谢、先行道歉的情况：强势、将自己的想法强加于人

请看下面两个例句：

(7) 王裕如老师,我把你当成很好的朋友了。你能帮帮我吗？你能帮我分析分析是怎样一种心理状况,能帮我解脱出来吗？请回信给我好吗？<u>谢谢了</u>！我等候你的答复！

（王裕如《不安的太阳—中国第一代独生子女心理探索》）

(8) 还有些家长带着BP机、大哥大到处跑,老师想和他交流一下孩子情况吧,半个月也找不到人开家长会,好不容易人来了,却又对老师说"孩子交给您了该打就打,该骂就骂,我马上有笔生意要谈,<u>对不起了</u>。"匆匆而去。 （北京大学汉语语言学研究中心语料库）

要对以后可能发生的事、将要发生的事先表示感谢、道歉时,既可用"谢谢、对不起",也可用"谢谢了、对不起了"。但说话人若是强烈地希望自己所感谢的事、所道歉的事能够发生的话,一般用表示"我已对你执行了表示感谢、道歉的行为了"的"谢谢了、对不起了"来表达。这是因为在事情还没发生之前,若先将表示感谢、道歉的行为执行完毕的话,就好像这件事已确定会发生似的。因此,这样的感谢、道歉方式是不让对方有选择回避事情发生的机会,就会给人有"强势、将自己的想法强加于人"的印象,有时也会变成不礼貌的表现。例句(7)的"谢谢了"显示出说话人（我）强烈地期待能得到对方（王裕如老师）的回信。例句(8)的说话人（家长）因为没时间和对方（老师）交流,想事先离去,所以用"对不起了"来进行先行道歉,使对方不得不允许自己要离开会场的事实。像是这种附加"了$_2$"的先行感谢、先行道歉是说话人将自己的想法强加于人,

不但会让对方感受不到诚意，也会造成对方的不愉快[2)]。与此相对，若上面的例句用不带"了$_2$"的"谢谢、对不起"表达，就没有"说话人不给听话人有选择的机会"的含义，就比较没有"强势、将自己的想法强加于人"的印象。

### 3.3 拒绝接受对方建议时表示感谢、道歉的情况：委婉拒绝

在拒绝接受对方建议时，用"谢谢了、对不起了"表示感谢、道歉的话，就有"委婉拒绝"的语用效果。

#### 3.3.1 "谢谢了"的情况：说话人接受了对方的好意，并对此执行表示感谢的行为了

请看下面的例句：

(9) "静，我要是死了，就把这所房子给你吧。"夫人笑了起来。"顺便把地皮也给我吧。""地皮是人家的，这可没办法。但是我所有的东西都给你。""<u>谢谢了</u>。可是那些外文书，我也没用呵。"

(中日对译语料库《心（译文)》)

如例句(9)，在拒绝接受对方的建议并向对方道谢的语境下，"谢谢了"比"谢谢"听起来更加委婉。这是因为"谢谢"附加上"了$_2$"后，除了向对方表示"我对你产生谢意了"以外，同时还向对方传达"我已接受了你的好意，并对此执行了表示感谢的行为了"的意思。也就是说，"谢谢了"带有"我虽然拒绝了你的建议，但你的好意我心领了"的言外之意。因此，用"谢谢了"拒绝对方，就显得比较有人情味，进而就有"委婉拒绝"的语用效果。例句(9)的"谢谢了"带出了"你的书我虽然不要，但

---

2) 以下举出用于先行道歉的"对不起了"，但却不具说话人强势态度的例句。

叶亦深看拳心悟一拳攻来，是一招"进退两难"，双拳向着他的周身数处袭来，他毫无退出的机会，这意思就是要他非出手不可。他见拳势来得甚急，只好说了一声"对不起了。"然后使出自己自创的招式来应对心悟的攻击。 （谢天《面具》）
说话人（叶亦深）因被逼得没办法，不得不出手。像是这种用不得已的心情所道出的"对不起了"，是不具"强势、将自己的想法强加于人"的色彩的。

你要把书送给我的好意，我心领了"的意思。这里若用"谢谢"表达，就没有上述的言外之意，听起来就像是形式化的客套表现。

### 3.3.2 "对不起了"的情况：说话人无法接受对方的好意，并对此执行表示道歉的行为了

请看下面的例句：

(10) 老爸，我知道，你为女儿的未来担心，……我保证，我不会再这样让您操心了，起码要作个让您放心的女儿。但，我还是要对您说，<u>对不起了</u>，老爸。如果你还在想着找女婿，您还想着抱孙子，我真的只有说这三个字了，……，人活着很难，很难，可是快乐却是转瞬而逝的，我不想老了后悔。 （谷歌中国）

如例句(10)，在拒绝接受对方提出的建议并向对方道歉的情况下，也是"对不起了"比"对不起"听起来更加委婉。和"谢谢了"的原理一样，用带"了$_2$"的"对不起了"道歉的话，除了向对方表示"我对你产生歉意了"以外，同时还告诉对方"我无法接受你的好意，并对此执行了表示道歉的行为了"。如此一来，也就能借此传达"你的建议，我也无法采纳"的言外之意。当对方察觉到自己的好意没被接受时，也就知道自己的建议不被采纳。因此，"我拒绝你"这一行为就等于是间接地被传达了，在表达上就显得比较婉转。例句(10)的"对不起了"将"因不想对自己的人生后悔，所以不能依照父亲所期望的道路走"的想法婉转地表达出来。这里若用不带"了$_2$"的"对不起"表达，就没有"说话人无法接受对方的好意，并对此表示道歉了"的意思，听起来就像是"说话人对'自己直接拒绝对方'这一行为表示道歉"似的，在表达上就显得比较直接，没那么婉转。

下面例句中的"对不起了"也反映出委婉拒绝的色彩。

(11) <u>不妨采用婉转的语气，来拒绝馈赠</u>，如可以说："某先生，实在要感谢您的美意，但我公司规定，在商务活动中不能接受他人赠送的礼金。<u>对不起了</u>，<u>您的钱我不能收</u>。" （谷歌中国）

## 4  小结

通过以上考察可归纳出下面的结论:"谢谢了、对不起了"除了表示"我已对你执行了表示感谢、道歉的行为了"以外,还表示"我对你产生谢意、歉意了"。在这两种语义的作用下,并根据使用语境的不同,"谢谢了、对不起了"就有不同的语用效果:(i)当用于对对方善意的言行表示感谢、对自己的过错表示道歉的情况时,有"程度不深的谢意、歉意"和"不诚恳的感谢态度、道歉态度"的语用效果;(ii)当用于先行感谢、先行道歉的情况时,有"强势、将自己的想法强加于人"的效果;(iii)当用于拒绝接受对方的建议并表示感谢、道歉的情况时,有"委婉拒绝"的表达效果。

另外,本文对"谢谢了、对不起了"的教学建议如下:(i)避免母语有时制范畴的外国学生受母语影响导致误用,我们认为这类表现应放在中高级阶段的教材中,初级只教"谢谢、对不起";(ii)这类表现的语用效果是多重的,因此在教授的过程中,教师必须强调语境和语用效果之间的搭配,并对比讲解使用"谢谢、对不起"的表达效果。

参考文献

荒川清秀 2003 『一歩すすんだ中国語文法』,大修館書店
小泉保 2001 『入門語用論研究—理論と応用—』,研究社
杉村博文 2000 "了"の意味と用法,『中国語』3 月号,pp.60-62,内山書店
徐雨棻 2007 "了"を伴う挨拶表現の語用論的研究,『中国語教育』第 5 号,pp.85-109,中国語教育学会
中国社会科学院语言研究所词典编辑室编 2005 《现代汉语词典(第五版)》,商务印书馆
Austin, John L. 1955  *How to Do Things with Words*, Oxford: Oxford University Press(『言語と行為』,坂本百大訳,大修館書店,1978)

＊本文原刊于「"了"を伴う挨拶表現の語用論的研究」(『中国語教育』第 5 号),有删改。

(Xú・Yǔfēn  大阪大学・関西学院大学非常勤講師)

# "谁说的"的语用否定功能

章 天明

## 1 引言

疑问代词主要是用来提出问题：谁、什么、哪（问人或事物）；哪儿、哪里（问处所）；几、多少（问数量）；多、多么（问程度）；怎么、怎样、怎么样（问性质状态）、什么、怎样、什么样（问方式行动）；多会儿（问时间）。关于疑问代词非疑问用法的研究已经有很多，如疑问代词的任指用法、虚指用法、周遍性用法等。本文通过分析"谁"从语义虚化演变到反问功能的实现，对"谁说的"这一语言形式的否定功能进行描写并分析其产生机制。

## 2 "谁说的"的否定用法

试比较以下例句中疑问代词"谁"的不同。

(1) "什么时候吃的。""大概半夜十二点。"王一士一跳老高。"咳。你你……你怎么能母夜十二点钟吃东西呢。这样你不是又要生个母夜叉吗。"罗兰争辩道。"什么母夜不母夜的。晚上十二点是子夜。""谁说的。""书上说的。难道还会有错。你的书架上就有一本书叫《子夜》。听说还是世界名著咧。"

(2) 菱姐怔了一会儿，忍不住问少爷道："你知道老爷是怎样死的？""老头子是自己不小心，手枪走火，打了自己。""谁说的？""姐夫说的。老奶奶也是这么说。她说老头子触犯了太阳菩萨，鬼使神差，开枪打了自己。……"

例句(1)和(2)中的"书上说的"和"姐夫说的"分别回答前句中"谁说的"。杉村 2007 认为，疑问代词的任指性决定了疑问代词的疑问用法和非疑问用法。疑问代词具有"任指性"，即能够与目标集合中的任意一个元素相对应。要想让特指问句成立，就必须满足这样一个条件，即：在对其进行扫描的目标集合中，必须至少有一个元素具备句子中谓语所指谓的属性。如果这一条件得不到满足，句子就只能成为一个反问句，如"人来世上混，谁不犯错误？"。例句(1)和(2)中，"谁"都能扫描到一个具体的对应元素"书"和"姐夫"，这两个句子里的"谁"有明确的指代对象，是疑问代词的基本用法，表示疑问。例句(1)和(2)是特指疑问句。我们再看下面的例句。

(3) 冬银已替她着装完毕。"小姐，你看看！相信等会儿在皇城草原上，没人比你更美丽了！"她拿着镜子要她看。君绮罗挥手。"不，我不看！没甚么好看的。""谁说的！"一双大手搂住她纤腰："<u>我的绮罗是全大辽最美丽的女人。</u>"她淡淡一笑。他喜欢看她笑；他大多时候都在想办法要使她展颜欢笑。

(4) 谭茵皱了皱鼻子，那个男的感觉上不像是个惹得起的人！她犹豫了。"没胆了？"傅雪儿刺激她。"谁说的！""<u>那好，十分钟后我会去结帐，然后你去吻那个酷哥，是深深的吻喔！你敢不敢？</u>"只有雪儿才会想出这种馊主意。

例句(1)和(2)中的"谁"要求扫描出相匹配的对象，即"谁"是有疑有问，而例句(3)和(4)却不同，例句(3)和(4)中没有扫描过程，或者说扫描中断，但这里的中断不是找不到相对应的元素，而是话者自己主动用明知故问的方式来中断扫描。因为"谁说的"隐含的引述内容的言语主体"君绮罗"和"傅雪儿"明明就在眼前，理应无"疑"，却依然问"谁"，可见并不是关注到底是"哪个人说"的，此时的"谁"是无疑而问。这时疑问代词与目标集合中元素之间的相互对应已变得不重要，或者说这时疑问代词的功能不再是对目标对象进行扫描，疑问指称人的功能发生变化，朝对命题信息真值判断的方向转移。例句(3)和(4)形式上是特指问，但我们都会理解为反问句。"谁说的"表现出了否定功能。

## 3 "谁说的"的否定功能

### 3.1 "谁说的"否定功能形成机制

沈家煊1999说到"疑问和否定是相通的",而且"否定句跟特指问相通,在汉语里更是明显"。特指疑问句中疑问代词"谁"不是否定词,并不能直接表达否定的意义。从语义层面来分析,其本身也并不含有否定的意义,因此"谁说的"的否定用法不属于语法范畴的否定,是一种语用否定。

李宇明1997也指出,疑问标记除了负载疑问信息之外,还传递其他语用信息。特指疑问词语最主要的语用信息是显示疑问焦点,特指问的疑问焦点一般都在疑问词上。当疑问标记不负载疑问信息或不能完全负载疑问信息时,疑问标记的功能出现衰变。这种衰变有两种基本类型:功能丧失和功能衰退。

在前面的例句(3)和(4)中,"谁说的"是想通过"疑问"来扫描出符合"说君绮罗不漂亮"和"说谭茵胆子小"的元素,但这个元素却是话者已知的了,因此再问"谁"是个冗余表达,"谁"这个疑问标记的疑问信息为零。按照李宇明的分析,(3)和(4)中"谁"不负载疑问信息,疑问功能发生了衰变。类似的例子还有:

(5) 李弼仍微笑道:"她自有解决方法。""真的?"老猫抬起一条眉毛。"怎么,连自己的朋友都信不过?""没有啊,谁说的!"两个人故作轻松。

(6) 丁杰中感到紧拥在怀里的秀秀轻轻颔首,一时心中是激动万分,她答应了!她答应了!戒指?快!快!快!……丁杰中笨拙地掏出戒指,咚!一声,单膝落地,跪在秀秀的面前,颤抖地拉起她的手,将戒指推进她柔软纤细的手指。"你不能反悔了!"他忐忑不安的心终于可以松一口气了。"谁说的!"她声量微弱地反驳。

当"谁"的疑问功能衰变后,疑问代词"谁"作为焦点标记的地位也受到动摇。焦点是新信息的核心,是说话人传达给听话人的最重要的信息。根据徐烈炯、刘丹青1998的研究,焦点在句子内部表现为[+突出]功能,

在话语交际中表现为[＋对比]功能。当"谁说的"话语层次焦点的"对比"对象（"谁"的对应元素）不存在时，句子内部的焦点"突出"功能就转移到"说"上了。也就是说，这时"谁说的"已经从客观关注对象"谁"转移到关注"说（的内容）"上来。关注内容首先就要"问真假"，关注内容真假当然要确认信息来源。由于"谁"已经不负载疑问信息，当然扫描不到对应元素，因此从这个不存在的"谁"来说出的内容的真实性就被否定。例(5)中，针对对方的"怎么，连自己的朋友都信不过？"，说话人还是故意用"谁说的"来否认，因为这个"谁"就在眼前无须扫描对应，很明显，这时说话人否认的不是对象是"谁"，而是"信不过自己的朋友"这个内容了。这种情况下，我们往往可以在语言形式上找到标记，如例句(5)中的"没有啊"，例句(6)中的"反驳"等也可以解读出"谁说的"的否定意思。再如：

(7)"你找得到路进来，就应该找得到路离开。"她不以为然地说。"谁说的！"罗客雪大声反驳。"你大概不知道自己住在什么样'鸟不生蛋、狗不拉屎的世外桃源'吧？"

(8)德焱撇起嘴，不以为然地嗤笑。"也可能——他根本就不想上你的房。"水莲睁大眼。"谁说的！就算……就算是，那也不干你的事！"他是谁？凭什么跟她说这些话！这个人……这个人肯定是个登徒子。

(9)"假如能变成一棵树该有多好，永远也不会受死亡的威胁。""谁说的？树的年龄也有限制的啊。"

(10)"把衣服脱下来，回床上躺好。""我的病已经痊愈。""谁说的？快点脱衣服上床！"

(11)马嘉韩握着他的手说："今天你可迟到了，阿永。""谁说的？谁说的？"他否认道，"我早就来了。你这位主人才是迟到哩，我来的辰光，只有惠光兄一个人坐在那只沙发里。"

上面例(7)中"大声反驳"的当然是"(谁说)找得到路进来，就应该找得到路离开"，例(8)中用了表示让步假设的"就算(是)"，让步假设其实也蕴含否定。例(9)(10)(11)则直接或间接地否定对方的言说内容。例句(7)

和(8)中"谁说的"一般不能省略,例句(9)(10)(11)中"谁说的"可以省略,但表达效果上有所不同。

另外,当"谁"扫描不到对应元素时,"谁说的"已经是一个反问句了。反问句是一种否定的方式,反问句里没有否定词,所以就要求句子中的某个成份来部分或全部负载否定功能。徐杰、李英哲 1993 指出,疑问代词在词库中除了规定要带[+F]"焦点标记"外,还应带有[+Q]"疑问标记"。否定中心的选择取决于焦点的选择。"谁说的"在反问句中,"谁"的疑问功能消失,正是由于[+Q]疑问标记没有被激活,但反问句形式上和一般疑问句相同,因此"谁"的[+F]焦点标记依然得到实现。作为句子的焦点必须要负载一定的信息和功能,可这时"谁"已经不表示任何新的信息,但仍然还是句子的焦点,"谁"就部分承担起反问句的否定功能了。这时与其说"谁"是反问句的焦点标记,还不如说是"说"的语用否定标记。"谁说的"语义上等同于"别这么说""没有你说的那回事儿"等否定表达。再如:

(12) 罗俊峰这一声惠妹妹,听得郑美惠的耳朵时,心儿里顿时甜甜地好不受用。她旋身过来,正好面对着罗俊峰。此时四双眼睛,像四道电流,使二人平静的心湖引起了激荡,顿时痴呆地相互对望着。"你不会喜欢我们的!""谁说的。"["你不是尽量在逃避我们?""那是我爹的命令,他老人家不愿我与陌生人在一起。"]

与前面所举例句不同,在例句(3)到(11)中,划线部分其实也参与并承担了对"谁说的"所指内容的否定,因此在一定的语境下,例句(3)到(11)中"谁"的否定语义还可以还原解读为疑问。但在例句(12)中,对"你不会喜欢我们的"的否定,则全部由"谁说的"独立承担。

关注内容既要"问真假"也可以"问优劣","真假"是命题内容的真值,"优劣"是对内容的主观评价。"谁说的"针对他人所说内容的来源提出疑问,隐含对内容真实性的怀疑、否定甚至反驳等负面态度。当"谁说的"全职承担起否定功能且对言说内容进行评价时,反问态度非常明显,表现出很强的主观性。

## 3.2 疑问代词疑问功能丧失的原因

关于反问句中疑问代词疑问功能的丧失，尹洪波 2008 从构式理论的角度也作了解释，他认为，如果一个构式具有两个以上的语用功能，那么该构式的整体功能为最高层次的功能，它制约管辖着其他低层次的语用功能，使之弱化或者丧失。反问句的整体功能是否定功能，处于高层，反问句中疑问词的疑问功能处于低层，由于作为焦点的疑问代词被置于一个没有疑问功能的构式之中，所以疑问代词的疑问功能必须受到构式整体功能的制约，使之弱化或消失。我们坚持杉村 1992、2007 和李宇明 1997 的观点。"谁"的疑问功能的丧失和否定功能的获得，根本原因不在结构的力量，最本质的还是由于"谁"自身语义功能的虚化导致疑问功能丧失。因为像"谁人不知，无人不晓"、"谁想他一去就不会来了"、"谁知还有一个"、"谁料他早知道了"等非反问形式中，"谁"也表现出否定的意义和功能。

## 3.3 "谁说的"的结构分析和语用表达功能

"谁说的"对"他人说 S（某个命题内容）"提出确认、怀疑、否定、反驳并强调时，有两种表现方式："是谁说的 S（即说 S 的是谁）"和"谁是说 S 的（即谁说的是 S）"，强调的"是"分别指向"谁"和"S"。当"谁"的疑问功能丧失，"谁"扫描不到对应元素时，"是"无指向目标从而脱落；当"谁"在功能上演变为"说"的语用否定标记后，"说"的宾语 S 自然被同时否定，并且当"谁说的"独立承担否定功能时，根据语言交际经济性原则，"谁说的"引述内容 S 也承上文省略，强调 S 的"是"也随之脱落。最后二者在形式上就都变成一个相同的独立的语用结构"谁说的"了。

古语说"皮之不存毛将焉附"。"谁说的"从否定"皮"（言说主体"谁"）进而发展到否定"毛"（言说内容），从对客观对象有无的确认发展到对言说内容真值的否定。语义功能上的否定却不用相应的句法否定表现，因此"谁说的"表现出很强的主观性。

## 4 小结

"谁说的"中疑问代词"谁"从有疑有指的任指对应,到有疑但无对应元素的虚指,最后到无疑无指的语义和功能的虚化,是造成"谁"疑问功能丧失的根本原因。疑问功能的丧失和"谁"语义信息的失却导致了"谁"在反问句中焦点地位的变化,"谁"承担了反问句的否定功能,当"说"的引述内容省略后,"谁说的"便成为一个独立的主观性更强的纯语用否定结构了。

参考文献

董秀芳 2003 "X 说"的词汇化,《语言科学》第 2 期
李宇凤 2011 回声性反问标记"谁说"和"难道",《汉语学习》第 4 期
李宇明 1997 疑问标记的复用及疑问功能的衰变,《中国语文》第 2 期
吕淑湘 1982 《中国文法要略》,商务印书馆
吕叔湘 1985 疑问·否定·肯定,《中国语文》第 4 期
倪兰 2005 现代汉语疑问代词的基本语义分析,《北方论丛》第 4 期
沈家煊 1999 《不对称和标记论》,江西教育出版社
杉村博文 1992 现代汉语"疑问代词+也/都……"结构的语义分析,《世界汉语教学》第 3 期
杉村博文 2007 现代汉语疑问代词周遍性用法的语义解释,《日本现代汉语语法研究论文选》,北京语言大学出版社
徐杰、李英哲 1993 焦点和两个非线形语法范畴:"否定""疑问",《中国语文》第 2 期
徐烈炯、刘丹青 1998 《话题的结构与功能》,上海教育出版社
徐盛恒 1999 疑问句探询功能的迁移,《中国语文》第 1 期
尹洪波 2008 现代汉语疑问句焦点研究,《江汉学术》第 1 期
张伯江 1996 否定的强化,《汉语学习》第 1 期

例文出典

北京语言大学汉语语料库 BCC　http://bcc.blcu.edu.cn/index.php

(Zhāng·Tiānmíng　筑波大学)

# 感情と感覚の構文論
―― "痛快" と "凉快" の境界 ――

木村　英樹

## 1　はじめに

　多くの言語がそうであるように，中国語においても，感覚や感情と称される現象に対応する文表現は，それらの現象が個人の身体に生じる内的な体験であることに起因して，典型的な他動詞文や典型的な自動詞文もしくは形容詞文とは異なった構文的特徴を有する。すなわち，感覚や感情という内的体験を述べる文表現は，他者に向けての能動的な働きかけを述べる2項述語文とも，また，外界の事物の属性や状況を述べる1項述語文とも異なる構文的特徴をもつ。加えて，感情と感覚についても，両者が二様に呼び分けられることからして明らかなように，それらは異なるタイプの現象としてカテゴライズされており，そのことの反映として，それぞれの現象に対応する文表現の間にもいくつかの構文論的差異が観察される。言い換えれば，感覚や感情の表現に用いられる動詞や形容詞は，一般の動詞や形容詞とは異なる構文機能をもつということであり，加えて，感覚の表現に用いられる動詞や形容詞と，感情の表現に用いられる動詞や形容詞との間にもいくつかの機能的差異が認められるということである。
　中国語の感情表現については，他動性の観点から感情表現の構文論的考察を行った鄧守信1984や使役構文との関係を軸にその構文論的特徴を詳しく論じた大河内1991a，同1991bなどの先行研究があり，本稿もそれらの議論に多くを負うものであるが，中国語の感覚表現について

は，構文論的な観点からその特徴を取り立てて論じたものが寡聞して見当たらない。本稿の目的は，中国語の構文研究の一環として，感情と感覚という内的な体験現象が構文論上どのようなかたちでカテゴライズされているかを知るべく，それぞれの現象に対応する動詞および形容詞の述語としての構文機能を明らかにし，併せて，それらの動詞および形容詞が述語となって構成される文表現をいくつかのタイプに分けて特徴づけ，それらを，典型的な動作表現と典型的な状態表現および属性表現との連続性を視野に入れつつ，構文論的に位置づけることにある。

以下，本稿では，感情および感覚の感じ手を〈経験者〉，感情および感覚を惹起する存在を〈刺激体〉と呼ぶ。また，感情を表す動詞および形容詞を「感情詞」と呼び，感覚を表す動詞および形容詞を「感覚詞」と呼ぶこととする。また，適宜，感情詞と感覚詞をVと記号化する。

## 2 感情表現について

中国語の感情詞は，次の三つの型の構文に対する述語としての適否によって，言い換えれば，三つの型の構文のいずれかを構成する述語機能の有無によって，大きく四つ——細かくは五つ——のタイプに分かれる。

 A型：SVOの語順で並び，〈刺激体〉がOの位置に置かれるかたちの構文
 B型：〈刺激体〉が前置詞に導かれるかたちの構文
 C型：〈刺激体〉が文に取り込めないかたちの構文

以下，それぞれの型で構成される感情表現の構文的意味と，それぞれの型への述語としての適性を異にする四つ——細かくは五つ——のタイプの感情詞の意味および構文機能について順次考察を行う。

### 2.1 「好悪・畏怖」タイプ

まず，A型の構文は，(1)と(2)の例に代表されるように，一般の他動詞文と同様のSVOの語順で構成され，〈経験者〉が主語の位置，〈刺激体〉

が目的語の位置にそれぞれ置かれる。

　(1) 他不喜欢足球。[彼はサッカーが好きではない。]
　(2) 不抽烟的人一般讨厌烟味儿。
　　　[タバコを吸わない人は一般にタバコの匂いを嫌う。]

(1)の例で言えば，"他"が〈経験者〉であり，"足球"が〈刺激体〉である。"喜欢"［好む］や"讨厌"［嫌う］のほかに，このタイプの構文の述語に用いられる感情詞としては，"想"［恋い慕う］，"怕"［恐れる］，"恨"［恨む］等々が挙げられる。仮にこれらを「好悪・畏怖」タイプの感情詞と呼んでおく。

「好悪・畏怖」タイプの感情詞が表す一連の感情体験は，言うまでもなく心の営みである。が，しかし，それらがつねに他動詞文と同じSVOのかたちで構文化されるという事実からも見て取れるように，このタイプの感情体験は対他的な活動の一種，すなわち，対他者的な心的振る舞いとして捉えられているものと考えられる。ただし，このタイプの感情詞は，(3)のように，程度副詞の"很"や"非常"の修飾を受けることができ，また，(1)のように，否定詞にはつねに"不"が用いられ，"没(有)"が用いられないという点においては，対他者的な行為を表す典型的な他動詞とは異なり，いくぶん形容詞寄りの性格をもつと言える。

　(3) 他很喜欢足球。[彼はサッカーがとても好きだ。]

本稿の議論の範囲からはやや逸脱するが，視覚や聴覚や嗅覚を通して外部の情報を取得する知覚体験も，"喜欢"や"讨厌"と同じくSVOの語順で構文化される。ただし，述語のタイプは感情表現のそれとは異なる。知覚体験の成立を述べる文表現は，次の例のように，"看–见"［見える］や"听–见"［聞こえる］や"闻–见"［嗅ぎつける；匂う］のようなVR構造（＝結果補語を伴う動詞句構造）が述語に用いられ，結果構文のかたちで構成される。

　(4) 我看见了两只仙鹤。[私は2羽の丹頂鶴を見た。]
　(5) 他丝毫没听见观众的喝彩声。
　　　[彼は観衆の喝采が全く聞こえなかった。]

(6) 她立刻闻见了一股烟味儿。

　　［彼女はすぐさまタバコの匂いを嗅ぎつけた。］

　知覚表現がこのように結果構文で構成されるという事実から，中国語においては，「見える」「聞こえる」「匂う」などの知覚体験の成立は，典型的には，行為（＝「見る」「聴く」「嗅ぐ」）の結果としてもたらされる動的現象として捉えられていると考えられる。そのことに連動して，"看–见" "听–见" "闻–见" は，"喜欢" や "讨厌" とは対照的に，完了アスペクト接辞を伴うことが可能であり（＝(4)(6)），"没(有)" で否定することも可能であり（＝(5)），"很" や "非常" などの程度副詞の修飾を受けることができない（＝(7)）。知覚体験の成立は，典型的には，動態イベントとして捉えられていると考えてよい。

(7) *他很听见观众的喝彩声。

　身体に生じる内的体験であるという点においては，知覚も，感情や感覚に類するものと考えられるが，上に述べた事実を見る限り，中国語においては，知覚現象は感情現象や感覚現象とは異なるタイプの現象としてカテゴライズされていると考えられる。ちなみに，英語では，「彼女はサッカーが好きだ」は She likes football. と言い，「彼女はタバコの匂いを嗅ぎつけた」も She smelled a cigarette. と言い，いずれも単純な SVO 構造で表現される。英語では，感情表現も知覚表現も構文化において顕著な差異は見られない。感情表現と知覚表現の構文上の異同に見られるこのような中英間の差異は対照研究や類型論の観点からも興味深い。

## 2.2 「失望・驚嘆」タイプと「焦燥・不安」タイプ

　中国語の感情詞全体を見渡してみると，「好悪・畏怖」タイプのように専ら SVO のかたちで用いられるタイプのものは少数派に属する。中国語の感情詞の多くは〈刺激体〉を目的語に取らないかたちで用いられる。その一つが，〈刺激体〉を前置詞で導くかたちの構文，すなわち B 型の構文に用いられるタイプである。このタイプの感情詞は，用いられ

る前置詞の形式の違いによって，さらに二つのタイプに分かれる。一つは，(8)の"失望"[がっかりする；落胆する]のように，〈刺激体〉が"对"で導かれるタイプであり，一つは，(9)の"焦急"[苛立つ]のように，〈刺激体〉が"为"で導かれるタイプである。

　　(8) 我爸爸对国家队的战绩十分失望。
　　　　[父は代表チームの戦績にずいぶんがっかりしている。]
　　(9) 她为这种情况很焦急。[彼女はこの状況にとても苛立っている。]

〈刺激体〉が"对"で導かれる感情詞には，"失望"のほかに，"吃惊"[びっくりする]，"惊讶"[驚く]，"灰心"[気落ちする]等々があり，〈刺激体〉が"为"で導かれる感情詞には，"焦急"のほかに，"不安"[不安である]，"难过"[つらい]，"伤心"[悲しい]等々がある。仮に前者を「失望・驚嘆」タイプと呼び，後者を「焦燥・不安」タイプと呼ぶ。

周知の通り，"对"は，(10)のように，〈向き合う対象〉あるいは〈対峙する対象〉を導く前置詞として感情表現以外にも広く用いられ，一方，"为"は，(11)のように，〈原因〉を導く前置詞として，これもまた感情表現以外に広く用いられる。

　　(10) 他对我很严格。[彼は私にとても厳しい。]
　　(11) 她决定不再为这件事发牢骚。
　　　　[彼女はこの事で愚痴るのはもうよそうと決めた。]

"对"と"为"のこのような用法に照らせば，〈刺激体〉が"对"で導かれる「失望・驚嘆」タイプの感情体験は，〈経験者〉がある対象に向き合い，それに対してなんらかの心理的反応を示すものとして捉えられ，一方，〈刺激体〉が"为"で導かれる「焦燥・不安」タイプの感情体験は，〈経験者〉がある存在のためになんらかの心理状態に置かれているものとして捉えられていると考えられなくもない。相対的には「失望・驚嘆」のタイプが幾分activeであり，「焦燥・不安」のタイプが幾分passiveであると見ることもできるが，いずれにしても，両タイプとも非対格的（unaccusative）であることは否めない。

これら二つのタイプの感情詞から構成される文表現と先の「好悪・畏

怖」のタイプの感情詞から構成される文表現とは構文の形態が異なることに加えて，文の成立要件となる必須項の数も異なる。「好悪・畏怖」のタイプでは，文の成立にとって〈経験者〉と〈刺激体〉のいずれもが必須項となるが，「失望・驚嘆」と「焦燥・不安」のタイプでは，〈刺激体〉は必ずしも必須項ではない（大河内 1991 b : 37）。「好悪・畏怖」のタイプの文表現については，〈刺激体〉を欠くかたち，すなわち，O を落とした SV だけのかたちは——談話上の復元可能な省略の場合を除いては——通常，情報伝達に支障を来し，語用論上不自然に感じられる。例えば，(12)の甲のような表現が，〈刺激体〉が言語的文脈においても非言語的コンテクストにおいても一切明らかにされていない状況で発話された場合，それに対して聞き手が「なぜ？」と訊ねることは語用論上明らかに不自然である。

(12) 甲： 他很喜欢。[彼はとても好きだ。]
　　　乙：#为什么？[1)] [なぜ？]

彼が何を好んでいるかが知らされていない段階で「なぜ？」と問い掛けることは，通常の自然な対話のあり方ではない。(12)の対話の不自然さは，〈刺激体〉の表現を欠く"他很喜欢。"だけでは意味的に充足していないこと，裏返せば，"喜欢"という感情体験の構文化においては〈刺激体〉が必須項であることを示している。

一方，(13)と(14)の対話には(12)のような不自然さは感じられない。

(13) 甲：我爸爸十分失望。[父はずいぶんがっかりしている。]
　　　乙：为什么？[なぜ？]
(14) 甲：她很焦急。[彼女はとても苛立っている。]
　　　乙：为什么？[なぜ？]

(13)と(14)の対話がいずれも語用論上適切であるという事実は，"我爸爸十分失望。"も"她很焦急。"もそれだけで意味的に充足しており，談話上自律的であること，裏返せば，"失望"や"焦急"という感情体験の

---

1)　# は，語用論上不適切であることを示す。

構文化においては〈刺激体〉が必須項ではないことを示している。すなわち,〈経験者〉と〈刺激体〉の両方を必須項とする「好悪・畏怖」タイプの感情詞が2項述語であるのに対して,〈刺激体〉を必須項としない「失望・驚嘆」タイプと「焦燥・不安」タイプの感情詞はいずれも1項述語に属するということである。

このように,1項述語であり,かつ,程度副詞の修飾を受けることができる「失望・驚嘆」タイプと「焦燥・不安」タイプの感情詞は,「好悪・畏怖」タイプの感情詞よりもさらに形容詞に近い位置にあると言える[2]。そのことの一つの表れとして,この二つのタイプの感情詞は,多くの形容詞と同様,いわゆる二重主語文を構成することが可能である。次の二例では,(13)の"我爸爸十分失望。"と(14)の"她很焦急。"にそれぞれ"心里"［心のうち；心中］という身体部位を表す形式が第二主語の位置に加わるかたちで二重主語文が構成されている。

　　(15) 我爸爸心里十分失望。［父は心中ずいぶんがっかりしている。］
　　(16) 她心里很焦急。［彼女は心中とても苛立っている。］

日本語では,感情体験を表す二重主語文は,「私はこの状況が苛立たしい。」のように,〈刺激体〉を主語の一つに取り込んで成立するが,中国語の二重主語文は〈刺激体〉を主語として取り込むことができない。"*我 这种情况 很焦急。"という二重主語文は明らかに不自然である（大河内1991b：34）。中国語の感情詞を述語に用いるかたちの二重主語文は,後述の感覚詞を述語に用いるかたちの二重主語文と同様に,すべて〈経験者〉を第一主語とし,身体部位名詞を第二主語として,「〈経験者〉+〈身体部位〉+V」のかたちで成立する（木村2002：224）。もとより〈刺激体〉を必須項とする「好悪・畏怖」タイプの感情詞においては,〈刺激体〉を含まない(15)や(16)のようなかたちの二重主語文は成立しない。

「失望・驚嘆」タイプと「焦燥・不安」タイプの感情詞は,使役文の

---

2) ただし,"失望""吃惊""焦燥""焦急"など,一部の感情詞については,否定詞に"不"と"没(有)"のいずれも用いることが可能であり（例えば,"他一点儿也不失望。""他一点儿没失望。"),典型的な形容詞とはなお隔たりがある。

構成の可否についても,「好悪・畏怖」タイプの感情詞と機能を異にする。「失望・驚嘆」タイプと「焦燥・不安」タイプの感情詞については,⒄や⒅のように,〈刺激体〉が使役主として主語に立つかたちの使役文が成立する。

⒄ 国家队的战绩叫我爸爸十分失望。
［代表チームの戦績はお父さんをずいぶんがっかりさせた。］

⒅ 这种情况叫她很焦急。［この状況は彼女をとても苛立たせた。］

身体の状況を表す形容詞もしくは非対格動詞が述語に用いられるタイプの使役文はいわゆる誘発使役文であり（木村 2000 : 22），そこでの主語は,⒆の例に代表されるように,述語が表す事態を引き起こす「誘発者」としての役割を担う。

⒆ 这个噩梦叫他老了许多。［この悪夢が彼を大いに老け込ませた。］

「失望・驚嘆」タイプと「焦燥・不安」タイプの感情詞から構成される使役文も⒆と同様に誘発使役文であり，そこでの〈刺激体〉は,〈経験者〉を当該の感情現象に至らしめる誘発者として捉えられている。

「好悪・畏怖」タイプの感情詞には⒄や⒆のようなかたちの誘発使役文は成立しない。"喜欢"を述語とする⒇の使役文は明らかに非文である（鄧守信 1984 : 178）。

⒇ *足球叫他很喜欢。

中国語においては,"喜欢""讨厌""恨"などの心的体験は,あくまでも対他的な,より主体的な活動であり,そこでの〈刺激体〉は,したがって,活動の対象であって,現象の誘発者としては捉え得ないものと考えられる。その意味で,「好悪・畏怖」タイプの感情詞は,「感情を惹起する存在」という意味での〈刺激体〉の典型からは相当程度に逸脱するものと言える。「心理活動動詞ではあるが感情動詞ではない」（大河内 1991 b : 37）とされる所以である。

### 2.3 「満足・羨望」タイプ

「失望・驚嘆」タイプおよび「焦燥・不安」タイプの感情詞と,「好悪・

畏怖」タイプの感情詞は，以上のように，構文機能が対照的に異なるが，感情詞のなかには，双方のタイプの構文機能を同時に併せもつものも少なからず存在する。例えば"満意"［満足する］は，(21)のように，「好悪・畏怖」タイプと同様のSVO構文（A型構文）に用いられ，また，(22)から(24)のように，「失望・驚嘆」タイプおよび「焦燥・不安」タイプと同じく，"対"が〈刺激体〉を導くかたちの構文（B型構文）にも用いられ，さらには二重主語文や誘発使役文にも用いられる。

(21) 他很満意你的回答。［彼はあなたの回答にとても満足している。］
(22) 他対你的回答十分満意。
　　　［彼はあなたの回答に対して大いに満足している。］
(23) 他心里十分満意。［彼は心中大いに満足している。］
(24) 你的回答叫他很満意。［あなたの回答は彼をとても満足させた。］

"満意"と同様の構文機能を具える感情詞としては，"羨慕"［羨む］，"感激"［ありがたく思う］，"后悔"［悔やむ］，"担心"［(心配で)気に掛かる］，"懐念"［懐かしむ］，"膩煩"［飽きる；うんざりする］等々が挙げられる。仮にこれらを「満足・羨望」タイプの感情詞と呼んでおく。これらの感情詞については，他者に向けての活動的な体験として捉え得る側面と，内向きの非対格的な体験として捉え得る側面の両方が具わっており，捉え方の違いによってA型構文とB型構文が使い分けられると見るべきか，それとも，焦点化に関わる談話機能の違いによってA型構文とB型構文が使い分けられると見るべきか，あるいは，そのどちらでもない別の要因が存在するのか。にわかには解答を得難く，今後の課題とするほかはないが，いずれにしても，このように動詞と形容詞の境界線上にあって，双方にまたがる機能を具える中間的なタイプが存在するといったあたりに，感情詞という語類の特質の一端が窺えると言える。

### 2.4 「愉悦・煩憂」タイプ

ここまで見てきた「好悪・畏怖」「失望・驚嘆」「焦燥・不安」「満足・羨望」という四つのタイプの感情詞は，それらが述語となり，かつ〈経

験者〉が主語に立つかたちの構文においては，〈刺激体〉も同時になんらかのかたちで文のなかに取り込めるという点で一致している。それとは対照的に，〈経験者〉が主語に立つかたちの構文では〈刺激体〉を文のなかに取り込めないというタイプ，すなわちC型に適応するタイプの感情詞もある。"高兴"［うれしい；機嫌がいい；喜ぶ］，"痛快"［胸がすく；気持ちが晴れ晴れする］，"愉快"［楽しい］，"轻松"［気持ちが軽やかである；リラックスしている］，"烦躁"［煩わしい］，"忧闷"［（心配で）気がふさぐ］などがそれである。仮に「愉悦・煩憂」タイプと呼んでおく。

　これらの感情詞は，A型構文にもB型構文にも用いることができない。"高兴"を用いて，「彼がこのニュースに喜んでいる」という事態を述べたくとも，(25)や(26)は成立しない。

　　(25) *他很高兴这消息。
　　(26) *他对这消息很高兴。

〈経験者〉を主語に立てるかたちで"高兴"を用いるには，(27)のように最もシンプルな「主語-述語」というかたちの1項述語文を用いるか，あるいは，(28)のような二重主語文を用いるかのいずれかであり，〈刺激体〉を文内に取り込むことはできない。

　　(27) 他很高兴。［彼はとてもうれしい。］
　　(28) 他心里很高兴。［彼は（心が）とてもうれしい。］

「愉悦・煩憂」タイプのこのような構文機能の特徴は，外界の事物の属性を表す一般の形容詞のそれと何ら変わるものではない。また，このタイプの感情詞は，(29)のように，"很＋〜"のかたちで動作の様態を表す修飾語としても頻繁に用いられ，その点においても多くの形容詞の機能に一致する。

　　(29) 他很高兴地答应了。［彼は喜んで承諾した。］

　加えて，重ね型という形態論的な有標化の成否に関しても，このタイプの感情詞は形容詞一般の特徴と一致する。「愉悦・煩憂」タイプの感情詞においては，一般の形容詞と同様，"高高兴兴(de)""痛痛快快(de)""愉愉快快(de)""烦烦躁躁(de)""忧忧闷闷(de)"などの重ね型が成立

する。この一点において、「愉悦・煩憂」タイプは、上に取り上げた四つのタイプと明確に一線を画す。これまでに見てきた「好悪・畏怖」以下四つのタイプの感情詞はすべて重ね型を形成し得ない。"*喜喜欢欢(de)""*讨厌讨厌(de)""*失望失望(de)""*不安不安(de)""*焦焦急急(de)""*羡羡慕慕(de)"のような重ね型はいずれも成立しない[3]。「愉悦・煩憂」タイプの感情詞は、感情詞のなかにあって、唯一、紛れもなく形容詞であると言える。

　このように、「愉悦・煩憂」タイプの感情詞は、A型構文とB型構文のいずれにも適応せず、形態論的にも重畳が可能であるという点において、他の四つのタイプとは特徴を異にする。ただし、先の(28)のように二重主語文を構成し得るという点、加えて、次の(30)のように誘発使役文を容易に構成し得るという点では、「好悪・畏怖」タイプを除く他の三つのタイプ、すなわち「失望・驚嘆」「焦燥・不安」「満足・羨望」の三つのタイプと一致する。

　(30) 这消息叫他很高兴。［このニュースが彼を喜ばせた。］

　上の例では、先の(17)や(18)あるいは(24)と同様、〈刺激体〉である"这消息"が「彼がうれしい」という感情現象を引き起こす誘発者として主語に立ち、誘発使役文を構成している。

　以上、感情詞およびそれらが述語になって構成される文表現の四つのタイプ——〈刺激体〉が前置詞で導かれるタイプを二つに分ければ五つのタイプ——について考察した。それぞれの構造的な対立と連関の関係をおおまかに捉えれば次頁【図1】のようになる。すなわち、意味的にも構造的にも最も対照的と言える「好悪・畏怖」のタイプと「愉悦・煩憂」のタイプ——すなわち、より動詞的もしくは動詞文的な「好悪・畏怖」のタイプと、正真正銘の形容詞もしくは形容詞文である「愉悦・

---

[3) コーパスにおいては、"喜喜欢欢地吃团圞饭"（嬉々として一家団欒の食卓を囲む）のように、"喜喜欢欢"の例が稀に観察されるが、それらは、「うれしい；楽しい」を意味する形容詞としての"喜欢"に対応する重ね型であり、同音異義語の「好む」を意味する"喜欢"の重ね型ではない。

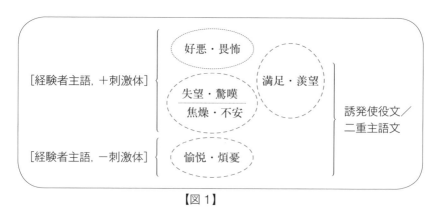

【図1】

煩憂」のタイプ——が互いに距離を隔てて両端に位置し，「失望・驚嘆」「焦燥・不安」「満足・羨望」の三タイプは，その間にあって，一方では，〈経験者〉を主語に据えるかたちの構文のなかに〈刺激体〉をも取り込めるという機能を「好悪・畏怖」のタイプと共有し，一方では，誘発使役文および二重主語文を構成し得るという機能を「愉悦・煩憂」のタイプと共有しているということである。

## 3 感覚表現について

感覚体験は大きく二つのタイプに分かれる。一つは外因性のタイプであり，一つは内因性のタイプである。前者は，何らかの外的要因が〈刺激体〉として明確に認識され，それによって引き起こされる身体の感覚体験として捉えられるタイプのものであり，後者は，〈刺激体〉としての直接的な外的要因が認識されず，あるいは認識されにくく，身体内に内発的に生じた感覚体験として捉えられるタイプのものである。例えば，湯飲みに触れて「熱い」と感じる感覚は典型的な外因性の感覚体験に該当し，「腹が空く」や「体がだるい」などの感覚は典型的な内因性の感覚体験に該当する。

これらの感覚体験は，それぞれの概念化の違いに応じて，構文化の様

相も異なる。以下，それぞれのタイプに対応する文表現の構文的特徴と感覚詞の意味および構文機能について考察する。

## 3.1 内因性の感覚体験について

　空腹感，頭痛，腹痛，足腰の痛み，倦怠感，（身体的）快感など，外的な〈刺激体〉の存在が認識されない，もしくは認識されにくい内因性の感覚体験は，最も基本的には，(31)や(32)のように，〈経験者〉を主語に据えるかたちの1項述語文として構文化される。

　　(31) 他饿了。［彼はひもじくなった。］
　　(32) 有一次我不舒服了，他们抱我到毡房里去休息。
　　　　［あるとき私は具合が悪くなり，彼らが私をパオに運び込んで休ませてくれた。］　　　　　　　　　　　　　　　（鲍昌《芨芨草》）

　内因性の感覚体験の表現に用いられる感覚詞には，"饿"［ひもじい；空腹である］や"舒服"［心地よい；快適である］のほかに，"渴"［のどが渇く］，"疼"［痛い］，"酸"［だるい］，"痒"［かゆい］，"困(倦)"［（だるく）眠い］等々が挙げられる。

　この種の感覚体験は，(33)や(34)のように，感覚の発現する「箇所」としての身体部位もしくは身体を第二主語に据える二重主語文のかたちで構文化することも可能である。

　　(33) 他肚子饿了。［彼はおなかが空いた。］
　　(34) 我身体不舒服。［私は体が具合が悪い。］

　さらには，(35)(36)(37)のように，感覚の発現する箇所を主語に据え，〈経験者〉をその修飾語とするかたちの1項述語文も成立する。

　　(35) 我的肚子也饿了。［私のお腹も空いた。］（朱立红《我的妹妹会隐身》）
　　(36) 你的身体不舒服吗？［あなたの体は具合が悪いですか？］
　　　　　　　　　　　　　　　　　　　　　　　　（李英儒《野火春风斗古城》）
　　(37) 你的头还疼不疼？［あなたの頭はまだ痛い？］　　（老舍《西望长安》）

　日本語では「私のおなかが空いた。」や「あなたの頭は痛い？」のような表現は不自然に感じられるが，中国語では，(35)(36)(37)のような表現

も別段不自然ではなく，日常的に用いられる。感覚現象というものは元来即物的であり，対立的に区切られた（bounded）特定の箇所に生じる現象として捉えられやすく，したがって，当該の箇所はプロファイルされやすく，かつ前景化されやすい。結果として，(35)(36)(37)のような主語化が可能になると考えられる。

　第2節で述べたように，感情表現にも身体部位の"心里"が用いられるが，通常，それは，(15)や(16)のように，二重主語文の第二主語の位置で用いられる。文学的な語りの文体を別にすれば，感情表現において"心里"が(35)と同様の1項述語文の主語の位置に用いられるかたちは，日常頻繁に用いられるものではない。(38)のような表現に対して，複数のインフォマントが「不自然」あるいは「言わない」と反応する。

　　(38) ??你的心里高兴吗？［あなたの心中はうれしいですか？］

　感覚現象とは対照的に，感情現象は元来即物性に乏しく，それが生じる具体的・物理的な箇所というものも認識されにくく，したがってプロファイルもされにくい。"心里"は，"肚子"や"头"のように実体的ではない。(38)のような"心里"の主語化を不自然と感じる話者の直観には，そうした感情現象の認知的特徴が作用しているものと考えられる。にもかかわらず，二重主語文においては"心里"を用い，感情現象をあたかも"心里"において生じるもののように捉えるあたりが中国語の面白さではあるのだが，とはいえ，(38)と(35)(36)(37)の間に許容度の差を感じる話者が存在するという事実はなお見逃し難い。即物性という点に関して，あるいは，現象が生じる場（箇所）の具象性という点に関して，感情と感覚の間にはなお一線を画する概念化の相違が存在すると考えられる。

　このように，感情表現においては，二重主語文の第一主語がつねに〈経験者〉であるという事実，加えて，1項述語文においても，主語は通常〈経験者〉であって，身体部位の"心里"は主語の位置に立ちにくいという事実は，とりもなおさず，中国語の感情詞が専ら〈経験者〉の状況，すなわち人の内的体験を表すための形式であることを示している。対照的に，感覚表現においては，(35)(36)(37)のように，身体および身体部位が

主語に立つ1項述語文が容易に成立するという事実は，中国語の感覚詞が，人の内的体験のみならず，身体もしくは身体部位というモノの状況をも表し得る形式であることを示している[4]。その意味において，感覚詞は，外界のモノの属性や状況を表す一般の形容詞に通じる一面をもつと言える。

## 3.2 外因性の感覚体験について

何らかの外的要因が〈刺激体〉として認識される外因性の感覚体験は，〈経験者〉と〈刺激体〉の関わり方の違いによって大きく二つのタイプに分かれる。一つは，〈経験者〉が〈刺激体〉に直接触れることによって引き起こされる感覚として捉えられるタイプ，すなわち接触性のタイプであり，一つは，〈経験者〉が〈刺激体〉に直接触れることなく引き起こされる感覚として捉えられるタイプ，すなわち非接触性のタイプである。以下，それぞれのタイプの構文化の特徴について考察する。

### 3.2.1 非接触性のタイプ

屋内に入って「暖かい（"暖和"）」と感じる；屋外に出て「寒い（"冷"）」と感じる；船のデッキに出て「涼しい（"凉快"）」と感じる；光が強くて目が「心地よくない（"不舒服"）」と感じる；徹夜の仕事で「疲れた（"累了"）」と感じる等々，これらはすべて外的な要因が〈刺激体〉となって

---

[4) 人もモノ（＝身体および身体部位）も叙述の対象となり得る感覚表現においては，"他肚子饿了。"の"他"も"肚子"も，ともに述語"饿了"にとっての主語と見なすことが可能であり，したがって，"他肚子饿了。"は，文字通りの二重主語文と見なし得る。一方，専ら人が叙述の対象となる感情表現の場合は，"他心里很高兴。"の"心里"が"很高兴"にとっての狭義の主語とは見なし難く，したがって，"他心里很高兴。"は典型的な二重主語文の構造からはやや逸脱していると考えられる。そこでの"心里"は，強いて日本語に置き換えるなら「心で」「心において」あるいは「心中」とでも訳すべきものであり，主語よりもむしろ状況語に近い性格のものと考えられる。感情表現における〈こころ〉が名詞の"心"ではなく，つねに"心里"や"心中"のように，方位詞を伴う場所句のかたちで用いられるという事実もそのことと無関係ではない。

引き起こされる感覚体験であり，かつ，〈刺激体〉と〈経験者〉の間に直接の接触のない感覚体験である。すなわち非接触的な外因性の感覚体験である。

この種の感覚体験においても，先の内因性の感覚体験において成立した三つの型の構文がすべて成立する。(39)は，(31)と同様，〈経験者〉を主語に据えるかたちの１項述語文であり，(40)は，(33)と同様，二重主語文であり，(41)と(42)は，(35)と同様，感覚の発現する箇所を主語に据える１項述語文である。

(39) 你凉快吗？［あなたは涼しいですか？］
(40) 他身子有点儿累了，心里却轻松了许多。
　　［彼は体は疲れたが，気持ちの方はかなり楽になった。］
(41) 光线太强，他的眼睛很不舒服。
　　［光線が強すぎて，彼の眼はとても不快だった。］
(42) 她在甲板上坐了一会儿，身体渐渐凉快下来了。
　　［彼女はデッキでしばらく休んでいると，体が次第に涼しくなってきた。］

注目すべきは，このタイプの感覚体験については，これら三通りのタイプの構文に加えて，さらに，(43)(44)(45)のようなかたちの構文，すなわち，〈刺激体〉を主語に据えるかたちの１項述語文も成立するという事実である。

(43) 甲板上很凉快。［デッキはとても涼しい。］
(44) 他们叔嫂坐在了台阶上，阳光挺暖和。
　　［兄嫁とその義弟は階段に腰を下ろした。日差しがとても暖かい。］
　　　　　　　　　　　　　　　　　　　（老舎《新时代的旧悲剧》）
(45) 外边儿挺舒服，所以我想再坐会儿。
　　［外はとても気持ちがいいから，もうしばらく休んでいたい。］
　　　　　　　　　　　　　　　　　　　　　　　（《廊桥遗梦》）

"凉快"を例にとるなら，「彼が"凉快"」と言えるだけでなく，「デッキが"凉快"」とも言えるということである。つまり，個人の内的体験として捉えられる状況が，同時に，それをもたらす外的存在それ自体の

属性としても捉え得るということである。

「観察点の公共性」という生態心理学の観点（Gibson 1979）に基づけば，個人的な感覚体験はつねに特定の個人に固有のものであるとは限らず，ある種のものは——そして，多くのものは——任意の不特定多数の人間にも開かれており，それらは，人を選ばない，言わば公共の感覚現象として捉えることが可能である。この，誰彼を問わず集団的に体験し得る公共の感覚現象は，それが成立する主たる要因を，特定の〈経験者〉の側よりも，それをもたらす〈刺激体〉の側に見て取るといった認識を可能にする。ここに，当該の感覚内容を，〈刺激体〉そのものに内在する属性として捉える認知論的な視点が成立する（本多 1997：658-660，木村 2002：229-230）。〈デッキガ涼シイ〉〈日差シガ暖カイ〉〈外ガ気持チイイ〉といった表現が成立する意味論的な動機の一つはここにあると考えられる。

ともあれ，先の感情表現においては成立しなかった〈刺激体〉を主語とする1項述語文が，非接触性の外因性感覚の表現については，⑷⑷⑸のように容易に成立する。感覚表現は，この点において，感情表現と明確に異なる。本稿の標題に挙げた"痛快"と"涼快"の境界もまさにここにある。"痛快"は"高興"と同じく「愉悦・煩憂」タイプに属する感情詞であり，"涼快"は感覚詞である。"痛快"を述語とする感情表現は，1項述語文のかたちでは〈刺激体〉を主語に置くことができない。⑹は明らかに不自然である。"痛快"の構文機能は，この点で，⑷が成立する"涼快"のそれとは明確に異なる。"痛快"を述語に用い，かつ〈刺激体〉を主語に用いるかたちは，先にも述べた通り，⑺のような誘発使役文でしか成立しない。

⑹ *霍老二这几句话不痛快。
⑺ 霍老二这几句话却叫他心里不痛快。
　　［霍の次男坊のこの二言三言がかえって私の気持ちを不愉快にさせた。］
　　　　　　　　　　　　　　　　　　　　　　　（《冯骥才文选》）

非接触タイプの感覚詞は，⑷⑷⑸のように，"甲板上"や"阳光"や

"外边儿"のような，感覚主体の身体の外にあって，その身体に当該の感覚を生じさせる外界の事物を主語に据えるかたちの1項述語文を容易に成立させる。この種の構文機能は，外界の事物を主語に据え，その属性や状況を表す一般の形容詞の構文機能にそのまま重なる。

「好悪・畏怖」タイプを除くすべての感情詞に誘発使役文が成立したように，非接触性の外因性感覚の表現にも誘発使役文は成立し得る。ただし，それは，〈刺激体〉が〈経験者〉にとっての直接的な作用主体として認識される場合に限られており，〈刺激体〉が間接的な作用主体として認識されるタイプの感覚体験は誘発使役文になじまない。(48)と(49)に比べて，(50)の誘発使役文ははるかに許容度が落ちる。

 (48) 海上吹来的一阵微风叫她挺凉快。
   ［海から吹いて来るそよ風が彼女をとても涼しくさせた。］
 (49) 过强的光线叫她的眼睛很不舒服。
   ［強烈な光線が彼女の目を心地悪くさせた。］
 (50) ??外边儿叫他很凉快。［外が彼をとても涼しくさせた。］

「風」や「光線」は，人体に，より直接的，より積極的に作用し，人の温度感覚や快感に変化をもたらすに足る，言わば「致使力」(木村1992：12) を備えていると考えられる。それに対して，「外」という空間は，人体に対する作用が，より間接的，より消極的であり，空間それ自体には人の温度感覚に変化をもたらし得る致使力は備わっていない。そのように致使力に乏しい，より消極的な作用主体は，感覚現象を表す誘発使役文の主語には適さない。(50)の不自然さはこのことに起因すると考えられる。

この，感覚表現の成立と〈刺激体〉の致使力の相関性の問題は，感情表現における誘発使役文との比較においても興味深い。例えば，「ニュース」や「言葉」は，「風」や「光線」とは異なり，それ自体，個人の身体に直接的，積極的に作用するものではない。したがって，それらは，感覚現象を表す誘発使役文の主語には適さない。(51)や(52)は明らかに不自然である。

(51) ＊霍老二这几句话叫他很冷。

(52) ＊这消息叫他挺暖和。

　一方，先の(30)や(47)の例が示すように，感情現象を表す誘発使役文であれば，「ニュース」や「言葉」は使役主として問題なく主語に立つことができる。つまり，人の〈からだ〉は，(50)の"外边儿"や(51)の"话"，さらには(52)の"消息"のような，個人に対して物理的に働きかけてこない，ただそこに在るだけの外界の存在には容易に反応させられないが，人の〈こころ〉は，個人に対して物理的に働きかけてはこない，ただそこに在るだけの外界の存在にも容易に反応させられるということである。〈からだ〉とは，そして，〈こころ〉とは元来そうしたものであり，生理学的には至極当然のことではあるのだが，しかし，そのことは，言語においては必ずしも自明の事柄ではない。日本語では，感情を表す使役文の(53)も感覚を表す使役文の(54)も，少なくとも日常的な表現としては，ともに不自然か，あるいは「日本語らしく」ない。逆に，感情を表す1項述語文の(55)と感覚を表す1項述語文の(56)は，ともに日常的な表現として問題なく成立する。

(53) ??彼のそのひと言が私をうれしくさせました。（感情）

(54) ??海の風が彼女を気持ちよくさせました。（感覚）

(55) 彼のそのひと言がすごくうれしかった。（感情）

(56) 海の風がとても気持ちよかった。（感覚）

　つまり，日本語には，中国語の感情と感覚の間に存在する構文ごとの成否の差が存在しないということである。言い換えれば，日本語では，〈からだ〉と〈こころ〉の機能の差が，少なくとも構文上は，中国語ほどに截然とカテゴライズされてはいない。感情と感覚の距離は，言語ごとに異なるということである。

### 3.2.2　接触性のタイプ

　接触性のタイプとは，〈経験者〉と対象との接触によって生じる外因性の痛覚，味覚，温感，触覚などを指す。ボールが背中に当たって「痛

い("疼")」と感じる；スープを啜って「しょっぱい("咸")」と感じる；湯呑みに触れて「熱い("烫")」と感じる；水が顔にかかって「冷たい("凉")」と感じる；クッキーをかじって「サクッとしている("脆")」と感じる；パンを指で押して「やわらかい("软")」と感じる等々がこのタイプに該当する。

　この種の感覚現象を表す感覚詞のうちで，"疼"の構文機能は他の感覚詞とは異なり，内因性の感覚体験を表す感覚詞のそれに近い。接触性の痛覚表現に用いられる場合の"疼"は，通常，(57)や(58)のように，〈経験者〉または〈経験者〉の身体部位を主語に立てるかたちの1項述語文を構成する。

　　(57) 你怎么打他，他都一点儿也不疼。
　　　　［あなたが彼をどう叩こうと，彼はすこしも痛くない。］
　　(58) 这鞋太紧了，每次一穿右脚背就疼。
　　　　［この靴はすごくきつくて，履くたびに右の足の甲が痛くなる。］

　内因性の感覚体験とは異なり，接触性の刺激による痛覚は，〈刺激体〉の存在が認識されているにもかかわらず，それを主語に据えるかたちの1項述語文が一般に成立し難い。日本語では「この靴は痛い」や「机が痛かった」などと言えるが，中国語では"*这鞋很疼。"や"*那张桌子很疼。"は明らかに不自然である。非接触性タイプの"凉快"や"暖和"が，同じく外因性の感覚体験を表す感覚詞でありながら，(43)や(44)のように〈刺激体〉を主語に据えるかたちの1項述語文を構成し得たのとは対照的である。ただし，(59)のような例に限っては，〈刺激体〉を主語とし，その属性を述べる表現として成立する。

　　(59) 我在中国没扎过针。中医针灸疼不疼？
　　　　［私は中国で鍼を打ったことがありません。漢方鍼灸は痛くないですか？］

　上例の下線部の成立はアフォーダンス，すなわち「行為の可能性」の問題と多分に関わっていると考えられる（佐々木1994）。鍼灸とは，身体に直接に物理的な刺激を与える行為をアフォードする存在として認識さ

れ，したがって，痛みに関してそれを特徴づけることは有意味な属性記述として読み取られる。そのことが⑸9を自然な属性表現として成り立たせていると考えられる。それに対して，例えば"鞋"や"桌子"は，現実には，靴のサイズが不適格なために足に痛みを感じるとか，机に腰をぶつけて痛みを感じるといった事態も起こり得るが，靴そのもの，あるいは机そのものは，本来，身体に痛みをもたらし得る行為をアフォードする存在として認識されているとは考えにくい。したがって，靴や机について痛みを問題にすることは，それらの内在的な属性を特徴づけるための情報としては，鍼灸の場合に比べて明らかに有意性が低い。喩えて言えば，「痛くない鍼，打ちます」は宣伝文句になり得ても，「痛くない机，あります」は宣伝文句になり得ないということである。にもかかわらず，日本語で「この靴は痛い」とか「あの机が痛かった」と言えるのはなぜかという問いが，日本語自身の，おそらくは主題論や主語論の問題として残りはするものの，そのことは今はさておき，少なくとも中国語においては，アフォーダンスに関する"針灸"と"鞋"および"桌子"の差異が，⑸9と"*这鞋很疼。"および"*那张桌子很疼。"の許容度の違いに関与していると考えられる。

　⑸9のような場合を例外として，接触性の痛覚現象の表現は，一般に，〈刺激体〉を主語に据えるかたちの構文が成立しない。つまるところ，"疼"は，内因性と外因性のいずれの痛覚現象を表す場合も，構文機能に変わりはないということである。

　痛覚を表す"疼"とは対照的に，味覚や触覚や温感を表す感覚詞が述語に用いられる構文は，〈経験者〉を主語に据えるかたちでは成立しない。日本語では，餃子を一緒に食べる相手に「僕はすこししょっぱいんだけど，あなたはしょっぱくないですか？」と発話することは不自然ではないが，中国語では，⑹0のような〈経験者〉を主語に据えるかたちの1項述語文は明らかに不自然である。

　　⑹0　*我有点儿咸。你咸不咸？

　味覚や触覚や温感を表す感覚詞を述語に用いる構文は，次の四例のよ

うに，すべて〈刺激体〉を主語に置くかたちの1項述語文で構成される。

(61) 她做的饺子有点儿咸。[彼女が作る餃子はすこししょっぱい。]
(62) 这饼干很脆。[このクッキーはサクサクしている。]
(63) 这汤怎么这么烫？[このスープ，どうしてこんなに熱いの？]
(64) 刚买的面包这么硬。[買ったばかりのパンがこんなに硬い。]

これら四例の構文形態は，(65)や(66)のような，事物の内在的な性状を語る一般の形容詞述語文のそれと何ら変わるところがない。

(65) 这汤很便宜。[このスープは安い。]
(66) 她做的饼干怎么那么厚？
　　[彼女が作るクッキーはどうしてあんなに分厚いの？]

つまりは，中国語においては，痛覚を除き，接触性の感覚現象は押し並べて，それをもたらす事物の側の内在的属性として捉えられる。モノに直接接触することで生じる感覚は，その即物性，その直接性のゆえに，モノの側の特性として捉えられ，人間の側の内的体験としては捉えられないということである。その意味では，味覚や触覚や接触性の温感を表す語類は，感覚詞というよりも，むしろ，一般の形容詞のカテゴリーのなかにあって，意味上感覚詞に近い位置にある形容詞として捉えられるべきものと考えられる。

## 4　むすび

以上，感情現象と感覚現象に対応する語類，およびそれらが述語となって構成される文表現について，それらを構文論的な観点からいくつかのタイプに分け，それぞれの特徴について考察し，各タイプ間の構造的な対立と連関の関係を概観した。概略を図式化すれば，【図2】のようになる。

五つの典型的な感情表現および感覚表現のタイプを間に挟んで，「好悪・畏怖」のタイプと接触性感覚のタイプが両端に位置する。「好悪・畏怖」のタイプは最もシンプルなSVOのかたちでのみ構文化が可能で

感情と感覚の構文論　175

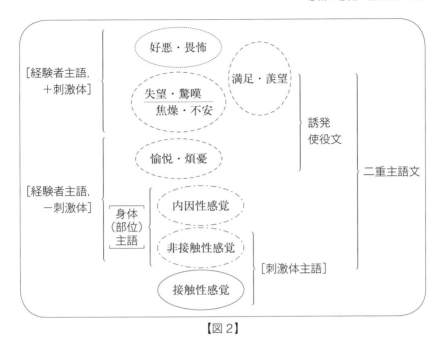

【図2】

あり，接触性感覚のタイプもまた最もシンプルな SV のかたちでのみ構文化が可能である。対他的な心的活動を表す「好悪・畏怖」のタイプは，主語が〈動作者〉的な性格を帯びるという点において，〈経験者〉が主語となる典型的な感情表現のタイプからは逸脱し，接触性感覚のタイプは，〈刺激体〉のみが主語になり，感じ手である〈経験者〉が主語に立てないという点において，これもまた典型的な感覚表現のタイプと一線を画す。

　典型的な感情および感覚の表現と見なし得る五つのタイプは，両端の二つのタイプとは対照的に，構成可能な構文形態が単一ではない。いずれのタイプも〈経験者〉が主語に立つかたちのシンプルな SV 構文に加えて，あるものは〈刺激体〉を文内に取り込むかたちでの構文化が可能であり，あるものは，〈刺激体〉を主語に据えるかたちでの構文化が可能であり，あるものは，身体あるいは身体部位を主語に据えるかたちでの構文化が可能であり，またあるものは，誘発使役文や二重主語文での

構文化が可能である。いずれのタイプも，取り得る構文形態が三種類内至四種類に及ぶ。それは，とりもなおさず，感情詞や感覚詞の構文機能が，〈経験者〉と〈刺激体〉の関わり方に応じて多様であることを表し，ひいては，中国語話者の感情現象や感覚現象に対する捉え方が多岐的であることを物語っている。

本稿は，専ら構文的なかたちに着目し，感情および感覚の表現のカテゴライズの状況を考察したものであり，個々の感情詞および感覚詞についての意味論的な考察には踏み込んでいない。そのことも含めて，七つに分けられた感情詞および感覚詞の各タイプごとに共有される意味的特徴を精緻に把握し，それらと構文的なかたちの相関性についてより的確な説明を導き出すことが今後の課題となる。

## 参考文献

本多啓 1997　世界の知覚と自己知覚,『英語青年』142巻12号, pp.658-660, 研究社

木村英樹 1992　BEI 受身文の意味と構造,『中国語』389号, pp.10-15, 内山書店

木村英樹 2000　中国語ヴォイスの構造化とカテゴリ化,『中国語学』247号, pp.19-39, 日本中国語学会

木村英樹 2002　中国語二重主語文の意味と構造,『認知言語学Ⅰ：事象構造』, pp.219-242, 東大出版会

大河内康憲 1991a　使役構文と感情表現,『中国語』382号, pp.32-35, 内山書店

大河内康憲 1991b　使役構文と感情表現（その2）,『中国語』383号, pp.34-37, 内山書店

佐々木正人 1994　『アフォーダンス──新しい認知の理論』, 岩波書店

鄧守信 1984　《漢語及物性關係的語意研究》, 臺灣學生書局

Gibson, James J. 1979　*The Ecological Approach to Visual Perception*, Boston, MA.: Houghton Mifflin.

（きむら・ひでき　追手門学院大学）

# 中国語教育文法設計の必要性
―― バックワード・デザインによる
中国語学的文法からの解放 ――

鈴木　慶夏

## 1　教育文法を議論する必要性

　教育文法（pedagogical grammar）とは，教育（pedagogy）が依拠する文法知識の体系である。バックワード・デザイン（backward design）とは，教育カリキュラムの策定において，求められる結果（目標）を明確にし，承認可能な証拠（評価）を決定して，学習単元（内容）を計画する設計方法である（Wiggins & McTighe 2005：17-21, 西岡 2005：16）。目標としての結果から遡って教育内容を設計する点に鑑み，西岡 2005，2012 等では「逆向き設計」という訳語があてられている。本稿の趣旨は，中国語の教育文法が教育現場の要請に応えるためには，(ⅰ)このバックワード・デザイン，即ち，先に目標を決定し，それから遡って学習内容・文法事項を決定する設計方法が不可欠であろうという点[1]，(ⅱ)また，中国語学における文法研究の視点をそのまま中国語教育へ持ち込むフレーム・ワークから解放されるべきであろうという点である。
　本稿では，中国語教育文法を，中国語非母語話者が目標形式をできるだけ容易かつ早期に産出する手段としての文法知識を整理したものと捉える。教育文法は，実践上は，どのような文法事項をどのような順序で

---

[1]　カリキュラム論における逆向き設計では，評価方法も重要な構成部分である。しかし，本稿の主たる目的は，教育文法が教育現場の要請に応える方途を探ることにあるため，本稿の考察範囲を大きく超える評価方法には言及しない。

導入するかという文法シラバスの設計にも関与するもので，文法事項の分割統合・取捨選択・導入順序の策定に対する直接的な判断材料となり，文法指導法や教材の編纂にも影響を与える。

では，どのような文法事項を立て，どのような順序で導入するのがよいか。すでに，楊德峰 2001，呂文華 2002，盧福波 2003，輿水 2005，邓守信 2010 等がいくつか原則を提案している。「優しいものを先に難しいものを後に」，「言語形式の簡単なものから複雑なものへ」，「習得順序の早いものから遅いものへ」等である。各々の原則を相互にどう関連づけるかについては言及がないが，学習対象となる文法事項を段階に応じて分割・分散すべきであるという主張は，みな一致する。本稿が焦点を当てる初級文法に引きよせて概括すれば，初級レベルで学習する文法事項をスリム化・軽量化する必要があるということである。ただし，文法事項のスリム化・軽量化の実現には，複数の選択肢があろう。

杉村 2009：30 が指摘するように，斯界は，複数の導入順序のあり方について，その優劣を比較検討し，理想的な導入序列のモデルを提示することが求められている。しかし，現時点では，それぞれの導入順序についてその優劣やメリット・デメリットを評価する段階には至っておらず，現状は，国内外の中国語教育関連雑誌で，一定数の論文が小さな範囲で弱い提言を示し，中国語学および中国での"本体研究"の関連雑誌では，自らの研究結果に対し，いとも簡単に「教育への応用が期待できる」と楽観的な推測を述べているに過ぎない。

教育文法に対する議論の土台が未形成なのは，おそらく，中国語教育に従事する者の異なる研究上の立場が議論を噛み合わさせず，議論しようにも議論になり得ないからであると思われる。(i)中国語教育従事者のうち，中国語学の研究者は，中国語を第一言語とする話者の文法知識とその運用を研究対象とするため，第二言語習得の研究成果は死角に入ってしまい，学習者言語（中間言語）の発達に対する考察を教育に応用し難い。(ii)第二言語習得研究者は，中国語を第二言語とする学習者の言語習得の実態を研究対象とするため，中国語学の研究成果をほとん

ど顧みず，目標言語の言語学的特徴に対する考察を教育に応用し難い。
(iii) また，中国語教育に特化した実践研究は，独自のノウハウを適用した個々のアドホックな教授経験によるものが多く，研究としての議論を俎上に載せ難い。実践研究は，文法教育に関して，教育現場の実態に根ざした論点を最も強く打ち出せる立場にありながら，実際には，中国語学や第二言語習得研究という中国語教育の外にあるフィールドからの応用方法に対して，「その方法でよいのか」と，問題を提起したり再考を促したりすることができていない。その結果，現況としては，中国語学における文法研究の成果が，教育現場の要請を十分に把握しきれずに移し変えられているか，「研究結果を簡単簡潔にする」という名目のもと研究者の印象的直感によって簡略化されているかであると言っても過言ではない。

　本稿は，このような状況に一石を投じたい。将来的に，有意義な議論の展開が可能になるよう，少なくとも，主たる学術的基盤を中国語学におく中国語教育従事者の間で議論の対象となり得るのではないかと言えそうな論点をいくつか提起したい。

　以下，次の第2節で，教育文法についての議論が活性化されている日本語教育での状況に触れつつ，中国語教育の現場がどのような教育文法を必要としているかを概略する。第3節では，日本語教育文法の設計に向けて提起されている主張に言及しながら，中国語教育文法の設計にはバックワード・デザインの運用が有益であることを述べる。第4節では，動詞接尾辞"了"を一例にとり，初級レベルで最初に導入する"了"の形式についての試案を示すことで，バックワード・デザインにより，到達目標から遡って学習内容・文法事項を決定すると，従来とは異なる文法事項の立て方と導入順序が引き出されることを述べる。最後に，第5節で，中国語教育文法の設計は，中国語学的文法のどのようなフレーム・ワークから自由にならなければならないかを指摘し，実用志向の教育文法を設計するためには，分析のための文法記述から運用のための文法記述へと，文法現象を見る視点を転換する必要があることを述べる。

## 2　教育文法を（再）設計する必要性

　日本語教育文法をめぐる議論は，野田編 2005 が時代を画する主張を打ち出したことで活性化したと言える[2]。野田編 2005 は，学習者が少ない努力で大きな成果をあげられる日本語教育のための文法を作るという理念のもと，それまで日本語教育に供されていた文法（野田編 2005 によれば「日本語学的文法」[3]）を見直さなければならないと問題提起を行い，その理由は次の背景にあるとした（野田 2005：1-2, 18）。

　(a) 学習者の多様化に対応する日本語教育文法：読んだり書いたりする必要がない学習者や，中級以上の日本語能力を必要としない学習者など，学習者の多様化に対応する必要がある。

　(b) 日本語学に依存しない日本語教育文法：日本語学の文法研究の成果に引きずられないで，日本語学習者が日本語でコミュニケーションするときに必要な文法を新たに作る必要がある。

(a)は，教育文法をどのような教育環境で運用するのかという問題である。(b)は，教育文法を誰の視点で設計するべきかという問題である。

### 2.1　教育文法はどのような環境で運用されるか

　野田編 2005 の指摘(a)は，中国語教育にも当てはまる。特に，第二外国語として中国語を学ぶ学習者[4]の中には，中級以上の中国語能力を身につけたいとまでは考えていないものが少なくない。初級でも初級なりにコミュニケーションをとるための文法が必要である。

　もちろん，学習者が中国語能力を中級レベルへ，上級レベルへと向上させられるよう継続的に鼓舞・支援することも重要であるが，それ以前

---

2）　森・庵編 2011：350 では，「日本語教育文法について語る上での転換点としてとらえられるような」，「強いインパクトをもつ」と評されている。

3）　これに倣い，これまで中国語教育に供されていた文法を「中国語学的文法」と呼ぶことにする。

4）　本稿での「学習者」は中国語学習者全体を指すが，その中でも，教育文法設計の妥当性を問う際の試金石となる非専攻中国語学習者が重要な位置を占める。

の問題として，中国語教育の現場は，以下(a)'が示す現実に直面している。

(a)' 教育環境の多様化に対応し得る中国語教育文法：第二外国語科目の脱必修化・履修期間の短縮・授業時間数の削減等によるカリキュラムの多様化に対応し得る教育文法が必要である。

永きにわたって中国語教育に供されていた中国語学的文法は，一定の学習時間を費やすことで結果を出せるようになる文法体系であって，学習時間が不足すれば効果をあげることは保証できない。

また，(a)'の学習環境要件に対応できる教育文法は，「学習者が実用性を実感できる文法」，「学習方法の選択肢が広がる文法」につながる。

(a'-1) 学習者が実用性を実感できる中国語教育文法：学習期間の短縮・学習時間の減少という条件下では，中・上級レベル到達前の初級レベルにおいても，実際の用に役立つ教育文法が必要である。

(a'-2) 積み上げ方式以外の学習方法にも対応可能な中国語教育文法：学習期間・学習時間の削減という条件下では，時間のかかる文法知識積み上げ方式以外の学習方法にも対応できる教育文法が必要である。

学習者，とりわけ，非専攻中国語学習者の立場に肩入れした言い方をすると，教育文法は初級段階においても実用的でなければならない。実用的とは，多くの国語辞典で記述されるように，実際の用に役立つこと，実地に用いることである。しかし，多くの非専攻学習者は，学習対象として提示される文法事項を学ぶ意味や目的を実感できないのが現状である。なぜなら，専攻中国語学習者のように，「いまの段階は，将来，より高いレベルに至るための基礎を積み重ねている過程にあるのだ」という長期的視野をもてないからである。

もし従来の慣行のように，入門・初級レベルからボトムアップ式に文法知識を積み上げる学習方法しか選択肢がないのであれば，学んだ結果が使い物になるには，一定の学習時間を費やして，文法知識が上級のレベルに積み上がるまで待たなければならない。しかし，前述のとおり，

第二外国語としての中国語教育は，教育環境がそれを許さない。

以上(a)'(a'-1)(a'-2)に示した中国語教育文法の運用環境を，(a)″として整理する。

(a)″ 学習到達段階のどの時点においても実用性を有する教育文法：初級・中級・上級という学習到達段階のどのレベルにおいても，実際の用に使える教育文法を設計する必要性がある。

## 2.2 教育文法は誰の視点で設計されるべきか

野田 2005 による(b)の「日本語学に依存しない日本語教育文法」は，「日本語学の研究成果に引きずられるな」と警鐘を鳴らす見解であり，野田編 2005 の中で最も刺激が強い。同著では，さらに言葉を変えて，「『日本語学的文法』からの脱却」（野田編 2005：vi）と記され，「日本語学的文法から独立した日本語教育文法」（白川 2005）と標榜する論文とともに，これまで日本語教育文法として当然視されていた文法の実態は，実は「日本語学的文法」と呼んだほうがふさわしいもので（白川 2005：43），日本語学的文法に執着するのは根拠のない思い込みである（白川 2005：61）と論じる。また，後に続く野田編（2012：207）においては，「日本語学や言語学の植民地になっている日本語教育学を独立国にしよう」という旗が掲げられている。本稿はこれらの見解に首肯する。

このような「脱・日本語学」と呼べる主張は，中国語学の研究者にとって聞き捨てならないものだろうか。実は，(b)の主張の真意は，日本語学的文法は，学習者の視点ではなく母語話者の視点で作られていたという，日本語ネイティブの日本語研究者による自省である。日本語学的文法が抱えるいろいろな問題の根本的な原因が，母語話者の視点から文法を考えている（白川 2005：43）という指摘は，母語話者 vs. 学習者という視座を提起し，また，日本語学ではなく学習者の視点が重要であるという主張（小林 2005：40）は，日本語学 vs. 学習者という視座を提起している。

日本の中国語学は，日本語学と比べると，ノンネイティブの研究者による成果の蓄積に厚みがあると言えるはずで，文法教育に応用する前の

中国語学研究は日本語学研究とは状況が異なる。しかしながら，ノンネイティブの中国語学研究者も，井上2005：101の指摘する「総合的な日本語（中国語）力を重視する教育を受けた『エリート日本語（中国語）学習者』」に相当する。「エリート学習者」とは，野田2005：1が述べる「聞く，話す，読む，書くという4技能を上級まで習得する」学習者である。したがって，もし野田編2005のように，中国語学vs.学習者，教授者vs.学習者という視座に立てば，(b)および以下に挙げる(b)の関連見解は，従来の中国語学的文法には耳の痛い話となる。

(b-1) 学習者の母語を考慮した，学習目的の実現のための日本語教育文法を考えるよりも，既存の無目的な文法により多くの日本語学の知見を盛り込むほうに関心があるように見える。これでは，学習者の負担が増えることはあっても，減ることはない（井上2005：101）。

(b-2) 日本語研究の成果としての文法を応用するという意識が強く，日本語教育に必要でない部分も取り込んできた。日本語学の文法がすでに日本語教育の目的とは合わないものになっていることに気づかないまま，日本語学に依存しているように見える（野田2005：5）。

(b-3) 基礎研究としていかに理論的には妥当性の高いものであったとしても，「細かいと覚えるのが大変だ」という非常に素朴な現場の論理により役に立たないとされることもある（森2011：ⅲ）。

動詞接尾辞"了"について一例を挙げると，「数量詞のない"Ⅴ了Ｏ"は，文として言い切りにならない／不自然である」，「文として言い切りのかたちにするには，名詞の前に数量詞を使う／"了"を文末に使う」という説明は，まさに，上記(b-1)から(b-3)が指摘する中国語学の研究上の視点「文の終止性」を教育現場に持ち込んだものである。学習者にとっては覚えるのが大変であるし，そもそも，学習者の素朴な関心は，どのようにして"了"を使う文を使うかであって，どのようにして"了"を使う文を言い切りのかたちにするかではない。文終止に関する文法説

明は, 白川 2005：50 が戒めて言う「文法現象を見る視点が学習者にとってはありがたくもない整理の仕方」に相当するのではないだろうか。

次節で,「人の振り（日本語教育文法）見て, 我が振り（中国語教育文法）直す」観点から, 中国語教育文法を設計する方法について述べる。

## 3 教育文法の設計方法としてのバックワード・デザイン

では, どのような点で, 日本語学的文法が教育現場の必要性に応えられないのか。多くの日本語教育研究者によって引用されるのが, 野田 2005：6 の提起する「体系主義の悪影響」と「形式主義の悪影」である。

体系主義の悪影響とは, 日本語教育での必要度とは無関係に, 例えば, 受身文を出したら使役文も出す, 尊敬語を出したら謙譲語も出すというように, 関連する文法事項を揃えて出そうとすることである。形式主義の悪影響とは, 機能ではなく形式を中心にして文法事項を決め, 同じ形式に２つ以上の機能がある場合, それらをまとめて導入しようとする傾向である。例えば,「〜なら」について,「暇なら, ちょっと手伝ってください。」という仮定条件の機能と,「海に行きたいなぁ。」に対する「海なら, 沖縄がいいですよ。」という相手の発言を受ける機能を同時に導入することである（野田 2005：6）。体系主義の悪影響と形式主義の悪影響は, 白川 2005：46 では, 文法事項を「断片的に示さず体系的[5]に示す」,「小出しにせず網羅的に示す」と指摘され, さらに, 別の研究者からも

---

[5] 本稿は, これ以降, この「体系主義」の「体系」を「(関連形式) 網羅志向」と言い変える。理由は, これまでの文法の不備不足を概念化するのに「体系」という用語を使うのは適切ではないと考えるからである。一, 教育文法には教育文法の体系がある, 二, 野田 2005 等が言う「体系主義」とは, 実質的には, 文法事項を「包括的」または「網羅的」に提示することである, 三, 体系とは, 卑近な言い方をすれば, 物事の整理のしかたであり, 要素と要素との関係を整序した結果である, 四, そのため, 野田編 2005 における野田 2005 の同志と言える研究者の論者の中に,「体系的なシラバスを作っていく必要がある」（小林 2005：29）,「学習者にとっては, 文法体系は［……］連続的に変化していく動的な体系の連鎖」（白川 2005：45-46）等の指摘が頻出している。

様々な類例が挙げられている（小林2005, 庵2011：3, 5）。

　中国語教育でも，思い当たる節は多々ある。(i)「体系主義の悪影響」に相当するものとしては，Xという文法事項とYという文法事項を同時に提示する必要があるのかを学習者の立場から考慮することなく，例えば，"就～了"，"快～了"，"要～了"，"就要～了"，"快要～了"を一度に導入することである。筆者の担当クラスで採用したことのある教科書『现代汉语基础』(97-99, 改訂版では92-93)[6]では，課文に"列车马上就要到达上海站了"という文があり，文法事項として「近接未来の"了"」というタイトルが付されている。鍵となる概念および学習事項は，文中の"了"が近接未来を表すことであろう。しかし，「語気助詞の"了"は副詞の"就"や"快"や能願動詞の"要"と呼応して用いられ，"就～了"，"快～了"，"要～了"，"就要～了"，"快要～了"などのかたちで，さしせまった未来に発生する新たな事態を表す」という説明とともに，"飞机就要起飞了"，"快要放暑假了"，"小李明年就要毕业了"という文が例示される（下線は筆者による）。そして，この直後に，「この形式はこう使う」ではなく，「この形式はこうは使わない」という記述様式で，「副詞の"快"（改定版では，"快"と"快要"）は，ほかの時間詞とともに用いることはできない」という，学習対象である文末助詞"了"以外の文法知識（ここでは，副詞と時間詞）が追加される。

　(ii)「形式主義の悪影響」に相当するものとしては，Xという文法事項を導入する際に，複数の機能や使い道(x)(y)(z)…を同時に示す必要があるかを十分に検討せず，例えば，"我找到了钱包"という結果補語を含む文と"我买了三瓶绍兴酒"という数量詞を伴う目的語を含む文を同時に提示することである（『现代汉语基础』〔87-88, 改訂版は78-79〕）。そして，この直後に，「この形式はこう使う」ではなく，「この形式はこうは使わない」という記述様式で，「動詞が変化の意味を持たない場合や，結果

---

6)　この教科書は，ほとんど文法説明のない他の第二外国語用テキストと異なり，文法解説が比較的くわしく，数年前までは採用するメリットが大きかった。しかし，教育環境の変化によって，このテキストを利用することができなくなった。

補語をともなわない場合，あるいは目的語の数量表現が含まれていない場合に，動詞接尾辞"了"を用いて文を終えると，しばしば不自然に感じられる」という，学習対象である動詞接尾辞"了"以外の文法知識（ここでは，動詞の意味的性質・結果補語・数量詞）が追加される。

以下，本稿では，(i)の体系主義の悪影響と(ii)の形式主義の悪影響を合わせて「関連形式網羅志向」と呼ぶ。関連形式網羅志向の文法は，とりわけ非専攻中国語クラスでは，学習者の注意が当該の形式（ここでは，文末助詞"了"と動詞接尾辞"了"）を使うことではなく，当該の形式と別の形式との関係（についての教授者の説明）を理解することにそらされてしまう。前述のとおり，中国語の文法教育のあり方を問う論著のほとんどが，文法事項を分散すべきであると主張するが，これは，関連形式網羅志向に対する注意喚起に等しい。

教育文法の設計は，関連形式網羅志向から脱却しなければならない。関連形式網羅志向から脱却することは，今まで教育現場で提示していた文法事項を削減することである。何を削って何を残すか。本稿は，学習対象となる文法事項の選定基準を「使用の必要性という到達目標」に求める。習得難度や習得順序に影響する要因（母語にも同種の形式があるか，構造が簡潔かといった基準）については，慎重に検討はするが，優先はしない[7]。優先するのは，実用という目的である。バックワード・デザインによって，実際の使用目的から遡って文法事項の取捨選択や導入順序を判断しようというのである。

同趣旨の主張は，日本語教育文法をめぐる議論でも様々な表現で提起されている。野田2005：15, 19は，従来の日本語／中国語教育文法[8]では，

---

[7] 習得難度や習得順序を考慮することが重要なのは言うまでもないが，これらの基準を優先させるのは非現実的である。例えば，英語の冠詞 a, the 等は英語上級者にとっても難度の高いことが指摘されているが，初級レベルでこれらの言語形式を使わずに例文を示すことは不可能である。また，習得難度・習得順序については，主として第二言語習得における研究成果の蓄積と体系化を待たなければ完全な判断材料になり難い。したがって，これらの研究領域の動向に目配りしながら現場の課題を解決する方策を講ずることが求められる。

「テ形を教える」,「受身文を教える」／「文末助詞の"了"を教える」,「動詞接尾辞の"了"を教える」というように，文法形式を教える意識が強かったが，これからは，コミュニケーションの目的が先にあり，その目的を達成するために必要な文法形式を教えるという方向性をとるべきだと主張する。白川 2005：55 も，「『こういうことを言いたい』というところから出発して，その目的のために『この表現が必要』と考える」と指摘する。まさに，本稿が，到達目標から遡って文法事項を決定するバックワード・デザインが不可欠であると考えるのと，軌を一にする。

## 4　初級レベルで導入する動詞接尾辞"了"の旧案と新案

第4節では，4.1で，従来のテキストが動詞接尾辞"了"[9]という文法事項をどう提示しているのかを示す（以下，旧案と呼ぶ）。その後，4.2で，バックワード・デザインによって，「こう言う必要がある」から「こういう文法事項を学ぶ必要がある」と判断した結果，初級レベルでどの用法の"了"をどのような形式で導入することになったか，試行済みの一案を示す（以下，新案と呼ぶ）。

### 4.1　動詞接尾辞"了"の旧案

これまで筆者が担当した非専攻中国語クラスで採用された教科書が"了"をどう扱っているか，提示例文と説明方法を以下に引用する[10]。

---

8) 日本語教育文法をめぐる議論で，中国語教育文法と状況が共通する点は，「日本語／中国語」,「日本語学的文法／中国語学的文法」等と並列表記する。
9) 以下，第4節で論じるのは全て，動詞接尾辞の"了"である。
10) これまでに採用した全ての教科書を挙げることはできないが，ここに示した教科書の"了"に対する記述は，説明の詳細度は異なるものの，内容は他の多くの教科書とほぼ同様である。なお，例示に際し，省略した箇所は［……］と記した。文末助詞"了"との相違点を説明してある部分も省略した。各教科書におけるゴシック体や囲み等の強調箇所は，原著どおりに記した。例文番号は第4節で付した通し番号である。引用中の下線は原著どおり。波線部は本稿筆者による。

以下は，文法説明がほとんどない教科書からの引用である。

　　『話す中国語：初級〜中級篇』，第8課（p.31）

　　動詞末の"了"（了$_1$）—完了を表す

　　S＋V＋"了"＋O

　　(1) 我买了吃的。(2) 我没(有)买胶卷。(3) 你买了胶卷没有？

この後に示される練習用例文は次のとおりである（p.32）。

　　(4) 你买了喝的没有？——已经买了。

　　(5) 你买的什么？——我买了可乐和乌龙茶。

　　(6) 买了多少？——买了两瓶可乐和一筒乌龙茶。

　以下は，文法説明が少しある教科書からの引用である。

　　『新版1年生のためのコミュニケーション中国語』，第8課（p.40）

　　(7) ホテルのフロントで

　　田中　　：我想订一个房间。

　　服务员：您预订了吗？

　　田中　　：我没有预订。

　　服务员：您要单人间还是双人间？

　　［……］

この後に「キーポイント」として説明がある（p.41）。

　　完了を表す"了" ｢〜した｣ 動詞＋（目的語）＋了

　　(8) 我去了。　　　　　　私は行きました。

　　(9) 我去学校了。　　　　私は学校に行きました。

　　否定　没(有)＋動詞 ｢〜しなかった／〜していない｣"了"はつけない。

　　(10) 我没(有)去。　　　　私は行きませんでした。

　　(11) 他没(有)听录音。　　彼は録音を聞きませんでした。

　　［……］

　　疑問 ｢〜したか｣

　　(12) 你预订火车票了吗？　あなたは汽車の切符を予約しましたか？

　　(13) 你去哪儿了？　　　　あなたはどこへ行きましたか？

中国語教育文法設計の必要性　189

文法説明の比較的詳細な教科書での提示方法は次のとおりである。
『現代汉语基础』，第8課（p.87, 改訂版では p.78）
**完了相の"了"**……動詞接尾辞。動詞のうしろに付き，動作や変化が，問題の時点において〈完了している〉こと，すなわち〈すでに実現済み〉の局面（相）――改訂版では「局面」――にあることを表す。

1) 動詞接尾辞の"了"は，一般に，変化の意味を含みもつ動詞や結果補語を伴う動詞，あるいは，数量表現を含む目的語を伴う動詞のあとに用いる。

⒁ 我找到了钱包。（私は財布を見つけた。）
⒂ 我买了三瓶绍兴酒。（私は紹興酒を3本買った。）

動詞が変化の意味を持たない場合や，結果補語を伴わない場合，あるいは，目的語に数量表現が含まれていない場合に，動詞接尾辞の"了"を用いると，しばしば不自然に感じられる。

⒃ ×我找了钱包。　⒄ ×我买了酒。

2) 完了相に対する否定の表現（動作や変化が〈完了していない〉すなわち〈まだ実現済みでない〉という表現）には，"没有"または"没"を用い，"不"は用いない。ただし，"没有"や"没"で否定されている動詞にさらに完了相の"了"を付け加えることができない。

⒅ ×我没（有）喝完了酒。　→　他没（有）喝完酒。
⒆ ×他没找到了钥匙。　→　他没找到钥匙。

### 4.2　動詞接尾辞"了"の新案

これに対し，筆者の担当クラスでは教科書に代わる配布資料（鈴木 2017 の試用版）を用い，"V 了 O, ……"という形式のみを提示した。
道順を説明するために：
「$V^1$したら，$V^2$する」ことを表す"$V^1$了$O^1$, $V^2$($O^2$)"
［省略］　品川駅への行き方を尋ねられました。「ここから前に向かっ

て，あの交差点に着いたら東に曲がる」と言いたいです。

(20) [……]

中国旅客：　　从这儿到品川车站怎么走？
询问处服务员：从这儿往前走，
$^1$[到了那个路口] $^2$[往东拐]。
前边儿就是品川车站。

道案内での「V$^1$したらV$^2$する」というように，複数の行為を一連の流れの中で説明する時は，最初の動詞V$^1$の直後に（つまり，V$^1$と目的語O$^1$の間に），「出来事の流れにひと区切りつける"了"」を使って，"V$^1$了O$^1$，V$^2$(O$^2$)"というパターンで表現します。

(21) $^1$[到了红绿灯]，$^2$[往左拐]。
(22) $^1$[过了马路]，$^2$[往右走]。
(23) $^1$[到了东京站]，$^2$[就下车]。

この"了"は，「最初の動詞V$^1$の表す動作行為が完了，終了[11]して，その結果，別の動作行為V$^2$が起こる」場合に使います。道順の説明以外にも，「V$^1$したらV$^2$する」というように，「複数の行為からなる一連の出来事の区切れ目」に"了"を使います。[……]

以下は，この直後に示される例文の一部である。

(24) 到了那个十字路口，往北拐。
(25) 到了前边儿丁字路口，过马路。
(26) 明天下了班，就去美术馆吧。
(27) 下个月放了寒假，你去哪儿旅游？

このように，新案での文法事項の立て方と導入順序は，旧案とは異なる。最大の相違点は，文としての独立性を欠くために文終止の点で問題視される"V了O"を，"V了O，……"という複文の形式で最初に提

---

11) 筆者の担当クラスで，「完了」，「実現」等，"了"の文法的意味を全く示さずに，複数の使用場面と複数の例文およびその和訳によって"了"が何を表しているのか調査したところ，「終了」という概念が提起された。調査の具体的な内容については，本稿で述べる余裕はなく，稿を改めなければならない。

示している点である。また，"V了"の否定形式"没(有)V"を提示しない点も特徴的であると言える。

　"了"という文法事項に対して，"V了O，……"を最初に導入する形式として選択したのは，次の理由による。(i)到達目標を現実の用途に設定。筆者の担当クラスでは，大学所在地の地域的特徴により，外国人旅行客への中国語対応が地域の課題となったため，中国語による道案内の必要性が生じた。(ii)到達目標から文法事項を選択。道案内タスクの遂行には，方位詞・前置詞などの他，"V了O，……"という形式が必要である。(iii)習得難度の点で導入可能。"V了O，……"の内部構造は比較的簡潔であり，難度は低いと言える。また，当該形式"V了O，……"は，実用上，意味論的に対照的な否定表現"没(有)V"を使う可能性が低い。この点で，否定表現に対する説明なしで学習を進められる利点がある。(iv)「"了"＝過去」という誤解・誤用を未然に防止。旧案の教科書を使用していた期間は，学習者から，ことあるごとに「"了"は過去ですか。」，「過去だから"了"ですか。」と質問され，"了"の導入後は，多くの学習者が，過去の事態に必ず"了"を使おうとし，"了"が必要な未来の事態に"了"を使わない状況にあった[12]。"V了O，……"形式の導入は，この問題に対する処方箋（prescription）[13]としての効果をねらえる。(v)提示する文法事項を語レベルから文レベルに設定。学習者が学ぶのは，"了"を使う文をどのような用途に使うかであって，いわゆる「完了」，「実現」という文法的意味や意味機能として抽出される文法上の分析概念ではない。そのため，文法事項を"了"という語レベルで「完了」と示すのではなく，"V了O，……"という文型，つまり，

---

[12] 郭春貴2010でも，過去の事態で不必要な"了"を使い，未来の事態で必要な"了"を使わない中間言語が豊富に記述されている。

[13] 鈴木2016に，処方的アプローチについての初歩的な記述がある。なお，学習者が「"了"＝過去」と理解しようとするのは，一，旧案の教科書での提示例文が全て過去の事態を表示していること，二，教科書に付された和訳が「～ている」ではなく「～た」を主とする記述方法をとっていること（引用中，波線部）等の理由がある。

文レベルで示し，「複数の行為を一連の流れの中で説明する時は，最初の動詞 $V^1$ の直後に，『出来事の流れにひと区切りつける"了"』を使う」と説明している。

なお，担当クラスの教育条件や教育環境によって様々な到達目標を設定し得る。したがって，本稿は，すべての中国語クラスで"V 了 O,……"という形式を最初に導入すべきだと主張するわけではない。強調したいのは，個々の条件や環境に応じて，到達目標を基準にして学習対象にする文法事項を決めるべきだという，文法事項の選択や導入順序を決定する設計方法である。

## 5　中国語学的文法のどのような視点から解放されるべきか

中国語教育文法は，学習目標を明確にした上で，その目標を達成できる形式を選択し文法事項として提示する必要がある。この方法で中国語教育文法を設計すると，これまで我々が見慣れてきた中国語学的文法の次の枠組みから解放される必要がある。

（i）「はじめに文法事項ありき」からの解放。これまでの中国語学的文法は，まず教える文法事項（例えば，動詞接尾辞"了"）があり，その文法事項が生起する統語環境をいくつか取り上げて選択制限や共起制限を説明するという，文内部の構成様式を解説する方法をとる。実用志向を目指す教育文法では，「はじめに到達目標ありき」で，何をできるようになることが求められるか到達目標を明確にしてから，それに必要な文法事項を選択して文法記述を考えるべきである。

（ii）「文法事項の語レベルでの提示」からの解放。従来の伝統である「多くの文法事項を語レベルで提示し，その文法事項の文内部の用法を解説する」視点から解放されるべきである。現実のコミュニケーションでは，学習対象となった文法事項を文の内部に正しく位置づけるというよりは，その文法事項を現実の状況に位置づけることの方が重要である。文法事項の提示は，低次の文法レベルより高次の文法レベルで，可能で

あれば，文レベルで行った方がよい。

　(iii)「抽象的な文法的意味の提示」からの解放。文法的意味については，山崎 2010 が，「完了」も「実現」も抽象的な概念で学習者の理解の助けになりにくいと指摘するが，本稿もこれに同ずる。"把"構文を処置文と呼んでも学習者には理解し難いのと同様である。文法的意味は，中国語学の文法研究において，ある文法形式の複数の用法を観察し，狭義の文法とは無関係である見なされ得る種々の夾雑物を取り除いた結果を一言で概念化した理論的構築物である。それを，語レベルで提示する文法事項に対し「完了」や「実現」と言っても，よほど強い言語学的関心をもつ自律的な学習者でなければ理解は難しい。

　(iv)「中国語学的文法での重要論点」からの解放。動詞接尾辞"了"について言えば，文終止の問題は，中国語学での文法研究では，中国語という言語を考察する上での重要な論点であるが，学習者にとってはそうではない。ある言語形式を文として完全に独立させる方法についての説明は，理解するのも覚えるのも大変である。また，現実のコミュニケーションでは，文として完全に独立する形式で言い切りにするよりは，複数の文をつなげて文脈の構成に関与したり，相手の質問への応答として一部の語句を省略した形式を発したり，局部的に見れば言い切りならない言語形式を状況に合わせて運用することも求められる。

　総じて，中国語教育文法の設計は，分析のための文法記述から運用のための文法記述へと，文法現象を見る視点を転換する必要がある。そして，運用のための文法記述を実現するには，選択した文法事項は文型として提示するという「文法事項の文型化」に視点をおくべきであると考えられる。

　下に，日本語教育文法についての一般向け入門書から，国文法的説明との比較を引用する（下線は筆者による）。

　　日本語教育文法では，「N は〜じゃありません」は，一つの文型として示します。国文法なら「<u>この部分は，助動詞ダの連用形デに係助詞ハがついたデハが口語でジャとなり，動詞アルの連用形アリに，</u>

助動詞マスの未然形マセと助動詞ヌ（ン）がついたものである」となりますが，そうは教えません。こちらの方が精緻な分析であることはいうまでもありませんが，日本語教育文法のルールはシンプルで覚えやすいものであるべき，という理念を思い出してください（荒川 2009, 116）。

従来の中国語学的文法は，上記下線部に類する文法説明を，将来研究者になる予定のない学習者にも一律に与えてきたのではないだろうか。また，いわゆる「文法が苦手」な学習者には，上記下線部に相当する説明内容を簡略化すればよいと考えてきたのではないだろうか。

日本語教育において文型辞典の果たす役割が大きいように，中国語教育文法の設計に際しても，目標から遡って選択した文法事項は，より高次の文法レベルで，つまり，文レベルで，パターンとして提示した方が，学習者の認知上の負荷を軽減させられるはずである。また，学習者が当該の文法形式を現実の用途に位置づける敷居が低くなるはずである。

文法事項を文型として提示するということは，実際に使うパターンは分離させずに一つの文法単位として扱うことである。実際に使用するのが"V了O，……"という形式であれば，わざわざ"V了O"の部分を分離させて，「文として言い切りのかたちにならないから，こうする，ああする」と説明せずに，"V了O，……"という言語形式を，文型という一つの文法単位として提示すればよい。そして，抽象度の高い文法的意味を語レベルで提示するかわりに，具体的な構文名称を与え，文レベルでの文法的意味として提示すればよい。

以上述べたことは，中国語学における文法研究の伝統を覆そうとするものではない。中国語学的文法は，その研究過程において，個別の状況に混在する様々な文法上のノイズを捨象した後に抽出した文法ルールの集合である。中国語教育文法の設計には，このルール抽出過程の逆を張り，選択制限や共起制限についての研究成果を文内部に含ませた上で，それをパターンとして示すことで「文法事項の文型化」を推進することが可能である。さらに，狭義の文法から外れる要素を取り除く過程で観

察されたものを，文より大きな単位である言語的文脈または非言語的文脈に含ませた使用環境を用意することで，「文法事項の文脈化」をねらうことも可能である。中国語教育文法の設計において，文法事項の文型化と文脈化を目指す時，中国語学的文法は有力な学術資源となる。

**参考文献**

荒川洋平 2009 『日本語という外国語』，講談社現代新書

董燕・遠藤光曉 1998 『話す中国語：初級～中級篇』，朝日出版社

井上優 2005 学習者の母語を考慮した日本語教育文法，野田編 2005, pp.83-102, くろしお出版

庵功雄 2011 日本語記述文法と日本語教育文法，森篤嗣・庵功雄編 2011, pp.1-12, ひつじ書房

庵功雄 2012 日本語教育文法の現状と課題，『一橋日本語教育研究』1号, pp.1-12

木村英樹等 2003 『现代汉语基础』，白帝社

小林ミナ 2005 コミュニケーションに役立つ日本語教育文法，野田編 2005, pp.21-41, くろしお出版

輿水優 2005 『中国語の教え方・学び方——中国語科教育法概説——』，日本大学文理学部叢書

森篤嗣 2011 日本語教育文法のための研究手法，森篤嗣・庵功雄編『日本語教育文法のための多様なアプローチ』pp.13-55, ひつじ書房

森篤嗣・庵功雄編 2011 『日本語教育文法のための多様なアプローチ』ひつじ書房

西岡加名恵 2005 ウィギンズとマクタイによる「逆向き設計」論の意義と課題，「カリキュラム研究」第14号, pp.15-29, 日本カリキュラム学会

野田尚史 2005 コミュニケーションのための日本語教育文法の設計図，野田編 2005, pp.1-20, くろしお出版

野田尚史編 2005 『コミュニケーションのための日本語教育文法』，くろしお出版

野田尚史編 2012 『日本語教育のためのコミュニケーション研究』，くろしお出版

小野秀樹等 2013 『现代汉语基础[改訂版]』，白帝社

白川博之 2005　日本語学的文法から独立した日本語教育文法，野田編 2005，pp.43-62，くろしお出版

杉村博文 2009　「中国語初級段階学習指導ガイドライン」準拠の学習便覧，『東方』342 号，pp.28-31

鈴木慶夏 2016　第二外国語初級段階で最初に学習する"了"——処方的アプローチによる導入形式の選択——，中国語教育学会第 14 回全国大会予稿集，pp.40-43

鈴木慶夏 2017　『"アクション！""开始！"2 —コミュニケーション中国語—』，朝日出版社

塚本慶一監修，劉穎著 2001　『新版 1 年生のためのコミュニケーション中国語』，白水社

山崎直樹 2010　"了"の導入——教科書における提示法の検討——，『中国語教育』第 8 号，pp.67-79 頁，中国語教育学会

邓守信 2010　对外汉语教学语法（简体字版），北京语言大学出版社

郭春贵 2010　"了"的病句倾向——日本学习着常见的错误，『中国語教育』第 8 号，pp.39-45 頁，中国語教育学会

卢福波 2003　对外汉语教学语法的层级划分与项目排序问题，《汉语学习》第 2 期，pp.54-60

吕文华 2002　对外汉语教材语法项目排序的原则及策略，《世界汉语教学》第 4 期，pp.86-95

杨德峰 2001　初级汉语教材语法点确定，编排中存在的问题，《世界汉语教学》第 2 期，pp.81-88

Wiggins, G. & McTighe, J. 2005 *Understanding by Design* (Expanded 2nd Edition), Virginia: Merrill Prentice Hall.（邦訳）理解をもたらすカリキュラム設計——「逆向き設計」の理論と方法——，西岡加名恵 2012，『日本標準』

（すずき・けいか　釧路公立大学）

# 中国語個体量詞選定プロセスについて

## 橋本　永貢子

## 1　はじめに

　本稿は，現代中国語における個体量詞がどのように選定されるのかを考察し，日本語の助数詞の場合と比較対照し，その特徴を明らかにする。
　現代中国語において，事物の個数を言う際，一般に数詞が単独では現れず，"一<u>张</u>・票"（1枚のチケット），"三<u>把</u>・椅子"（3脚の椅子）のように個体量詞を伴う。しかし個体量詞は，「量詞」とはいうものの，そもそもが可算的な事物に用いられるため，"一<u>对</u>・鸳鸯"（1対のオシドリ），"一<u>串</u>・钥匙"（ひとつなぎの鍵），"三<u>杯</u>・咖啡"（3杯のコーヒー）における"対／串／杯"のような，量に関する実質的な情報を提供するわけではない。したがって多くの個体量詞から適切な一つを選定するにあたっては，数量を言うための**基本単位以外の要素**にその選定理由を求めることになる。
　《现代汉语词典》第6版（商务印书馆：中国）の語釈によれば，上述の"张""把"の例はそれぞれ"用于纸、皮子"（紙や皮に用いる），"用于有把手或能用手抓起的器具"（取っ手のある，あるいは手でつかむ器具に用いる）に該当する用法である。紙や皮から類推すれば，"张"は，平たく薄いものに用いられ，日本語の助数詞「枚」に相当するかと思われる。しかし，たとえばハンカチには"张"ではなく，"块"や"条"を用いるのが一般的である。また椅子には"把"を用いるが，これは背もたれのある椅子の場合であって，背もたれの無い椅子"凳子"の場合は"张"や"个"，ベンチ状のものには"条"が用いられる。日本語を母語とする者

には意外に思えるこうした状況のみをもってしても，中国語の個体量詞と日本語の助数詞において，それぞれ選定基準の異なることがうかがえる。Matsumoto 1993 や飯田 1999 などが主張するように，日本語助数詞の選定においては，百科事典的なカテゴリーが重要な基準になっている。しかし，中国語の場合は，必ずしもそうではない。では，中国語の個体量詞は，どのような基準によって，あるいはどのようなプロセスでもって選定されるのか，というのが本稿の関心である。

以下では，まず，デフォルト的量詞と非デフォルト的量詞について取り上げ，次に，中国語個体量詞選定において，いわゆる百科事典的カテゴリーが優先されないことを指摘する。そして，中国語個体量詞の選定プロセスを提示し，日本語助数詞との比較から見えてくる特徴が，一文法カテゴリーとしての個体量詞の機能と深く関わっていることを明らかにする。

## 2　デフォルト的量詞と非デフォルト的量詞

量詞の選定にあたって考慮される要件は，大きく二つの段階に分けられる。一つはある事物に対してどんな量詞が共起しうるかという段階であり，もう一つは言及しようとする場面においてどの量詞を用いるのが適切かを判断する段階である。前者は統語論レベルに属することであり，後者は意味論レベルに属することであると言ってもよい。邵敬敏 1993：183-184 は，おそらくこうした二つの側面があることを前提にしたと思われるが，具体的な選定にあたって，三つの段階を順に踏んでいくと主張している。たとえば，"鮮花"と共起する量詞については，次の三つの段階を提示している。

(1) a. 塊 顆 滴 灘 根 条……　　b. 朶 枝 束 把 簇 叢 批……
　　 ba. 束 把 簇 叢 批　　　　 bb. 朶 枝
　　 bba. 枝　　　　　　　　　　bbb. 朶

すなわち，まず対象物と共起しうる量詞の選定があり，次に個体量か集

合量かの選定をし，最後に場面においてより適切なものを選定するという三つの段階である[1]。

一方で，たとえば初めて目にするような事物の場合，言い換えれば，どの量詞を使うべきかの知識が無い，または不足している場合にはどのように量詞を選定しているのだろうか。上述したように，中国語では背もたれのある"椅子"には"把"を用い，背もたれの無い椅子"凳子"には"张"を用いる。"椅子"に"把"を用いるのは，背もたれなどを「つかむ（＝"把"）」という行為に関係すると考えられ[2]，"凳子"に"张"を用いるのは，座面の形状に基づくものと推測される。しかし，こうした使い分けは，日本人学習者にとっては予測しがたいものである。"凳子"であっても移動の際には，「つかむ」という行為をするであろうし，"椅子"もまた平らな座面を持つものである。そして何よりも，どちらも座るための道具という点で共通しているからである。中国語において"*一张椅子"や"*一把凳子"と言わないのは，これらが不適切と判断されるのだろうか，それとも"一把椅子""一张凳子"という言い方が適切であると判断されるのだろうか。もちろん，名詞と量詞の結びつきには"约定俗成"（習わしが次第に広まって一般に認められたものとなる）という要素があり，必ずしも合理的な説明ができるとは限らない。しかし，そうであるにしても，"一把椅子"と"一张凳子"という言い方を中国語として容認するような心的傾向といったものが存在すると予測される。

こうした心的傾向を扱ったものとして，周芍 2014 が挙げられる。周芍 2014 では，汎用量詞（周芍 2014 では"中性量词"）"个"と専用量詞（同じく"特性量词"）の機能を比較し，量詞の選定に際しては"中性选

---

1) 可能性としては，前の二つの段階が逆順，つまりまず個体量か集合量かの選定があり，次に対象物と共起しうる量詞を選定するというプロセスもありえよう。孔令达等 2004：270-277 が報告するような量詞の習得過程や外国人学習者の誤用を考えても，個体量か集合量かの選定の方が優先的である可能性も検証する必要があろう。
2) 橋本 2008：62-64 参照。

択机制"（中性的選択メカニズム）と"特性选择机制"（特性的選択メカニズム）の２種類のメカニズムがあるとしている。"中性选择机制"については，次の３点を挙げ，その状況下では，意識的に"个"を用いると述べている。

 (a) 无意凸显名词的某些语义特征，只是单纯地进行计数。
  （名詞の何らかの意味特徴を突出させず，純粋に数を言う。）
 (b) 说话人无法或不必要添加名词在色彩、感情、语体等方面的特色。
  （話し手が名詞にニュアンス，感情，スタイルなどにおける特徴を加味しえないまたは加味する必要がない。）
 (c) 在口语中，不需要精心思考、推敲，表意精细度不高，说话比较随意。
  （話し言葉では，念入りに考えたり，推敲したりする必要が無く，意味的に厳密でなくてもよく，気軽に会話する）

そして，"如果不是上述语言环境，而是需要精心推敲，有所侧重，这时就启动'特性选择机制'"（もし上述のような言語環境ではなく，念入りに推敲し強調したいところがあれば，特性的選択メカニズムが発動する）と記述している。

この記述を見る限り，氏が強調したいのは"中性选择机制"の存在であり，専用量詞は表現上の必要に応じて選定されるものの，"个"にもまた選定される積極的な動機があるということだと解釈できる。

確かに，初出の名詞に専用量詞ではなく"个"が付加されている次のような場合には，"中性选择机制"が働いたと考えてもよいだろう。

 (2) 当年同她一起保送的23个女生中只有1位愿意继续读博。
              （CCL语料库）
  （当時彼女と一緒に派遣された23人の女子学生のうち，引き続き博士課程で勉強することを希望したのは１人だけであった。）

 (3) 湖北大学自然地理专业总共有14个导师，其中包括２名博士生导师，12名硕士生导师。     （CCL语料库）
  （湖北大学自然地理専門課程には合わせて14人の指導教員がいたが，

そのうち博士の指導教員は2名，修士の指導教員は12名だった。)

つまり，焦点を当てたい後出の語とは異なり，単純に母数を言うのみであり，中性的，またはニュートラルに"女生"や"导师"を提示したいがため"个"を付加した，というわけである。

しかしながら，図らずも周芍2014の冒頭で挙げている留学生の誤用例については，"中性选择机制"が，常に優先して働くわけではないことを示している。

(4) *A:你有伞吗？　B:没有。我可以找留学生借<u>一个伞</u>。
　　(A:傘持ってる？　B:持ってないんだ。留学生に傘を1本借りるよ。)

(5) *我们开了<u>两个汽车</u>，还拿了<u>一个羊</u>。
　　(私たちは車2台に乗って，ほかに羊が1匹いた。)

(4)について，傘を借りようという時に，特別なニュアンスは必要でなく，また話し言葉で気軽に言及していると見ることができる。にもかかわらず，"个"は不適切であり，"把"を用いるべきなのである。(5)についても，話し手が単純に自動車や羊の数量を言いたいだけであったとしても，やはり"两辆汽车""一只羊"と訂正されることであろう。こうした状況を考えると，周芍2014が挙げる二つのメカニズムのうち，優先的なのはむしろ"特性选择机制"の方なのではないだろうか。

たとえば，人に用いられる専用量詞"位""名"と汎用量詞"个"の用法について，考えてみよう。

(6) 从1947年7月18日以来，每天都有来自英美法苏四大国的三十七<u>名</u>士兵、二十<u>名</u>看守、二十一<u>个</u>工作人员、四<u>位</u>医生、一<u>位</u>厨师和一<u>位</u>牧师在他身边。　　　　　　　　(CCL语料库)
　　(1947年7月18日以降，毎日英米仏露の4大国から来た兵士37名，看守20名，作業員21人，医者4人，コックと牧師が1人ずつ彼の傍らにいた。)

(7) 时值战事吃紧，部队要抽调士兵编成独立步兵部队，派去南洋作战。本来被抽调士兵名单已经拟定，刚晋级为军曹的金子班长，却买通了手眼通天的中队准尉，把木谷利一郎的名字加了进去，

換下来另一名士兵。这位负责编队的准尉，这样作既满足了金子、中崛的要求，也符合中队长的意图。经理室那方面免除了后患，中队方面也去掉了木谷这个危险人物。　　　　（CCL语料库）

（〔前略〕本来派遣される兵士の名簿はできていたが，軍曹になったばかりの金子班長が手練手管にたけた中隊准尉を買収し，別の兵士に代えて木谷利一郎の名前を加えさせた。そうすることで，この編成業務を担う准尉は金子と中崛の要求に応えることができ，また中隊長の思惑にも沿うことができた。そして，管理部の方は将来の災いを取り除き，中隊も木谷という危険人物を排除できるというわけである。）

(6)では，人間の数を列挙する際に，"位""名"と"个"が対象に応じて使い分けられている。一般に"位"は敬意を示すべき対象に用い，"名"は職業や身分を表す場合に用いるとされる。そうした一般的なルールに従えば，"工作人员"（作業員）は，医者や牧師ほどの敬意の対象ではなく，また職業名と言うにはカテゴリーが大きすぎる。そのため，"位""名"のいずれも適切とは言えず，残された選択肢として"个"を用いたと考えられる。(7)においてもまた，"危险人物"（危険人物）は，敬意の対象ではなく，また職業名でもないことから，デフォルト的に"个"を用いたとみることができる。

無生物の場合にも，専用量詞を有しながら，なお"个"と共起することもあるが，これもデフォルトという観点から説明することができる。

(8) 大家注意到床边放着只带轱辘的大号旅行箱。　　　　（王）

（みんなはベッドのそばに車輪のついた大型のスーツケースが置いてあることに気がついた。）

(9) "放上个旅行箱，"老单对曲强说，"这个房间就几乎和那个房间没什么区别了。"　　　　（王）

（「スーツケースを置いたら，この部屋とあの部屋にほとんど違いは無いよ」と単さんは曲強に言った。）

(10) 房里多了一张写字台、一对沙发，被面是缎子的，当然也是潮的，但这已经不重要了。　　　　（王）

（部屋には事務机とソファーがよけいに置いてあり，布団の表は緞子で湿気っていたが，それはもう重要ではなかった。）

(11) 单立人招手叫分局长和曲强往写字台桌面看，"这<u>个</u>写字台上没有落多少灰，按这个城市的尘降速度应该厚厚落上一层，像那个床头。（後略） （王）

（単立人は分局長と曲強を呼んで机の上を見て言った。「この事務机の上にはあまり埃がたまっていない。この街なら，あのベッドサイドのようにもっとたっぷりたまっていてもいいはずだ。)

(8)(10)の"旅行箱"と"写字台"には，専用量詞"只""张"を用いているが，(9)(11)では，"个"を用いている。(8)(10)はいずれも当該場面において"旅行箱"と"写字台"が存在することを提示している。それに対し，(9)は仮想的な動作表現であり，(11)は存在がすでに認識された"写字台"に発生しているできごとを述べたものである。(9)(11)の場合は，(8)(10)の場合に比較して，"旅行箱"と"写字台"の実体性に焦点が無く，そのため専用量詞ではなく"个"を用いたと考えられる。先にも述べたように，人間の場合は，中性的・標準的選択として"个"が用いられる。"个"を用いても構わないところを，明確な意図を持って"位""名"を選択するのである。しかし，スーツケースや机の場合は，(8)(10)にあるように，その存在を提示する場面において"只""张"の使用がむしろ中性的・標準的である。そうであるなら，(9)(11)において専用量詞を選択していないのは，実体性を前景化させないためと考えられる。つまり，専用量詞を選択しない結果として"个"が用いられており，"个"は残された選択肢，デフォルト的選択肢となっているのである。

デフォルトとして選定される量詞という見方は，複数の動物に用いる量詞の選定についても有効である。

(12) 几年来，他们共查获并放生金丝猴、穿山甲、眼镜蛇等国家重点保护动物1.5万<u>只</u>。今年1月5日，检查员李建伟在检查一辆由瑞丽开往广东的货车时，从棉被覆盖下的竹箱里查出八步蛇、眼镜蛇等野生动物3000多<u>条</u>，共计两吨多重。 （CCL语料库）

（数年来，彼らはキンシコウ，センザンコウ，コブラなど国家重点保護動物1.5万匹を捕獲し，逃がしてきた。〔中略〕竹箱からハブ，コブラなど野生動物3000匹，合わせて2トン余りを見つけ出した。）

⒀ 在媒体披露出国家动物园多只动物接连死亡后，美国国家科学院去年底派出专家组对动物园展开调查。（中略）因此导致多只动物死亡。其中包括误食鼠药而死的两小熊猫，一匹死于营养不良和体温过低的斑马和一头患肺结核却未得到及时救治而死亡的非洲象。　　　　　　　　　　　　　　　　　　（CCL语料库）

（国立動物園で何匹もの動物が連続して死亡したことをメディアが明らかにしたのち，米国科学アカデミーは昨年末専門家を派遣して調査を始めた。〔中略〕そのため何匹もの動物が死亡した。そのうち，レッサーパンダ2匹は殺鼠剤の誤食により，シマウマ1頭は栄養不良と低体温で，アフリカ象1頭は肺結核で適切な治療を受けられずに死亡していた。）

⑿にあるように，蛇はその細長い体形に基づき"条"で数えられる。しかし，他の動物と合わせて数える場合には，その特性は捨象され，より多くの動物に用いられる"只"が選定されている。馬や象もまた，一般には"匹""头"で数えられるが，他の動物と合わせて言及する場合には，⒀のように"只"を用いている。すなわち，個々の動物に着目して個別に数量を言う場合には，専用量詞を用いるが，種類を超えて動物全体の数を言う際には，より汎用的な量詞として"只"が用いられるのである。人間や無生物の場合には，"个"がそうであったように，動物の場合には，"只"がデフォルトとして選択されるということである。

そもそも，"中性選択机制"と"特性選択机制"は表裏関係にあるが，より単純なシステムを考えるならば，両者が同時に働くというより後者が優先して働くとみるべきであろう。すなわち，量詞の選定にあたっては，専用量詞を選択するか否かというパラメータがあり，否の場合には，デフォルト的量詞が用いられるというシステムである。Matsumoto 1993：698は，情報（使用条件）が多い量詞は少ない量詞に優先して選定されることを指摘しているが，上述の現象は，こうした原則が中国語

の個体量詞においても当てはまることを示している。

以上の考察より，次の２点を本節のまとめとして挙げておく。

(a) 個体量詞は，デフォルト的に働く量詞と特定の名詞とのみ共起する非デフォルト的な量詞とに大別される。

(b) 個体量詞の選定にあたっては，一般に非デフォルト的量詞がデフォルト的量詞に優先して使用されるが，一定の情報を提供する必要が無い，または提供できない場合にはデフォルト的量詞が使用される。

## 3　量詞選定に関与する属性とその優先順位

### 3.1　量詞選定に関与する４つの属性

さて次なる問題は，様々な個体量詞がある中で，いかなる手順で適切な一つを選定するのかということである。個体量詞は，事物の何らかの属性に関わって選定されるわけであるから，ここではまず，具体的にどのようなタイプの属性が提供されているかを見ていく。以下では紙幅の都合上，現実世界に具体的な形状をもって存在する具体物に用いる量詞に限って考察することとする。

第一に，前節でも述べたとおり，人間や動物といった百科事典的な概念カテゴリーに基づいて選定されるものがある。人間や動物以外には，樹木類に"棵"，車両類に"辆"，書籍類に"本"などが用いられる。

これらはいずれも対象物全般に用いられるため，比較的使用範囲が広く使用頻度も高い。それに対して，次のものは，使用範囲が限定的であり，したがって使用頻度も高くないため，一見したところ一概念カテゴリーに対応していることが分かりにくい。

(14)　一贴膏药／创可贴（膏薬／絆創膏１枚）

　　　一发子弹／炮弹（銃弾／砲弾１個）

　　　一张嘴（口一つ）

"贴"は「(薄いものを) 貼る」，"发"は「発射する，放つ」，"张"は「広

げる，開ける」という動詞を原義とするものである。しかし，当該動作の対象となるもの全てに用いられるわけではない。たとえば，"*一贴地图"（地図）とは言わないし，古くは"矢四发"と言っていたにもかかわらず，現代語では"*四发箭"（矢）とは言わない。また"张"自体は，後述するように平面的なものや平面を有するもの，あるいは武器や道具など使用範囲の広い量詞である。しかし，「開け広げる」という動詞義との関連から言えば，"*一张钱包"（財布）や"*一张袋子"（袋）とは言わないし，身体部位でも"*一张眼睛"（目）や"*一张手"とは言えない。"贴"は貼り薬に，"发"は弾丸に，"张"は口にのみという，極めて限定的な対象物に用いられる[3]が，そのため，これらの量詞もまた一概念カテゴリーに対応するタイプに分類される。

　"贴/发/张"および人間や動物に用いる量詞や樹木，車両，書籍に用いる量詞など，百科事典的概念カテゴリーに従っているタイプのものは，生物学的相違や用途，使用方法などに関与していると言える。そこで，本稿ではこのタイプの量詞が表す属性を，【機能】としておく。

　次に挙げたいのは，事物の形状である。細長いものに用いられる"条"や"根"，平らな面を持つものに用いられる"面"，小さく丸いものに用いられる"颗"や"粒"などがこのタイプである。

　"张"は平面を持つものに用いられるが，"一张纸/地图/皮子"（紙/地図/皮）の場合と"一张桌子/床/长凳"（机/ベッド/ベンチ）の場合では，やや状況が異なる。前者は全体の形状が平面であるのに対し，後者は全体の形状こそ立体的であるが，主要な部分の形状が平面なのである。同様に，"一把刀子/水壶"（ナイフ/やかん）や"一顶帽子/蚊帐"（帽

---

3) 貼り薬には"张/片"，弾丸には"颗/枚"のように，より広く用いられる量詞を用いてもよく，むしろニュートラルである。"贴/发"は，動態性が含意される分，描写的色合いが濃くなる。その用法は，たとえば"一匹骆驼"（ラクダ），"一根绿草"（草）に対し，"一峰骆驼"，"一针绿草"と表現するのに類似する。すなわち，後者は特別の表現意図をもって，敢えて選択されており，その点において一般的に使用される量詞がデフォルト的量詞であるのに対し，非デフォルト的量詞とみることができる。

子／蚊帳）と言う場合の"把"や"頂"もまた，対象物の特徴的な部分の形状に基づいて用いられるものである。つまり，【形状】という属性については，【全体的形状】に基づくものと【部分的形状】に基づくものの二つのタイプが指摘できる。

　一方，広い意味では形状と言えるが，厳密には構造と言うべき属性に基づき選定されるものがある。

　　⒂　"一架梯子／飞机"（はしご１台／飛行機１機）
　　　　"一封信／文件"（手紙／書類１通）
　　　　"一座桥／山"（橋１本／山１座）

"架"は支柱があるようなものに用いられる。"封"は手紙や書類など封書に入れたものが封緘されていることに基づき選択される[4]。"座"は，比較的大きく固定されたものに用いる[5]。これらは，対象物の空間に占める輪郭的形状を言うのではなく，構造上特徴的な形状を言うものであり，その点で【部分的形状】に基づくタイプのものと共通する。部分的形状に関するタイプと構造特徴に関するタイプは優先順位という点でも競合しないとみられる。したがって，本稿では両者を合わせて【構造的形状】に基づく量詞と分類しておく。

　以上三つの属性に加え，四つ目のタイプとして，"个"に代表されるものを挙げたい。上述のように，"个"は最も代表的なデフォルト的量詞である。それは，対象物が計数できるものとして現実世界に明確な形状をもって存在しているという個体性を示すからに他ならない。"个"以外にも，"只"および"件"が，"个"に準じたデフォルト的性格を有

---

4） "封"は動詞を出自とする量詞であるが，上述した"贴"や"担"などとは異なり，対象物である手紙や書類にとって最も関連の深い動作とは言えない。この点において"封"は，機能を含意するものではなく構造的形状を含意するものに分類した。
5） これらのうち特に"座"については，橋や山が鎮座しているという状態，様態という属性とみなした方がよいかもしれない。ただ，使用頻度の比較的高い個体量詞のうち，"座"を除いて，明らかに状態という属性に基づくと指摘できるものは無く，また選定システムをよりシンプルに設定するため，本稿では主要な選択基準として提起しない。

していることにも鑑み，もう一つの属性として【個体】を提示しておく。

### 3.2 属性の優先順位

選定プロセスを考えるにあたって，まず【個体】という属性は，"个"がデフォルト的に選択されることから，最も優先順位の低いものと考えられる。そこで以下では，【機能】【全体的形状】【構造的形状】という三つの属性間の優先順位についてみていく。

まず，【機能】と【形状】についてみていこう。

魚類は，魚類にしか用いられない専用量詞"尾"を有するが，しかし"条"とも共起し，《CCL语料库》の用例について言えば，"条"を用いるものが"尾"を用いるものよりはるかに多い[6]。"条"は，細長いものに用いられる量詞であるから，魚類について"条"が優勢であるということは，形状が機能より優勢であるということになる。また，亀は一般に"只"を用いるが，蛇は"条"を用い，トカゲやワニは"只"とともに"条"も用いる。同じく爬虫類であっても，細長いという形状を持つ場合には，その形状に依拠した量詞を選択することができ，概念カテゴリーに制約されていない。また，"张"は平面を有するものに用いられるが，紙や地図，構造物であるテーブルやベッド，さらには身体部位である顔にも用いることができる。こちらも明らかに概念カテゴリーの枠を超えた使用である。これらのことから，量詞の選定にあたっては【形状】が【機能】に優先すると言えよう。

次に，【形状】の下位分類である【全体的形状】と【構造的形状】ではどうであろうか。上述したように，"椅子"と"凳子"が異なる量詞を用いるのは，それぞれの構造体の中で異なる部分に着目してのことである。これは，【全体的形状】よりも【構造的形状】が優先されることを示すものである。また，ナイフや刀剣類の全体的形状は細長いので

---

[6] 《CCL语料库》（以下，「CCL」とのみ記す）において"条鱼"で検索された用例は494例，"尾鱼"は73例であった。

"条"や"根"を用いてもよさそうであるが，実際に用いるのは"把"である。これも取っ手という【構造的形状】に着目したものである。テントや蚊帳は張り広げて使うようなものであり，古代漢語でそうであったように[7]"張"を用いてもよいかと思われるが，現代語では"頂"を用いる。これも【構造的形状】に基づく使用である。これらの例から鑑みるに，もし構造上なんらかの特徴があるならば，【構造的形状】に依拠した量詞が選択されやすいと指摘できる。

以上より，4つの属性の優先順位は次のようになる。

(c)【構造的形状】＞【全体的形状】＞【機能】＞【個体】

## 4　中国語の個体量詞選定プロセスとその特性

### 4.1　中国語個体量詞の選定プロセス

前節では，量詞が含意する主要な4つの属性を提示し，それらの属性間に優先順位のあることを見たが，実際に個体量詞を選定するにあたっては，(c)の順番に従い一つずつその適否を判断していくのだろうか。

飯田1999は，日本語の助数詞選定の順序について，次のように示している。

(16) 有生性＞性質・機能的特徴＞形状的特徴＞具体性（p.332）

有生性とは，人間や動物など意志を持って行動できる性質のことである。性質・機能的特徴とは，乗り物，機械，文書類など特定の用途や機能を有することを意味し，本稿で言う【機能】に相当する。具体性とは，形状や状態としての特徴は指摘しがたいが現実世界に具体的に存在する性質であり，本稿で言う【個体】のことである。日本語では，対象物が有生性を有するか否かをまず判断し，有すると判断された場合，さらに人間であるかどうかが判断されるという。人間であるなら「人」を用い，

---

7) 魏晋南北朝期には，幕類が"張"と共起していた。
　　例：子产以幄幕九张行。　　　　　　　　　　　　（春秋左氏传・昭13）
　　　　（子産は天幕と垂れ幕9張りを携行した。）

非人間ならばさらに鳥類か否かが判断される。そこで，鳥類ならば「羽」，非鳥類ならさらにサイズによって「頭」または「匹」が決定されるという。飯田1999では，同様なプロセスが性質・機能的特徴および形状的特徴についても詳細に記述されている[8]。その詳細は省略するが，大筋のプロセスを〈図1〉に示す。

　一方，本稿が考える中国語の個体量詞選定プロセスは〈図2〉のように示すことができる。まず，【構造的形状】と【全体的形状】の上位プロセスとしてとして【形状】の項を設けた。というのは，【構造的形状】がやや特殊であり【全体的形状】に対して非デフォルト的な属性とみなしうるからである。たとえば，"一眼磨"（臼），"一封请帖"（招待状）は【構造的形状】に基づく使用であるが，【全体的形状】に基づく"一盘磨""一张请帖"ほどには用いられず[9]，また描写的要素が強い。幼児の言語習得の過程においても全体的形状を表す"条"の習得の方が早く，その結果"一条刀"のような誤用が見られるというが（孔令达等2004：280-

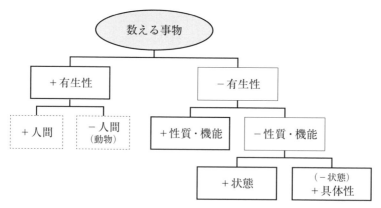

〈図1　日本語助数詞選定プロセス〉（飯田1999を基に作成）

---

8) 飯田1999では，(16)の優先順位を示しながら，しかしフローチャートでは，形状特徴に先立って具体性の判断があると示しており，記述が一貫していない。比喩的な用法を説明するための矛盾であるが，比喩的用法については，具体物の場合と分けて考えるべきであろう。

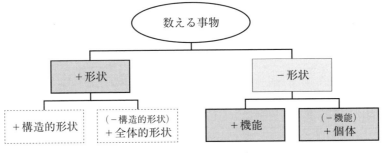

〈図2　中国語個体量詞選定プロセス〉

281)，これは構造的形状を表す"把"の用法が"条"よりも特殊であるために習得が遅くなるということに他ならない。一方で，一般的な優先順位は【構造的形状】＞【全体的形状】と考えられるため，まずは，【形状】に関する属性認定の項を設定し，次いで【構造的形状】についての判断があると想定した。

【機能】の項の下位には，中国語においても【有生性】や【書籍】【乗り物】【建物】などの百科事典的概念カテゴリーに類する項があり，それぞれの項の下位にはまた特殊な，あるいは限定的に用いられる非デフォルト的な量詞にかかわる選択があると想定できる。

## 4.2　中国語個体量詞の特性

特殊な非デフォルト的個体量詞の選定プロセスについては，個別の議論に譲るとして，ここでは主要なプロセスのみについて，日本語の場合と比較しその特性を考察する。

⒃で示したように，日本語では有生性と性質・機能的特徴が優先されるが，この二つの属性はいずれも，いわゆる百科事典的概念カテゴリー

---

9)　"磨"が"眼"と共起する用例は，CCLおよび《BBC语料库》（以下，「BBC」とのみ記す）とも0例であり，"盘"と共起する用例は，CCLが11例，BBCは12例である。"一封请帖"はCCLで2例，BBCで5例，"一张请帖"はCCLで15例，BBCで36例検索された。

に対応するものである。〈図1〉では，有生性の下位に人間と動物という項を示しているが，これらももちろん概念カテゴリーに対応している。

ところが中国語では，概念カテゴリーに相当する【機能】の優先順位は低く，優先されるのは【形状】であるという点で，日本語の場合と大きく異なっている。このことは，椅子について中国語では形状によって量詞を使い分けることに典型的に現れている。また，電話機の場合も，日本語では固定電話も携帯電話も「台」を用いるが，中国語では前者が"台"，後者が"部"または"个"を用いる。衣服類についても，日本語では，上半身に着用するものと下半身に着用するものいずれも，シャツ1枚，スカート1枚のように，「枚」を用いるが[10)]，中国語では上半身に着用するものは"一件衬衫"（シャツ）のように"件"を，下半身に着用するものは"一条裙子"（スカート）のように"条"を用いる。日本語では，帽子でさえも折りたためるものであれば「枚」を用いることができるが，この点から言っても日本語では概念カテゴリーによる使い分けという意識の強いことがうかがえる。ちなみに，日本語では樹木や草花について「本」で数えるが，「細長い」という形状に基づいて選択されていることは言うまでもない。しかし，日本語の場合は，樹木も草花も，さらには木の枝もすべて「本」で数えるのであり，やはりカテゴリー全体として助数詞を選択していると言えよう。少なくとも形状が性質・機能的特徴に優先しているとは言えない。

さて，中国語個体量詞の選定において，【形状】という属性が優先されることは，何を意味するのだろうか。形状は，言うまでもなく，ものが現実世界に存在している**有り様**を言うものであり，一つと数えられるものの基本の**量**を表しているのである。たとえば，"三片肉"（肉3切れ）と"三块肉"（肉3個）はいずれも，周囲から境界性を有して存在する肉が3個体あることを意味するが，その形状は異なり，多くの場合，量も

---

10) 商品として扱われる場合など，ズボンを「本」で数えることもある（飯田2004：158）。

また異なる。"一轮月"（丸い月）と"一弯月"（三日月）についても同様で，空に浮かぶ月はどんな見え方をしていても，一つであることに変わりはない。"轮"と"弯"は月という個体に用いられるが，同時に形状，言い換えれば，認識できる量を表す，まさに**個体量詞**なのである。つまり，中国語において個体量詞は，量を表すことがその本質であり，いわゆる分類詞としての機能は2次的なものだと言える。

"三片肉"や"三块肉"あるいは"一弯月"の用法について，これらは純然たる個体量詞ではない，部分量詞だと主張する立場もある[11]。しかし，純然たる個体量詞とは何か，という疑問に答えるのはそれほど簡単ではない。"一块肉"の"块"が部分量詞と言うなら，"一块石头"（石）の場合はどうであろうか。さらに"一块金牌"（金メダル）の場合はどうであろうか。石の場合は，確かにより大きな石，あるいは岩の一部分であると見ることもできようが，畑や道端にある石もまたより大きな石の一部分とみなすことは，一般的な認識に合致しない。ましてや金メダルは，そもそも金メダルとして制作されたものであるから，金塊の一部を丸く平たくしたものと認識するのも無理がある。また，"一张纸"（紙1枚），"一支笔"（ペン1本）の場合はどうであろう。1枚の紙や鉛筆を半分に切ったとしたら，それは"两张纸"（紙2枚），"两支笔"（ペン2本）になるが，この場合の"张""支"も部分量詞と言えるだろうか。

そもそも中国語の名詞は，物質名詞的な性格を有しており，だからこそ，数に言及する際には，その単位を表す量詞が必要なのである。そうした言語において集合量詞と個体量詞の境界は曖昧で，むしろ連続的である方が，一般的な認識に近いであろう。したがって，集合量詞的な性格も帯びた形状を含意する量詞が選定プロセスの上位に位置づけられるのは，集合量詞との連続性を考えても妥当であろう。

加えて言うなら，形状を表す個体量詞が優先的であることは，個体量

---

11) Chao 1968（1994：300-301）や何洁 2008：35 では，"一块石头/蛋糕"（石／ケーキ）や"一片面包"（パン）の"块""片"を部分量詞と分類している。

詞の機能面から言っても、極めて自然な現象と言える。橋本2014:193-195は、中国語の量詞が日本語の助数詞に比較して多用される要因の一つとして、事物が現実世界に現に存在していることを示す機能を担っているためだと指摘している。形状、すなわち有り様を言うことは、現実世界に実体をもって存在していることを如実に示すものであり、橋本2014の言う量詞の機能に合致していると言える。もちろん統語論レベルでは量詞という一文法カテゴリーとして働くわけであるから、必ずしも全ての量詞が形状を表すわけではない。機能を含意するもの、単に個体であることを示すものもある。しかし、計数の際にのみ現れる日本語の助数詞が概念カテゴリーを含意するものを優先していることと対照すれば、中国語の量詞が形状優先であることは、量詞という文法カテゴリーが中国語という言語体系の中で担う機能と深く関わっているとみてよいだろう[12]。

以上のことから、中国語の個体量詞の特徴として次の2点を指摘したい。

(d) 中国語の個体量詞は、量を示すことにその機能の本質がある。
(e) 個体量詞の選定プロセスにおいて【形状】属性が優先的であることは、個体量詞の担う、実体性明示という機能に関与する。

## 5 おわりに

以上、中国語の個体量詞選定プロセスについて、日本語の助数詞のそれと対照し、参照される属性の順序が異なることを指摘した。

中国語の個体量詞と日本語の助数詞においては、選定プロセスのほかにも、デフォルト的量詞の機能も異なっている。形状面および機能面に目立った特徴を持たないものに用いられる「個」や「つ」は、その使用

---

[12] 歴史的に見れば、個体量詞としての機能が成立した六朝期に比較して、唐代以降、形状を表すタイプの割合が増加している（橋本2016）。このことも、中国語の個体量詞が、機能語として成立して以降その性格を変えてきたことを示している。

範囲を考えれば，具体性や個体性といった属性を含意するものである。しかし「個」や「つ」は，有生性を持つもの，すなわち人間と動物には用いられないし，また平面的なものにも用いられない。デフォルト的性質という点では，中国語の"个"にはるかに及ばない。このことは，見方を変えれば，中国語の"个"が，日本語の「個」や「つ」に比べより機能語化しているということである。その機能とは，計数時以外にも用いられるという日本語助数詞との相違から考えて，やはり個体化に求められる。選定プロセスの相違およびデフォルト的量詞のふるまいの相違は，単に現象として異なるというだけではなく，個体量詞の機能そのものの相違を反映したものに他ならない。

中国語の量詞は，日本語の助数詞と同様，数量に言及する際の基本単位を表す機能を持つ一方で，現実世界に存在することを表出する機能をも有する。前者の機能は集合量を表す場合に着目されやすく，後者の機能は個体量を表す場合に着目されやすいが，実際には機能の濃淡はあれ，いずれもが有する連続的なものであろう。したがって個体量詞の選定プロセスが【形状】＞【機能】＞【個体】という順序になるのは，量詞として担っている機能の濃淡を反映しているとも言えよう。

**参考文献**

橋本永貢子 2008　試论量詞"把"的语义网络，『岐阜大学地域科学部研究報告』第 22 号，pp.59-68

橋本永貢子 2014　『中国語量詞の機能と意味――文法化の観点から――』，白帝社

橋本永貢子 2016　中国語量詞の文法化と形状量詞，『岐阜大学地域科学部研究報告』第 38 号，pp.45-58

飯田朝子 1999　日本語主要助数詞の意味と用法，東京大学大学院提出博士論文

飯田朝子 2004　『数え方の辞典』，小学館

何杰 2008　《现代汉语量词研究（增编版）》，北京语言大学出版社

孔令达等 2004　《汉族儿童实词习得研究》，安徽大学出版社

邵敬敏 1993　量词的语义分析及其与名词的双向选择，《中国语文》第 3 期，pp.

181-188

中国社会科学院语言研究所词典编辑室 2012 《现代汉语词典（第6版）》，商务印书馆

周苟 2014 量词"个"与名词的组合倾向及中性选择机制，《华文教学与研究》第1期，pp.86-93

Chao, Yuen Ren 1968 *A Grammar of Spoken Chinese*, University of California Press（趙元任 1994 《中國話的文法》．學生書局：中華民國 に拠った）

Matsumoto, Yo 1993 Japanese numeral clssifiers: a study of semantic categories and lexical organization, *Linguistics* 31, pp.667-713

**例文出典**

王：王朔 1996 《王朔文集》，华艺出版社

CCL 语料库：http://ccl.pku.edu.cn:8080/ccl_corpus

BBC 汉语语料库：http://bcc.blcu.edu.cn/

（はしもと・えくこ　岐阜大学）

# 方向補語"起"の意味ネットワーク

## 島村　典子

## 1　はじめに

現代中国語において，方向補語"起"は方向義，結果義，アスペクト義等のさまざまな意味を表すとされるが，"起"の意味項目については，研究者により分類方法や立項の多寡に差異がある。また，多くの研究は"起"[1]の意味を記述するにとどまり，"起"の多義性に着目し，各意味項目の間の連続性に言及した研究はまだ少ない。このような状況に鑑み，本稿は"起"の意味項目を精査し，合理的な分類を試みると同時に，共時的観点から，"起"の各意味項目がどのように関連し合っているかを考察し，その結果を意味ネットワーク[2]として提示することを目的とする。

## 2　先行研究と問題点

具体的な考察に入る前に，方向補語"起"の意味項目と文法化システムについての先行研究を概観し，その問題点を指摘したい。

"起"の表す意味については，刘月华主编1998，孟琮等编1999，吕叔

---

[1] 特に断りのない限り，方向補語の"起"を指すものとする。
[2] 「意味ネットワーク」とは，鈴木2003：59が提示する「多義語の異なる複数の意味の互いの結び付きを示すネットワーク構造」を指し，意味ネットワークにおいて複数の意味を結び付ける線は，「意味から意味への一方向的な通時的拡張ではなく，多義語の異なる複数の意味造語の関係を共時的にとらえ示す線」（同上：60）と定義される。なお，本稿がこのような多義的立場を支持する根拠については，島村2012を参照されたい。

湘主編 1999，李燕 2012 等，多数の研究に記述があるが，ここではより細かい立項を行っている刘月华主編 1998 の分類を参照する。

[表1　刘月华主編 1998[3)]における方向補語"起"の意味項目]

| 意味 | | 用例 |
|---|---|---|
| 方向義 | 動作によって，人あるいは物体を低所から高所へ移動させる | (1) 大伙儿站起身，回头朝西边地头奔去。　　　（刘月华主編 1998：316）<br>（みな立ち上がると，振り返って西の方のあぜ道へと駆けて行った。） |
| 結果義 | ①接合から固定に至る | (2) 一会儿功夫就聚起了一大帮孩子。<br>　　　　　　　　　　（同上：319）<br>（ちょっとの間に大勢の子どもが集まった。） |
| | ②突出・隆起 | (3) 前额肿起血泡……　（同上：325）<br>（額に血豆ができた…） |
| | ③主観的に耐え得るか否か | (4) 老在北京住店，住不起呀！<br>　　　　　　　　　　（同上：327）<br>（いつも北京で宿に泊まるなんて，泊まれないよ！） |
| 状態義 | 新たな状態になる | (5) 我们吃完饭，兴奋地谈论起这十几年来各自的经历。　（同上：330）<br>（われわれは食べ終わると，この十数年の各々の体験を興奮した様子で話しだした。） |
| 特殊用法 | ①ある方面から論評する | (6) 你点吧！论起吃喝，我倒是外行。<br>　　　　　　　　　　（同上：331）<br>（あなたが注文して！飲んだり食べたりすることに関しては，私は疎いから。） |

---

3) 刘月华主編 1998 では，[表1]のほかに，熟語として"看得/不起"（重視する/見下す），"对得/不起"（申しわけが立つ/申しわけない），"了不起"（すばらしい）が挙がっているが，本稿ではこれらの熟語を考察対象に含めない。

| | ②取り上げた人や事物を導入する | (7) 你妈妈跟我说，你常常问起我。<br>（同上：332）<br>（あなたがよく私のことを尋ねてくるって，あなたのお母さんが言ってたわ。） |
|---|---|---|
| 特殊用法 | ③動作の起点 | (8) 从他十六岁算起，所干过的不平常的事，四十年也该四百件……<br>（同上：333）<br>（16歳の時から数えて，彼が普通でないことをやったのは，40年で400件はあるはず…） |

　刘月华主编1998の分類に関しては，"起"の意味の検証と意味項目の再編を行う必要性があると考えられる。まず，"起"の表す意味について，結果義①の"起"は「収集や保存・隠蔽[4]」，「燃焼や誘発[5]」，「思考や記憶[6]」を表す動詞と結合するとされるが，この「接合から固定に至る」の意味が定かでない。例えば，"收起钥匙"（鍵をしまう），"燃起火焰"（炎が燃え上がる）や"联想起了她"（彼女を連想する）では何が何と接合し，固定されるのかが想定されにくい。

　次に，意味項目の再編に関しては，特殊用法②の「取り上げた人や事物を導入する」を〈出現〉義に，特殊用法③の「動作の起点」を〈状態〉義に組み込めば，両者を「特殊」とする必要はない。この2点に関しては，次節の考察で説明を加える。

　また，刘月华主编1998をはじめとする先行研究で，最も大きな問題となるのは，方向義から乖離した意味項目がどのようなプロセスで拡張しているのかが把握できない点である。例えば，結果義①の「接合から

---

[4] "收、揣、藏、蒙、捂、铺"等。
[5] "燃、烧、燎、着、点、生、煽、勾、惹、引、唤、激、激发、激荡、逗、提、鼓励、鼓、振、打"等。
[6] "想、回想、联想、思念、记、回忆"等。

固定に至る」や結果義③の「主観的に耐え得るか否か」，特殊用法①の「ある方面から論評する」等の意味項目は，方向義との意味的な隔たりが大きく，相関性を見出しにくい。

　上記の問題は張静 2010 にも見受けられる。張静 2010：25 の文法化プロセスによると，"起"は形声文字であり，原義は「起立する。立ち上がる」ことであるとされる。最も早くは，《尚书》に見られ，そのほとんどが原義の意味で使用されている。先秦時期になると，"起"は連動構造の二つ目の動詞という非典型的な位置に現れるようになり，漢代には動詞の補語成分として方向義を表し，この時"V 起"は再分析を経て，連動構造から述補構造へと変化している。六朝時代になると，"起"は結果義を表すようになり，宋代には開始・持続義が出現するとともに，主題標識を表す"起"が見受けられ，主題標識は元代に普遍化したとされる。

　この間の文法化システムについて，まず，述語動詞の"起"や方向義を表す"起"は空間カテゴリーに属するが，物体が位置変化を起こす際には一定の空間とともに時間をも占めるため，両者の類似性によって，"起"は空間カテゴリーから時間カテゴリーへ派生すると説明される。さらに，事物の位置変化には開始・持続・完了があり，開始がプロファイルされると開始・持続義が，結果に焦点があたると結果義が際立つという。また，主題標識については，"V 起"が時間カテゴリーの概念を表す過程においてさらに虚化し，構造全体が語彙化して主題標識になるが，この虚化を引き起こしたのが主観化であるとされる。上記の文法化プロセスは［図 1］のように示される。

［図 1　"起"の文法化プロセス（張静 2010：30）］

張静 2010：13 は，結果義を「動作が完了した後の結果状態を表す」と定義しているが，意味の抽象度が高いため，結果義が方向義や開始・持続義，主題標識とどのように相関しているのかが明確でない。

以上の問題点をふまえて，本稿では方向補語"起"の意味項目を合理的に再編し，各意味項目の間の相関関係を意味ネットワークとして可視化することを目的とする。

## 3　方向補語"起"の意味項目

### 3.1　〈移動〉義
（〈起点を離れない移動〉義と〈起点を離れる移動〉義）

本稿は以下の用例のように，伝統文法で〈方向〉義を表すとされる"起"を〈移動〉義とし，「事物が低所から高所へ移動する」と定義する。例えば，(9)では，"抓"（つかむ）という動作行為を通して，「コップ」が低い場所から高い場所へと移動することが"起"によって表現されている。

(9) 吴迪抓起杯子扔了过来，重重砸在我脸上。

（王朔《一半是火焰，一半是海水》）

　　（呉廸はコップをつかんで投げて来て，私の顔に勢いよく当たった。）

黄月華・白解紅 2010 は，"起"の表す移動を「起点を離れない移動」と「起点を離れる移動」に分類している[7]。前者は人や動物の身体の姿勢や，物体の置かれ方が縦方向に位置変化を起こすと説明される。例えば，横たわっている状態から立ち上がることや，倒れている物体を支え起こすといった事象は，いずれも当該の移動に属する。一方，"小鸟飞起来"（小鳥が飛び立つ）のような事象では，移動主体が元の位置を離れて上方向へ移動することになるため，「起点を離れる移動」となる。上

---

7) 李燕 2012 も同様の見解により，"V 起"の空間移動義を「起点を離れない変化趨勢」と「起点を離れる変化趨勢」に分けている。

記の分類は，"起"の意味ネットワークを構築し，そのプロトタイプを確定するのに有用であるため，本稿でもこの分類方法を援用して考察を進める。

以下では，本稿独自の分類方法を考案し，〈起点を離れない移動〉義のクラスターに属する〈隆起〉，〈出現〉，〈集結〉，〈隠蔽〉，〈充足〉義と〈主題標識〉，および〈起点を離れる移動〉義に属する〈開始〉義についての考察を行い，本稿がこのような分類方法を主張する理由についても適宜言及する。

### 3.2 〈起点を離れない移動〉義のクラスター

#### 3.2.1 〈隆起〉義

まず，次の例文を見てみたい。

(10) 再看这坟，已经高高隆起。　　　　　　　　（余华《古典爱情》）

（再びその墓を見ると，すでに高々と盛り上がっていた。）

(10)では，「墓」の形状が垂直方向へ上昇したことが，「墓」そのものの形状変化（＝〈隆起〉）として捉えられている。このように，〈起点を離れない移動〉義と〈隆起〉義との間には，一定の類似性，すなわち形態上の類似性が存在し，〈隆起〉義は〈起点を離れない移動〉義から【形態類似】のメタファー[8]によって拡張していると考えられる。

しかし，次の用例を見ると，〈隆起〉義は必ずしも垂直方向への上昇という概念を含意しないことがわかる。例えば，(11)における「口をとがらせる」という行為は，唇を前方に突き出す動作行為を表し，唇は水平方向へと膨らむことになる。

(11) 陈玉英噘起嘴瞪他。　　　　　　　　　　（陈建功《皇城根》）

（陳玉英は口をとがらせて彼をにらんだ。）

---

8) 瀬戸等編 2007：5 で用いられているメタファーの下位類で，neck のように，「（人・動物などの）首」から「（瓶などの）首」に意義展開される例に当てはまる。「人や動物の姿勢が縦方向に位置変化を起こす」（〈起点を離れない移動〉義）ことと，「事物が膨れて盛り上がる」（〈隆起〉義）ことには，形態上の類似性が見出せる。

よって,〈隆起〉義は「事物が膨れて盛り上がる」という意味を表すと定義できる。

### 3.2.2 〈出現〉義

〈隆起〉義からのさらなる拡張が〈出現〉義である。〈出現〉義では,事物が盛り上がった結果が,無から有への変化（＝〈出現〉）として捉えられる。これはすなわち,〈隆起〉義から【プロセスで結果】を指すメトニミー[9]によって拡張したものである。例えば,⑿では皮膚が膨れて盛り上がるというプロセスの結果が,はれものの出現として捉えられ,⒀では石やれんが等が積み上げられるというプロセスの結果として,塀が出現したと理解できる。

⑿ […] 可是一群叫不上名的飞虫袭来,围着我们打转,很快好几个人的脸上、脖子上、手上都被叮<u>起</u>了包,没办法,只得继续前进。
　　　　　　　　　　　　　　　　　　　　　　　　（《人民日报》1993年）
　（[…] しかし,名前もわからない虫が襲って来て,われわれの周りをぐるぐると飛び回り,あっという間に何人かは顔,首,手を刺されてはれものができたが,どうしようもないので,そのまま前進するしかなかった。）

⒀ 可<u>垒</u>起了这混帐的墙,什么也看不见了。　　　　　（《佳作1》）
　（しかし,このろくでもない塀ができたせいで,何も見えなくなってしまった。）

このように,"起"の〈出現〉義とは「事物が立ち現れる」ことを表す。

既述のように,次の用例の"起"は,刘月华主編1998では「接合から固定に至る」ことを表すとされていたが,何と何が接合し,固定に至ったかは定かでない。

---

[9] 瀬戸等編 2007：5-7 に依拠。メトニミーは,大きく空間,時間,特性の隣接性に分類され,その下位類は34類に及ぶ。

⒁ 一枚炸弾击中"约克敦"号的飞行甲板，顿时燃起大火。

(朱贵生《二战全景纪实》)

(爆弾が一発「ヨークタウン」号のフライトデッキに命中したとたん，大きな炎が燃え上がった。)

しかし，この場合も〈出現〉義の意味に即して，「燃えて火が起こった」とすれば，「接合から固定に至る」と考える必要はない。

また，当該の"起"は，抽象的な事物の出現にも用いられる。

⒂ 四太太接着就联想起了朱秀。 (迟子建《原始风景》)

(第四夫人は次に朱秀のことを思い浮かべた。)

⒃ 晚饭后，他终于讪讪地对我说："咱们周围有人问起过你的工作，我们说你在读研究生。要说实话，怕别人笑……"

(《人民日报》1994 年)

(夕食の後，父はついにきまり悪そうに私に言った。「周りでお前の仕事を尋ねてきた人がいたんだが，大学院に通っていると言っておいたよ。本当のことを言ったら，笑われないかと思ってな…」)

⒂は連想することで"朱秀"が意識に上がった，⒃は尋ねることで"你的工作"が話題に上がったと考えられる。瀬戸等編 2007：102 によると，英語の up には「（物事が）意識や会話，考慮などに上がる」という意味があるとされる。このように，上方向への移動を表す語句が抽象的な事物の出現へと拡張するプロセスには，認知論的な基盤が存在する。

### 3.2.3 〈集結〉義

垂直方向への上昇が量の増加と関連付けられると（Tyler & Evans 2003：138），〈集結〉の意味が生じる。

⒄ […] 连忙弯腰拾拣漫洒遍地的枣子，一会儿便聚起一大堆。

(刘绍棠《狼烟》)

([…] 急いで腰をかがめ，あたり一面に散らばったナツメを拾ったら，みるみるうちに山ほど集まった。)

⒄の下線部では，ナツメが（山のように）集まったという結果が表

されているが[10]，これにはナツメの量が増加し，垂直方向へ上昇していくというプロセスが存在する。この現象について，張静 2010：29 は，"……'起'表示随着时间的延续，其物在空间上发生由下而上的位移，这个位移由下而上，由最小量到最大量，有一个量的积累。"（"起"は時間の延長継続にともない，その事物が空間を下方から上方へ移動することを表す。この移動には下から上へ，最小量から最大量へと，量の蓄積が存在する。）と指摘している。用例(17)に照らし合わせると，下線部では大量のナツメが（山のように）盛り上がったことが，ナツメの集結として捉えられている。このように，〈集結〉義は〈隆起〉義より【プロセスで結果】を指すメトニミーを介して拡張していると考えられる。

また，垂直上昇の意味が消失し，〈集結〉の意味がプロファイル（profile）されると，より典型的な用法となる。例えば，(18)の下線部は，「縛る」ことにより，分散状態になっていた腕が一か所に集結することを表し，"起"は垂直上昇の意味を含意しない。

(18) 两个特务捆起了许凤的胳膊。　　　　　　　　（雪克《战斗的青春》）
　　　（二人のスパイが許鳳の腕を縛った。）

同様に，(19)は「目を細める」ことにより，上まぶたと下まぶたが接近することを表し，(20)は「折る」ことにより，紙という物体の構成部分が重なり合い一つになることを表す[11]。

(19) 谢惠敏咬住嘴唇，眯起眼睛，不满地望着石红，心里怦怦直跳。
　　　　　　　　　　　　　　　　　　　　　　　　（刘心武《班主任》）

---

10) (17)の"起"に関しては，〈集結〉義を表しているのか，〈隆起〉義を表しているのかが定かでない。しかし，この現象こそが両者の相関性を裏付けている。吴健民 2006：45 は，"如果一个词的意义能够从 A 发展到 B，那么我们肯定其中必定有一个阶段，即这个词同时具有 A 和 B 两种意义。"（もしある語の意味が A から B に発展可能であれば，そこには必ずその語が A と B の二つの意味を同時にもつ段階がある。）と指摘している。

11) 贺阳 2004：24 は，"起来"が表す"聚拢"（集まる）の意味について，「二つおよび二つ以上の物体が集まって一つになる」ことでもよければ，"（把被子）叠起来"（〔掛け布団を〕畳む）のように，「一つの物体の異なる部分が集まって一つになる場合でもよい」と指摘している。

(謝恵敏は唇をかみ，目を細めて，不満げに石紅を見ていたが，内心胸がどきどきしていた。)

(20) 他从容地折起写着字的纸，站起身用黑黑的大眼睛看着余永泽。

(杨沫《青春之歌》)

(彼は悠々と字の書かれた紙を折り畳み，立ち上がると，真っ黒い大きな瞳で余永澤を見た。)

以上の考察から，〈集結〉義とは「事物が一か所に集まる」ことを表す。

### 3.2.4 〈隠蔽〉義

〈集結〉義からの拡張例が〈隠蔽〉義である。なぜこのような拡張が生じ得るかというと，〈隠蔽〉とは事物が非可視化することであり，事物の集結は，時に事物の非可視化と関連付けられるからである[12]。

(21) […] 他一见到老洪和李正走进来，就急忙合起帐本。

(知侠《铁道游击队》)

([…] 彼は洪さんと李正が入って来るのを見て，すぐ帳簿を閉じた。)

(22) 他们关起门在房里干什么呢？　　　(残雪《残雪自选集》)

(彼はドアを閉めて，部屋の中で何をしているのだろう。)

例えば，(21)，(22)の"起"は〈集結〉義を表すが，(21)は帳簿の両端が合わさる（すなわち，「閉じられる」）ことによって，帳簿の中身が非可視化することを表し，(22)もドアが閉められた結果，空間内部が非可視化すると解釈できる。これらの現象では，事物が集結することにより，隠蔽という結果が得られるため，〈集結〉義から〈隠蔽〉義への拡張には，【原因で結果】を指すメトニミーが働いていることがわかる。以下の(23)

---

12) 赵瑞2014：27は，"起"の意味に"闭合并与他物隔离"（閉鎖しほかの事物と隔離される）を挙げている。例えば，"她闭起双眼"（彼女は両目を閉じた）では，「両目」が閉じられた後はほかの事物を見ることができないため，「ほかの事物と隔離される」ことに相当するという。しかし，「閉鎖」という意味では，(18)のような"起"の意味を捉えることはできない。また，(18)のような〈集結〉義が必ずしも〈隠蔽〉義につながるとは限らないため，本稿では〈集結〉義と〈隠蔽〉を別個の意味項目として扱う。

では「木箱」が非可視化し，(24)では「満面の笑み」が非可視化している。

(23) 他怀疑家人藏起了木匣子。　　　　　　　　（苏童《1934年的逃亡》）

　　　（彼は家の者が木箱を隠したのではないかと疑った。）

(24) 我收起一脸笑，垂下头，"要不怎么叫'乐不思蜀'呢。"

　　　　　　　　　　　　　　　　　　　　　　　　　　（王朔《痴人》）

　　　（私は満面の笑みを引っ込め，うなだれて，「だからこそ『楽しさのあまり帰るのを忘れる』と言うんだろ」と言った。）

以上の考察から，〈隠蔽〉義は「事物が非可視化する」と定義される。

### 3.2.5 〈充足〉義

　従来，以下の(25),(26)に代表される"起"は〈結果〉義の一種であり，可能式"V得／不起"でのみ用いられ，「主観的に耐えられるか否か」という全体的な意味を表すとされてきた（刘月华主编 1998：326）。例えば，(25)の"请得起"は経済的な負担に耐えられることを表し，(26)の"住不起"は経済的な負担に耐えられないことを表す。

(25) "我哪请得起，宝康请。"　　　　　　　　　　　（王朔《顽主》）

　　　（俺がおごれるわけないじゃないか。宝康がおごれよ。）

(26) 老在北京住店，住不起呀！　　　　　　　　　　　　　（＝(4)）

　身体の姿勢と「耐える」という意味特性の関連性について，瀬戸等編 2007：907によれば，英語のstandには「つらい物事に立ち続ける」という意味があり，「立っている」こと自体に「我慢する」という意味的特性が含まれるという。立つという姿勢を維持する状態に「耐える」という意味が含意されるのであろう。

　一方，上述した"起"の由来を考えた場合，従来の「耐える」という意味よりも，むしろ「ある種の力が充足している」ことを表す（＝〈充足〉義）とした方がより的確である。なぜなら，"起"の原義は，「立ち上がる」という位置変化であり，「立っている」という持続状態ではないからである。「立ち上がる」という行為は，重力という負荷に逆らう力が

充足していることを意味する。当該の"起"は，このような認知論的な基盤に基づき，「何らかの負荷に対して立ち上がる力が充足しているか否か」を表すのである。

(27) 而对于仁仁，他现在花得起时间和心血了。（严歌苓《花儿与少年》）
（一方，仁仁に対しては，彼は今時間と心血を注げるようになった。）

(28) 有的称我是"日本战后文学旗手"，实在担当不起。
（《人民日报》1995 年）
（私のことを「日本の戦後文学の旗手」と呼ぶ人がいるが，本当に忍びない。）

例えば，上の(27)は時間的・精神的・体力的な負荷に対して立ち上がる力が充足していることを表し，(28)の場合，「日本の戦後文学の旗手」という称号や地位がもたらす負荷に対して立ち上がる力が足りないことを意味する。以上の考察から，〈充足〉義は，「立ち上がる」という動作行為に含意される「力の充足」という意味特性を継承していることがわかる。よって，〈充足〉義は【特性類似】のメタファーを介して，〈起点を離れない移動〉義から直接拡張していると考えられる。

### 3.2.6 〈主題標識〉

本稿は，用例(6)における"起"を〈主題標識〉を表すものと考える。〈主題標識〉は主題を標示・強調・転換するものであり，〈主題標識〉を担う"起"は，主に"论、说、谈、提"等，言語活動を表すVと結合するとされる（张静 2010：17）。また，沈家煊 1999：220-222 によると，主題は通常文頭に位置し，後にポーズや語気詞を伴うことが可能で，定的すなわち既知情報を表すとされる。

(29) 少华的父亲那几天正好从集市上购来豆角、南瓜、黄瓜和白沙蜜甜瓜的种子。少华眼睛一亮，对白沙蜜甜瓜种子产生了浓厚的兴趣。[…] 说起这白沙蜜甜瓜，也算是滑县的特产，成熟后吃起来脆甜脆甜的。　　　　　　　（《作家文摘》1995 年）
（少華の父親は，その頃ちょうど定期市でササゲ，カボチャ，キュウリ

と白沙蜜メロンの種を買って来た。少華は目を輝かせると，白沙蜜メロンに強い興味を示した。[…]この白沙蜜メロンといえば，滑県の特産でもあり，熟したものを食べると，とても歯あたりがよく甘味がある。)

この特徴に照らし合わせると，⑳の"白沙蜜甜瓜"（白沙蜜メロン）は文頭に位置し，後にポーズを伴っている。"白沙蜜甜瓜"に付加された指示代詞"这"が前方照応で定性（definitud）をもつことからも，"白沙蜜甜瓜"は既知情報であり，主題の特徴に合致していることがわかる。また，"白沙蜜甜瓜"に後続する"也算是滑县的特产，成熟后吃起来脆甜脆甜的"は主題に対する評言（comment）であり，主題に対する何らかの関連事項（ここでは"白沙蜜甜瓜"の属性や特徴）を述べたものである。このように，〈主題標識〉の"起"には，文の出発点となる「主題を標示する」機能があることがわかる。

そして，〈主題標識〉とほかの意味項目との接点を考えた場合，〈出現〉義を表す"起"に機能上の類似性を見出すことが可能である。3.2.2で考察したように，〈出現〉義は「事物が立ち現れる」ことであったが，⑳のように，事物が話題に上がるというような抽象的事態をも表すものであった。

⑳ "那么说，阿眉到最后也没再提起我什么。"（王朔《空中小姐》）
（「ということは，眉さんは最後になっても俺のことに何も触れなかったのか。」）

以下の㉛に代表される〈主題標識〉においても，"起"は事物を話題に上げるという機能を担っており，両者は【機能類似】のメタファーによって関連付けられている。

㉛ 提起乡镇企业，谁都不能否认它的重要地位与突出贡献。

（《报刊精选》1994 年）
（郷と鎮の企業については，その地位の重要性と突出した貢献性を認めない者はいない。）

さらに，〈主題標識〉では，"起"によって主題が話題の場に上げられ

ることにより，主題に対し評言を加える準備が可能となるが，これは「物理的に上昇した事物は準備ができている状態である」(Tyler & Evans 2003:137)[13]ことに由来する。

　また，〈主題標識〉の"起"によって標示される主題が既知情報であるのと同様に，〈出現〉義を表す"(提)起"や"(想)起"の目的語となる事物も既知のものである（刘月华主编 1998：332-333）。

　(32) a.　今天在会上他提出了一个新的看法。
　　　 b.　*今天在会上他提起了一个新的看法。　　（刘月华主编 1998：333）
　　　　 （今日会議で彼は新しい見解を示した。）
　(33) a.　我想出了一个新的方法。
　　　 b.　*我想起了一个新的方法。（私は新しい方法を思いついた。）

例えば，上の(32b)，(33b)では，目的語が数量詞を伴い，聞き手にとって未知の情報（＝新情報）を表すため，"(提)起"，"(想)起"を用いることができない。これに対し，(32a)，(33a)の"(提)出"，"(想)出"は新情報となる目的語を伴うことが可能である。

　以上の考察から，〈出現〉義と〈主題標識〉には，機能的にも構文論的にも類似点があることがわかる。

## 3.3　〈起点を離れる移動〉義のクラスター

　以上では，〈起点を離れない移動〉義から拡張した意味項目について考察を行った。以下では，〈起点を離れる移動〉義から拡張した〈開始〉義についての考察を行う。

### 3.3.1　〈開始〉義

　〈開始〉義とは，「動作行為または状態が開始する」ことを表す。次の(34)は「雑談する」という動作行為の開始を，(35)は「気にかける」とい

---

13) 例えば，横たわった状態や座った状態から立ち上がることは，何らかの活動につながる行為であると考えられる。

う状態の開始を表す。

　(34) 我们笑了一阵，聊起别的。　　（王朔《一半是火焰，一半是海水》）
　　　（われわれはしばらく笑うと，ほかのことを話しはじめた。）
　(35) 这时老康不哭了，倒关心起路小秃：［…］（刘震云《故乡天下黄花》）
　　　（その時，康さんは泣くのをやめ，逆に路の禿頭のことを気にしだした。
　　　［…］）

　〈開始〉義は〈起点を離れる移動〉義から直接拡張しているが，ここには「状態は場所」，「移動は変化」というメタファー（山梨 2009：114）が働いている。すなわち，起点を離れる移動が，メタファーを介し，静態という状態を脱した動態への変化として捉えられるのである。このように，〈起点を離れる移動〉義と〈開始〉義の間にはイメージスキーマ（image schema）的な類似性があり，〈開始〉義は〈起点を離れる移動〉義から【形態類似】のメタファーによって拡張していると言える。
　〈開始〉義が〈移動〉義より直接拡張するという点については，王国栓 2005 や赵瑞 2014 も同様の見解を示している。特に，赵瑞 2014：60 は，通時的な資料から見て，〈結果〉義と〈開始〉義は出現時期の前後関係を判別することが難しく，両者に派生や虚化の関係があるか否かを判断することができないと指摘している。
　次に，既述のように，刘月华主编 1998 は以下のような"起"を特殊用法として「動作の起点」に分類している。

　(36) 从他十六岁算起，所干过的不平常的事，四十年也该四百件……
　　　　　　　　　　　　　　　　　　　　　　　　　　　　（＝(8)）
　(37) 为什么会到那里去当船工呢？这至少也得从他的青年时代说起。
　　　　　　　　　　　　　　　　　　　　　　　（刘月华主编 1998：333）
　　　（なぜそこへ行って船乗りになったのか。これは少なくとも彼の青年時代から話しはじめなければならない。）

しかし，(36)や(37)において，「動作の起点」を表すのはむしろ"他十六岁"や"他的青年时代"であり，"起"は「（数え）はじめる」，「（話し）はじめる」というように，動作の開始を表すと考えるべきであろう。よって，

刘月华主编1998の「動作の起点」は、〈開始〉義に編入することが可能である。

## 4　方向補語"起"の意味ネットワーク

以上では、方向補語"起"の表す意味を考察・再編し、〈移動〉、〈隆起〉、〈出現〉、〈集結〉、〈隠蔽〉、〈充足〉、〈開始〉義の意味項目と〈主題標識〉という機能に分類した。各意味項目および機能の間のつながりと拡張関係を［図2］に示す。

"起"の意味ネットワークは、〈移動〉義を起点として拡張しており、〈移動〉義のなかでも〈起点を離れない移動〉義のクラスターに属する

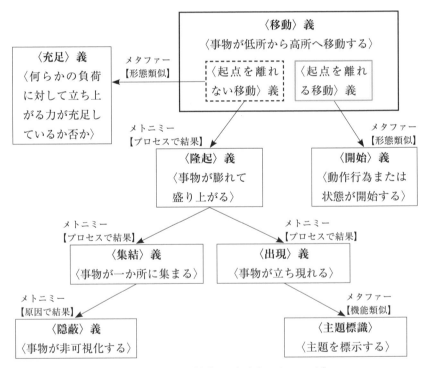

［図2　方向補語"起"の意味ネットワーク］

意味項目が多いことから，方向補語"起"のプロトタイプは，〈起点を離れない移動〉義であると考えられる。

意味ネットワークの末端に位置する〈充足〉，〈開始〉，〈隠蔽〉義および〈主題標識〉は，〈移動〉義との意味的な隔たりが大きく感じられるが，〈充足〉，〈開始〉義については，それぞれ〈起点を離れない移動〉義，〈起点を離れる移動〉義から直接拡張しており，〈充足〉義と〈起点を離れない移動〉義，〈開始〉義と〈起点を離れる移動〉義との間には形態上の類似性が存在することが明らかになった。一方，〈隠蔽〉義，〈主題標識〉は〈起点を離れない移動〉義を出発点に，他の意味項目を介して拡張しており，両者とも〈移動〉義から直接拡張しているわけではない。しかし，〈起点を離れない移動〉義から〈隠蔽〉義に至る拡張プロセス，または〈起点を離れない移動〉義から〈主題標識〉に至る拡張プロセスでは，隣接する意味項目（や機能）が部分的に関連し合い，家族的類似性（family resemblance）を有している。

上記のような意味ネットワークを用いることにより，各意味項目の間の相関性とつながりを効率よく表現することが可能となる。

## 5　おわりに

本稿は，先行研究で示された方向補語"起"の意味項目に検討を加え，独自の分類方法を用い，〈移動〉，〈隆起〉，〈出現〉，〈集結〉，〈隠蔽〉，〈充足〉，〈開始〉義という意味項目と〈主題標識〉の機能を設け，それぞれの定義を示した。とりわけ，〈充足〉義に関しては，従来の「主観的に耐えられるか否か」という定義を再考し，"起"の原義が「立ち上がる」という位置変化を表すことを根拠に，「何らかの負荷に対し立ち上がる力が充足しているか否か」という新たな意味記述を提示した。さらに，各意味項目および機能の間の拡張関係を意味ネットワークとして可視化するとともに，各々の拡張における動機付けについても考察を行った。先行研究の知見を援用し，〈移動〉義を〈起点を離れない移動〉義と〈起

点を離れる移動〉義に分けて考察した結果，"起"の意味項目は〈起点を離れない移動〉義のクラスターに属するものが大半であったことから，〈移動〉義のなかでも，〈起点を離れない移動〉義が方向補語"起"のプロトタイプ的意味であると結論付けた。

本稿で構築したような意味ネットワークにより，複数の意味項目をもつ多義語の様相を効率的に表現し，多義語の全体像を包括的に捉えることが可能となる。

**参考文献**

瀬戸賢一等編 2007　『英語多義ネットワーク辞典』，小学館

島村典子 2012　補語成分"开"の意味ネットワークについて，中国語教育学会『中国語教育』10号，pp191-211

鈴木智美 2003　多義語の意味のネットワーク構造における心理的なプロトタイプ度の高さの位置付け―多義語『ツク』(付・着・就・即・憑・点) のネットワークを通して―，『日本語教育』116号，pp59-68

山梨正明 2009　『認知構文論―文法のゲシュタルト性』，大修館書店

贺阳 2004　动趋式"V 起来"的语义分化及其句法表现，《语言研究》第 3 期，pp.23-31

黄月华・白解红 2010　趋向动词与空间移动事件的概念化，《语言研究》第 3 期，pp99-102

李燕 2012　《现代汉语趋向补语范畴研究》，南开大学出版社

刘月华主编 1998　《趋向补语通释》，北京语言文化大学出版社

吕叔湘主编 1999　《现代汉语八百词（增订本）》，商务印书馆

孟琮等编 1999　《汉语动词用法词典》，商务印书馆

沈家煊 1999　《不对称和标记论》，江西教育出版社

王国栓 2005　《趋向问题研究》，华夏出版社

吴健民 2006　"起"的语义分析，《现代语文（语言研究版）》第 4 期，pp45-46

张静 2010　《"V 起"的句法、语义及语法化研究》，河南大学硕士学位论文

赵瑞 2014　《"V 起"及其相关问题研究》，上海师范大学硕士学位论文

Tyler, Andrea & Evans, Vyvyan 2003 *The Semantics of English Prepositions*, Cambridge University Press（国広哲弥監訳・木村哲也訳 2005 『英語前

置詞の意味論』，研究社）

**例文出典**
北京大学中国语言学研究中心语料库（CCL 语料库）
　　http://ccl.pku.edu.cn:8080/ccl_corpus/

（しまむら・のりこ　京都外国語大学）

# 「2+1」型三音節複合名詞の二音節語基

## 袁　暁今

## 1　序説

### 1.1　研究背景

　現代中国語研究においては，"詞法（語構成論）"の研究は"句法（統語論）"の研究ほど盛んではない。これは周知の通りである。換言すれば，"詞法"の研究分野では今後，深められ，拡げられる余地がまだまだ残されているとも言える。

　ここで，現代中国語における"詞法"研究の主要な課題を簡単に整理しておく。

　まず，「語」研究における大前提である「単位」の問題と「品詞」の問題について略筆する。「単位」の問題とは，形態素と語，語と句の峻別である。「品詞」の問題とは，特に，名詞と動詞，形容詞の区分を指す。この二つの課題は多大な研究成果が積み重ねられてきた今日でもなお，"老大难問題（長い間定説のない重大かつ困難な問題）"とされている。

　次に，「語構造」というテーマがある。語はその組み立てによって，「単純語」と「合成語」，合成語は更に「複合語」と「派生語」に分類される。「派生」は現代中国語の語形成の主要な規則ではないから，必然的に「複合語」が「語」研究の核心的な対象となる。その中で，とりわけ二音節複合語の語構造，つまり，構成要素の結合パターンが特に注目され，研究成果もある程度まで蓄積されている。

　そしてもう一つは，「語形成」の課題である。語形成に当たって，「音韻上」の制約も受けざるを得ないという中国語の特性から，現時点で，

最も議論されているのが音節数の問題，つまり，語の長さの問題である。一例を挙げれば，専門技術を持った熟練工について，"技术工人"，"技工"，"*技工人"，"技术工"と4通りの語形による表現が可能だが，より良き構造はどれなのかという議論である。もう一つは「生産性（productivity）」の観点からの研究，つまり，語の構成要素の造語力に関する考察である。

　音節の観点から以上の語構成の主要分野における研究テーマを概観すると，二音節語が現代中国語の主流であり，それ故に，二音節語に対する関心とその研究は豊富だが，中心的な課題として三音節語を取り上げた研究はそれほど多くない。特に，「三音節複合語の語構成」に関する研究がこれまでは手薄であったと言える。更に具体的な課題として，「三音節複合語の構成要素の性格，造語力と意味機能」に関する研究を挙げることができる。これらの研究テーマについては，先行研究が少ないだけでなく，定量分析の手法による研究も不十分である。

　このような背景の中で，袁暁今2014では，最近の新語の半分近くは三音節名詞であるという言語事実に注目し，論文では，約六千語の「1＋2」型（红／宝石）と「2＋1」型（博士／生）の三音節名詞のコーパスを構築し，その計量分析を通して，三音節名詞の語構造と意味構造を明らかにした。特に，「2＋1」型の三音節名詞の構成要素である「単音節語基（上記の例で言うと，"博士生"の"生"）」の性格，造語力と意味機能について，詳しく論述した。

　本稿は袁暁今2014で構築された三音節名詞のコーパスを改良した上で利用し，その論文の中で簡単にしか論じなかったもう一つの三音節名詞の構成要素である「二音節語基（上記の例で言うと，"博士生"の"博士"」を取り出して，その類型，性格，造語力，意味機能について，更に詳しく考察することにする。

## 1.2　先行研究

　研究背景で述べたように，三音節名詞の「二音節語基」に特定し，主

題として取り上げた先行研究はほとんど皆無と言っていい。ここでは，部分的に本稿の主旨と関連する先行研究を簡単に紹介する。

### 1.2.1 語の構成要素

中国語文法では，形態素（morpheme）に対して，"词素"と"语素"の二つの訳語がある。いずれかを採用する学者と，区別しながら両者を使用する学者に三分化される。また，語の構成要素として，語や句を認めるか否かについての見解も異なる。二音節複合語はまだしも，三音節複合語の場合，事態は更に複雑になる。例えば，"儿童节"，"高射炮"の場合に，どのような結合になるかとの問いに対して，多種多様の答えがそれぞれの立場の学者から提出されている（【表1】）。

原著では異なる語例が示されているが，本稿では，比較しやすくするため，同じ語に統一した。このように，語構成に関する基本的な認識が統一されていない現状では，語の構成要素をいかに捉えるかという本質的な問題が隠されている。

【表1】

| 著作 | 儿童节 | | | 高射炮 | | | 主張 |
|---|---|---|---|---|---|---|---|
| | 儿 | 童 | 节 | 高 | 射 | 炮 | |
| 任学良（1981:20-21） | 词 | | 词素 | 词组 | | 词素 | 語の中に語や句を含む |
| 刘叔新（2005:78） | 语素 | 语素 | — | 语素 | 语素 | — | "语素"は"词素"の下位単位となっている |
| | 词素 | 词素 | | 词素 | 词素 | | |
| 葛本仪（2001:62-63） | 词素 | 词素 | 词素 | 词素 | 词素 | 词素 | "合成词素"は複合語に限る |
| | 合成词素 | 词素 | | 词素 | 词素 | 词素 | |
| 董秀芳（2004:42） | 词 | | | 语素 | 语素 | 语素 | 語も複合語の構成要素である |
| 孙常叙（2010:22,116） | 词素※ | | 词素 | 词组 | | 词素 | ※"以词成词词素" |
| 张　斌（2010:42-43） | 语素 | 语素 | 语素 | 语素 | 语素 | 语素 | "语素"は"语素"とだけ結合できる，"语素"以外の成分とは結合できない |
| | 复合语素 | 语素 | | 复合语素 | | 语素 | |
| （2010:58） | 语素组 | | 语素 | 语素组 | | 语素 | |

本稿は現代中国語の「2+1」型の三音節名詞の構成要素である二字をどのように呼ぶべきか苦慮した結果，日本の国語学における先行研究から多くの示唆を得ることになった。

　日本語の漢語は中国からの外来語である。中国語の三音節語に当たるものは「三字漢語」と呼ばれている。野村1974：40 は三字漢語を構成する二字漢語と一字漢語を「主語基と副語基」と呼び，この呼び方について，以下のように述べている。「一字漢語が語基としての機能を有しているか否かについては，多少疑問が残るが，現代の二字漢語は二つの形態素が結合して，一語基相当の資格を得ていると見られる」。

　朱京偉2011：5 は三字漢語を構成する二字漢語と一字漢語を「二字語基と一字語基」と呼び，更に二字語基の内部に踏み込んで検討し，どのような二字語基が三字漢語の構成要素になり得るかを考察した。ここで示された手法は，本稿にとって大いに参考となった。

　本稿は，野村1974 と朱京偉2011 を参考にし，「2+1」型の三音節名詞の構成要素を「二音節語基」と「単音節語基」と記述することとするが，この呼び方の妥当性について最後にもう一度検討してみたい。

### 1.2.2　二音節語基の文法的な地位

　石定栩2011：117 では，「二音節の『動名述目』，『形動修飾』構造は複合語の資格を獲得したと考えてもよい」と述べている。

　董秀芳2004：131-132 は，「二音節の『動名述目』，『形名修飾』構造は文法機能が"非谓形容詞（非述語的形容詞）"と類似しており，三音節複合語を形成する際に，臨時に語の文法機能を持つと見なすことができる」と述べている。

　杉村1999：58，2006：56 は英日中の対照の観点から，「中国語は述目構造が二つで一つであることをとりわけ強く感じさせる言語である」と述べ，英語の washing machine, vacuum-cleaner, expander, 日本語の「洗濯機」，「掃除機」，「エキスパンダー」，中国語の"洗衣机","吸尘器","扩胸器"の具体例を挙げて，「現象を命名する時，英語，日本語と比べ，

中国語はより多く述目構造を採用している。述目構造は『二つで一つ (1 + 1 = 1)』となる」と指摘している。

これらの先行研究は二音節の「動名述目」,「形名修飾」,「形動修飾」構造を中心に論じたものであるが,実際,三音節名詞の語構成における二音節語基は極めて多種多様である。

### 1.3 研究対象

「1 + 2」型の三音節名詞の二音節語基,例えば,"军大衣","红宝石",及び「2 + 1」型の三音節派生名詞の二音節語基,例えば,"眼眶子","姑娘家"の全てが複合語をはじめとする既成語であり,その性格は既に明らかになっている。従って,本稿は「2 + 1」型の三音節複合名詞の二音節語基を研究対象とする。ここでもう一度,本稿で言う「二音節語基」とは何か。具体例を見ておく。

(a) <u>蝙蝠</u>衫　<u>艾滋</u>病　<u>拨浪</u>鼓　<u>天安</u>门　<u>碰碰</u>车
(b) <u>老虎</u>钳　<u>钉子</u>户
(c) <u>山水</u>画　<u>驱逐</u>舰　<u>安乐</u>椅　<u>地板</u>砖　<u>生物</u>钟　<u>喜剧</u>片　<u>电焊</u>机
　　<u>红烧</u>肉　<u>大忙</u>人　<u>败家</u>子　<u>导航</u>台　<u>含羞</u>草　<u>漂白</u>粉　<u>地震</u>仪
　　<u>胆小</u>鬼
(d) <u>刀马</u>旦　<u>踢踏</u>舞　<u>零杂</u>工　<u>甲状</u>限　<u>笑面</u>虎　<u>细腰</u>蜂　<u>刀削</u>面
　　<u>多动</u>症　<u>超短</u>裙　<u>挡箭</u>牌　<u>准考</u>证　<u>显微</u>镜　<u>人行</u>道　<u>智多</u>星
(e) <u>皮划</u>艇　<u>社科</u>院　<u>白报</u>纸

下線部は二音節語基である。三音節名詞との関係性を示すため,以下も同じ表記法を用いる。使用するコーパスについては,袁暁今 2014 のコーパスのデータを精査した上で,最終的に,3,911 語の常用語（以下「常用語」と略す）と 943 語の新語（以下「新語」と略す）の三音節名詞の二音節語基を考察対象にした。

## 2 構造類型

二音節語基の「形態的緊密性（Lexical integrity）」によって，1.3で列挙した語例を以下のように大きく5つのグループに分類した。(a), (b)…の順に二字の形態は緊密である。語の右下【　】は，サブ分類を示している。

(a) 単純語

| 蝙蝠衫 | 艾滋病 | 拨浪鼓 | 天安门 | 碰碰车 |
|---|---|---|---|---|
| 【単純語】 | 【外来語】 | 【擬音語】 | 【固有名詞】 | 【重ね型】 |

(b) 派生語

| 老板娘 | 钉子户 |
|---|---|
| 【接頭辞型】 | 【接尾辞型】 |

(c) 複合語

| 山水画 | 驱逐舰 | 安乐椅 | | |
|---|---|---|---|---|
| 【nn 並列】 | 【vv 並列】 | 【aa 並列】 | | |

※「vv 並列」は「vv 連動」を含む

| 地板砖 | 生物钟 | 喜剧片 | 电焊机 | 红烧肉 |
|---|---|---|---|---|
| 【nn 修飾】 | 【vn 修飾】 | 【an 修飾】 | 【nv 修飾】 | 【av 修飾】 |
| 大忙人 | 败家子 | 导航台 | 含羞草 | 漂白粉 |
| 【aa 修飾】 | 【vn 述目】 | 【vv 述目】 | 【va 述目】 | 【va 述補】 |
| 地震仪 | 胆小鬼 | | | |
| 【nv 主述】 | 【na 主述】 | | | |

(d) 組合成分

| 刀马旦 | 踢踏舞 | 零杂工 | | |
|---|---|---|---|---|
| 【nn 並列】 | 【vv 並列】 | 【aa 並列】 | | |

※「vv 並列」は「vv 連動」を含む

| 甲状腺 | 笑面虎 | 细腰蜂 | 刀削面 | 多动症 |
|---|---|---|---|---|
| 【nn 修飾】 | 【vn 修飾】 | 【an 修飾】 | 【nv 修飾】 | 【av 修飾】 |
| 超短裙 | 挡箭牌 | 准考证 | 显微镜 | 人行道 |
| 【aa 修飾】 | 【vn 述目】 | 【vv 述目】 | 【va 述目】 | 【nv 主述】 |

智多星
【na 主述】

(e) 圧縮成分

| 皮 划艇 | 社 科院 | 白 报纸 |
|---|---|---|
| 【併称型】 | 【略語型】 | 【特殊型】 |

　グループ(a)は「単純語」の構造が二音節語基に充当する5つのケースである。単純語，外来語，擬音語が「二字で一つの形態素」であることは言うまでもない。4つ目の「固有名詞」とは，"黄梅戏"，"中山服"，"锡伯族"のような地名，人名，民族名などを指す。これも最後の重ね型と同じく，内部分析をする必要がないことから，「単純語」と見なす。以下，(a)グループを「単純語基」と呼ぶ。

　グループ(b)は「派生語」が二音節語基に充当する二つのケースである。二字の形態は緊密である。以下，(b)グループを「派生語基」と呼ぶ。

　グループ(c)は「複合語」が二音節語基に充当する15のケースである。湯廷池1988：14，张斌2010：59の分類基準に依拠し，二音節語基の内部の品詞構成と結合関係を判定したケースである。また，「語」の認定と品詞区分については，冒頭で述べたように難問であるが，本論は《现代汉语词典（第6版）》の凡例5.5の品詞注釈についての記述を基準にした。「句や成語に品詞注釈をせず，語だけに品詞注釈をしている」と説明している。よって，品詞注釈された項目だけを「語（離合語を含む）」と認定した。また，「名詞，動詞，形容詞」性のものをそれぞれ「n，v，a」で表す。但し，「数詞，量詞，代名詞」性のものは「n」，「区別詞，副詞」性のものは「a」として振り分けた。「語」と認定した以上，形態的に緊密であると言える。以下，(c)グループを「複合語基」と呼ぶ。

　グループ(d)は「組合成分」が二音節語基に充当する14のケースである。これらの二字は三音節語の構成要素ではない場合，つまり，単独で振る舞う場合，「句」もあれば，「句」として成り立たないものもある。二字内部の品詞構成と結合関係は複合語と非常に似ているが，やや形態的緊密性に欠ける。しかし，二字の間では意味関係が見られ，本稿では「組

合成分」と名付けた。以下，(c)グループの「複合語基」に対して，(d)グループを「組合語基」と呼ぶ。

グループ(e)は「圧縮成分」が二音節語基に充当する3つのケースである。これらの二字は互いに意味関係が見当たらず，「組合」とも表現し難いため，「圧縮成分」と命名した。以下，(e)グループを「圧縮語基」と呼ぶ。

本稿はグループ(c), (d), (e)について，重点的に論じることとする。

## 3　考察

### 3.1　品詞別の全体像

まず，二音節語基は，前述した(e)グループを除き，三音節名詞の中で一つのまとまった単位として機能していることから，そのままの形，つまり，二文字一組に対して，一つの品詞性を与えるべきであると考える。前述した内部の品詞性と区別するため，「名詞，動詞，形容詞」性のものをそれぞれ「N, V, A」と表記する。なお，(a)グループの外来語，擬音語と(e)グループには品詞を付与することができないため，「その他」に分類した。全ての語を振り分けた量的な結果を【表2】に示している。

この表によって，常用語においても，新語においても，名詞性二音節語基と動詞性二音節語基で構成された三音節名詞がかなりの量を占めることが分かる。陆志韦 1957:297, 董秀芳 2004:130 等の先行研究においては，「名名複合」は複合名詞のプロトタイプであるとされているが，

【表2】

| 品詞 | (常) 二音節語基 | | | | (新) 二音節語基 | | | |
|---|---|---|---|---|---|---|---|---|
| | N | V | A | その他 | N | V | A | その他 |
| 語例 | 博士生 | 败家子 | 安乐椅 | 罗曼史 | 男人妆 | 吸碳林 | 轻熟女 | 世奢会 |
| 語数 | 1,837 | 1,639 | 295 | 140 | 356 | 440 | 35 | 112 |
| 比率 | 47.0% | 41.9% | 7.5% | 3.6% | 37.8% | 46.7% | 3.7% | 11.9% |
| 合計 | 3,911 | | | | 943 | | | |

本稿の考察では，三音節名詞の常用語においては，「名名複合」が「動名複合」よりも若干多いものの，絶対的な優位とまでは言えない。更に，新語の場合，動詞性語基は名詞性語基を超え，語形成に積極的な振る舞いをすることが分かった。従来の「名名複合は複合名詞のプロトタイプである」という定説はもはや通用しなくなっている。

### 3.2 類型別の全体像

次頁【表3】から【表7】までは語基別の概況である。二音節語基の内訳を見ると，総じて，以下の要点にまとめることができる。

（i）常用語の場合，「複合語基」が二音節語基全体の七割超を占めて，最も多い。この事実から，語形成に当たっては，複合語をはじめとする既成語が優先的に利用されると推論できる。その次は二割強を占める「組合語基」である。

（ii）新語の場合，「複合語基」が減少傾向にあり，一方で「組合語基」が増加した結果，両者はほぼ肩を並べることになった。今後，新しい事物や現象を命名する際に，「組合語基」が多用されることが予想できる。

（iii）「複合語基」においては，常用語にせよ，新語にせよ，名詞性語基が動詞性語基を超えているが，「組合語基」においては，状況は正反対となる。

### 3.3 生産性

#### 3.3.1 各々の語基の造語力

単音節語基と結合して形成された三音節名詞の数が多ければ多いほど，二音節語基の造語力が高いと言える。袁暁今 2014：33 の定量分析の結果によると，二音節語基の一語基当たりの平均造語数は約 1.3 語である。本稿は，語基類型別に二音節語基の造語力を考察した。ここで，常用語の上位語基をリストアップする。数字はコーパスの中の語数である。

　（a）一単純語基（固有名詞を除く）の平均造語力は 1.36 語である。

【表3】

| 品詞 | (常)二音節単純語基 | | | | (新)二音節単純語基 | | | |
|---|---|---|---|---|---|---|---|---|
| | N | V | A | その他 | N | V | A | その他 |
| 語例 | 蝙蝠衫 | 碰碰车 | 幽默感 | 罗曼史 | 蜘蛛鸡 | 抛抛族 | | 极客族 |
| 語数 | 90 | 2 | 3 | 67 | 20 | 15 | | 94 |
| 比率 | 2.3% | 0.1% | 0.1% | 1.7% | 2.1% | 1.6% | | 10.0% |
| 小計 | 162 | | | | 129 | | | |
| 合計 | 3,911 (4.1%) | | | | 943 (13.7%) | | | |

【表4】

| 品詞 | (常)二音節派生語基 | | | (新)二音節派生語基 | | |
|---|---|---|---|---|---|---|
| | N | V | A | N | V | A |
| 語例 | 老虎钳 | 氧化剂 | 必然性 | 馒头税 | | |
| 語数 | 50 | 10 | 2 | 5 | | |
| 比率 | 1% | 0.3% | 0.1% | 1% | | |
| 小計 | 62 | | | 5 | | |
| 合計 | 3,911 (1.6%) | | | 943 (0.5%) | | |

【表5】

| 品詞 | (常)二音節複合語基 | | | (新)二音節複合語基 | | |
|---|---|---|---|---|---|---|
| | N | V | A | N | V | A |
| 語例 | 博士生 | 败家子 | 安乐椅 | 男人妆 | 游戏手 | 痛快吧 |
| 語数 | 1,341 | 1,192 | 241 | 249 | 135 | 29 |
| 比率 | 34.3% | 30.5% | 6.2% | 26.4% | 14.3% | 3.1% |
| 小計 | 2,774 | | | 413 | | |
| 合計 | 3,911 (70.9%) | | | 943 (43.8%) | | |

【表6】

| 品詞 | (常)二音節組合語基 | | | (新)二音節組合語基 | | |
|---|---|---|---|---|---|---|
| | N | V | A | N | V | A |
| 語例 | 白血病 | 穿堂风 | 广寒宮 | 普相女 | 吸碳林 | 轻熟女 |
| 語数 | 356 | 435 | 49 | 79 | 289 | 7 |
| 比率 | 9.1% | 11.1% | 1.3% | 8.4% | 30.6% | 0.7% |
| 小計 | 840 | | | 375 | | |
| 合計 | 3,911 (21.5%) | | | 943 (39.8%) | | |

【表7】

| 品詞 | (常)二音節圧縮語基 | | | (新)二音節圧縮語基 | | |
|---|---|---|---|---|---|---|
| | 略語 | 併称語 | 特殊語 | 略語 | 併称語 | 特殊語 |
| 語例 | 社科院 | 皮划艇 | 白报纸 | 世奢会 | 宅急修 | |
| 語数 | 31 | 22 | 20 | 20 | 1 | |
| 比率 | 0.8% | 0.6% | 0.5% | 2.1% | 0.1% | |
| 小計 | 73 | | | 21 | | |
| 合計 | 3,911 (1.9%) | | | 943 (2.2%) | | |

橄榄 5　尼龙 5　咖啡 4　喇叭 4　玻璃 3　蝴蝶 3　玫瑰 3
　　　葡萄 3　珊瑚 3
　(b)　一派生語基の平均造語力は 1.44 語である。
　　　文化 7　老虎 4　狮子 3　果子 3
　(c)　一複合語基の平均造語力は 1.40 語である。
　　　纪念 11　保险 9　卫生 9　工作 8　橡皮 8　安全 7　电视 7
　　　劳动 7　太空 7　太阳 7
　(d)　一組合語基の平均造語力は 1.09 語である。
　　　百分 5　洗衣 4　写字 3　千里 3　暖水 3　龙须 3　金丝 3
　　　交响 3　婚外 3　二重 3　大头 3
　(e)　一圧縮語基の平均造語力は 1.00 語である。

　新語の場合，二音節語基の一語基の平均造語力は 1.09 語である。その内，複合語基の平均造語力は 1.16 語，組合語基は 1.03 語である。

　以上の語基別の造語力を考察した結果，形態的に緊密な類型の語基は造語力も比較的高いと考えられる。

　しかし，単音節語基の一語基あたりの造語数が約 5.5 語（袁曉今 2014：33）であるのに比べ，二音節語基の造語力はそれよりかなり低い。二音節語基の生産性を考察するには，個々の語基を対象にするよりは，生産性の高いパターンを洗い出すことにより大きな意義がある。

### 3.3.2　語基パターンの生産性

　本稿は朱京偉 2011 にならって，どのような二音節語基が三音節名詞の構成要素になるのか，あるいはなり得るのかを示すために，二音節語基の内部の品詞構成と結合関係に踏み込んで検討することにした。3.2 で明らかになったように，二音節語基の主要タイプは「複合語基」と「組合語基」である。この結果を踏まえ，この二つの類型を主に n, v, a による品詞構成と並列，修飾（連体修飾，連用修飾），述目，述補，主述の 6 つの結合関係によって，量的に考察した。その上で，三音節名詞を生産しやすい二音節語基をすべて洗い出した（【表8】,【表9】）。

【表8】

(常) 二音節複合語基

| 全体品詞 | 内部品詞 | 内部関係 | 語例 | 語数 | 割合 | 順位 |
|---|---|---|---|---|---|---|
| N | nn | 並列 | 山水画 | 217 | 5.5% | 5 |
| N | nn | 修飾 | 地板砖 | 620 | 15.9% | 1 |
| N | vn | 修飾 | 生物钟 | 127 | 3.2% | 7 |
| N | an | 修飾 | 白骨精 | 229 | 5.9% | 4 |
| V | vv | 並列 | 驱逐舰 | 579 | 14.8% | 2 |
| V | vn | 述目 | 败家子 | 374 | 9.6% | 3 |
| V | nv | 修飾 | 电焊机 | 40 | 1.0% | 9 |
| V | av | 修飾 | 独奏曲 | 91 | 2.3% | 6 |
| A | aa | 並列 | 安乐椅 | 80 | 2.0% | 8 |
| 9タイプ合計 | | | | 2,277 | 割合 | |
| 複合語基合計 | | | | 2,774 | 82.1% | |
| 「2+1」型合計 | | | | 3,911 | 58.2% | |

(新) 二音節複合語基

| 全体品詞 | 内部品詞 | 内部関係 | 語例 | 語数 | 割合 | 順位 |
|---|---|---|---|---|---|---|
| N | nn | 並列 | 父子灯 | 25 | 2.7% | 6 |
| N | nn | 修飾 | 酱油男 | 124 | 13.1% | 1 |
| N | vn | 修飾 | 动能车 | 40 | 4.2% | 5 |
| N | an | 修飾 | 香烟门 | 44 | 4.7% | 4 |
| V | vv | 並列 | 咆哮哥 | 47 | 5.0% | 3 |
| V | vn | 述目 | 违法门 | 51 | 5.4% | 2 |
| V | nv | 修飾 | 网购奴 | 5 | 0.5% | 9 |
| V | av | 修飾 | 惨叫鸡 | 15 | 1.6% | 8 |
| A | aa | 並列 | 痛快吧 | 17 | 1.8% | 7 |
| 9タイプ合計 | | | | 368 | 割合 | |
| 複合語基合計 | | | | 413 | 89.1% | |
| 「2+1」型合計 | | | | 943 | 39.0% | |

【表9】

(常) 二音節組合語基

| 全体品詞 | 内部品詞 | 内部関係 | 語例 | 語数 | 割合 | 順位 |
|---|---|---|---|---|---|---|
| N | nn | 並列 | 刀马旦 | 43 | 1.1% | 4 |
| N | nn | 修飾 | 针叶林 | 177 | 4.5% | 2 |
| N | vn | 修飾 | 笑面虎 | 17 | 0.4% | 8 |
| N | an | 修飾 | 高脚杯 | 117 | 3.0% | 3 |
| V | vv | 並列 | 探照灯 | 37 | 0.9% | 5 |
| V | vn | 述目 | 挡箭牌 | 283 | 7.2% | 1 |
| V | nv | 修飾 | 刀削面 | 36 | 0.9% | 6 |
| V | av | 修飾 | 多动症 | 34 | 0.9% | 7 |
| A | aa | 並列 | 红绿灯 | 16 | 0.4% | 9 |
| 9タイプ合計 | | | | 744 | 割合 | |
| 組合語基合計 | | | | 843 | 88.3% | |
| 「2+1」型合計 | | | | 3,911 | 19.0% | |

(新) 二音節組合語基

| 全体品詞 | 内部品詞 | 内部関係 | 語例 | 語数 | 割合 | 順位 |
|---|---|---|---|---|---|---|
| N | nn | 並列 | 猫狗税 | 11 | 1.2% | 8 |
| N | nn | 修飾 | 奥版车 | 30 | 3.2% | 2 |
| N | an | 修飾 | 红衫军 | 30 | 3.2% | 2 |
| V | vv | 並列 | 毕婚族 | 25 | 2.7% | 6 |
| V | vn | 述目 | 择校税 | 173 | 18.3% | 1 |
| V | vv | 述目 | 免提伞 | 19 | 2.0% | 7 |
| V | va | 述目 | 维稳金 | 9 | 1.0% | 9 |
| V | nv | 修飾 | 火疗店 | 22 | 2.3% | 5 |
| V | av | 修飾 | 深折风 | 25 | 2.7% | 4 |
| 9タイプ合計 | | | | 344 | 割合 | |
| 組合語基合計 | | | | 375 | 91.7% | |
| 「2+1」型合計 | | | | 943 | 36.5% | |

【表8】と【表9】を踏まえて，総括すると，要点は以下の通りである。

(a) 複合語基においては，常用語の場合，二音節語基になりやすい上位3位は「nn 修飾（地板砖）」，「vv 並列（驱逐舰）」，「vn 述目（败家子）」の3タイプとなり，この3つのタイプだけで，二音節語基全体の4割強を占めている。新語の場合，上位3位は常用語とほぼ同じ順位で，二音節語基全体の4分の1弱を占めている。

(b) 組合語基においては，常用語の場合，二音節語基になりやすい上位3位は「vn 述目（挡箭牌）」，「nn 修飾（针叶林）」，「an 修飾（高脚杯）」の3タイプとなり，この3つのタイプだけで，二音節語基全体の約15％を占めている。新語の場合，上位3位は常用語とほぼ同じ順位で，二音節語基全体の4分の1弱を占めている。

(c) 常用語では，生産性の高い9位までの複合語基と組合語基の内容が一致している。この興味深い結果について，本稿は以下の見解をとる。三音節名詞の構成に当たって，生産性の高い二音節語基のパターンの存在が確認された。これらのパターンこそ，三音節複合名詞の語構成の「モデル語基」であると考える。その内でも，複合語基が第一の「モデル語基」であるとするならば，組合語基は「準モデル語基」と言ってもいい。複合語基による語構成モデルが確立された後，組合語基がこれらのモデルを模倣し，語形成に参加するのではないかと考えている。

(d) 生産性の高い「vn 述目」，「nn 修飾」，「an 修飾」型組合語基はまだ語として認定されていないが，その豊かな生産性から，語構成上，複合語と同等の資格を獲得しつつ，将来，語彙化の予備軍となる可能性があると考えられる。また，今後の三音節新語においても，この3つのタイプが主力語基になると予想される。

### 3.4　語基の性格

本稿の研究対象である「2+1」型三音節複合名詞は3,911語である。常用語総数56,008語の約7％を占め，品詞と音節による何十種類もの組み合わせの中の一種類として，決して少ないとは言えないボリューム

である。その生産性の理由を探りたいと考える中で，袁暁今 2014：52 は「三音節名詞の生産性の高さは主に造語力の高い単音節語基に起因するものと見られる」と指摘しながらも，二音節語基の貢献度についても否定しなかった。本稿は類型別に二音節語基の性格を明かにし，三音節複合名詞の語構成における役割を詳しく検討する。

「単純語基」，「派生語基」，「複合語基」は既成の単純語，派生語，複合語である。それらの性格は明瞭であり，敢えて解説は要しない。ここからは「組合語基」，「圧縮語基」の順番で考察していく。

### 3.4.1 組合語基

1.2.1 で紹介した葛本儀 2001 の"合成词素（複合語）"の概念に対し，本稿では，語に比べ緊密性に欠け，単独では成立せず，或は句構造であるが，意味は一つの塊であるこれらの二音節語基を「組合語基」と命名した。これらの語基は三音節名詞の語構成要素としてのみ用いられる「結合専用の二音節語基」である。

まず，三音節名詞の成分である二音節組合語基は，単独で出現する二音節構造とどのように異なるのか，その点から明らかにしていきたい。

生産性の高い順から降順で各ケースの例を見ながら解説する。

述目構造について，「vn 述目」，「vv 述目」と「va 述目」も含めた「VO 述目」の二音節語基をまとめた。単独では構造上成立せず，特定の単音節語基としか結合しないものを(a)類に，単独では述目句となる二音節語基を(b)類に分けた。

【VO 述目】(a)　拜物教　传家宝　点金术　显微镜　助学金　裝甲兵
　　　　　　(b)　洗碗机　除草剂　救火车　排气扇　挖土机　吸血鬼

(b)類の"洗碗机（食器洗い機）"を例に説明する。単独で出現する句構造の"洗碗（碗を洗う）"の"洗"と"碗"はそれぞれ独立し，"洗小碗（小さい碗を洗う）"，"洗了碗（碗を洗った）"においては，独自に特定の指示対象，「洗う」という動作と「碗」という食器に対応している。一方，三音節名詞の語基となった"洗碗"は命名レベルにおいて，二つで一つ

の意味単位である。実際，"洗碗机"は「碗」だけでなく，箸もスプーンもしゃもじも洗う。更に，「洗う」動作だけに止まらず，高機能のものなら，「乾燥」までする。

袁暁今 2014：61-109 で詳しく論じたように，「2＋1」型三音節複合名詞は"男子／汉"，"窟窿／眼"，"大家／伙"，"下巴／颏"のような並列型の 4 語を除き，全てが修飾型である。修飾部の二音節語基が中心部の単音節語基の「クオリアの 4 つの役割の何れか一つの役割」を特定化する。「クオリア構造」とは，基本的には事物が本来的に備えている固有の性質を示すもので，「形式役割」，「構成役割」，「目的役割」，「主体役割」の 4 つの要素より構成されている。詳しくは Pustejovsky 1995，影山 2012，袁暁今 2014 を参照されたい。

一方，修飾部の二音節語基が一字ずつ個別にそれぞれ中心部の単音節語基の「クオリアの一つの役割」を特定化する三音節名詞はわずか 20 語であった。つまり，「組合語基」を含むほとんどの二音節語基の意味は一つの塊である。当然，構造と意味の対応関係の観点から，意味の緊密性が構造上の緊密性を促す作用を持つ。「組合語基」は単独では「形態上の緊密性」が欠けていても，三音節の語構成に当たっては，「形態上の緊密性」を備えている複合語基などと同等な資格を持つと見なすことができる。

統計上「nn 修飾」構造とカウントされたのは，純粋な「nn（名詞＋名詞）」だけではなく，「qn（数詞＋名詞）」，「nd（名詞＋方位詞）」も含むため，その語例も列挙する。"针叶林（針葉樹）"と"阔叶林（広葉樹）"は一対の概念であるが，"针叶"と"阔叶"は単独では使えない。"＊这棵树是针叶（この木は針葉だ）"や"＊我拾到一片阔叶（私は一枚の広葉を拾った）"は非文と判定される。

以下の他の構造についても，同じ理屈のため，個々の説明は省略する。

【nn 修飾】　针叶林　猴皮筋　电度表　狗尾草　鬼门关　弧圈球
【qn 修飾】　半月刊　三部曲　五斗橱　七弦琴　八宝粥　百褶裙
【nd 修飾】　画外音　阶下囚　局内人　耳旁风　马前卒　座右铭

| 【an 修飾】 | 扁桃体 | 丹顶鹤 | 高脚杯 | 红缨枪 | 明眼人 | 曲棍球 |
| 【nn 並列】 | 刀马旦 | 花鸟画 | 警匪片 | 口蹄疫 | 性价比 | 章回体 |
| 【vv 並列】 | 探照灯 | 踢踏舞 | 破折号 | 迫击炮 | 寻呼机 | 集散地 |
| 【nv 修飾】 | 刀削面 | 后视镜 | 胶合板 | 漆包线 | 手推车 | 夜游神 |
| 【av 修飾】 | 高射炮 | 苦行僧 | 速生林 | 先遣队 | 斜拉桥 | 自留地 |
| 【vn 修飾】 | 笑面虎 | 连珠炮 | 观后感 | 膨体纱 | 比目鱼 | 歇后语 |
| 【aa 並列】 | 红绿灯 | 悲喜剧 | 广寒宫 | 零杂工 | 老花镜 | 酸辣汤 |

　1.2.2で述べた先行研究によって，二音節の「vn 述目」,「an 修飾」,「av 修飾」構造については，語構成上の文法的地位は「語」と見なされている。本稿は計量分析の結果に基づき，この三構造の組合語基だけではなく，「nn 修飾」,「nn 並列」,「vv 並列」,「nv 修飾」,「vn 修飾」,「aa 並列」などの組合語基についても，一つの意味の共同体として，複合語基と同じような振る舞いをし，同じ文法機能を有するとの見解に立っている。【表8】,【表9】を再度参照すれば分かるように，順位は前後するが，生産性の上位9位までの複合語基と組合語基の内訳は全く同じである。先の見解はこの事実によっても裏付けられる。

### 3.4.2　圧縮語基
#### 3.4.2.1　併称型

　"皮划艇"，"病虫害"，"军烈属"のような三音節名詞は中国語では"紧缩语（緊縮語）"とも呼ばれているが，日本語では，「混成語」または「カバン語」と称せられている（斎賀 1957：38）。これらの三音節名詞は数学の二項式になぞらえて，AX＋BX＝(A＋B)X となる。本稿では，これを「併称語」と命名し，その二音節語基を「併称型圧縮語基」と呼ぶ。二音節語基の"皮划艇"，"病虫害"，"军烈属"は上記の数式の係数「A＋B」に当たり，共通項「X」はそれぞれの単音節語基である。

　"皮划艇"は"皮艇（カヤック。イヌイトの小舟に起源する）"と"划艇（カヌー。カナダー生まれ）"の二つの競技種目に分かれる。"皮"は名詞であり，"划（漕ぐ）"は動詞である。このように，圧縮語基の二文字は，共

通項を抽出する際に臨時に結びつけられたものである。"皮划","病虫",
"军烈"という複合語もなければ，二文字の間には互いに意味関係もない。
しかも，品詞すら不一致の場合がある。なぜ，二文字は並列して置かれ
るのか。これは「係数を羅列する」という特別な操作によって形成され
た「併称型圧縮語基」が「抽出された共通項」の単音節語基と結合した
結果である。他にも数多くの例が観察された。

<u>党</u>团员　<u>房地</u>产　<u>管弦</u>乐　<u>军烈</u>属　<u>雷阵</u>雨　<u>中草</u>药
<u>错别</u>字　<u>妇产</u>科　<u>教职</u>员　<u>农副</u>业　<u>企事</u>业　<u>土特</u>产
<u>学杂</u>费　<u>优缺</u>点

### 3.4.2.2　略語型

"社科院"は"社会科学院（中国の最高学術機構）"の略称である。"社会"
と"科学"の頭文字"社"と"科"を選び取り，圧縮語基"社科"を形
成し，「機構」の意味を担う単音節語基"院"と結合し，"社科院"とな
る。勿論，選出された二文字"社"と"科"には直接的な意味の結びつ
きはなく，「語基の選出」という特別な操作を経て，「略語型圧縮語基」
となったのである。

　　　城 运 会　　城市运动会　　　（省都など大都市を参加対象とする運動会）
　　　独 联 体　　独立国家联合体　　（旧ソ連の独立国家共同体）
　　　共 青 团　　共产主义青年团　　（共青团）
　　　肺 心 病　　肺源性心脏病　　　（肺性心）

中国語の名詞はほとんど「右側主要部の規則（righthand-head rule）」
に従っている。つまり，「X＋Y」という形の複合語において品詞や意味
を決定する主要部は Y である。上記の4つの例の共通点は，省略する
前の語と略した後の語の一番右側の形態素は全く同じである。つまり，
圧縮したのは二音節語基の部分だけであって，単音節語基はそのまま
使っているのである。本稿が使用しているコーパスの中の31語は例外
なく，同じ圧縮の方法であった。

### 3.4.2.3 特殊型

3.4.1でも触れたように，クオリア構造分析を通して，修飾部の二音節語基が一字ずつ個別に中心部の単音節語基のクオリアの一つの役割を特定化するような三音節名詞がある。3,911語中，20語が見つかった。一部を例に挙げる。

  <u>白报</u>纸 <u>白兰</u>瓜 <u>白斩</u>鸡 <u>果丹</u>皮 <u>风油</u>精 <u>红铃</u>虫
  <u>七巧</u>板 <u>石花</u>菜 <u>屎壳</u>郎 <u>天花</u>板 <u>万金</u>油 <u>藏红</u>花

"白报纸"は"白/报纸（白い新聞）"ではなく，"白报/纸（白い新聞用紙）"である。"白报纸"はいかに特殊なのか，"牛皮纸（クラフト紙）"，"糊墙纸（壁紙）"と比べて見ればすぐに分かる。"牛皮纸"の"牛皮"は"纸"の形式役割，つまり，牛の皮のような褐色の外見を特定化し，"糊墙纸"の"糊墙（壁に貼る）"は"纸"の目的役割，つまり，用途を特定化している。いずれも二文字で一つの意味共同体で中心部の単音節語基のクオリア構造の一つの役割を特定化する。他方，"白报纸"の二音節語基の二文字はそれぞれの役割を特定化する。"白"は"纸"の形式役割，"报"は"纸"の目的役割を特定化している。二字の間にはいかなる意味関係もないが，中心部の単音節語基のクオリアの役割を特定化するという機能上の同一性故に横並びの資格を獲得したと考えられる。本稿はこれらの二音節語基を「臨時線状排列」の特別な操作による「特殊型圧縮語基」と名付けた。

本稿は，「圧縮語基」による三音節名詞は「三音節化名詞」と考えている。非三音節名詞構造"皮艇和划艇"，"社会科学院"，"白的报纸用的纸"から三音節名詞に質的転換させるために，まず，中心部の単音節語基"艇"，"院"，"纸"を決めて，その次に，上記の3つの特殊操作を行い，修飾部の二音節語基<u>"皮划艇"</u>，<u>"社科院"</u>，<u>"白报纸"</u>を構成要素として作成する。言い換えると，本稿はこれらの特殊操作はあくまでも修飾部の「圧縮語基」づくりのための操作であり，これらの三音節名詞の語形成は依然として「複合法」を使って，つまり「レキシコン部門」で行われたという見方をとる。

以上の考察を総括すると，豊富な二音節語基の臨機的な振る舞いが三音節語形成の可能性を押し広げている潜在的な要因であると考えられる。

## 3.5 異なる語形成プロセス

従来は"复杂复合词（複雑複合語）"と呼ばれた三音節複合名詞"地板砖"や"高脚杯"の複合過程は以下のように描かれる。

"地"と"板"が，また"高"と"脚"がそれぞれ一次複合を経て，"地板"と"高脚"を形成し，その後，再度それぞれが"砖"と"杯"と二次複合をする。確かに，両者とも二つの複合プロセスを経た事実には異議を唱えない。しかし，本稿は，三音節複合名詞は二音節語基の類型によって，複合プロセスを見直すことを提案したい。具体的には，複合語基と組合語基を分けて考えるべきである。

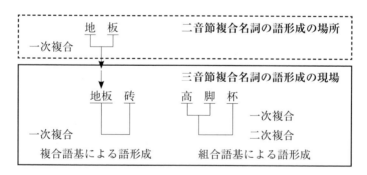

語形成する際も「言語の経済原則」に従っているはずであると考えられる。"現成性（既成性）"に従い，利用できる既製品があれば，それを利用する。新しい概念「床タイル」の三音節名詞が作られる際には，まず語の構成要素を探す。"地板（床）"と"砖（タイル）"を見つけ出し，複合させ，"地板砖（床タイル）"を完成させる。従って，複合語基による三音節名詞は，材料を一から作るのではなく，既成の複合語を語形成

要素としてそのまま持ってくる。複合語基に充当する複合語は三音節複合名詞とは別の場所で事前に作られていたものである。

　一方，組合語基による三音節名詞は要素作りから始められるのである。新しい概念「足の高いグラス」の三音節名詞が作られる際には，まず語の構成要素を探す。"杯（グラス）"はあったが，「足の高い」の意味を表す既成語が見つからず，その場で自ら作らなければならないことになる。次に，モデル語基である複合語基の生産性の高いパターンの中から，「an修飾」構造を見つけ，それに当てはまるように同じ品詞性と意味関係の二文字の構成要素を準備する。すると，nの"脚"とaの"高"を探し出し，順番を調整してから一次複合させた結果，"高脚（足の高い）"となる。その後，同じ現場で"杯"と二次複合させ，最後に，"高脚杯（足の高いグラス）"が語形成されるのである。

## 4　結語

### 4.1　研究結果

　本稿は三音節名詞の語構成における二音節語基について，重点的な考察を加え，以下のような結論を得た。

　(a)「2+1」型の三音節複合名詞の語構成に当たって，二字の構成要素は多種多様である。単純語，派生語，複合語といった語が語構成の単位となるものは3ケース22パターン，「組合語基」が語構成の単位となるものは1ケース14パターン，特殊操作による「圧縮語基」が語構成の単位となるものは1ケースと3パターンであった。本稿は考察の便宜上，最初は一律「語基」として扱ったが，結論として，語も語基も三音節複合名詞の二字構成要素であると言うことができる。

　(b) 新語の「動詞性語基」と「組合語基」の増加から将来の中国語は「動詞性語基」と「組合語基」によって形成される三音節名詞の増加が予測される。

　(c) 三音節複合名詞が語形成の際，既成の二音節複合語が構成要素と

して優先的に選択される。その代表格は「nn 修飾」,「vv 並列」と「vn 述目」タイプのものである。理想の複合語がない場合,複合語の中の生産性の高いパターンを模倣して二音節「組合語基」が作成される。組合語基は形態的には不安定であるが,語形成の際,二音節複合語と同等な振る舞いをする。豊富な種類な組合語基が三音節複合名詞の生成に重要な役割を果たしていると考えられる。その代表格は「vn 述目」,「nn 修飾」,「an 修飾」構造である。「組合語基」以外には,必要に応じて,「共通項の係数の抽出」,「語基の選出」,「臨時線状排列」などの特殊な操作を経て「圧縮語基」が作成されることもある。

(d) 董秀芳 2011：57 は「二音節複合語の始まりは句から語彙化したものである。例えば,"首饰","天气","先驱"。その後,語構成法が確立してから,次第に"词法词（morphological word）"が増えてきた」と指摘している。よって,二音節名詞は"词法"（レキシコン部門）と"句法"（シンタクス部門）の両方の産物であると推論できる。本稿では,三音節複合名詞の語形成は,ほとんど「レキシコン部門の語構成法」に従って行われていると主張する。

### 4.2　今後の課題

本稿は袁暁今 2014 で構築されたコーパスを引き継ぐ際に,計量分析のためのデータの点検作業を行ったが,まだ完全ではない。データ精度の更なる向上を今後の課題としたい。もう一点,本稿は三音節複合名詞の出自を大まかに「レキシコン部門」と断定しているが,「シンタクス部門」で作られたものがいくつか存在することも認めざるを得ない。例えば,"兔子不吃窝边草（悪人でも自分の周りは害さない）"由来の"窝边草"。これに関しては,今後の更なる細かい考察が必要とされる。以上の課題を克服し,新たな知見を引き出すことに邁進したい。

なお,本稿について,中国語の語構成論に資する基礎資料として位置付けたいと考えたが,本稿の「語基」を中国語でどのように呼ぶべきかについては,あえて提案しなかった。今後,議論を尽くし,衆知を集め

た上で自説を展開したい。

**参考文献**

影山太郎 2012　『日英対照　名詞の意味と構文』，くろしお出版
野村雅昭 1974　三字漢語の構造，『電子計算機による国語研究Ⅵ』，pp.37-62，秀英出版
斎賀秀夫 1957　語構成の特質，斎藤倫明・石井正彦編 1997，『日本語研究資料集　語構成』，pp.24-45，ひつじ書房
杉村博文 1999　目的語の意味，『中国語』7月号，pp.58-60，内山書店
袁暁今 2014　現代中国語の三音節名詞の構造と意味，大阪大学博士学位論文
朱京偉 2011　蘭学資料三字漢語についての考察—明治期の三字漢語とのつながりを求めて，『国立国語研究所国語研プロジェクトレビュー』No.4，pp.1-25，国立国語研究所
董秀芳 2004　《汉语的词库与词法》，北京大学出版社
董秀芳 2011　《词汇化 汉语双音词的衍生和发展 修订本》，商务印书馆
葛本仪 2001　《现代汉语词汇学 修订本》，山东人民出版社
刘叔新 2005　《汉语描写词汇学 重排本》，商务印书馆
陆志韦 1957　汉语的构词法，《陆志韦语言学著作集（三）1990》，中华书局
任学良 1981　《汉语造词法》，中国社会科学出版社
石定栩 2010　《名词和名词性成分》，北京大学出版社
杉村博文 2006　VN形式里的"现象"和"事例"，《汉语学报》No.1，pp.56-63，商务印书馆
孙常叙 2010　《汉语词汇 重排本》，商务印书馆
湯廷池 1988　語彙結構與構詞規律，《漢語詞法句法論集》，pp.1-28，學生書局
张斌编 2010　《现代汉语描写语法》，商务印书馆
中国社会科学院语言研究所词典编辑室 2012　《现代汉语词典（第6版）》，商务印书馆
Pustejovsky, James 1995　*The Generative Lexicon*, MIT Press.

（Yuán・Xiǎojīn　大阪大学）

# 現代中国語の〈一・二人称代名詞＋指示詞＋量詞＋名詞〉における指示詞選択

小野　絵理

## 1　考察対象と研究目的

　本稿は，"我们这些人"，"你们那些人"といった，〈人称代名詞＋指示詞＋量詞＋名詞〉の形式（以下，〈代＋指＋N〉と称する）で，人称代名詞と後の名詞成分が同格関係にあり，かつ人称代名詞が一人称あるいは二人称代名詞のものを考察対象とする。
　この形式において，指示詞は"这"だけでなく"那"が用いられる場合もあることに注目し，それが具体的にはどのような場合であるのかを本格的に検討した研究は管見の限りこれまでなかった。そこで，本稿では，実例や多様な場面設定を施した作例を用いながら，この形式における指示詞選択を詳細に分析し，どのような場合に"这"あるいは"那"が用いられるのか，その指示詞の選択基準を明らかにすることを目的とする。

## 2　先行研究

　徐丹1988：129は，〈代＋指＋N〉の人称代名詞と後の成分が同格関係である場合の指示詞選択について，表二を示して，人称代名詞が第一人称，第二人称の場合には"那"は用い得ないことを次のように指摘している。

表二　代＋这/那＋量＋名（代词与后面的成分形成同位关系）

| 人称＼例句 | 这个人 | 那个人 |
|---|---|---|
| 我 | 我这个人 | *我那个人 |
| 你 | 你这个人 | *你那个人 |
| 他 | 他这个人 | 他那个人 |

（徐丹 1988：129）

　　当三个人称在这/那前面出现并与其后的成分形成同位关系时，"我""你"与"那"呈排斥关系。　　　　　　　　（徐丹 1988：129）

　　三つの人称が"这/那"の前に現れて、その後の成分と同格関係を形成するとき、"我"と"你"は"那"と排斥関係を呈する。

　　杨玉玲 2010：144-145 は、徐丹 1988：129 の指摘を引用し、その通りだと述べて、代名詞が一人称と二人称の数例を挙げ、それらの例では"这"に置き換えられないと述べるにとどまっている。

## 3　調査と分析

　　筆者が北京大学中国語言学研究中心の現代汉语语料库（以下 CCLM）で"我那个人"，"你那个人"の用例を検索してみたところ[1]、代名詞と"那个人"が同格関係にある例はなかった。したがって、この形式において代名詞が一人称、二人称の単数である場合、徐丹 1988：129 の述べるとおり、"那"の使用は排除されるといってよいだろう。一方、"我们那些人"，"你们那些人"で代名詞と"那些人"が同格関係にある用例を検索してみたところ、"我们那些人"は 1 例、"你们那些人"は 3 例あった。一人称、二人称代名詞が単数の場合には"那"が使用されないのに、複

---

1）　本稿では、検索結果のうち、二重目的語文の二つの目的語の並びがたまたま〈代名詞〉〈指示詞＋量詞＋名詞〉になっているだけの例や、"个人"が〈量詞＋"人"〉ではなく、「個人の～」という意味で用いられている例や、"人"がある名詞の一部である例は除いている。

数の場合には"那"が使用されることがあるのはなぜか，どのような場合に"那"が使用可能なのかをこれから詳細に検討し，答えを出す。

本稿では〈代＋指＋N〉で指そうとする人物および集団を［対象人物］と呼ぶ。〈代＋指＋N〉を発話する者を「話者」と呼び，話者が語りかけ，そのメッセージを受ける者を「受信者」と呼ぶ。本稿で何らかの人物（集団）が発話現場にいると述べる場合，話者はその人物（集団）を知覚できることとし，発話現場にいないと述べる場合，話者はその人物（集団）を知覚できないこととする。

### 3.1 一人称代名詞の場合

この形式において一人称代名詞が単数の場合，［対象人物］が発話現場にいないという状況が発生し得ないのに対し，複数の場合には［対象人物］のメンバーのうち，発話現場にいない人物が存在しうるという点に違いがあり，それが選択可能な指示詞に違いを生じさせている。"＊我那个人"が成立しないのに，下の例のように，"我们那些人"という表現が現実にあり得るのはそのためである。

(1) 过了一年，他就有点门了。以后我们就基本独立搞了。那时候常在野外跑，跑一圈要回乌鲁木齐，天很晚了，我们那些人呢都想早点住下了。专家他不行，半夜三更也得一直赶到乌鲁木齐，他老婆在乌鲁木齐啊。我们这些人都没家属，在哪儿住都一样，我们到那还没地方住，住食堂。　　　　　　　　　　（CCLM）

一年経って，彼はコツを掴んだ。それからは私達は基本的に自分達でやれるようになった。その頃はよく野外に出かけていて，ひととおり回ってウルムチへ帰ろうとしていたんだけど，日も遅くなったから，私達ってさぁ，みんな早く泊まりたいと思っていた。専門家の彼は駄目で，夜中であってもまっすぐにウルムチに駆けつけなければならなかった，彼の奥さんがウルムチにいたからね。私達の方には誰も家族がいなかったから，どこで泊まろうと一緒なんだけど，私達はそこに着いてもまだ泊ま

るところがなくて,食堂に泊まった。

例(1)の"我们那些人"という表現は,特に不自然に感じられることはないようである。ここで"那"が用いられている理由としてネイティブのインフォーマントが挙げてくれた点は,過去の出来事を回想しており,[対象人物]のうち発話現場にいるのがおそらく話者一人だけで,他のメンバーがいないという点である。

[対象人物]のメンバーが複数である場合,そのメンバーのうち一人でも発話現場にいれば"这"を用いることが可能なため,上のように代名詞が一人称であれば[対象人物]のメンバーが自動的に最低一人以上は発話現場にいるので,上の状況では"这"と"那"の両方が共に使用可能である。もし,[対象人物]のメンバーが全員発話現場にいると,過去の出来事を回想して話していても"这"が選ばれる。すなわち,発話現場に[対象人物]のメンバーが全員いる場合,"那"は使用できない。

また,例(1)では同じ指示対象を指すのに,最初は"我们那些人"が,すぐ後では"我们这些人"が用いられている。複数のネイティブのインフォーマントによれば,最初の箇所で仮に"我们这些人"が使われると,誰のことを指しているのか分からず唐突な感じがするという。二番目の箇所では,誰のことを指しているのか特定されているので"我们这些人"がしっくりくる。したがって,短い間に用いられる指示詞が変化している理由は,最初の箇所では受信者からするとまだ具体的に誰がメンバーとして含まれるのかはっきりと分からない不特定の集団を導入するために"那"が用いられているが,後の箇所では指示対象が導入済みで話題としての地位を確立しているために"这"が用いられていると見ることができる。これは文脈指示的選択基準が働いていることになる。もし後の箇所でも"我们那些人"を用いると,当時の"我们"の状況と今の状況に変化が生じているように感じられやすく,上の例であれば"我们"のうち誰かが結婚したと捉えると述べるネイティブのインフォーマントもいる。したがって,指示対象が話題としての地位を確立した後は必ず"这"が用いられなければならないというわけではなく,たとえば,過

去の状態を回想し，現在の状況と異なることを示そうとする場合には"那"が使用される。これもまた，文脈指示的選択基準が働いている。

　次に，［対象人物］のメンバーのうちのどれほどが発話現場にいるのかという点と指示詞選択の関係について詳しく見ていきたい。

　(2)【話者は今は自分達が昔のように馬鹿ではないと考えている】
　　我们{这/那}些人那时候，怎么那么傻？
　　　　　（作例。以下，本稿において出典の記載のない例は全て作例である）
　　私達ったら，あの頃，なんであんなに馬鹿だったんだろう？

　(2)では，今は自分達が昔のように馬鹿ではないと認識している話者が，過去のある時点で「馬鹿だった」自分達のことを話している。指示詞は"这/那"のどちらであっても文として成立する。しかし，その［対象人物］のメンバーが全員発話現場にいれば，今は当時のように馬鹿ではないと自覚しつつ回想をしている場合でも"那"は使われない。話者の意識の中でメンバーが均質的であると設定すると，発話現場にいるのがメンバーのどれほどであれば"这"が，あるいは"那"が用いられるのかについては，それぞれのネイティブインフォーマントが「おそらく人によって感覚は異なる」と前置きしつつ述べてくれる割合はおおむね一致している。まず，代名詞が一人称のとき，［対象人物］のメンバーの少なくとも1人は必ず発話現場にいるために，"这"は常に使用可能である。［対象人物］のメンバーが3人だとして，そのうち2人が発話現場にいると，"那"の使用は困難になる。［対象人物］のメンバーが10人だとして，発話現場にいるのが3人から5人の場合には"这/那"の両方が使用可能で，今発話現場にいる人の共感を重視する場合には"这"が，当時の情景の回想を重視したり，その場にいない人が［対象人物］には含まれることを表現しようとしたりするなら"那"が選択される。発話現場にいるメンバーが10人中6人以上になると，"这"が選択されやすい。さらに，［対象人物］のメンバーの全体数に対する現場にいるメンバーの数の割合というよりも，絶対的人数の方が重要視されるようである。というのは，［対象人物］のメンバーの全体数を10人で

はなく100人として設定しても，そのメンバーのうち発話現場に10人或いは20人いれば（割合で言うと1割か2割にすぎないが），10人中5人いる場合の感覚とさして変わらないということであるからである。また，［対象人物］のメンバーが均質的であれば，その場にいない人のことよりも，その場にいる人の方が重視されやすいようである。つまり，100人中，発話現場にいない90人のことよりも，発話現場にいる10人の方が重視されやすい。上で，「メンバーが均質的であれば」と述べたのは，メンバーのうちの発話現場にいる人，またはいない人が，発話者の意識の中でどれほど重視されるかも指示詞の選択に関わるためである。たとえば，(2)と文は同じであるが，［対象人物］の一部の人が愚かな判断をしたために集団のメンバー全員がその愚かな判断の影響を受けたという場面(2a)を設定する。

(2) a.【愚かな判断をした人は"我们"の一部のメンバーである】
　　我们{这/那}些人那时候，怎么那么傻？
　　私達ったら，あの頃，なんであんなに馬鹿だったんだろう？

(2a)で，"这"を用いると，［対象人物］のうち，愚かな判断をした一部の人が発話現場にいる，或いは発話現場にいるメンバーに責任があることを認めているのに対し，"那"を用いると，自分もその集団の一員であるものの，愚かな判断をしたメンバーは発話現場におらず，話者は発話現場にいないその愚かな判断をしたメンバーに責任があると考えている可能性が高い。別の例も見てもらいたい。

(3) 当年，我们{这/那}些人一起在战场上战斗。
　　当時，私達は一緒に戦場で戦った。

(3)では，発話者が，［対象人物］の中のリーダーをこの集団の代表と認識し，その人抜きにはこの集団が成り立たないと捉えている場合，リーダーが亡くなって発話現場にいなければ，［対象人物］のほとんどが発話現場にいたとしても，指示詞は"那"が選択されやすい。"那"を用いることによって，［対象人物］には，発話現場にいないリーダーが含まれることを示そうとするのだという。

(1)−(3)は過去を回想する場面の例文であったが，過去を回想する場面ではなく，現在の状態を述べる場面においても，指示詞選択について上で述べてきた点は共通している。

(4)【Aには20人の仲間がいる。BはAと20人の仲間に英語の翻訳を手伝ってもらいたいとお願いする。それに対するAの返答】

　　A：不行不行，我们{这/那}些人英语很差。
　　A：だめだめ，私達英語が下手なの。

(4)の場合，過去の回想ではなく，現在の状態を述べている場面であるが，上で見たのと同様，発話現場に［対象人物］のメンバーのうちどれほどがその場にいるかが指示詞選択に関係している。発話現場に20人の仲間が全員いる場合には"那"は使用できず"这"になる。20人中10人がその場にいると，"那"の使用は難しくなる。発話現場にいるのが5人くらいであれば，あまり深く考えずとっさに答えるときは"这"も"那"も使用される可能性があるが，"这"を用いると，英語が下手な"我们"とはその場にいる人達だけを指していると誤解される可能性があるので，やはり"那"の方がいいとのことである。

このように，この形式において，代名詞が一人称の場合，［対象人物］のうち全員が発話現場にいれば指示詞は"这"が選ばれる。"我们"のメンバーのうち一部が発話現場にいる場合には，［対象人物］には発話現場にいない人物も含まれることを明示的に表す場合には観念的指示により"那"が選択される。例(1)のように，最初に"我们那些人"の話題がなされており，すでに［対象人物］に誰が含まれるのかが明確な場合には，文脈的指示により，指示詞は"这"が用いられることがある。しかし，代名詞が一人称であるこの形式においては，［対象人物］が誰を含むのかが明確な場合を除いて，文脈的指示ではなく，観念的指示を行うことの方が優先される。次の例(5)のように，文の前方で話者が"我们"の具体的な愚行を述べ，その言語的文脈に現れた"我们"を指していることを意識しながら，〈"我们"＋指示詞＋"些人"〉で指し示すとしても，［対象人物］にはその場にいないメンバーが含まれることを明確

にしたければ，やはり"那"が用いられるからである。
  (5) **我们每天晚上不学习，一起出去玩，对老师做恶作剧。我们{这／那}些人那时候，怎么那么傻？**
    **私達は毎晩勉強せずに，一緒に遊びに出かけて，先生にいたずらしていた。<u>私達ったら</u>，あの頃，なんであんなに馬鹿だったんだろう？**

　以上，一人称複数代名詞と指示詞が共起し，同格関係にある場合の指示詞の選択について考察した。この場合の指示詞の選択をまとめると，［対象人物］のメンバーが発話現場に全員いる場合には"这"が用いられる。しかし，発話現場にいるのがメンバーの一部であれば，指示詞は"这"，"那"の両方が使われる可能性がある。その場合，話者が［対象人物］は発話現場にいない人を含むことを明示したい場合には，観念的指示がなされて"那"が用いられる。［対象人物］の指す対象が受信者にとって明らかで，誤解される心配のない場合には，文脈的指示により，最初は"我们那些人"で指示されていた同じ対象が後から"我们这些人"に変わることもある。

　基本的に，この形式で一人称代名詞において，［対象人物］のうちの発話現場にいないメンバーを強く意識しつつ指す場合には，文脈的指示による指示詞選択よりも観念的指示を行うことが優先される。その理由として考えられるのは，指示詞の最も基本的な役目は，受信者を間違いなく指示対象に導くことであり，〈"我们"＋指示詞＋"些人"〉の形式において重要なのは，その集団は一体どの人達を指すのかを受信者に伝えることである。代名詞が一人称であれば，既に発話者自身が含まれていることは確実に伝えることができているので，残りのメンバーに一体誰を含むのかが次に重要な情報となる。話者は発話現場にいないメンバーを強く意識して指す場合，そのことを明示化するために観念指示を行って"那"を用いるのである。

　次に，二人称複数の代名詞と指示詞が共起し，同格関係にある場合について考察する。

### 3.2 二人称代名詞の場合

　ここでは，〈"你们"＋指示詞＋"些人"〉という形式での指示詞選択について分析する。第2節で述べたように，先行研究では，この形式において"那"は用いられないとされてきたが，実際には，"你们那些人"という言語形式が用いられる場合が存在する。
　"你们那些人"を自然に使用できる一つの状況は，受信者を何らかの意味で区分し，話者は目線，体の向き，身振り等でその区分を示しながら，一つのグループと対比させて，もう一つのグループを指す場合（以下，「対比的用法」と呼ぶ）である。例(6)−(9)は全て，話者は手ぶり等を用いて受信者の区分が分かるようにしつつ述べている場面である。

(6) 你们这些人在这儿等一会儿。你们那些人先走。
　　（こちらの）皆さんはここでちょっと待っておいて。（そちらの）皆さんは先に行ってちょうだい。

　この場合，区分した二つのグループと話者との物理的距離に必ずしも明らかな差がある必要はない。たとえば，話者から物理的に等しい距離にある二つのグループの一方を"你们这些人"，もう一方を"你们那些人"と指し示すことも可能である。しかし，二つのグループと話者との物理的距離に明らかな差がある場合には，やはり話者から物理的に近い方のグループを"你们这些人"，遠い方のグループを"你们那些人"で指すことから，対比的用法においては，［対象人物］と話者との距離は指示詞の選択基準となり得る。
　もっとも，対比的用法においても，必ずしも一方を"你们那些人"で指さねばならないわけではない。区分した二つのグループが，話者からそれほど変わらない距離にいる場合には，たとえば下のように，区分したグループの両方に対して，"你们这些人"を使うこともできる。

(7) 你们这些人在这儿等一会儿。你们这些人先走。
　　（こちらの）皆さんはここでちょっと待っておいて。（こちらの）皆さんは先に行ってちょうだい。

さらに，"你们那些人"と対比されるもう一つのグループは，常に"你们这些人"で表現されるとは限らない。たとえば下の(8)(9)のように，別の表現方法で表されることもある。

(8) 大阪大学<u>的学生</u>在这儿等一会儿。<u>你们那些人</u>先走。
<u>大阪大学の学生</u>はここでちょっと待っておいて。（そちらの）<u>皆さん</u>は先に行ってちょうだい。

(9) <u>你们</u>在这儿等一会儿。<u>你们那些人</u>先走。
<u>皆さん</u>はここでちょっと待っておいて。（そちらの）<u>皆さん</u>は先に行ってちょうだい。

このように，対比的用法では［対象人物］が全員受信者となっている場合であっても，"你们那些人"の使用は排除されない。

では，対比する他のグループが存在せず，［対象人物］が全員受信者となっている場合，［対象人物］と話者との距離は指示詞の選択基準となり得るのだろうか。下の例を見てもらいたい。

(10)【話者は遠くにいる一群の集団に呼びかけて大声で叫ぶ。［対象人物］は全員受信者となっている】
你们{这/*那}些人都不是好东西。（あなた達はろくでなしだ。）

この場合，［対象人物］は話者から遠距離に位置しているが，"这"が用いられ，"那"は使用できない。"那"を用いて，"你们那些人都不是好东西。"と言う発話をネイティブ話者が聞くと，［対象人物］が話者から遠距離にいるとは感じられず，［対象人物］の一部が受信者となっていないと受け止められる。ネイティブのインフォーマントによれば，上のような場面では，わざわざ遠くの集団に大声で呼びかけるなら，話者は特に相手にそれを伝えたいという気持ちが強いはずであるので，ますます"那"ではなく"这"がふさわしいという。したがって，［対象人物］が全員受信者となっており，対比する他のグループが存在しない場合，話者と［対象人物］との距離は指示詞の選択基準とならず，"那"は用いられない。

それとは対照的に，［対象人物］に受信者を含めない場合には，"你们"，

"你们这些人"は用い得ず，むしろ，"你们那些人"のみしか使用できない。

(11)【話者は，自分が所属していないある集団と待ち合わせをしている。集合時刻になったが，その集団の大半の人達はまだ到着していない。話者は，その集団の，到着しているメンバー（1人或いは数人）に向かって尋ねる】

　　*你们为什么还没有来？（*あなた達なぜまだ来ていないの？）
　　*你们这些人为什么还没有来？
　　（*あなた達なぜまだ来ていないの？）
　　你们那些人为什么还没有来？
　　（あなたの仲間達はなぜまだ来ていないの？）

(11)では，既に到着している受信者に向かって，"你们"や"你们这些人"を用いてなぜまだ来ていないのか，と尋ねることはできない。この場合"你们"，"你们这些人"，"你们那些人"のうち，"你们那些人"のみ使用可能である。このように，"你们那些人"は受信者が属する集団のうちの受信者以外のメンバーのみを指すことができるが，"你们这些人"では受信者を［対象人物］から除外していることを明示して指すことができない。但し，(11)で"你们那些人"を用いることができるのは，既に到着している受信者が，その集団の中で例外的な存在である場合に限られる。もし，集団のうち大半が到着しているという場面であれば，"你们剩下的那些人怎么还没有来？（あなた達の残りの人達はなぜまだ来ていないの？）"という言い方になるのが自然であるという。別の例を考えてみる。

(12)【話者は，自分が所属していないある集団をパーティーに招いた。向こうの方で，その集団の大半の人々が大騒ぎしている。話者は，その集団のメンバーであるが，大騒ぎしている集団から離れて静かにしている人（一人或いは数人）に話しかける】

　　你们真吵闹。（あんた達本当騒がしいわね。）
　　?你们这些人真吵闹。（あんた達本当騒がしいわね。）

你们那些人真吵闹。(あんたの仲間達本当騒がしいわね。)

⑿では，受信者自身が大騒ぎしていようと，集団から離れて静かにしていようと，受信者はその大騒ぎしている集団に属している人間であることには変わりないという観点から，"你们"を使うこともできる。同様に，"你们这些人"を用いることも不可能ではない。しかし，"你们这些人"を用いると，受信者も必ず［対象人物］に含まれることを明示することになるため，受信者自身が騒いでいない場合には，"你们那些人"を使用する方が，より自然である。もしも話者が，受信者を［対象人物］に含めないことを明示するのであれば，"你们那些人"を使用する。

以上，対比的用法では，［対象人物］と受信者が一致している場合であっても"你们那些人"の使用は排除されないこと，また，受信者を［対象人物］に含めないことを明示する場合には"你们这些人"と"你们那些人"のうち"你们那些人"のみの使用が可能であることについて見た。

では，対比的用法ではなく，かつ受信者を"你们"に含む場合，この形式において"那"が用いられる場合はあるのか。以降，その点を検討していく。

⒀⒁⒂はCCLMの検索結果である"你们那些人"の例である。

⒀ 虽然考古学界怀疑那块石头的真实性，哥登却信心不移，猜想那9具田纳西骷髅可能是公元132年到135年之间为逃避迫害而逃出罗马的犹太难民后裔。"设身处地想想，"他说，"你是受压迫的少数民族的一分子，而你们那些人都是航海者和水手，于是你逃得越远越好，甚至渡过大西洋。"然后你可能驶入墨西哥湾，溯河而上，不知怎么却到了蝙蝠溪[2]。　　　　　　　　　　（CCLM）

考古学者はその石が本物かどうかを疑っているが，ゴードンは

---

2) 例⒀は翻訳口調で，ごく自然な中国語とは感じられないと言うネイティブのインフォーマントもいる。但し，特に翻訳口調と感じられるのは"信心不移"，"于是你逃得越远越好，甚至渡过大西洋。"等の部分で，本論文で検討している"你们那些人"の部分そのものが翻訳口調に感じられるというわけではないので，除外せずに検討することにする。

疑うことなく，9個のテネシーの髑髏は西暦132年から135年の間に迫害を逃れるためにローマを逃げ出したユダヤ人難民の子孫のものであると推測している。「その身になって考えてみなさい，」と彼は言う，「あなたは抑圧を受けた少数民族の一分子で，あなた達は皆航海者と船乗りである，そこであなたはなるべく遠くへ逃げた方がよかった，大西洋を渡ることになるとしても。」それからあなたはメキシコ湾に入り，河を遡って，知らないうちに Bat Creek に着いた。

⑭ 一个青年人，谁愿意顶着落后帽子过日子？看着你们那些人，我也眼热。过去你和我说的话，我也老记在心里。以后，人家看不起我，你也不理睬我了，我就不知怎么办好啦！　　　　　(CCLM)
一人の若者として，誰が落ちこぼれとみなされて過ごしたいと思うだろうか？ あなた達を見ていると，私も羨ましい。以前あなたが私に言ったことを，私はいつも心に留めている。以後，他の人が私を見下して，あなたも相手にしてくれなくなったら，私はどうしたらいいか分からない。

⑮ 如果我没弄错的话——我是真的很感激你把你自己的食物分给我们——但你们那些人真的一年到头全吃这些东西吗？　　　　(CCLM)
もし私が誤解をしているのでなければ——私はあなたが自分の食物を私達に分けてくれたことを本当に感謝している——しかしあなた達は本当に一年中これらのものを食べているのか？

⑬–⑮の例では，"你们那些人"が使用されているが，いずれの例も［対象人物］のメンバーのうち，受信者となっていないメンバーが存在している。

⑬は前方で，受信者に対して単数の二人称代名詞"你"を用いて呼びかけていることから，その後の"你们那些人"の［対象人物］は受信者以外を含んでいることは明らかある。⑬について，断定することはできないが，第一直感的には［対象人物］は受信者を含まないと捉えるネイティブのインフォーマントもいる。ここで"你们这些人"を用いる

と，必ず受信者を含むことを表現することになるため，話者が，[対象人物]には受信者を含まないことを明示する場合には"你们那些人"のみが使用される。"你们那些人"の[対象人物]は受信者を含むと捉える場合には，"你们这些人"の使用は排除されないものの，実際の[対象人物]のメンバーが現実には一人も受信者となっておらず，また想像させている内容が過去のことであることも加わり，やはり"那"の方が好まれる。

(14)も，[対象人物]の一部しか受信者となっていないと想定される。もし，[対象人物]のメンバーが全員受信者となっていれば，指示詞は"这"しか用いられない。話者は，[対象人物]が受信者になっていない人を含んでいることを表すために，観念的指示を行って"那"を用いているのである。もし，(14)の例文の前に先行文脈を置いて(14a)のように書き換え，かつ話者が前方の言語的文脈で話題に上った対象を指示することを意識するなら，文脈的指示による指示詞選択が優先になり，"这"がより自然になる。

> (14) a. **你们当中有的人小接受良好的教育，有的人家庭生活宽裕，有的人长得好看，有的人很能干。一个青年人，谁愿意顶着落后帽子过日子？看着你们{这/?那}些人，我也眼热。过去你和我说的话，我也老记在心里。以后，人家看不起我，你也不理睬我了，我就不知怎么办好啦！**
> **あなた達の間では，ある人達は小さいころから良い教育を受け，ある人達は家庭が裕福で，ある人達は美しく，ある人達は能力がある。一人の若者として，誰が落ちこぼれとみなされて過ごしたいと思うだろうか？ あなた達を見ていると，私も羨ましい。以前あなたが私に言ったことを，私はいつも心に留めている。以後，他の人が私を見下して，あなたも相手にしてくれなくなったら，私はどうしたらいいか分からない。**

(14a)で，観念的指示を行うことよりも文脈的指示による指示詞選択が優先されるのは，受信者となっていない人は，既に前方文脈の"你们"

に含まれているため，［対象人物］が受信者となっていない人を含んでいることが明確であるからである。文脈的指示による指示詞選択が観念的指示を行うことよりも優先されるのは，基本的に［対象人物］が一体どの人達を指すのかが誤解なく伝わる場合に限られる。

⒂は，"你们那些人"の前方で，"感激你把你自己的食物分给我们"と述べられており，単数の二人称代名詞で受信者に語りかけていることから，［対象人物］のうち，受信者となっているのは一人のみであると考えられる。［対象人物］には受信者以外の人が含まれることを示すため，観念的指示により"那"が用いられている。この場合も，下の(15a)のように一部書き換えた上で，［対象人物］のメンバーが全員受信者となっていると設定すると，観念的指示は不可能になり，"那"は用いられない。

⒂ a.【［対象人物］のメンバーが全員受信者となっている】
如果我没弄错的话——我是真的很感激**你们**把**你们**自己的食物分给我们——但<u>你们{这／*那}些人</u>真的一年到头全吃这些东西吗？

もし私が誤解をしているのでなければ——私は**あなた達**が**あなた達自身**の食物を私達に分けてくれたことを本当に感謝している——しかし<u>あなた達</u>は本当に一年中これらのものを食べているのか？

また，［対象人物］のメンバーのうち，受信者となっているのが一人であっても，前方に言語的文脈を追加して(15b)のようにし，話者がその前方の言語的文脈で話題に上った"你们"を指示していることを意識して〈"你们"＋指示詞＋"些人"〉の指示詞を選ぶなら，文脈的指示による指示詞選択が優勢になり，"这"が使用される。

⒂ b.【［対象人物］のメンバーのうち，発話現場にいるのは受信者一人である。話者は前方の言語的文脈で話題に上った対象を指示することを意識して〈"你们"＋指示詞＋"些人"〉を用いる】

**你们**都是素食者。从来不吃荤的。如果我没弄错的话――我是真的很感激你把你自己的食物分给我们――但**你们这些人**真的一年到头全吃这些东西吗？

**あなた達**は皆菜食主義者だ。今まで，生臭物を食べたことがない。もし私が誤解をしているのでなければ――私はあなたが自分の食物を私達に分けてくれたことを本当に感謝している――しかし**あなた達**は本当に一年中これらのものを食べているのか？

(15b)で観念的指示を行うことよりも文脈的指示による指示詞選択を優先できるのは，やはり前方で，受信者となっていない人が既に"你们"に含まれているために，［対象人物］には受信者となっていない人が含まれることを，〈"你们"＋指示詞＋"些人"〉の部分で明示する必要がないからである。

以上，この形式において代名詞が複数の二人称の場合，対比的用法を除くと，［対象人物］のメンバー全員が受信者となっていれば"你们那些人"は用いられないこと，また，受信者となっているのが［対象人物］の一部の場合には，"你们这些人"，"你们那些人"の両方の可能性があるが，前方文脈により既に［対象人物］が明確で，前方の文脈で話題になった"你们"を指示していることを意識して〈"你们"＋指示詞＋"些人"〉の指示詞を選ぶなら，"这"が用いられることを見てきた。

ここから，［対象人物］の一部が受信者となっている場面について，より詳しく検討していく。次の例を見てもらいたい。

⑯【［対象人物］の一部が受信者となっている。受信者は話者から遠くても近くてもよい】

你们｛这／那｝些人都不是好东西。（あなた達はろくでなしだ。）

上のように，［対象人物］の一部のみが受信者となっている場合，"这"，"那"の両方が使用可能である。"那"を使用する場合には次のような場面が想定できる。ある集団の一部の人間が不祥事を起こして世間で話題になっている。不祥事を起こしたのは，その集団の一部の人間ではある

が，その不祥事の件で，発話者はその集団全体に悪いイメージを持っている。発話現場にその集団の一部のメンバーがいたので(16)を発話する。"你们这些人"を使うと，受信者を責めているように聞こえる。一方，"你们那些人"を使うと，受信者と，受信者となっていないメンバーの両方を含んだ集団全体を責めていると言うネイティブのインフォーマントと，受信者そのものを責めているようには聞こえず，受信者となっているのはたまたまその集団に所属しているにすぎないことを認めつつその集団を批難していると言うネイティブのインフォーマントがいるが，いずれにせよ，話者は［対象人物］の中の受信者以外のメンバーについて強く意識していることには変わりない。

このように，"你们这些人"と"你们那些人"は，受信者となっているのが［対象人物］の全部か一部か，また，受信者となっているのが［対象人物］の一部の場合には，受信者となっていないメンバーをどれほど意識するのかによって使い分けられている。話者の意識の中で［対象人物］が均質的であると設定したとき，［対象人物］のうちどれほどが受信者となっていれば"这"が，あるいは"那"が用いられるのかについては，代名詞が一人称であったときに，［対象人物］のメンバーのうち発話現場にいるのがどれほどであれば"这"が，あるいは"那"が用いられるのかについてネイティブのインフォーマントが述べてくれた割合とほぼ一致している。

ここまでで見てきたように，対比的用法以外の場面では，"你们这些人"と"你们那些人"は，［対象人物］のうち，受信者となっていないメンバーを意識しているのかどうかによって使い分けられているため，たとえ［対象人物］が全員発話現場にいたとしても，"你们那些人"を使うことによって，話者は［対象人物］の集団全体ではなく，その中の一部のみを受信者として捉えていることを表現できる。次のような場面を設定する。

(17)【学級委員と学級委員が対立して，お互いの学級を批判する。二つの学級はそれぞれ学級委員を先頭にして対峙しあっており，

学級委員の後ろには，お互いの学級の生徒が全員その場にいる（Aクラスの学級委員a，Bクラスの学級委員b）】
　　班长a：你们那些人都不是好东西。
　　班长b：你们那些人才都不是好东西。
　　学級委員a：お前達はみんなろくでなしだ。
　　学級委員b：お前達こそみんなろくでなしだ。

　⒄のように，[対象人物] のメンバーが全員その場にいるにもかかわらず，"那" を使うと，話者が受信者として捉えているのは，[対象人物] のうち，自分が語りかけているその人しかいないかのように表現される。したがって，上でお互いが "你们那些人" を用いると，a単独とb単独の争いになるのである。もし学級委員aが "你们这些人都不是好东西。" と言うとすれば，もはや学級委員同士の対立ではなく，aがB学級の生徒全員に向かって発話しているようになる。

　したがって，たとえばbのセリフを "你们这些人" に変えて⒅のようにすると，中国語母語話者は第一印象的に次のような場面を想像する。

　⒅【bがA学級の教室の中に入っている。教室の中は全てA学級の生徒達で，Bの学級の人達は教室にいない】
　　班长a：你们那些人都不是好东西。
　　班长b：你们这些人才都不是好东西。
　　学級委員a：お前達はみんなろくでなしだ。
　　学級委員b：お前達こそみんなろくでなしだ。

　以上，この形式において，代名詞が二人称複数の場合の指示詞選択を分析した。その結果，見出されたのは，対比する明示化された別のグループが存在しなければ，この形式では，[対象人物] が全員受信者となっている場合，話者と [対象人物] との物理的な距離は指示詞の選択にほとんど関わりないということである。[対象人物] が遠距離に位置している場合でも，[対象人物] が全員受信者となっていれば，"这" を用いるからである。つまり，この形式においては，話者と，受信者となっている [対象人物] との物理的遠近によって指示詞が使い分けられている

のではなく，まず，受信者を［対象人物］の中に含むかどうか，もし含む場合には，［対象人物］のメンバーのうち受信者となっているのが全員かそれとも一部かによって指示詞が使い分けられていることになる。そして，受信者となっているのが，［対象人物］の一部の場合には，受信者となっているメンバーとなっていないメンバーの人数や話者の認識における位置づけから，受信者となっていないメンバーをどれほど重視するのかという点が関わっている。

## 4 結論

以上の結果，徐丹 1988：129 が指摘した，人称代名詞が"这／那"の前に現れて，その後の成分と同格関係を形成するとき，一人称代名詞と二人称代名詞の場合は"那"の使用が排除されるというのは，代名詞が単数の場合にはあてはまるが，代名詞が複数の場合には必ずしもあてはまらないことが分かった。〈代＋指＋N〉という形式において，一人称，二人称代名詞と後方の成分が同格関係にある場合の指示詞選択を図にまとめると次のようになる。

現代中国語の〈一・二人称代名詞＋指示詞＋量詞＋名詞〉における指示詞選択　277

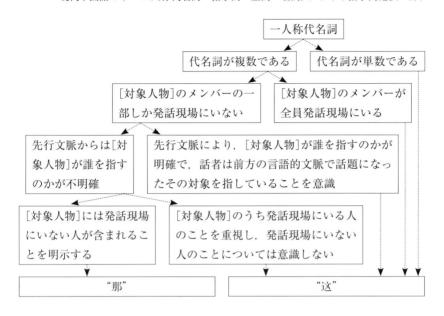

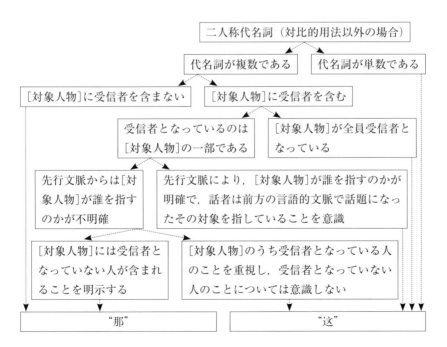

**参考文献**
徐丹 1988　浅谈这／那的不对称性，《中国语文》第 2 期，pp.128-130，中国社会科学出版社
杨玉玲 2010　《"这"、"那"系词语的篇章用法研究》，中国广播电视出版社

**例文出典**
北京大学中国语言学研究中心（CCL）　http://ccl.pku.edu.cn:8080/ccl_corpus/

＊本稿は 2015 年 12 月に大阪大学言語文化研究科に提出した博士論文の第五章第三節の一部を中心に単独の論文として書き改めたものである。

（おの・えり　深圳日本人学校）

# 〈存在〉と "場所詞＋是／有＋NP"

中田　聡美

## 1　はじめに

現代中国語において，場所詞[1]を主語に，モノやヒトを表す名詞句を目的語にとり，「場所（LOC）にモノ／ヒト（NP）が存在する」ことを表す構文がある[2]。

【表1　"LOC＋V＋NP"】

| Type | LOC＋V＋NP |
|---|---|
| Token | 桌子上**有**书 |
| Token | 桌子上**是**书 |

主語と目的語を変えずに，動詞を置き換えることができるため，パラディグマティック（paradigmatic）な関係にあることが見てとれる。コンテクストを考慮せず，単に文法的な成立，不成立を問題にする場合，"有" と "是" は自由に置き換え可能なように思われる。しかし，コンテクストの中で両者を比較してみると，"LOC＋是＋NP" の使用は "LOC＋有＋NP" のように自由でないことが分かる。では一体，どのような場合に "LOC＋是＋NP" を使用するのだろうか。また "LOC＋是＋NP" の表す〈存在〉は，"LOC＋有＋NP" の表す〈存在〉とどのように異なるのだろうか。

---

1)　本論文では，場所詞をLOCで表記する。
2)　"LOC＋是＋NP" が〈存在〉を表すか否かについては異なる見解がある。本研究は "是" そのものが〈存在〉の意味を表すのではなく，構文全体で〈存在〉の意味を表すと考える。

本研究では，"LOC＋是＋NP"を主な研究対象として，"LOC＋有＋NP"と比較することで両者の違いを明らかにし，"LOC＋是＋NP"の表す〈存在〉の本質を探ることを試みる。

## 2　先行研究とその問題点

従来の"LOC＋是／有＋NP"に関する研究を概観してみると，主に(i)唯一・排他性の有無，(ii)存在情報の新旧の2つの観点から，両者の違いを論じた研究が多く見られる。第2節では，この2点から先行研究における考察をまとめた上で，そこに存在する問題点を指摘する。

### 2.1　唯一・排他性の有無

まず"LOC＋是＋NP"と"LOC＋有＋NP"の違いの1つとして，唯一・排他性を表すか否かを挙げている。金立鑫1995：83は"Posi. 是 N[3]"が"唯一"を表すとし，"桌子上是书"と言う時，話し手は「本は机の上にある唯一のもの」と認識しているため，机の上に多くのものがあり，本もあるという場合は使用できないが，"桌子上有书"にそのような制限はないと指摘する。刘月华等2001：683においても，「"是"はある物体がある空間を占めることを表し，その物体はその空間において唯一のものである。一方，"有"はある空間にある（単一／多様な）物体が存在することのみを表す[4]」と同様の記述が見られる。また岡本1995：147-148は，"有"の文では，存在主体は存在場所の一部を占めていればよいが，"是"の文では，存在主体は存在場所の全部を占めていなければならないことから，「"有"の文には"排他性"がなく，"是"の文には"排他性"がある」と指摘している。

上述の研究において，金立鑫1995，刘月华等2001は"唯一"，岡本

---

3) 金立鑫1995が取り上げた例文のうち，数量詞を伴うものは1例もない。
4) 本論文において，中国語原文を引用する際の日本語訳は，すべて筆者による。

1995 は"排他性"の用語で説明しているが，実際には同じことを述べている。つまり，"LOC＋有＋NP"は単に「LOC に NP が存在する」ことを表すのに対して，"LOC＋是＋NP"は「LOC に NP のみが存在する」ことを表すという違いを指摘しているのだ。しかし，実例を分析してみると，存在するモノ／ヒトが単一でなくても"LOC＋是＋NP"を使用することがあるように思われる。そこで，「LOC に NP のみが存在する」場合でなければ"LOC＋是＋NP"を使用できないとの指摘の妥当性を検証した上で，唯一・排他性の解釈が生じる原因を明らかにする必要がある。

## 2.2 存在情報の新旧

さらに，"LOC＋是＋NP"と"LOC＋有＋NP"の違いとして，存在情報の新旧を挙げている。まず，丁声樹等 1961:86 は"柜子里是书"について，「"柜子里是书"では，この言葉を言う時，すでに『棚』に物があることを知っており，いま中にある物が『本』だと言うのである。"是"は"有"の意味を含んでいるが，"有"の意味だけではない」と言及している。Chao, Yuen Ren 1968:727[5] においても「"是"の効力は『何かが存在し，その何かは…』を表すことである」と同様の指摘がなされている。このような記述は後に継承され，岡本 1995:146-147 は，情報の新旧の観点から，"有"の文は存在が新情報であっても旧情報であってもよいのに対して，"是"の文は旧情報でなければならないと言及した。張済卿 1996:38 は「"Posi. 是 N"は直接的に存在を表すのではなく，存在を肯定した前提のもと，さらに存在するものが何かを説明するために用いる形式である」とし，"桌子上是书"を"桌子上放的是书"の省略文として理解することもできると述べている。

上述の研究に共通しているのは，"LOC＋有＋NP"は「LOC にあるモノ／ヒトが存在する」ことを話し手が知っているか否かにかかわらず

---

5) Chao, Yuen Ren 2011 におけるページ数である。

使用できるのに対して，"LOC＋是＋NP"はそのことを知っている場合にしか使用できないということである。言い換えると，"LOC＋有＋NP"は存在情報の新旧に関与しないが，"LOC＋是＋NP"は前提条件として，存在が旧情報でなければならないことを述べている。しかし，本研究は"LOC＋是＋NP"を使用する際，存在は旧情報であるとの説に疑問を呈する。そこで，本当に"LOC＋是／有＋NP"の使用と存在情報の新旧の間に関連性があるのか，再度検討する必要があるだろう。

## 2.3　先行研究の指摘に対する反例

ここで，先行研究の指摘に反すると思われる例を一つ取り上げる。

(1) 门开了，护士推着治疗车走进来，说："方老，要输液了。您躺好，千万不要动啊。"老人顺从地躺下，伸出嶙峋的手臂。上面满布针眼，像是被一种满身钉耙的奇怪兵器所伤。我不敢再看，把眼睛移向窗外，<u>窗外**是**一棵槐树</u>，树上缀着银耳环似的白花。

［ドアが開くと看護師が医療カートを押して入って来て，「方さん，点滴ですよ。横になってください。動かないでくださいね」と言った。お年寄りはおとなしく横になって，痩せて骨のようになった腕を出した。腕は穴だらけで，まるでとげがたくさんついたおかしな兵器に傷つけられたようである。私はこれ以上見ていられなくなって，視線を窓の外へ移した。<u>窓の外には１本のエンジュの木があり</u>，木には銀のイヤリングのような白い花が咲いていた。］　　　　　　(BCC)

まず，唯一・排他性の有無の観点から考えた場合，エンジュの木が場所（窓の外）に存在する唯一のものであるとは考えにくく，エンジュの木は窓の外に広がる景色の一部分に過ぎないだろう。次に，存在情報の新旧の観点から考えても，「窓の外に何かが存在する」ことを事前に知っていたことを明示する記述は見られない。百科事典的知識に基づくと，窓の外には何かしらの景色が広がっていると考えられるため，存在は旧情報であると考えることもできるが，"LOC＋是＋NP"の使用と存在情報の新旧の間に必然的関連性はなさそうである。

## 3 "LOC＋是／有＋X" と捉え方

　では実際に，どのような場合に"LOC＋有＋NP"を使用し，またどのような場合に"LOC＋是＋NP"を使用するのだろうか。第3節では，それぞれ話し手の捉え方（construal）が異なることを指摘し，その捉え方がどのように異なるのかを示す。

　認知言語学では，同一の状況を言語化するのであっても，話し手の捉え方が異なれば，異なる言語形式が選択されると言われる。このような認識に基づくと，同一の状況――「ある場所（LOC）にあるモノ／ヒト（NP）が存在する」――に対する話し手の捉え方が異なるため，"LOC＋有＋NP"と"LOC＋是＋NP"の2つの構文が存在すると言える。それぞれの捉え方は，以下のように示すことができる[6]。

"LOC＋有＋X"

　話し手は，まずLOCを捉えた上で，その中に位置するXを認識し，「LOCにXが存在する」ことを叙述する。

"LOC＋是＋X"

　話し手は，まずLOCを捉えた上で，その中に位置するXを認識する。この時，話し手はXのみに視点を向け，「LOCにXが存在する」ことを叙述する。

　"LOC＋有／是＋X"は，LOCを捉えた上で，その中に位置するXを認識し，LOCとXの関係を叙述する点において共通しているが，"LOC＋是＋X"の場合，話し手の視点はXのみに向けられることになる[7]。そのため，LOCにX以外のモノ／ヒトが存在していたとしても，話し手はそれらを捉えようとはせず，Xを唯一のものとして認識するのであろう。なぜ"有"と"是"の違いによって，このような異なる認識過程

---

6）　説明の便宜上，存在するモノ／ヒトをXで表し，それぞれ"LOC＋是＋X"，"LOC＋有＋X"と表記する。

7）　胡建剛 2001：48 は"是"を使用する際，話し手は特定のモノのみに着目し，他のモノを視野に入れようとしないことを指摘している。

を表すことができるのかというと、それは"有"が「所有」の動詞であり、"是"が「同等」の動詞であることに起因する。

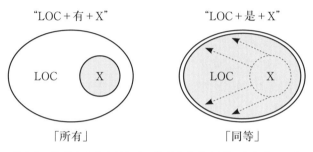

【図1 "LOC＋有＋X"と"LOC＋是＋X"のスキーマ】

つまり、"LOC＋有＋X"の表す〈存在〉と"LOC＋是＋X"の表す〈存在〉の違いは、客観的世界に対する話し手の捉え方の違いによって生じるものなのである。

## 4 "LOC＋是／有＋X"と数量詞

ここまで取り上げた"LOC＋是＋X"において、Xは裸名詞であったが、数量詞を伴うこともあるのだろうか。もしあるとすれば、どのような場合に数量詞を要請し、またどのような場合に数量詞を拒否するのだろうか[8]。

これまで、判断文としての"是（一）个NP"と"是NP"の違いを論じた研究として、张伯江・李珍明2002、唐翠菊2005等があるが、〈存在〉を表す"LOC＋是＋X"と数量詞の関係について論じたものは多くない。そこで、単文とテクストの観点から、"LOC＋是／有＋X"と数

---

8) 古川1997は存現文における数量詞の問題について考察を行い、〈現れるモノ〉や〈消えるモノ〉は数量詞限定をうけて〈有標化〉されることを指摘している。その論考において〈存在するモノ〉にも数量詞が付きやすいと言及しているが、存在文については詳細に論じていない。

量詞の共起関係を考察する。

## 4.1 単文としての"LOC＋是／有＋X"

中国語学において一般的に言われるように，裸名詞と数量詞修飾のある名詞の大きな違いは，前者が名詞の「類」を表すのに対して，後者は名詞の「個体」を表すことである。"书"と"一本书"を例に説明すると，"书"は「本」という属性を表すのに対して，"一本书"は「1冊の本」という現実世界における個体を表している。

まず，"LOC＋有＋X"におけるXは，裸名詞のこともあれば，数量詞を伴うこともある。

(2) "坐吧！桌上有烟。"他打着招呼。
　　［「座ってよ！　机の上に煙草があるよ。」彼は声をかけた。］　　　（CCL）
(3) 天亮起来，发现桌子上有一朵花。怎么会有一朵花呢？
　　［空が明るくなり，机の上に1輪の花があることに気づいた。どうして1輪の花があるのだろう？］　　　（CCL）
(4) 他的桌上有三封信，一个纸包。
　　［彼の机の上に3通の手紙と1つの小包がある。］　　　（CCL）

同様に，"LOC＋是＋X"におけるXも，裸名詞のこともあれば，数量詞を伴うこともある[9]。

(5) 他们有的穿着逛街的衣服，小桌上是鲜花，多数房间挂着亲友的照片。
　　［彼らの中にはよそ行きを着ている人もいる。小さな机の上に花があり，多くの部屋に家族や友人の写真が飾ってある。］　　　（CCL）
(6) 桌子上是一只盘子，里面有各式糕点。
　　［テーブルの上にお皿があり，中にはいろいろなお菓子が入っている。］　　　（CCL）

---

9) 张济卿 1996：38 は"桌子上有两本书／很多书"とは言えるが"＊桌子上是两本书／很多书"とは言わないと指摘している。

(7) 秋子跟那位男士，<u>面前桌上是</u>两杯咖啡，两个人显得很亲昵，一边低声交谈着，一边目光往门口溜。

［秋子とあの男性がいて，<u>前のテーブルには2杯のコーヒーがあり</u>，2人は仲良さそうに見える。低い声で話しながら，目線を入り口のほうへ向けた。］　　　　　　　　　　　　　　　　　　　　　　　(BCC)

しかし，"LOC＋是＋X"におけるXが"一"以外の数量を伴うことは"LOC＋有＋X"のように自由ではない。その事実を胡文泽2011：475は「強く対比がされず，情景を描写するだけの場合，"是"の後ろの名詞は通常数詞"一"しか持たない」と指摘している[10]。そのため，従来の研究では，Xが裸名詞もしくは数詞"一"を持つ場合について議論されることが多く，テクストにおける"LOC＋是＋X"について十分考察がなされてきたとは言い難い。

## 4.2　テクストにおける"LOC＋是／有＋X"

次に，テクストにおいて"LOC＋是＋X"が数量詞を伴う場合について，(i)後続文の話題，(ii)対比文脈の観点から分析を行う。

これまで，判断文としての"是（一）个NP"と"是NP"に関する研究において，Hopper & Tompson 1984：716，大河内1985：59等はNPが数量詞を伴って現れる場合，その名詞を中心に後続文で話が展開することを指摘している。その一方で，张伯江・李珍明2002：61は「後続文で話が展開する」というのは事件文において見られる文法現象であって，判断文のような非事件文では問題にならないと考える。また後に，唐翠菊2005：31-32も話題継続性の存在を否定している。では"LOC＋是＋X"におけるXが数量詞を伴って現れる場合，後続文の話題となるのだろうか。まず(8a)，(9a)を見られたい。

(8) a. 我不敢再看，把眼睛移向窗外，<u>窗外是</u>一棵槐树，树上缀着银耳环似的白花。

---

10) 存在を対比的に述べる場合については，4.2の中で論じる。

[私はこれ以上見ていられなくなって，視線を窓の外へ移した。<u>窓の外には1本のエンジュの木があり，木には銀のイヤリングのような白い花が咲いていた。</u>] (BCC：(1)と同例)

(9) a. 老客在他的鞋帮子里掏来掏去，掏出一张照片。<u>照片上**是**一个外国女人</u>，眼睛像铜铃一样大，鼻子像三角铁一样巍然耸立。

[客さんは靴の中を探って，1枚の写真を取り出した。<u>写真には1人の外国人女性が写っていた。目は銅鈴のように大きく，鼻はトライアングルのように高々としている。</u>] (BCC)

(8a)では"窗外是一棵槐树"の後ろに"树上缀着银耳环似的白花"とあり，「エンジュの木」を具体的に描写する内容が続く。また(9a)でも"照片上是一个外国女人"の後ろに"眼睛像铜铃一样大，鼻子像三角铁一样巍然耸立"とあり，後続文において「外国人女性」について描写していることが分かる。ここで数量詞"一棵"，"一个"を省略すると，文は成立し難くなる。

(8) b. ?我不敢再看，把眼睛移向窗外，<u>窗外**是**槐树，树上缀着银耳环似的白花</u>。

(9) b. ?老客在他的鞋帮子里掏来掏去，掏出一张照片。<u>照片上**是**外国女人，眼睛像铜铃一样大，鼻子像三角铁一样巍然耸立</u>。

このような観察より，テクストにおいて"LOC＋是＋X"のXが数量詞を伴って現れる場合，後続文の話題となることが見てとれる。(8a), (9a)における"是"を"有"に置き換え可能であることから，この場合，"LOC＋是＋X"は判断文よりも存在文"LOC＋有＋X"に似たふるまいを示す。

(8) c. 我不敢再看，把眼睛移向窗外，<u>窗外**有**一棵槐树，树上缀着银耳环似的白花</u>。

(9) c. 老客在他的鞋帮子里掏来掏去，掏出一张照片。<u>照片上**有**一个外国女人，眼睛像铜铃一样大，鼻子像三角铁一样巍然耸立</u>。

さらに，(8a), (9a)のテクスト全体に注目してみると，話し手の視点が広範囲から徐々に狭められていくズームインの過程が描かれているこ

とが分かる。(8a)では，話し手の視点が「窓の外」から移行し，「エンジュの木」のみを捉え，その「エンジュの木の内部」構造について描写する。同様に，(9a)では，話し手の視点が「写真」から移行し，「外国人女性」のみを捉え，その「外国人女性の特徴」を描写する。このようなズームインの過程を(8a)を例に示すと，以下のようになる。

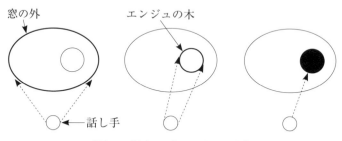

【図2　視点のズームイン過程】

以上の考察より，テクストの中で"LOC＋是／有＋X"におけるXが数量詞を伴う場合，後続文の話題となることが明らかになった。

次に，"LOC＋是＋X"におけるXが"一"以外の数量を伴う場合を考えてみたい。まず(10), (11)を見られたい。

(10) 这个头辆车上**是**三床被，第二辆车上还**有**三床被，一共是六床被子，可都是缎面的，可都是大被呀，真的，这被子可贵着呢。
　　［この1台目の車には3セットの布団，2台目の車にも3セットの布団で，全部で6セットの布団です。全部サテンで，大きい布団ですよ。本当にこの布団は高いんですからね。］　　（テレビドラマ《幸福在哪里》）

(11) 房子很小：楼下**是**一间客厅，一间饭室，一间厨房。楼上**是**三个卧室，一个浴室。
　　［家はとても小さい。1階には客間，食事をする部屋，台所があり，2階には3部屋の寝室，浴室がある。］　　　　　　　　　　（BCC）

(10)では「1台目の車に3セットの布団がある」ことと「2台目の車に3セットの布団がある」ことが，"LOC＋是＋X"と"LOC＋有＋X"によって対比的に述べられている。(11)でも同様に，「1階に客間，食事を

する部屋，台所がある」ことと「2階に3部屋の寝室，浴室がある」ことが"LOC＋是＋X"によって対比的に述べられている。"LOC＋是＋X"におけるXが"一"以外の数量を持つことは自由ではないものの，対比文脈においては使用が許される。

このように，"LOC＋是＋X"を対比文脈において使用する場合，"是"を"有"に置き換えると不自然に感じられることもある。Xが長い修飾成分を持つ(12a), (12b)を比較されたい。

(12) a. 这里静地像是没人居住，直到她把门厅里的灯打开，照亮了这一间寒酸简陋的斗室。<u>破烂的沙发上**是**没来及清洗的衣服，墙上是脱落的壁纸和被熏黑的天花板。而缺了半个角的桌上**是**预留的饭菜</u>，现在却是一股馊味恶的人几乎要发晕落泪。
　　　［ここは静かで人が住んでいないようだ。彼女が玄関ロビーの電気をつけると，古びたボロボロの小さい部屋が照らし出された。<u>破れかぶれのソファーにはまだ洗っていない服が，壁には剥がれた壁紙と煙で黒くなった天井，半分角の取れた机には残しておいたご飯があった</u>。今となっては腐った臭いが気持ち悪く，頭がくらくらして，涙を流したくなるほどだ。］　　　　　　　　　　(BCC)

(12) b. *这里静地像是没人居住，直到她把门厅里的灯打开，照亮了这一间寒酸简陋的斗室。<u>破烂的沙发上**有**没来及清洗的衣服，墙上**有**脱落的壁纸和被熏黑的天花板。而缺了半个角的桌上**有**预留的饭菜</u>，现在却是一股馊味恶的人几乎要发晕落泪。

(12a), (12b)より，存在を対比的に述べる場合，"LOC＋有＋X"を使用し難いことがあるのが見てとれる。张伯江・李珍明2002:64は「描写性の連体修飾語は強く"一个"の使用を要求する傾向がある」と指摘しているが，(12a)における"没来及清洗的衣服"，"脱落的壁纸和被熏黑的天花板"，"预留的饭菜"が数量詞を必要としないことより，"LOC＋是＋X"は典型的な判断文とは異なる特性を持つと考えられる。

## 5 "LOC＋是／有＋X"と形容詞，副詞

第5節では，"LOC＋是＋X"，"LOC＋有＋X"と形容詞，副詞の共起関係を探り，両者の差異を明らかにする。そこで，"LOC＋是＋X"もしくは"LOC＋有＋X"と共起する場合，"LOC＋是＋X"，"LOC＋有＋X"両方と共起する場合に分けて，それぞれ言語事実を観察する。

### 5.1 "LOC＋是＋X"もしくは"LOC＋有＋X"と共起する場合

まず，場所詞の前に現れる"满"は"是"とは共起するが，"有"とは共起しない[11]。

(13) a. "爸爸，你领我去看桔子林吧，桔子熟了，满树上是金黄的桔子。"
　　［「お父さん，私をみかん畑に連れて行ってよ。みかんは熟して，木いっぱいに黄金のみかんがなっているよ。」］ (CCL)

(13) b. *"爸爸，你领我去看桔子林吧，桔子熟了，满树上有金黄的桔子。"

"满"は"都／全"と共起し，"满 LOC 都／全是 X"を形成することもある。

(14) a. 可是一闭上眼睛，满脑子都是你，全是咱们这三年里的点点滴滴。
　　［しかし目を閉じると，頭の中はあなたのことばかり，私達の3年間のあんなことやこんなことばかり。］（テレビドラマ《北京青年》）

(14) b. *可是一闭上眼睛，满脑子都有你，全有咱们这三年里的点点滴滴。

次に，動詞の前に現れる"都／净"も"是"とは共起するが，"有"とは共起しない。

---

11) 詹开第1981:28は"处所词＋有＋名"における"处所词"は"周遍性"を表す語句であってはならないが，"处所词＋是＋名"における"处所词"は"周遍性"を表す語句であってもよいと言及している。

(15) a. 上火车人山人海，挤成一团，货架子上都是人。
　　　［列車に乗ると黒山のような人だかりで，ごった返している。荷台の上は人だらけだ。］　　　　　　　　　　　　　　　　　（CCL）

(15) b. *上火车人山人海，挤成一团，货架子上都有人[12]。

(16) a. 看孩子这小头发黄的，头上净是疙瘩，不是缺钙是什么？……
　　　［子供を見ると，髪の毛は黄色くなって，頭の上はできものばかり。カルシウム不足でなかったら，何だっていうの？……］　　　（CCL）

(16) b. *看孩子这小头发黄的，头上净有疙瘩，不是缺钙是什么？……

また，名詞が"清一色"のような修飾成分を持つ場合も，"是"は使用できるが"有"は使用できない。

(17) a. 30年代，电视机工业的初期，世界上是清一色的黑白电视。
　　　［30年代，テレビ工業の初期，世界中すべて白黒テレビだった。］
　　　　　　　　　　　　　　　　　　　　　　　　　　　　　　　（CCL）

(17) b. *30年代，电视机工业的初期，世界上有清一色的黑白电视。

"满"，"都"，"全"，"净"，"清一色"はそれぞれ分布が異なるものの，すべて"是"とは共起するが"有"とは共起しないという共通点を持つ。それは，これらの形容詞，副詞が「LOC全体に行き届くこと[13]」を表す成分であることによる。例えば(13a)を例にすると，"满树上是金黄的桔子"は以下の図で表すことができる。

【図3　"满树上是金黄的桔子"の捉え方】

---

12) この文は"连货架子上都有人"（荷台の上さえも人がいる）という意味で解釈できるが，ここで言う「荷台の上は人だらけだ」の意味ではない。
13) 先行研究では"周遍性"の用語で説明されている。

存在するモノ（みかん）が場所（木）いっぱいにある場合，話し手はみかん一つ一つの個体ではなく，大量のみかんを一つの大きな「まとまり」として捉えることになる。そのことはXが数量詞を伴わないという言語事実からも裏付けられる。このような捉え方は，特定のモノのみに視点を向け，他のモノを捉えようとしない"LOC＋是＋X"の特性と重なるため，"満LOC＋是＋X"が形成されるのである。この点は他の成分についても同様である。

一方，数量が多いことを表す"很多"は"有"と共起するが，"是"とは共起しない。

(18) a. 当地警方说，一枚迫击炮弹当晚9时10分左右击中广场，<u>当时广场上**有**很多人</u>。
  [地元警察によると，迫撃爆弾はその晩の9時10分頃広場に撃ち込まれた。<u>その当時，広場には多くの人がいた。</u>]　　(CCL)

(18) b. *当地警方说，一枚迫击炮弹当晚9时10分左右击中广场，<u>当时广场上**是**很多人</u>。

"很多"は数量が多いことを表すが，数量の多寡は他のものと比較することではじめて分かる。そのため，Xのみに視点を集中させ，X以外を捉えようとしない"LOC＋是＋X"は"很多"と相性が悪いのであろう。

### 5.2　"LOC＋是＋X"，"LOC＋有＋X"両方と共起する場合

副詞"只"は"LOC＋是＋X"，"LOC＋有＋X"ともに共起可能であるが，いかなる場合であっても，両者と共起できるわけではない。まずは"只"が"LOC＋是＋X"，"LOC＋有＋X"の両方と共起する場合を見てみたい。

(19) a. 幸好一切重要的东西他都是随身携带的，<u>那个房间里 只 是 一些日用品</u>。换个房间也无所谓。
  [幸いにも重要なものはすべて彼が身につけているから，<u>あの部屋にあるのは少しの日用品だけだ。</u>部屋を換えても関係ない。]　(CCL)

(19) b. 幸好一切重要的东西他都是随身携带的，<u>那个房间里 只 有 一些</u>

日用品。换个房间也无所谓。

(19a)における"是"は"有"に置き換えることができる。その一方で、(20a)における"有"は"是"に置き換えることができない。

 (20) a. 我记得村里的一位77岁的老人，临死前要吃碗水饺，可<u>家里只**有**地瓜和煎饼</u>。
   ［村に77歳のお年寄りがいて，死に際に，1杯の水餃子が食べたいと言ったが，<u>家にはさつまいもとジエンビンしかなかった。</u>］(CCL)
 (20) b. ＊我记得村里的一位77岁的老人，临死前要吃碗水饺，可<u>家里只**是**地瓜和煎饼</u>。

なぜ(19)では"是"，"有"ともに使用できるのに，(20)では"有"しか使用できないのだろうか。そこで(19)と(20)を比較してみると，(19)の場合，いくつかの異なるモノを「日用品」というカテゴリーで括り，日用品を一つのまとまりとして捉えているのに対して，(20)の場合，「さつまいもとジエンビン」という2つのモノが存在するため，話し手が視点を一点に集中させ難いことが分かる。そのため，(19)と(20)で"只"との共起において差異が生じたのである。

## 6 "LOC＋是＋X"と"VP＋是＋X"

第5節までは，場所詞を主語にとる"LOC＋是＋X"について論じてきたが，最後に"LOC＋是＋X"の拡張構文として"VP＋是＋X"について論じる。動詞句を主語にとる"VP＋是＋X"の中には，"LOC＋是＋X"同様，〈存在〉を表すものがある[14]。

 (21) a. <u>一进门**是**一间小客厅</u>。客厅后面是一间小饭厅。
   ［入り口を入ると，すぐに小さな客間があって，客間の後ろには小さな食堂がある。］       (CCL)

---

14) 王勇・徐杰 2010：64 は，動詞句もメトニミー投射によって方位の意味を表すと言及している。

(22) a. 在公路沟通的今天，从深圳来坂田也只有十几公里，20分钟车程。可是，在道路沟通之前，坂田村无论哪个村子，<u>出门是山，走路是山，屋前是山，屋后还是山</u>。

　　［道路が通じた今日では，深圳から坂田までたった十数キロメートルで，20分の道のりだ。しかし，道路が開通するまでは，坂田村はどの村であれ，<u>家から出たら山，歩いても山，家の前も山，家のうらもやはり山であった</u>。］　　　　　　　　　　　　(CCL)

(21a)，(22a)において，主語は場所詞ではなく動詞句である。しかし，(21a)は「入り口を入ったトコロに小さな客間がある」ことを，(22a)は「家から出たトコロに山があり，歩くトコロにも山がある」ことを表しているため，〈存在〉を表す"LOC＋是＋X"から拡張したものとして見なすことができるだろう。(21a)や(22a)では，主語は境界線を越えることを表す動詞句（"进门"，"出门"）によって構成され，話し手がある境界線を越えると，一番に視界に入ってくるものがXであることを述べている。(22a)における"走路是山"の場合，動作（"走路"）に伴って視界に入ってくるモノは，山ばかりであることを述べている。つまり，"VP＋是＋X"は，動作に伴ってXが話し手の視界を占める様子を述べるのに適している。

しかし，(21a)，(22a)における"是"を"有"に置き換えると，このような様子を描写的に述べることは難しくなってしまう。

(21) b. ?一进门<u>有</u>一间小客厅。客厅后面是一间小饭厅。

(22) b. *在公路沟通的今天，从深圳来坂田也只有十几公里，20分钟车程。可是，在道路沟通之前，坂田村无论哪个村子，<u>出门有山，走路有山，屋前有山，屋后还有山</u>。

さらに，口語では(23a)のような"VP＋是＋X"も存在する[15]。

(23) a. 李梅：我能先预支薪水吗？［給料を前借りできるかしら？］

---

15) (23a)，(24a)，(25a)のような"VP＋是＋X"は副詞"就"を伴って現れるが，この"就"は"一～就…"における"就"に通ずるものであろう。

杨丹：当然没问题了，你需要多少？
　　　　　［もちろん問題ないわよ。いくら必要なの？］
　　　李梅：预支十万，行吗？［10万元前借りしたいの。いいかな？］
　　　杨丹：十万，你还真有魄力，<u>张口就是六位数</u>，不过这说明你
　　　　　　对自己还挺有信心的，也说明你的潜力是大大的，但是
　　　　　　梅子，我还是想知道，你干吗一下要那么多钱啊，着急
　　　　　　还房贷？
　　　　　［10万！ なかなか度胸があるわね。<u>6桁の数字だなんて</u>。でもそれはあなたが自分に自信があるってことだし，あなたの潜在能力は大きいってことね。でもね，梅子，やっぱりどうして一度にこんなにたくさんのお金が必要なのか知りたいの。早く家の借金を返済するため？］
　　　　　　　　　　　　　　　（テレビドラマ《婚姻保卫战》）

(23a)の"张口就是六位数"を直訳すると，「口を開くと6桁の数字だ」という意味だが，このような解釈では，この文の真意を表せていない。ここでは「口を開いたトコロに6桁の数字がある」，つまり「口を開くことで一番に聞こえてくるものは6桁の数字だ」と表現することで，「6桁の数字」が発話現場において際立った情報であることを伝達している。このような"VP＋是＋X"の用法は，(21a)，(22a)よりもさらに周縁的な用法と言える。

(21a)，(22a)の場合と同様に，(23a)における"是"を"有"に置き換えることはできない。

　㉓b. ＊十万，你还真有魄力，<u>张口就**有**六位数</u>，不过这说明你对自
　　　　 己还挺有信心的，也说明你的潜力是大大的，但是梅子，我
　　　　 还是想知道，你干吗一下要那么多钱啊，着急还房贷？

また(24a)，(25a)のように，"VP＋是＋X"における主語の動詞句が，より抽象度の高い表現となることもある。

　㉔a. 郭洋：你这个弟弟啊，从小被惯坏了，做事太不靠谱，<u>上来就
　　　　　　是十万</u>，你准备想个什么法子？是不是打算大包大揽替

他把债还了？
[お前の弟は小さい時から甘やかされて，だめになっちゃったんだよ。やることがめちゃくちゃだ。急に10万元だなんて。どうするつもりだよ？　全部弟のかわりに借金を返済するつもりじゃないだろうな？]

李梅：还能有什么更好的法子，我看也没有别的办法，只能这样了，把家里的存款拿出来。
[他にどんな手があるっていうの。他の方法はないと思うわ。こうするしかないんだから，家の貯金を出しましょう。]
(テレビドラマ《婚姻保卫战》)

(25) a. 李梅：那我给他打电话。[私が弟に電話するわ。]
郭洋：还是我去找他吧，你给他打电话，上去就是一顿臭骂，他更不回来了，你自己的弟弟那臭脾气你还不了解啊，你在这儿等着吧，我这就去。
[やっぱり俺が彼のところに行くよ。お前が彼に電話したら，罵ってばかりで，余計に帰って来なくなるだろう。お前の弟の性格分かるだろう？　お前はここで待っていろよ。俺がすぐ行くから。]
(テレビドラマ《婚姻保卫战》)

(24a)の主語は"上来"，(25a)の主語は"上去"であるが，このような"上来"，"上去"は話し手が「上へ来る」もしくは「上へ行く」という実際の移動を表すのではなく，「ある出来事が起こる」ことを表しているため，"上来"，"上去"の抽象的用法と言える。つまり(24a)では"上来就是十万"（起こったトコロに10万元の借金がある → 起こった出来事は10万元の借金だ），(25a)では"上去就是一顿臭骂"（起こるトコロにひどい罵りがある → 起こる出来事はひどい罵りだ）と表現することで，「10万元の借金」，「ひどい罵り」が発話現場において際立った情報であることを伝達するのである。

当然のことながら，(24a)，(25a)の場合も"是"を"有"に置き換え，"VP＋有＋X"とすることはできない。

⑷b. *你这个弟弟啊，从小被惯坏了，做事太不靠谱，<u>上来就**有**十万</u>，你准备想个什么法子？是不是打算大包大揽替他把债还了？

㉕b. *还是我去找他吧，你给他打电话，<u>上去就**有**一顿臭骂</u>，他更不回来了，你自己的弟弟那臭脾气你还不了解啊，你在这儿等着吧，我这就去。

　以上の比較より、"VP＋是＋X"は"是"特有の構文であることが分かる。それは、話し手がXのみに視点を向け、X以外のモノ／ヒトを捉えようとしない"LOC＋是＋X"の特性と重なる。"VP＋是＋X"を使用する場合も、動作行為に伴って発生する情景、出来事Xのみに視点を向け、Xを際立った情報として表しているのである。

## 7　おわりに

　本研究では"LOC＋是＋X"を研究対象とし、"LOC＋有＋X"との比較を通じて考察を行った。両者ともに「LOCにXが存在する」という客観的事実を言語化するために使用する構文だが、客観的事実に対する話し手の主観的捉え方を言語形式に反映させているという点で、"LOC＋是＋X"は典型的な存在文"LOC＋有＋X"とは大きく異なる。

　従来の研究では、"LOC＋是＋X"を存在文と見なす立場、判断文と見なす立場があり、統一的な見解は得られていない。それはこの構文が両者の間に存在し、存在文的な特性と判断文的な特性を兼ね備えることを意味する。存在文の構造"LOC＋V＋NP"と判断動詞"是"が融合することで形成された"LOC＋是＋NP"は、典型的な存在文や典型的な判断文とは異なり、両者の間にあるものなのである。

## 参考文献

古川裕 1997　数量詞限定名詞句の認知文法―指示物の〈顕著性〉と名詞句の〈有標性〉―、『中国語学論文集　大河内康憲教授退官記念』、pp.237-266、東

方書店

岡本俊裕 1995　存在を表す"是"の文——その特性の源——,『京都外国語大学研究論叢』44, pp.144-153, 京都外国語大学

大河内康憲 1985　量詞の個体化機能,『中国語の諸相』, pp.53-74, 白帝社

丁声树等 1961　《现代汉语语法讲话》, 商务印书馆

胡建刚 2001　述语为"有"、"是"、"在"的存在句的语义、句法分析,《暨南大学华文学院学报》第 2 期, pp.46-50

胡文泽 2011　"处所词＋是＋名词"功能特性及其对汉语作为外语教学的启示,《语言科学》第 5 期, pp.473-481

金立鑫 1995　"Posi. 有 N"和"Posi. 是 N",《语言教学与研究》第 3 期, pp.82-84

刘月华・潘文娱・故韡 2001　《实用现代汉语语法（增订本）》, 商务印书馆

唐翠菊 2005　"是"字句宾语中"（一）个"的隐现问题,《世界汉语教学》第 2 期, pp.31-38

王勇・徐杰 2010　汉语存在句的构式语法研究,《语言研究》第 3 期, pp.62-70

詹开第 1981　有字句,《中国语文》第 1 期, pp.27-34

张伯江・李珍明 2002　"是 NP"和"是（一）个 NP",《世界汉语教学》第 3 期, pp.59-69

张济卿 1996　也谈"Posi. 有 N"和"Posi. 是 N",《语言教学与研究》第 4 期, pp.37-42

Chao, Yuen Ren 1968　*A Grammar of Spoken Chinese*（Chao, Yuen Ren 2011 *A Grammar of Spoken Chinese*, 商务印书馆）

Paul J. Hopper and Sandra A. Thompson 1984　The Discourse Basis for Lexical Categories in Universal Grammar, *Language* 60, pp.703-752

**例文出典**

北京大学现代汉语语料库（CCL）

北京语言大学汉语语料库（BCC）

テレビドラマ《北京青年》

テレビドラマ《婚姻保卫战》

テレビドラマ《幸福在哪里》

（なかた・さとみ　東大阪大学）

对比研究；对照研究
词汇研究；語彙研究

# 语言研究的经验基础和人文关怀
## ——几个基于概念结构的跨语言比较的研究案例

### 李 强　　袁 毓 林

## 1 理性主义与经验主义的离异和联姻 科学精神与人文关怀的对立和统一

哲学是一门关于智慧的学问，几千年来一直引导我们探寻"我们（它们）是谁？我们（它们）从哪儿来？我们（它们）要到哪儿去？"这类富有思辨意味的问题。如果说现在的各门科学都是从哲学母体中独立出来的，这一点儿都不夸张，因为科学本来就是发端于人类的好奇和追问；而从认识论上看，对事物进行抽象的哲学层面的思考发问总是先于关于科学所做的具体研究。事实上，语言学研究也不例外，甚至有过之而无不及。语言问题在哲学诞生之初就注定与它结下了"不解之缘"，因为语言问题自古以来就是哲学视域下的重要话题，以至于 Robins 1967:103/1997 曾说"哲学是语言学的摇篮"。

西方哲学从两千多年前的古希腊时期发展至今，大体上经历了三个阶段，古代的本体论时期、近代的认识论时期和现代的语言哲学时期（陈勇 2003）。在第二个发展阶段，即认识论时期，认识世界的两种思维意识形态——理性主义和经验主义的分歧和争论达到了异常鼎盛的状况，而这种认识论层面的讨论也对语言学研究产生了重要的影响。Robins 1997：145 就曾指出："经验主义和唯理论的对立，以不同的形式贯穿于整个语言学历史"。因此，对于理性主义和经验主义的产生来源及精神内涵有所了解，这有助于我们认识它们对于语言学发展所起的推助作用。

理性主义和经验主义的认识论源头可以追溯到古希腊罗马时期对于事

物本原以及知识来源问题的探讨。人类关于周围事物的知识是如何产生的，这是一个古老而历久弥新的话题，一度引起了先哲们的深思，以至于柏拉图曾困惑地发问道："一个人所经验者如此之少，而所知者却如此之多，这究竟是怎么回事呢？"[1) 面对经验和知识之间的这种数量悖论，因为从现实世界找不到合理的原因来解释，以"天赋说"为代表的理性主义开始兴起，并认为具有普遍必然性的知识是从先天的、无可否认的"自明之理"出发，经过严密的逻辑推理得到的。而柏拉图的学生亚里士多德对此却不以为然，他否认天赋观念，第一个提出了"白板说"，坚持与理性主义相对的经验主义认识论，认为感觉经验虽然不能告诉人们事物的原因，但是能提供给人们最基本的关于事物的认识和知识，感觉经验是知识的来源。此后，理性主义和经验主义的争论继续发酵，到了17世纪左右双方都已形成了比较成熟的理论体系。主要以欧洲为论辩的战场，莱布尼茨、斯宾诺莎和笛卡尔等欧洲大陆学者崇尚理性，提倡理性的演绎法，热情拥护理性主义；而以培根、霍布斯、洛克和休谟等为代表的英国学者崇尚经验事实，主张从经验中归纳逻辑体系。在这场愈演愈烈的理性主义和经验主义之争的影响下，语言学研究中也出现了理性主义和经验主义的对立。

就20世纪语言学的发展来看，比较主流的语言学流派主要包括结构主义语言学和形式主义语言，它们各领风骚数十年。结构主义语言学就其哲学基础而言是属于经验主义的，无论是从奠定其理论基础的索绪尔，还是从深受行为主义心理学"刺激—反应"学说影响的布龙菲尔德来看，结构主义主要还是利用归纳法对语言现象进行深入描写，试图找出隐藏在语言现象背后的语言规则，而并不注意对为什么语言规则能够支配语言现象进行解释，更谈不上从心智思维的角度对语言能力进行研究。这符合经验主义的一贯作风，即从经验事实中归纳出可靠的结论，并不采用内省的方法。面对结构主义对语言现象和语言能力的解释力不足的问题，形式主义高举理性主义的大旗，号召采用理性主义的方法对语言进行研究，把语

---

1) 即通常所谓的"柏拉图问题"（Plato's Problem）。与之相对的是"奥威尔问题"（Orwell's Problem）：尽管现实中的证据、经验是如此丰富，为什么人还知之甚少？

言看成是一套符号系统，认为语言的运作就相当于符号的计算。其代表人物乔姆斯基主张采用公理化、形式化的方法按照一定的规则来描述自然语言的特征，并试图用有限的规则描述无限的语言现象，发现人类普遍的语言机制，洞察人类普遍的语言能力。这与理性主义的精神气质，即一般的科学实验活动程序相互契合：先提出工作假设，再通过演绎的方法解释语言现象，之后再逆向对原来的假设进行反思、检验和修订。

近些年来，形式语言学的这种理性主义的研究取向和思路也在不断饱受非议和指责。正像培根批评理性派哲学家那样："只是从经验中抓到一些既没有适当审定也没有经过仔细观察和衡量的普遍例证，而把其余的事情都交给了玄想和个人的机智活动"[2]，很多人都认为语言学研究必须以语言事实作为根据，必须详尽地、大量地占有材料，在此基础上才有可能得出令人信服的结论；进而他们开始质问形式学派"'普遍语法'是否是真正的语言规则？是否能够经受大量的语言事实的检验？语言规则是否应该和语言事实结合起来考虑，而不是一头钻入理性主义的牛角尖？"（冯志伟 2007）正是在此背景下，以 Lakoff 和 Johnson 为代表的认知派学者提出了"体验认知"、"体验哲学"等非客观主义的语言学新思想，即他们所谓的"第二代认知科学"[3]。与理性主义代表人物笛卡尔的"身心二元论"和形式主义的"语言和心智即符号计算"的观点截然不同，他们认为：语言的使用在深层次上受到概念结构的制约，不能像形式主义学派那样用一套符号来进行精确的运算；心智思维与身体结构也不是二元对立的，而是统一于一个互动作用的模式之下，身体与外部世界的接触体验是挖掘人类语言表达和心智表征的重要通路；在对客观世界体验的基础上通过认知模型、识解等主观认知加工和建构的方式可以描写人类的概念结构和语言系

---

2) 北京大学外国哲学史教研室编 1961《十六—十八世纪西欧各国哲学》：23。
3) "第二代认知科学"与"第一代认知科学"相对，后者起源于 20 世纪 50 年代，主要是基于形式主义，并认为人类的概念系统是独立的，与外部世界，包括人的身体经验、神经系统等因素没有关系；思维就是对外部世界的客观反映，可以形式化地表征为符号的计算。

统[4]。因此,在这种对语言和心智的认知体验视角的反思下,语言学研究的"钟摆"又再次摆回到了经验主义这边,重新拾起和摄取了经验主义的内涵气质。

我们应该看到,形式语言学派的产生在一定程度上是有其必然性的。自近代文艺复兴运动以来,科学实证主义的浪潮无论在认识论还是方法论上都产生了重要的影响,在摆脱神学思想的禁锢之后,人性的力量得到了极大的张扬,理性主义的火种也悄然升起,牛顿、伽利略、布鲁诺等自然科学家通过演绎逻辑式的科学思维创造了一个个"哥白尼式的革命",使得自然科学登堂入室,正式进入普通大众和科学研究者的视野之中。从此科学的"可证伪性"和"可重复性"就已经深入人心[5)6)],换而言之,那些虚无缥缈、难以琢磨,不具有可证伪性和可重复性的研究都将不被人们所接受。在这种思潮的影响下,语言学研究也不例外,学者们尝试采用科学的研究范式努力使它一步步朝着科学殿堂逼近。比如,语义学家 Chase 曾经说过,一切抽象的、形而上的、看不见、摸不着、找不到的"所指者"的抽象词语,如传统概念中的上帝、心灵、本原等,都是些不能被事实验证的"形上"之事,当划归语义学的废话类,属于"无意义"的瞎嚷嚷,当予拒斥,须操起"奥卡姆剃刀"进行毫不留情的剪除[7](转引自王寅 2008)。在这样的大环境下,形式学派试图回答结构主义学派不曾触及过的问题,即"语言的本质是什么?语言的共性是什么?语言是一种本能

---

4) 详见王寅 2006〈论语言的体验性——基于体验哲学和认知语言学提出的语言新性质〉,《中国外语》第 5 期:22-27。
5) "可证伪性"由英国哲学家波普提出,是其科学哲学思想和社会哲学思想的基石和核心,大概意思是:所有的科学理论都可以被证伪,不具有可证伪性的都不能当作科学;只有坚持证伪主义才能将经验观察作为检验理论的标准。详见郑杭生、李霞 2004 对此的介绍。
6) "可重复性"被当代政治经济学家 Steinfeld 看成是检验真理的黄金准则,如果一个结论能够经得起重复性实验的检验,那么这个结论才算是真正意义上的真理。详见 Steinfeld 2015 在天津大学举办的"语言学与科学"国际研讨会上的报告。
7) 奥卡姆剃刀(Occam's Razor)又称"奥康的剃刀",它是由 14 世纪逻辑学家奥卡姆提出。这个原理可以简单地表述成"如无必要,勿增实体",即"简单有效原理":用最少的工具做最多的工作。

机制,还是后天培养的?语言和心智的关系是什么?"等等,并由此带来了对在人类学和心理学领域中畅行的"标准社会科学模式"(Standard Social Science Model)的反叛和对抗[8],因为"标准社会科学模式"强调环境可以塑造决定人性中的一切,语言的获得也不例外,语言能力是后天环境的刺激培养出来的,而这一点恰恰是形式语言学并不认同的地方。

那么,遵从理性主义的形式语言学究竟有哪些主张值得我们去称道?Pinker 2015 至少曾经这样鲜明地表达过他自己的看法:在很多关于语言本能的细节问题上,他并不同意乔姆斯基;但他认为语言有两个重要的奥秘不能忽视,第一是"符号的任意性",第二是"有限域的无限应用",即"递归性"。"递归性"是人类语言区别于动物语言的重要特征[9],也是 Pinker 所认为的人类的一项重要的语言本能(language instinct),因为无论在语音、词汇还是句法层面上,人们都有将语言单位合并处理并反复运用的自觉意识,这在语言组织和建构环节中展现得淋漓尽致,在形式语言学的框架下这就表现为二分枝的树形图。换句话说,组块式的信息处理在人类的语言获得和理解、认知能力的形成和培养过程中具有关键性的作用。认知神经学家 Bor 2013 指出,人类与其他动物的最大区别可能在于,我们渴望发现接收到有结构规范的任何信息;人们总是积极寻找模式以此提高我们的工作和实践效率,而我们意识范围内确实更加倾向于寻找察觉具有结构性的组块信息。因此,扛着理性主义大旗的形式学派将句法组织的原理归纳为 X-bar 之类的短语结构规则,并据此进行演绎以求说明语言中普遍存在的句法结构组织规律。不得不说,这种对认知思维和语言共性的探索和追寻是有价值的,这是语言学发展的必然,也是语言科学化的必然,语言研究需要有诸如此类的科学精神。

但是,我们也应该要注意到,语言从人的口中说出,它是表达思想的

---

[8] "标准社会科学模式"这个名称由 Pinker 2015 提出,指以行为主义心理学家华生和斯金纳为代表人物所采用的科学研究范式,他们秉持"人类心智是文化环境塑造的结果"这一外在环境决定论宣言,反对将人性看成是不受影响和永恒不变的东西。

[9] Hauser, Chomsky 和 Fitch 三位作者 2002 年在《科学》上发表的文章 The Faculty of Language: What Is It, Who Has It, and How Did It Evolve? 重点论述了这一点。

工具,是表露情绪的通道,是展现心智的窗口,因而说到底它还是感性的。脱离人文关怀、脱离主观意义上的人去研究语言,把语言研究完全抛置于一个绝对客观的形式化的世界里,这本身就是一件不科学的实践活动。诚如袁毓林 2015 所言,语言研究中的科学主义精神是语言学观察和分析的默认配置;同时,语言研究也不可缺少人文主义精神,这是语言学分析和解释的附加配置。亚里士多德曾把人定义为"具有逻各斯"的动物,而"逻各斯"可以被理解为"理性",于是就有"人是有理性的动物""人与动物的区别在于人有逻各斯"这些说法;但古希腊语中"逻各斯"的意义是"语言"(钱冠连 2005:53)。我国古代《春秋谷梁传·僖公二十二年》也有"人之所以为人者,言也;人而不能言,何以为人"的记载。这些其实都说明了语言是人之所以异于禽兽的标志。因此,语言和人的主观体验本来就是紧密交织、不可分割的,试图用一套严格无误的形式化的数学公式和符号来揭示语言规律,探寻语言现象背后的思维规律,至少可以说这是不完善和不全面的;对语言研究的人文主义关怀应该成为一种自觉性、常态化的意识。随着后现代哲学思潮的涌起,人文主义精神被进一步主张回归生活、回到实践,以胡塞尔、海德格尔、哈贝马斯和伽达摩尔等为代表的后现代主义哲学家也都力推在社会实践和人际交往中对语言进行研究[10]。知道这一点,我们就不难明白为什么原来追随形式主义的部分学者会从形式主义的大潮中脱离出来,转而投向认知功能主义;与形式语言学派相抵牾的认知功能语言学派的出现也就顺其自然、合乎常理。

近年来认知神经科学的相关研究为社会实践和主观体验在语言研究中的重要性提供了充分性强、可信度高的证据。20 世纪 90 年代,意大利帕尔马大学神经科学家贾科莫·里佐拉蒂的研究团队发现,恒河猴大脑的运动区域的某些神经元在猴子自己做出某种动作(比如从地上捡起一粒葡萄干)时会放电;同时,猴子自己没有动作,而看见别的猴子做出同样动作时也会放电。也就是说,这种神经元可以被个体自身的动作以及个体观察

---

10) 详见王寅 2008〈既超越又不超越的回归——兼谈体验哲学的超越性和语言学研究的新增长点〉。

到的其他个体的同样动作同等地激活。所以，当个体观察到其他个体的动作时就好像自己也做出了同样的动作一样。这类神经元被命名为"镜像神经元"。并且，研究人员已经确认，人类有着和恒河猴极为不同、也更为广泛的镜像神经元。猴子的镜像神经元仅限于手和嘴的动作，只有存在以目标为导向的行动值，镜像神经元才能激活，然而人类的镜像神经元对应于全身上下所有部位的行动，哪怕没有目标，镜像神经元也可以激活[11]。"镜像神经元"的出现掀起了"第二代认知科学"的高潮，并在神经生物学上印证了以"具身认知"为代表的体验哲学的合理性。在语言理解中，镜像神经系统同样发挥了重要的功能。Hebbin 的联接学习观点认为，语言习得过程中对动词的语义理解总是伴随动作的发生，或者由某个物体联想到相关的动作行为。比如，小孩子在踢足球时，他会感受到腿部肌肉的变化，学习到"踢"这个词的含义。当"踢"再次出现时，踢足球的动作就会浮现在脑海里。经过"踢"这一动作行为和语义内容的多次强化联接后，当人们听到"踢"这个词、看到"踢"这个字或者动作，语言处理区域和运动行为区域就会发生同步。这一点已经得到 Aziz-Zadeh 等研究者的实验证实，他们把被试观看手部、脚部和嘴部动作的视频片段与阅读动作短语的激活脑区相比较，发现观看手部、脚部和嘴部动作视频的激活脑区与阅读手部、脚部和嘴部动作短语的激活脑区是相互拟合的。也就是说，镜像神经系统在加工动词短语的语义时，可以模拟或复演动词短语所表征的动作行为[12]。

不仅在语义理解中，在人类的语音识别中，镜像神经系统同样也发挥着极其重要的作用。语音识别是一项超高难度的任务，以至于 Pinker 2015 调侃道"为什么我们都已经可以将人送上月球，却制造不出一台具有听读功能的计算机呢？"对于计算机来说无比困难的语音识别任务在人类面前却丝毫不值一提，这在 Pinker 看来是构成语言本能的另一个生物学奇迹。那么就要问了：为什么人类可以毫不费劲地听懂别人在说什么？

---

11) 详见迈克尔·加扎尼加 2013《谁说了算？自由意志的心理学解读》：150-151。
12) 详见苏得权、叶浩生 2013〈大脑理解语言还是身体理解语言——具身认知视角下的语义理解〉。

上世纪 50 年代末由麻省理工学院教授 Stevens 和 Halle 提出了一个叫 analysis-by-synthesis 的理论,他们认为听者是根据自己的发音来分析和感知外来的语音信号的。也就是说,我们之所以能听懂别人发出什么样的语音是因为我们的大脑在听的同时也在构拟发这种语音的动作行为。后来,耶鲁大学哈斯金实验室的 Liberman 在 1970 年提出了类似的观点,强调听者是根据自己的发音动作来对外来语音解码和感知的,他们称之为"语音知觉的肌动理论"(Motor Theory of Speech Perception)。直到 90 年代以后,Watkins 等人从神经科学的角度揭示了语言感知和语言发声的紧密关系,明确指出听者在接受语音信号或跟语音信号相关的嘴唇发音动作时会激发他自己左半脑管发音动作大脑皮层的反应,从而指导运动皮层做出相应的"动作",通过自己的发音动作特性进而诱导出听觉模式来匹配、分析和理解外来语音,这从根本上奠定了肌动理论的神经生理机制。可以这么说,镜像神经系统的发现为语音知觉提供了一个补足性的神经机制,当别人的嘴形在动,听者的运动神经元也动起来了,听者并不需要动用到他的喉咙,只要脑里有活动就能学习,也就能听得懂对方在发什么音[13]。

　　总而言之,理性主义科学精神加快了科学研究的进程,提高了人们的生活质量,已经成为当今时代的主要潮流趋势。但是,我们也应该保持这样的清醒认识:一切科学研究都围绕或以人为中心展开,"人的因素"不应该被科学世界拒之门外,人的意识形态、价值观念、想象创造和生存意义等"人本主义精神"应该在科学研究过程中得到彰显。正如胡塞尔 1988:4-8,71 所指出,如果抽象掉了作为过着人的生活的主体,抽象掉了一切精神的东西,一切在人的实践中物所附有的文化特性,科学实证主义将会是一个残缺不全的概念。经验主义人文关怀与理性主义科学精神之间的鸿沟和隔阂应该被逐渐弥合;科学研究既要"脚踏实地",也要"仰望星空"。

　　下面,本文将从经验主义人文关怀这一视域出发,展示我们研究团队

---

[13] 详见陈忠敏 2015〈肌动理论和语言认知〉和许碧纯刊登在《科学人》第 58 期(2006 年 12 月)上的对台湾阳明大学曾志郎教授的访谈文章〈牵动你我神经——镜像神经为什么重要?〉。

所做的几个基于跨语言比较的词语和句子的歧义消解方面的研究案例,说明语言使用中所反映出来的普遍的人性和心理特征。

## 2 "劳酬均衡"社会原理下的汉韩"白"类句的语义识解

现代汉语副词"白"有两个不同的义面,分别是:(i)无代价、无报偿;(ii)无收获、无效果、徒然地。在不同的语言环境中可以实现其中一个义面。比如:

(1) a. 他**白学**了几年钢琴,到现在还不会弹。(白:没有收获)
b. 他**白吃**了三服药,咳嗽还没有好。(白:没有效果;徒然地)
c. 他**白吃**了一顿自助餐,用的是我的积分返点。(白:没有代价)
d. 他**白吃**了我一顿好饭,没有给我办成事儿。(白:没有报偿)

如果仅仅满足于对不同语境下的"白"的语义描写,那语言研究还不能称为科学,科学的本质在于多问一个为什么。那么,更深层次的问题就等待着我们去挖掘:人脑是如何准确而又快速地识别"白"的意义的?人脑是如何处理语言中的这种复杂性和非线性现象的?

袁毓林2014a提出"劳酬均衡原理"的概念结构对汉语"白"字句的语义识解做出了详细的探讨。"劳酬均衡原理"(the principle of the equilibrium of payment and reward)指的是:在我们付出钱财、劳动、时间等代价的时候,希望得到相应的收益;而在我们得到享受、服务、待遇等收益的时候,则应该要付出相应的代价。这是"白"的不同意义所共享的概念结构基础。"白"字句的背后存在一个语用预设,即默认"劳酬均衡原理"具有普遍性的效力;当"白"与不同语义类型的谓词性成分组合时表现出对这种均衡性的偏离:或者强调获得收益但没有付出相应的代价,形成"无代价、无报偿"的义项;或者强调付出代价但没有获得相应的收益,形成"无收获、无效果、徒然地"义项。这种概念意义进而通过"白"字句的句法结构加以明确:当"白"等副词粘附到一个述谓结构上以后,如果这个述谓结构所表示的事件可以识解为主语获得利益,那么整个句子表示"获得效益却没有付出相应的代价";如果这个述谓结构所表

示的事件可以识解为主语付出代价，那么整个句子表示"付出代价却没有获得相应的效益"。因此，副词"白"可以看作是专门表示偏离"劳酬均衡原理"的词汇化形式。在具体语境中，"劳酬均衡"及其偏离的具体内容（某种期望及其否定），被"白"字、句子结构和情境因素锚定（anchor）和落实（ground）。

在上述研究的基础上，朴珉娥、袁毓林 2015 考察了韩语中与汉语"白"字句相对应的表达形式。有意思的是，韩语也存在类似于"白"的专门标记两种偏离"劳酬均衡原理"现象的语法形式，分别是：①前缀 heos-（헛，虚），表示"无收获、无效果、徒然地"；②副词 geojeo（거저），表示"无代价、无报偿"。其中，前缀 heos- 既可以出现在谓词性成分的前面，也可以出现在名词性成分的前面。比如：

(2) Sesang **heos-** sal-ass-da[14].
　　这辈子　白　　活-PAST/PERF-词尾
　　"这辈子（我）白活了。"

(3) Geu-neun **heos-**guyeokjil-eul cham-ass-da.
　　他-TOP　　白　呕吐-ACC　忍住-PAST/PERF-词尾
　　"他勉强忍住了干呕。"

值得注意的是，前缀 heos- 不但表示"劳而不获"，还隐含"没有获得效益"的原因的意思。比如，当 heos- 出现在谓词性成分的前面，表示"付出了代价，但因为做得不对，所以没有获得效益"之类的意思。因此，例(2)中 heos-salda（白活）的意思是：他付出了劳动、时间、努力去做这件事，但因为做得不对，所以没有得到他想要的效果。

而韩语中的副词 geojeo 只能出现在谓语性成分的前面，表示"不劳而获"的意思。例如：

---

[14] NOM 是指"主格"(nominative)、ACC 是指"宾格"(accusative)、LOC 是指"处所格"(locative)、TOP 是指"话题"(topic)、AUX 是指"助词"(auxiliary particle)、PLU 是指"复数标记"(plural)、PAST 是指"过去时"(past tense)、PRE 是指"现在时"(present tense)、FUT 是指"将来时"(future tense)、PERF 是指"完整体"(perfective aspect)、IMPER 是指"非完整体"(imperfective aspect) 等。

(4) Jaemiiss-neun nonggugyeonggi-reul **geojeo** bo-ass-da.
　　有意思-AUX　　　篮球比赛-ACC　　　　白　　看-PAST/PERF-词尾
　　"白看了一场有意思的篮球比赛。"

(5) Dangsin-eun 65se-ga　 doe-eodo, jeoldaero jeoncheol-eul
　　您-TOP　　　 65 岁-NOM 到-AUX　　千万　　　地铁-ACC
　　**geojeo**　taji　malara!
　　白　　　坐　　不要
　　"即使你到了 65 岁，也千万不要白坐地铁！"

和汉语的情况类似，韩语中的前缀 heos- 和副词 geojeo 都具有引进"劳酬均衡原理"之类的语用预设的功能，陈述谓语动词所指事件偏离了"劳酬均衡原理"的现象。更为有趣的是，经过调查，在汉语和韩语中，表示"无收获、无效果、徒然地"的"白"和前缀 heos- 远比表示"无代价、无报偿"的"白"和副词 geojeo 出现得更加频繁。

对于汉语和韩语中的上述这种频率偏向，袁毓林 2014a，朴珉娥、袁毓林 2015 援引乐观假设（Pollyanna Hypothesis）的心理原则和突显"负面效果"（Negativity Effect）的使用规律对此进行解释。在通常的情况下，人类是乐观主义者，倾向于奉行乐观主义原则，表现为总是乐于看到和谈论生活中光明的一面，摒弃坏的一面；因此，造成一种普遍的人类倾向，即积极评价的词语比消极评价的词语用得更加频繁、多样和随意。对于主语来说，"劳而不获"是不好的，不愿意发生的；而"不劳而获"是好的，希望发生的；并且，人们也有追求"白得"这种"劳酬不均衡"的冲动。但是，现实情况正好相反，人们遭遇到的更多情况却是"白搭"这种"劳酬不均衡"的负面情况。而一般来说，负面信息的刺激性和信息量要比正面信息大得多。如果出现、发生偏离了"劳酬均衡原理"的事件，"劳而不获"是一种反预期的、具有较高新闻性和信息性的事件，是值得报道的；在语言表达中，说话人就会把负面信息安排为图形（figure），而把正面信息安排为背景（background），因此说话人有必要使用"白"等副词作为标志，以表达自己对于句子中核心动词的述谓结构及其所激活的事件的主观评价，同时给听话人留下明确的词汇标记作为理解的线索。相反，听

话人看到包含"白"等副词的句子,由这种标记来启动"劳酬均衡原理"等信念作为背景,再把这种副词的陈述性意义"偏离劳酬均衡原理"作为突出的图形。正是因为这样,在实际的语言表达中,用于标记负面"劳而不获"事件的汉语副词"白"和韩语前缀 heos- 的使用频率也就更高。

"白"字句的语义解释问题可以展示人脑如何根植于概念结构,并在句法结构的制导下来生成语句和识解其意义。语言是一个复杂的、非线性的自组织系统,对于语言产生和理解来说,概念结构、论元结构、句法结构和语句构式等多层面的结构组成了一个富有层级的综合体系。在特定的语境下,人们依靠这些层面之间的互动最终能够完成对语言信息的加工和理解。

## 3 "疑善信恶"心理思维模式下的汉英日韩"怀疑"类动词的意义识解

汉语动词"怀疑"有两种几乎相反的意思:(i)"有点儿不相信";(ii)"猜测"或"有点儿相信",在不同的语境下可以分别实现为不同的义项。例如:

(6) a. 到了 20 世纪 80 年代,开始有人**怀疑**上述考古成果的准确性。(不相信)

b. 大多数美国观众并不**怀疑**这些学者言论的客观性。(不相信)

c. 人们**怀疑**许多不明飞行物和外星人有关,但这仅仅是猜测而已。(猜测或相信)

d. 很多科学家**怀疑**黄曲霉毒素也是人类其他疾病的病因。(猜测或相信)

那么,一个接踵而至的疑惑就是:人们究竟如何快速而准确地识解其中"怀疑"的意义?什么样的概念结构基础制约了人们对于"怀疑"的语义理解?

袁毓林 2014b 对上述问题进行了深入研究。具体来说,"怀疑"的两种意义是通过对客体论元(表示怀疑对象)在句法(体词性 vs. 谓词性、

旁格宾语 vs. 常规宾语)、语义(指称性 vs. 陈述性)和语用(正面 vs. 负面、旧信息 vs. 新信息)等多种层次上的选择限制,在具体的语境中实现的。表示"不相信"意义的"怀疑"的客体论元往往是名词性成分,在语义上具有指称性,在语用评价色彩上一般是正面、积极的,或者是中性的;表示"猜测、有点儿相信"意义的"怀疑"的客体论元往往是谓词性成分,在语义上具有陈述性,在语用评价色彩上通常是负面、消极的。这种语义识解原则可以简单地归纳为"疑善信恶"的社会原理。因为迫于种群进化和社会竞争的压力,人类已经养成了一种富有批判精神的怀疑意识。在面对朦胧模糊、不太确定、甚至扑朔迷离的情况时,人们往往是有所偏向的;表现为:不相信事情像表面上显现的、或人们一般认为(或宣称)的那样(正面和积极),进而猜测和相信事情不像表面上显现的、或人们一般认为(或宣称)的那样(正面和积极),而是另外(甚至相反)的一种样子(负面和消极)。这就是"怀疑"具有强式和逆反式两种几乎对立的意义的概念和认知基础。

在上述研究的基础上,朴敏浚、袁毓林 2016 对英语、日语和韩语中的"怀疑"类动词进行了考察,发现了一些非常有意思的语言现象。与汉语用同一个动词"怀疑"分别表示两种意义不同,在英语中,跟汉语"怀疑"对应的词有两个,即 doubt 和 suspect,分别表示"不相信"、"猜测、有点儿相信"的意思,并且它们的宾语大多都是"that"从句。例如:

(7) a. I **doubt that** the public <u>will pay</u> an additional 17.5% (or maybe 20%) on printed material.

b. "Thank heavens for this. I **doubt that** I <u>could do</u> the job without it." "Thank heavens you're willing to try," he returned quietly.

(8) a. I **suspect that** most of the tickets <u>have gone</u> to people who you know...

b. If you do **suspect that** your child <u>is involved in anything undesirable</u>...

并且,跟汉语的情况一样,doubt 和 suspect 的宾语论元的情感色彩

（褒贬）是对立的："doubt"的宾语一般带积极或中性的评价色彩，而"suspect"的宾语论元通常带有消极的评价色彩。

在日语中，跟"怀疑"相对应的词有两个，即「疑う（utagau，怀疑）」和「怪しむ（ayashimu，奇怪、惊奇、诧异）」。跟"怀疑"类似，它们都有"不相信"和"猜测、有点儿相信"两种意义和用法，不同意义的实现条件为：当客体论元的评价色彩是正面、积极或中性时，「疑う」和「怪しむ」可以识解为不相信（疑善）；当客体论元的评价色彩是负面、消极时，「疑う」和「怪しむ」可以识解为相信、猜测（信恶）。例如：[15)]

(9) a. 私は自分の耳を<u>疑った</u>。

　　［我怀疑自己的耳朵（听见的东西）］→ 不相信

　b. 祖母にとっては、なぜ、自分の息子だけが帰らないのか。二人が何か隠しているのでは<u>ない</u>かと<u>疑った</u>。

　　［（奶奶）怀疑那两个人是不是还隐瞒着什么。］→ 相信、猜测

(10) a. …が妙だったから不審に思ってね。確かめてみただけなんだ。おそらく彼女も，君の正体を<u>怪しん</u>でいたに違いない。

　　［估计她也一定在怀疑（你的）真相］→ 不相信

　b. CIA は一時期，イラクがそれを生物科学兵器の運搬用に改造しているのでは<u>ない</u>かと<u>怪しん</u>だことがあります。

　　［CIA 有一段时期，怀疑是不是伊拉克为了运输生物科学兵器对那个物品进行改造。］→ 相信、猜测

并且，在日语中，「疑う」和「怪しむ」表示不相信和相信或猜测两种意思，除了依靠客体论元的评价色彩之外，通常还利用直接宾语标记「を」和引用标记「と」来作为区分两种意义的形式线索。例(9a)中，「疑う」的宾语论元（包括隐性或潜在的客体）的评价色彩是中性的，「疑う」可以理解为不相信，并且直接宾语用了助词「を」。例(9b)中，「疑う」的客体论元的评价色彩是负面、消极的，「疑う」可以理解为相信、猜测，客体论元用助词「と」作标记，并且客体论元中有「ない」等疑问形式。

---

15) 下面例子中的「疑った」是「疑う＋た（过去时）→ 疑った」。

例(10a)中,「怪しむ」的客体论元(包括隐性或潜在的)的评价色彩是正面、积极或中性的,「怪しむ」可以理解为不相信,并且直接宾语用了助词「を」。例(10b)中,「怪しむ」的客体论元(包括隐性或潜在的)的评价色彩是负面、消极的,「怪しむ」可以理解为相信、猜测,客体论元用助词「と」作标记,并且客体论元中有「ない」等疑问形式。

在韩语中,跟汉语"怀疑"对应的常用词是"의심하다(疑心-hada[16])"。跟汉语"怀疑"相同,当韩语"의심하다(疑心-hada)"跟名词性宾语搭配时,大部分表示"不相信"的意思;当它跟动词性宾语搭配时,则表示"猜测、有点儿相信"的意思。并且,韩语宾语中两种格助词"을/를"、"고"的使用,使韩语"의심하다(疑心-hada)的两种意义得到了有效地区分和判定。例如:

(11) a. 늘 역사서를 읽을 때면 착한자는 착하기만 하고 악한 자는 악하기만 한 것을 **의심하였다**.

[当我每次看历史书时,我**怀疑**"善人为善,恶人为恶"]→不相信

b. 저는 이들이 택시를 타게 하려고 수작을 꾸민다고 **의심**부터 했던 거구요, …[17]

[我首先**怀疑**他们弄了让我坐出租车的手法(花招),……]→相信、猜测

(12) a. 그와는 가장 가까운 친구라는 것을 **의심하지 않** [neg] 았습니다.[18]

[我**没有怀疑**过他是我最好的老朋友。]→没有+不相信→一直相信

b. 구속은 피고인이 죄를 범하였다고 **의심**할 만한 상당한 이유가 있고…

[拘留是指**怀疑**被告人犯了重罪时,……]→相信、猜测

在韩语中,如果宾语是名词性成分,那么用宾格助词"을/를",如例(11a)(12a),客体宾语为中性事件(疑善),"~을(를) 의심"格式相当于

---

16) -하다 (-hada):韩语动词词尾。
17) 其中的수작相当于汉语的"手法、花招"。
18) 其中的는것是名词化后缀。

汉语的"不相信";如果宾语是动词性成分,那么用引用格助词"고",如例(11b)(12b),客体宾语为消极性事件(信恶),"~고 의심"格式相当于汉语的"猜测、有点儿相信"。

通过对四种语言中"怀疑"类动词的语义分析可以发现,语句意义的理解是一个句法、词汇、语义、语用等多平面知识互动的过程。语法不仅是一种人类种系进化所得的内在禀赋,而且是一种人类个体在社会交往中锻炼成就的文化技艺;语法不仅体现为一套静态的由原则与参数等组成的规则系统,也体现为一种动态的由建构与猜测等智力行为组成的博弈程序;语法研究需要根植于人们使用和理解话语的实际情形,需要在社会意义的范畴框架下加以建构。

## 4 接近性心理和乐观心理假设下的汉英日韩"差点儿VP"类句的语义理解

接近性心理是人类一种普遍的心理思维方式,许多语言都拥有表示事态接近性(差一点实现,但是最终没有实现)的词汇表达形式,汉语的副词"差点儿"就是其中一种。例如:

(13) a. 金融改革**差点儿**成功。(没成功)
  b. 金融改革**差点儿**没成功。(成功了)
  c. 金融改革**差点儿**失败。(没失败)
  d. *金融改革**差点儿**没失败。(失败了)
  e. 金融改革**差点儿**没失败。(没失败)

袁毓林2011已经证明,"差点儿VP"格式的断言意义是其预设和推演的合取:"接近VP,但是没有VP","差点儿"是一种含有隐性否定意义的副词。因此,通常情况下"差点儿VP"表达"没有VP"的意义,而"差点儿没VP"表达肯定性"VP"的意义。但是,面对上面例(13)的语言事实,一个自然而然的疑问就是:(i)为什么d这种表示肯定意义"VP了"的"差点儿+没VP"格式不能成立?(ii)为什么会出现e这种表示否定意义"没有VP"的冗余否定格式"差点儿+没VP"?

对于上述困惑，袁毓林 2013 进行了深入的研究。具体来说，对于问题(i)，他指出：例 d 是用双重否定这种比较复杂的强调性肯定表达形式，来表达为不希望之事的成而遗憾，虽然形式上非常复杂，但是表达的意义却是负面、消极的，这种表达十分不自然。双重否定这种强调性肯定表达形式，适宜于表达正面的、积极的评价意义，不适于表达负面的、消极的评价意义。这种语言表达的组配限制的理据是人类心理的乐观原则：人总是乐于看到和谈论生活中光明的一面（好的事情、好的品质），摒弃坏的一面；因此，造成一种普遍的人类倾向：积极评价的词语比消极评价的词语用得更加频繁、多样和随便。例 d 既然最终的结果是消极的，那么就不必兜一个圈子，用双重否定这种强调性肯定表达形式来表达了。这种语用法的语法化，使得 D 式"差点儿没 VP"（差点儿没失败［＝失败了］）成为不合格的构式。对于问题(ii)，因为"差点儿 VP"（差点儿失败［＝没失败]）的断言意义是正面的"接近 VP，但是最终没有 VP"，评价意义是积极的"庆幸最终没有发生不希望的事情"。为了强调甚至夸大这种人们乐于见到的"好的一面"，不惜在负面词语 VP 前加上显性的否定词"没（有）"，把"差点儿 VP"的推演意义"没有 VP"显性地表达出来。因为正好没有"差点儿没 VP"（差点儿没失败［＝失败了]）；于是，冗余否定的"差点儿没 VP"（差点儿没失败［＝没失败]）就可以填补这个空缺，又不至于造成歧义（一种形式"差点儿没 VP"，同时表示"VP 了"和"没有 VP"两种意义）。也就是说，这种冗余否定句式的出现，既有语用上强烈的表达动机作为促动因素，又有语法上合适的句式空位提供可能性。

在上述研究的基础上，袁毓林、郑仁贞 2015 相继对英语、日语和韩语中与汉语"差点儿"相对应的副词的用法特点进行了研究。首先来看英语的情况，在英语中，常用的接近性副词有"almost、nearly、hardly"等，它们表现出与汉语"差点儿"类似的句法语义性质。例如：

(14) a. The album, Unplugged, which contains the song, Tears in Heaven, was **almost not** released, Clapton said.（Clapton 说，包含 Tears in Heaven 那首歌曲的 Unplugged 专辑，差点儿没有发行。）（≈发行了）

b. Once or twice she were **nearly no**, ne or the pair of us nearly got knocked down!（有一两次，她差点儿没，不，我们俩儿差点儿被撞倒了。）（≈没被撞到）

c. I'm just slipping down the hill being bumped by people but I **don't hardly** notice.（我沿着山路溜下去的时候，被别人撞了一下，但却几乎没有感觉到。）（≈没有感觉到）

总体来看，英语的"almost"在说话人对事态的实现有明确的期望时，倾向于否定，跟"nearly"和汉语的"差点儿"比较接近，句子中的显性否定词不能省略；于是"almost＋not＋VP"≈"not＋(not＋VP)"≈"VP"，如例(14a)所示。"nearly"强调虽然接近，但是尚有差距、有所不足，隐含了些微的否定意义，跟汉语的"差点儿"比较接近；在强调乐观精神时，可以伴随着冗余的显性否定词，如例(14b)所示。"hardly"倾向于否定，相当于汉语的"几乎不、简直不"，所以原则上不能有冗余的显性否定词语。但是，在强调某种乐观自信的情绪、或者表示夸张语气的时候，显性否定词可以跟隐性否定副词冗余性地共现，如例(14c)所示。

在日语中，跟汉语"差点儿"意义和用法表面上相似的接近性副词，常用的有「もう少しで(mou sukoshi de)、危うく(ayauku)」等，它们与动词性结构构成的相关例句如下面例(15)所示。

(15) a. ある雑誌の企画でドイツへ行ったとき，もう少しで命を落とすところだった。

[差一点丢了性命]→没有丢了性命

b. 手をぐいぐい引っぱるもので，私は危うくつまずきそうになりながらその横を小走りについていった。

[我差一点跌倒]→没跌倒

c. …は容赦なくバットでお仕置きしてきたんだけど，今の人は手紙をぎりぎりにだしたから，危うく命拾いしたわね。

[差一点拣了条命]→拣了条命

从例(15a)(15b)可见,日语的「もう少しで/危うく＋VP」跟汉语"差点儿＋VP"相似，都表示 VP 所表示的事情接近发生、最后终于没有发

生，含有庆幸的评价色彩。日语的副词「もう少しで/危うく」跟汉语的副词"差点儿"相似，都是一种隐性否定词语。但从例(15c)中我们亦可发现，日语的「危うく＋VP」跟汉语"差点儿＋VP"也有所不同，表示VP所指谓的事情接近没有发生、最后终于发生了，也含有庆幸的评价色彩，其中的VP所指谓的事情一般具有正面、积极的评价色彩。这种情况下，日语的副词「危うく」如果还是一种隐性否定词语的话，那么似乎「危うく＋VP」中隐藏着一个（本该出现却没有出现的）显性否定词。也就是说，跟汉语的冗余否定格式"差点儿＋（没有＋）VP"（如："差点儿（没有）摔倒"）相反：日语是该有的否定词硬是不出现，汉语是不该有的否定词愣是出现。换句话说，汉语是碰到不好的事情（丧了命）可以硬加进冗余否定词"没有"（如："差点儿（没有）丧了命"），日语是碰到好的事情（捡了条命）可以硬省去否定词（如：「危うく命拾いした」）。表达方式虽然不同，但是背后共同的语用动机都是乐观主义精神：热衷于考虑和谈论积极、正面的事情，摒弃不好的事情。

在韩语中，跟汉语"差点儿"意义和用法表面上相似的接近性副词有"뻔-하다"(ppeon-hada)和"가까스로(gakkaseuro)/간신히(gansinhi)"等形式，它们与动词性结构构成的相关例句如例(16)所示。

(16) a. 차에 치일 뻔했다. (안 $_{Neg}$ 치였음)

[<u>差点儿</u>被车撞上了。] → **没**撞上

b. 그는 이번 런던올림픽에서 축구 국가대표팀의 주장이 되지 못 $_{Neg}$ 할 뻔했다. (주장이 되었음)

[这一届伦敦奥运会上，他<u>差点儿**没**</u>当上国家足球队的队长。] → 当上队长了

c. 사지가 후들거렸지만, <u>가까스로</u> 넘어지지 않고 사립문에 의지할 수 있었다. (넘어지지 않 $_{Neg}$ 았음)

[浑身发抖，<u>好不容易**没**摔倒</u>，靠在柴门挺住。] → **没**摔倒（意思相当于"差点儿没有摔倒"）

d. 경찰관은 창 밖으로 뛰쳐나가 <u>간신히/가까스로</u> 목숨을 건졌다. (목숨을 건졌음)

[警察从窗户逃了出来,艰难地救活了自己的命。]→救活了(意思相当于"差点儿没有保住了性命")

如例(16a)所示,"뻔-하다"跟"差点儿"一样,它是表示否定性意义(隐性否定)的成分。如果"VP 뻔-하다"中的 VP 是否定形式"~VP","~VP+뻔-하다"的意思便是肯定性的"VP",如例(16b)。汉语的冗余否定形式"差点儿+~VP"(表示"没 VP";VP 为"消极"词语;评价意义为"庆幸",比如:差点儿没摔断大腿〔没摔断〕)翻译成韩语时不能用"뻔-하다",恰当的对应格式应该是"가까스로/간신히+~VP(VP 带有消极色彩)",如例(16c)。副词"가까스로/간신히"表示"好不容易(艰难地)"。"가까스로/간신히+~VP(VP 带有消极色彩)"格式表示"庆幸最终没有发生不希望的事情"。不过,跟汉语不同的是:"가까스로/간신히"不是隐性否定副词,VP 小句出现的否定词也不是冗余成分,VP 成为它的直接成分。此外,如例(16d)所示,"가까스로/간신히"还可以跟肯定形式的"VP(积极)"共现,表示 VP 所指谓的事情接近没有发生、最后终于发生了,也含有"庆幸"的评价色彩。

总之,通过对四种语言中"差点儿 VP"类句的考察可以发现:(i)接近性副词具有很强的主观性,由它们构成的相关句式是一种主观化的表达形式,可以用来表示庆幸、遗憾等主观感情;并且,不同的接近性副词包含的感情色彩可能不同(如:汉语的"险些"和韩语的"하마터면(자칫)"一般只用于表示庆幸的语句);(ii)由于乐观心理原则的制约,"接近性副词+真性否定词语+消极性动词短语"(如:"差点儿没摔断大腿"=摔断了大腿)之类的格式一般不能成立;(iii)为了强调积极性的结果,可以有冗余性否定形式"接近性副词+冗余否定词语+消极性动词短语"(如:汉语"差点儿(没)摔断大腿"=没有摔断大腿;英语"nearly not got knocked down"="nearly got knocked down"),或者隐含否定的肯定形式"接近性副词+[隐含否定词语+]积极性动词短语"(如:日语「危うく命拾いした」,险些[没有]捡回一条命=捡回了一条命)等强调推论意义的特殊句式。

## 5　结语：语言和意义在社会中得到建构

关于色彩命名的讨论在人类文化研究史上占据举足轻重的地位。19世纪中期，英国政治家格莱斯顿在他所创作的《荷马及荷马时代研究》这一皇皇巨著的最后一卷书末的一章，讨论了一个有趣的主题——荷马对色彩的感知和运用，从而激起了一场关于语言究竟由自然决定，还是由文化决定的论战，因为荷马在他的《伊利亚特》和《奥德赛》中都将大海的颜色描绘成暗如"葡萄酒"和"紫罗兰"的颜色。那么，为什么明明是蓝色的大海，在荷马的笔下却变成了紫色？此后，关于这个问题一直争论不休。自然论派的学者从几千年来人类眼睛的生理构造演变的角度认为，在荷马时代人们由于受到人体解剖结构这一自然特性的限制而无法感知到蓝色光，所以荷马只能将大海描绘成紫色；而文化论派学者则坚持认为荷马时代的人们和我们现在一样都能感受到各种颜色，只是他们无法用语言区别，即使对于最基本的几种颜色来说也是如此，也就是说，荷马能够感受到蓝色，但词汇的缺陷和匮乏让他只能将其描述成紫色。而在经过一系列的调查研究之后，文化派最终胜利了，在近一两千年视觉系统发生了生理学变化的说法并不可靠，古人能够和我们一样看到各种色彩，色彩词汇的差异反映的只是文化的发展，与生物学因素毫无关系[19]。

自然和文化之争从上述词汇学层面自然而然地延伸到关于语法的讨论当中。自然论者认为存在内在生物学意义上的"普遍语法"机制，它们编码为语法基因成就了当今世界上各种表面看似不同但实质相同的语言形式；他们声称"普遍语法"(universal grammar)和"参数变化"(parameter variation)能够对世界上所有语言的语法差异进行解释，以至于乔姆斯基宣称：如果让来自火星上的科学家来分析地球上的语言，那他们会认为地球人讲的都是同一种语言的方言。在自然派的眼中，不同语言的差异仅仅表现为参数设置的不同，留给文化的活动空间只剩下如何对参数进行设

---

19)　关于色彩命名这部分讨论，详见盖伊·多伊彻 2014《话镜：世界因语言而不同》第一章至第四章的内容。

置,拨动这几个开关就是英语语法,拨动那几个开关就是汉语语法。但是,如果纵观世界上的各种语言,其差异之广并非几个参数就能够概括的了的,我们不禁要问:每当发现一个并不具有普遍意义的语法规则,就设定为参数,那么参数数量和种类的设置究竟何时才能休?是否会面临"过犹不及"的危险和境地呢?有鉴于此,一些学者才指出"参数理论只是一种多余而繁琐的解释语法差异的方式,抛开内在的语法规则的假设后,语法差异解释起来会简单得多"(多伊彻 2014:112)。

本文站在以经验主义和人文主义为营地的文化派这边,通过一系列的跨语言研究案例尝试对上述自然派做出回应。因为社会性是人类的标准配置,人自出生之始就处于社会互动的环境之中并且拥有许多社会技能[20],那么,自然而然有关人类的语言也就具有浓厚的社会性特征。有鉴于此,我们希望实践一种基于语言运用的实际情形的语法研究的范式,让语法研究根植于人们使用和理解话语的实际情形;我们力推语言研究除了要有理性主义的科学精神外,经验主义的人文关怀也必不可少。语言因人的交流和合作的需要而产生,这一社会属性自然地决定了我们也要在人与人的社会互动和文化环境中去研究语言。语言并不是作为一个抽象的形式系统自动地与外部世界发生关系,而是使用语言的人在语言共同体中让语言和世界发生联系。语言是集体社会的产物和结晶,无时无刻不体现着使用者的交际智慧和策略,而其中的语义知识来自于经验知识,是对人们的语言交际实践的归纳和总结。

进化人类学家迈克尔·托马塞洛 2011 指出,人类的认知能力有两个方面的考量维度:生物遗传和文化遗传。相比于生物遗传,文化遗传对于人类独特的认知能力的形成具有关键性的作用,"个体生命都有能力把同物种成员理解为与自己相同的生命个体,把他们理解为有意向有心智的生命体,就像自己一样"[21],而积累性文化传播的"棘轮效应"[22]成就了这种对于"他心"的理解过程,并塑造了人类的认知能力。那么,不难意识

---

20) 详见迈克尔·加扎尼加 2013《谁说了算?自由意志的心理学解读》第五章"社会意识的进化"。
21) 见迈克尔·托马塞洛 2011《人类认知的文化起源》:5。

到，作为人类特有的认知能力的一部分，对于语言的运用和理解能力也必然会在社会文化实践中不断地加以磨练和锻造，并最终为高度发达的社会文明和群体智慧的形成提供基础和保障。最后，我们引用美国哲学家泰勒·伯吉1979的观点来结束全文：当下社会互动的社会性因素在确定词语的意义时发挥实质性的作用，词语的意义不仅取决于有关那个人的事实，还取决于那些词语在更大的语言共同体中的用法，实质性地依赖于与那个人周围的其他人之间所进行的语言实践。

**参考文献**

北京大学哲学系、外国哲学史教研室编1961 《十六—十八世纪西欧各国哲学》，北京：商务印书馆

陈勇2003 论经验主义和理性主义之争—关于西方语言学研究中的认识论，《外语学刊》第3期，pp.57-62

陈忠敏2015 肌动理论和语言认知，《外国语》第2期，pp.15-24

冯志伟2007 自然语言处理中理性主义和经验主义的利弊得失，《长江学术》第2期，pp.79-85

[以]盖伊·多伊彻2014 《话镜：世界因语言而不同》，北京：清华大学出版社

[德]胡塞尔1988 《欧洲科学危机和超验现象》，上海：上海译文出版社

[美]迈克尔·加扎尼加2013 《谁说了算？自由意志的心理学解读》，杭州：浙江人民出版社

[美]迈克尔·托马塞洛2011 《人类认知的文化起源》，北京：中国社会科学出版社

朴珉娥、袁毓林2015 汉韩"白"类词的语义和语用特征对比研究，《外语教学与研究》第4期，pp.496-508

朴敏浚、袁毓林2016 汉英日韩"怀疑"类动词的句法语义和语用对比，《汉藏语学报》

钱冠连2005 《语言：人类最后的家园》，北京：商务印书馆

苏得权、叶浩生2013 大脑理解语言还是身体理解语言—具身认知视角下的语义理解，《华中师范大学学报》（人文社会科学版）第6期，pp.189-194

---

22) "棘轮效应"指复杂的社会实践或人造物品等不是一次性形成的，而是某个个人或群体首先发明，后来的使用者再加以改造，这样反复复经历不断改进的过程。

王寅 2006 论语言的体验性——基于体验哲学和认知语言学提出的语言新性质,《中国外语》第 5 期, pp.22-27

王寅 2008 既超越又不超越的回归——兼谈体验哲学的超越性和语言学研究的新增长点,《外语学刊》第 1 期, pp.6-13

许碧纯 2006 牵动你我神经——镜像神经为什么重要?,《科学人》第 58 期

袁毓林 2011 "差点儿"和"差不多"的意义同异之辨,《语言教学与研究》第 6 期, pp.66-75

袁毓林 2013 "差点儿"中的隐性否定及其语法效应,《语言研究》第 2 期, pp.54-64

袁毓林 2014a 概念驱动和句法制导的语句构成和意义识解——以"白、白白(地)"句的语义解释为例,《中国语文》第 5 期, pp.402-417

袁毓林 2014b "怀疑"的意义引申机制和语义识解策略,《语言研究》第 3 期, pp.1-11

袁毓林 2015 在科学主义的大林莽中开辟人文主义的小蹊径, 收录于冯胜利、李旭主编《语言学中的科学》, pp.269-309, 北京:人民出版社

袁毓林、郑仁贞 2015 汉英日韩接近性副词和相关格式的句法语义比较,《汉日语言对比研究论丛》第 6 辑, pp.20-34

郑杭生、李霞 2004 关于库恩的"范式"——一种科学哲学与社会学交叉的视角,《广东社会科学》第 2 期, pp.119-126

Burge, Tyler 1979 Individualism and the Mental, in *Foundations of Mind, Philosophical Essays*, vol.2, pp.100-150

Bor, Daniel 2012 *The Ravenous Brain: How the New Science of Consciousness Explains Our Insatiable Search for Meaning*, Basic Books.(中译本《贪婪的大脑:为何人类会无止境地寻求意义》,林旭文译,机械工业出版社,2013 年)

Hauser, M. D., N. Chomsky & W. T. Fitch 2002 The Faculty of Language: What Is It, Who Has It, and How Did It Evolve?, *Science*, 298(5598), pp.1569-1579

Pinker, Steven 1994 *The Language Instinct: How the Mind Creates Language*. New York: Harper Perennial.(中译本《语言本能:人类语言进化的奥秘》,欧阳明亮译,浙江人民出版社,2015 年)

Robins, R. H. 1967 *A Short History of Linguistics*, London: Longman.(中译本《简明语言学史》,许德宝等译,中国社会科学出版社,1997 年)

Steinfeld, Edward 2015 社会科学中可重复性的挑战：来自自然科学的经验，收录于冯胜利、李旭主编《语言学中的科学》，pp.310-325，北京：人民出版社

\* 本文的研究得到国家社科基金重大招标项目《汉语国际教育背景下的汉语意合特征研究与大型知识库和语料库建设》（12&ZD175）和国家重点基础研究计划（973计划）项目课题《语言认知的神经机制》（2014CB340502）的资助。谨此谢忱！

（Yuán·Yùlín　北京大学）

（Lǐ·Qiáng　上海大学）

# 从标记有无看汉日对信息来源的处理
## ——以感情、感觉及状态变化的表达为例

### 杨　凯荣

## 1　引言

我们知道日语在言及说话人的感情和他人的感情时用不同的表达方式。其主要表现为感情形容词对人称的限制。

(1) a. (私は) 嬉しい。　　　　　*b. 彼は嬉しい。
　　c. 彼は嬉しそうだ。　　　　d. 彼は嬉しがっている。

例(1)中，当感情主体[1]为第一人称时 a 句很自然，但当感情主体为第三人称时则不自然 (b 句)，需要添加「～そうだ」(c 句) 或「～がる」(d 句) 等形式。不仅是感情形容词，日语中对感觉的表述也是如此。

(2) a. (私は) 寒い。　　　　　*b. 彼は寒い。
　　c. 彼は寒そうだ。　　　　d. 彼は寒がっている。

有关日语的感情、感觉形容词的人称限制问题，以往已有很多研究讨论过，比如寺村 1982、金水 1989、神尾 1990、神尾 2002、池上 1999、王安 2005、定延 2006、山冈 2014 等。感情、感觉主体的"自他"之别在多大程度上表现为谓语对主语的人称限制，因语言而异。比如，風間 2013 指出阿尔泰语系中，朝鲜语、蒙古语、土耳其语与日语相同，都有人称限制。英语在人称限制上虽然不如日语这么严格，但有的句型对人称也有一定的选择性 (参看寺村 1984:349、神尾 1990:125-127)。就汉语来说，一般认为在人称上没有限制，不需要加以区分。比如：

---

1) 日语实际上感情主体为第一人称时往往不出现。

(3) a. 我很高兴。　　　　　　　b. 他很高兴。

从以上例句可以看出，汉语能以同一方式来表达第一人称与第三人称的感情。汉语对人称不加限制的现象虽然已被广泛认知，但在叙述第三人称的感觉时也会因不同的身体感觉而采取不同的语码化方式。具体地说，有些感觉形容词对主语的人称不加选择，而有些则不然。

(4) a. 我很冷。　　　　　　　　?b. 他很冷
　　c. 他好像很冷的样子。

(4a)表述第一人称感觉非常自然，但主语为第三人称的(4b)不太自然，添加表推测的"好像"或者表外观的"样子"等词汇形式后比较自然。

现实世界中，对他人的感情、感觉，说话人都无法直接体验，只能通过外部观察或推测等手段才能得知。日语为了区分自己与他人的感情、感觉的不同，需要强制性地添加一些标记。而对说汉语的人来说，虽然他人的感情也无法直接体验，但在是否使用标记这一点上与日语有所不同，实际上存在上述两种情况。更有趣的是，日语在表述他人的感情、感觉时需要添加标记，但在叙述将然的状态变化时则可以用无标的形式表达。然而，汉语这时却需要使用某种标记才能成立。比如：

(5) a. 孩子昨天感冒了。　　　　b. 子供は昨日風邪を引いた。
(6) *a. 孩子不穿外衣感冒。　　　b. 孩子不穿外衣会感冒的。
　　c. 子供は上着を着ないと風邪をひくよ。

"感冒"与动作、行为不同，是人的生理状态的变化，属于不可控的事态。以上例句中，对已然的变化(5a)和(5b)，分别使用已然标记"了"和「た」。从这一点来看，汉语和日语完全对应。而表示将然的状态变化的(6)中，汉语光杆动词不成立，需要如(6b)那样添加像"会"等能愿动词，以此来表述说话人对将然变化的一种可能性的认识。不过如(6c)所示，日语却不需要添加任何标记。表述将然的状态变化时日语无标、汉语有标的这一现象正好和表述他人感情时日语有标、汉语无标截然相反。对这一截然相反的现象以往的研究虽然分别有过具体叙述[2]，但没有从汉日对比的

---

2) 比如对事件的变化，请看木村1997。

角度做出统一且合理的解释。本文打算从示证性（evidentiality）以及情态（modality）标记的使用与否的角度对这些看似毫无关联的现象做出一个有机且统一的解释。

## 2　关于示证性与情态

首先对本文所说的示证性做一简单的说明。所谓"示证性"（evidentiality）就是如何表达信息来源（information source）的一种语义—功能范畴。从以往的研究来看对示证范畴的概念有广义和狭义之分（参见 Chafe 1986、Anderson 1986、Aikhenvald 2004 等）。据 Aikhenvald 2004 介绍，南美哥伦比亚使用的 Tariana 语通过动词后缀来区别信息来源。比如，说话人在叙述"Jusé 踢球了"这一事件时，有五种表示信息来源的后缀可供选择。

(7) Juse  irida    di-manika-{**ka/mahka/nihka/sika/pidaka**}
　　José football 3sgnf-play-rec.p.{vis/nonvis/infr/assum/rep}
　　'José 踢球了　{看到了/听到声音了/根据视觉观察得到的痕迹推测/根据以往的知识猜度/传闻}　　　（Aikhenvald 2004:2-3)

也就是说，在 Tariana 语里示证是一个语法范畴，用这种不同的后缀分别对信息来源加以区别。Aikhenvald 2004:63-64 把信息来源参数分成以下六大类。

(i) visual　　　　(ii) sensory　　　(iii) inference
(iv) assumption　 (v) hearsay　　　 (vi) quotative

然而，依靠什么样的手段来标示这些信息来源，以及哪些形式可看做示证标记，往往因语言不同而异，并非所有语言都像 Tariana 语那样具有严格意义上的示证标记。尽管如此，这并不妨碍其他语言可以用词汇等其他手段表述这些信息来源。汉语和日语虽然也有区别这些信息来源的手段和方法，但它们未必能构成一个作为语法范畴的示证体系。至于汉语中有无严格意义上的示证标记、如果有那么有多少，至今还没有形成统一认识（具体请看李佳樑 2014）。汉语中有关示证性研究也有比较宽泛的和狭义的

差异。前者的代表主要为张伯江 1997，李讷、安珊笛、张伯江 1998，张成福、余光武 2003 等，而后者的代表则是李佳樑 2014。李佳樑 2014 指出，严格意义上，汉语只有"说是"和"想是"可以看作是真正的示证标记（即"示证素"evidential），而其它一些词汇或句型等可以看作"示证结构"evidential construction 或"示证策略"evidential strategy。

对日语中的示证标记也有不同观点（杨文江 2014 有详细的介绍）。寺村 1984：237-254 虽然没有直接使用"示证标记"等词语，但认为「～そうだ」（此形式表样态）和「ようだ」以及「らしい」都依赖于某种证据进行推测。Aoki 1986 认为日语的 gar（がる）、soo（～そう[だ]）、soo（そう[だ]）、yoo（よう[だ]）、rasi-i（らしい）虽然能用以示证，但只是词汇或词素形式。神尾 2002：41-47 也在讨论「情報のなわ張り」（territory of information）时提到信息领属与示证的关系。杨文江 2014：59-60 认为日语的证语（相当于上述的"示证素）主要成员为「ヨウ」「ミタイ」「ラシイ」「ソウ₁」（样态）「ソウ₂」（传闻），次要成员为「ガル」「ッテ」「ッポイ」「トイウ」等，而其他均为示证策略以及其他结构形式。定延 2006 把时体标记「ている」视为示证标记。蒋家义 2001 则认为日语中除了表示传闻「そうだ、という、って」等可以视作 hearsay 的示证标记以外，日语中并没有其它示证范畴的形式。

由此看来，不管是汉语还是日语，对所谓的示证标记至今还没有达成共识。如果拘泥于语法范畴的示证标记，就有可能无法对汉语和日语如何表达信息来源展开有意义的讨论。即使没有严格意义上的示证范畴标记，也可以用其他语法或词汇等手段来表述信息来源。而这些手段又往往能够用来体现说话人对客观事件的一个主观认识，这种认识其实就是所谓的情态（modality）。也就是说，日语中有些形式比如「～そうだ」「ようだ」「らしい」等，以及汉语中有些形式如"看上去""看样子"等，既具有示证性意义，又具有情态意义。从这个意义上来说，示证与情态有着密切的关联，示证被看作情态的一部分来研究也不无道理。Palmer 2001[1986]：22、35-51 所谓的 evidential modality 就是把示证性置于情态框架内处理的。日本的一些研究（如宫崎 2002、日本語記述文法研究会 2003：133-134）也在情

态框架下讨论示证标记。

　　从汉语缺乏严格意义的示证标记以及汉日对比的性质和目的出发，本文所涉及的示证性标记范围比较宽泛，不局限于语法形式，还包括一些词汇形式（即动词、副词以及插入语等形式）。这些形式有的既表示情态又有示证用法，两者兼容。本文主要基于 Aikhenvald 2004 提出的信息来源的参数来讨论和分析汉语和日语在表述感情、感觉以及将然的状态变化时所采用的不同策略，并对这些差异产生的动因进行阐述。

## 3　对他人感情的表述

　　说话人自身的感情是一种最直接（direct）的体验，日语在叙述第一人称的感情时，不用添加任何标记就可以直接叙述。而对他人的感情，说话人无法直接感受，因此不能直接陈述，需要添加某种标记。与之相比，汉语不管是自己的感情还是他人的感情无需加以区分，都能以同样的方式进行直接叙述。先看日语和汉语表述第一人称感情的实例。

(8)　あんなにすてきなバッグをいただけるなんて、ほんとうに<u>嬉しい</u>です。　　　　　　　　　　　　　　　　　　　　　（KOTONOHA）
(9)　私は緊張して全然眠くならないの。夜中の薄暗い。<u>寂しい</u>。
　　　　　　　　　　　　　　　　　　　　　　　　　（KOTONOHA）
(10)　我们那个路试的考官是一个年轻的小伙子，看到女儿开的是教练车，<u>很高兴</u>。　　　　　　　　　　　　　　　　　　　　（CCL）
(11)　那种快乐叫孤独的愉悦，很孤独，可我<u>很愉快</u>、<u>很喜悦</u>。　（CCL）
(12)　当哥哥出事走了之后，我<u>很伤心</u>，[……]　　　　　　（CCL）

　　以上例句中，日语的感情形容词「嬉しい」「寂しい」以及汉语的感情形容词"高兴""愉快""伤心"等都可以用于直接表述说话人自己的感情。说话人自身的感情是最直接的感受，无需标出信息来源。就这一点来说，日语和汉语并无差异[3]。因此，本文不打算就第一人称的感情表述作详细论述，而主要讨论对他人（主要为第三人称）的感情、感觉表述的差异。现实世界中，他人的感情、感觉说话人无法直接感受，但可以通过视

觉或其他方式加以观察或推测。这一事实不管对汉语还是日语的使用者都是如此，但在语码化时，日语需要使用「～そうだ」或者「～がる」等标记，而汉语不需要使用任何标记[4]。

(13) おじさんは、そんなぼくを見て、とても嬉しそうだった。
(KOTONOHA)

(14) 単純に三田行きを嬉しがっている弟たちを、母は、「おばあちゃまが死にそうなのよ」と憂い顔で抑えた。　(KOTONOHA)

(15) パルさんはヒヨが来ないと寂しがっているようです。
(KOTONOHA)

(16) 接待に余念のない徳の姿が、視野をかすめてゆく。女人のもてなしを受けることが嬉しいのであろう。　(KOTONOHA)

(17) 学中国哲学的学生开始学西方哲学的时候，看到希腊哲学家们也区别有和无，有限和无限，他很高兴。　(CCL)

(18) 年届七旬的父亲也很寂寞。　(CCL)

(19) 王光复很不安，他担忧自己那个十分敏感的刘少奇的亲戚问题。他很难过，决定退役。　(CCL)

以上例句中，日语分别使用了「～そうだ」「～がる」以及「ようだ」「～のであろう」等标记来表述第三人称的感情。这些形式除了「～がる」以外，一般都可以看作是一种情态标记（寺村 1984:223-242）。不过，从示证性角度出发，「～そうだ」可以被看作通过视觉观察并加以推测

---

3) 但这并不意味着汉语和日语在表述感情形容词时句法上完全一致。比如，汉语可以在主语后加上动词"觉得"说成"我觉得很高兴"，或者在感情主体后加上"心里"说成"我心里很难受"等，但是日语在表述第一人称感情时这种说法都不能成立：「?私は嬉しいと思う」「?私は心の中がつらい」。日语可以说「私は嬉しく思います」。

4) 当然汉语也可以使用一些标记来表述，但日语使用标记是强制性的。除非如定延 2006:173 所述，在表述"理所当然的道理"「当然の理屈」时可以不加标记。有关汉语有无标记我们将在第四节讨论。

(inference) 的标记[5]。「～がる」一般也只能用于对第三人称的外部状态的描述，但并非必须是事实（Aoki 1986）。「ようだ」也是通过视觉、听觉或者其他的感觉所获得的信息（或者考虑到周围的一些状况）后加以推测，与「～そうだ」相比，更注重推测出的结果[6]。宫崎 2002 则认为它是以不知真伪的事态为证据加以推测的形式。

⒃中的「～のであろう」是「～のだ」加「であろう」形式。「～のだ」是对事态的一种说明，属于说明情态（寺村 1984:305-311、益冈 2007:89-95）。从示证性角度来看，它并不明示信息来源。它可以基于以往的经验和常识，也可能基于说话时所获取的某种信息来加以说明。而「であろう」一般认为是说话人的推测，或者可以说是一种是对事态断定的保留。不管是示证性还是情态，日语对第三人称的感情叙述可以根据说话人如何传达内容的需要来选择标记，但不能采用无标记策略。

与日语不同的是，⒄－⒆中的表第三人称感情的"高兴""寂寞""难过"等都可以不加任何标记出现。汉语中说话人对第三人称的感情可以与自己的感情一样，采用无标形式直接表述。综上所述，同样是对他人感情的叙述，日语基于是否为说话人自己的感情来决定使用何种信息来源标记，当说话人为第一人称时，无需标出信息来源，而当感情主体为第三人称时，即使是通过视觉的观察所得到的信息，也必须强制性地加以标示。与此相比，汉语在感情的表述方面，对通过视觉所得到的信息和自己感情的直接体验可以不加区别，都以无标形式来语码化。当然，汉语也可以用有标的形式表述第三人称的感情。比如：

⒇ 他<u>看上去</u>很高兴<u>的样子</u>。

(21) 他<u>好像</u>很高兴。

以上例句中，⒇的"看上去"作为插入语，既是一个情态成分，又

---

[5) 寺村 1984:239 认为「～そうだ」表示的情态（即「概言のムード」）具有如下语义：「話し手が感覚的に捉えた外界の様相、典型的には視覚に映じた様相を直感的に描写的にいう色彩が強く、頭の中で推量するという色彩が最もうすい」。

6) 寺村 1984:243 指出：「ようだ」のほうは視覚、聴覚、その他の感覚により得た情報、あるいは周囲の状況も考慮に入れて推量した結果をいう。

能标示通过视觉得到的信息来源（吴蘭 2011 把"看来""看上去""看样子"看作是「推論性証拠表現」），"样子"是名词形式，也用于视觉观察所得到的信息。(21)的"好像"是一个情态副词，用于说话人的推测。但是需要注意的是有无示证标记在命题是否为真这点上有所不同。带标记的句子有可能出现实际上与事实不符的情况，因此可以对观察到的现象加以否定。比如，

(22) 他<u>看上去</u>很高兴的样子，其实<u>并不高兴</u>。

(23) 他<u>好像</u>很高兴，其实并不高兴。

与此相比，不带标记的(24)则无法对观察到的事实加以否定。

(24) *他很高兴，其实<u>并不高兴</u>。

由此看来，汉语中这些标记的使用与否还与叙实性（facticity）有关。无标形式具有叙实性，而有标形式具有非叙实性。还需要说明的是"看上去"因为具有情态用法，所以很难以修饰状语的形式出现。

(25) *a. 他看上去高兴地笑着。　　b. 彼は嬉しそうに笑っている。

(26) a. 他高兴地笑着。　　　　　b. ?彼は嬉しく笑っている。

从示证性来看，"看上去"虽然可以表示基于视觉的推测，但是因为它同时带有说话人的一种认识情态，所以不能出现在客观命题成分之内[7]。这点和日语有很大差别。日语的「～そうだ」虽然也可以表示说话人的认识情态，但更接近于命题内容，因此可以出现在命题成分之内[8]。

## 4 对他人感觉的表述

### 4.1 日语的强制性有标和汉语的有条件限制的有标

本节讨论汉语和日语在表述他人感觉时的差异及其动因。日语在表述他人的感觉时，基本上与他人的感情一样，需要添加示证性标记。

(27) さすがの錬司も、あの炎の中では<u>辛かったようだ</u>な。

(KOTONOHA)

---

7) 楊凱栄 1990 主要从情态角度对这一现象进行了汉日对比分析。
8) 寺村 1984 把「そうだ」等看作是「二次的ムード」，即更接近命题的情态成分。

⑱ 1歳10ヶ月の子供が下痢をしていて、おしりが赤くただれ、とても痛がっています。 (KOTONOHA)

⑲ おばあちゃんの手に、ヒビ割れができた。とても痛そうだ。 (KOTONOHA)

⑳ 海は大きな波！それでも、12時から無事終了まで30分位。花嫁さんは、寒そう。 (KOTONOHA)

以上例句中，分别使用了「ようだ」和「がる」以及「～そうだ」来表述第三人称的感觉。日语的这种有标形式的使用是强制的[9]。然而，就汉语来说会有两种情况，一种用有标的形式更为自然，另一种可以是无标形式。先看有标的例句。

㉛ 大门一开，看到寒风中有四个老人，他们看起来很冷的样子。 (CCL)

㉜ 这时集中了很多看客，女贼羞愧难当，强忍眼泪，看得出很疼痛。 (CCL)

㉝ 娘问她还有什么地方难过，她说喉咙有点痛。 (CCL)

㉞ 听说他当时一咧嘴，牙花子都龇出来，样子像很疼，很痛苦，又像吓唬人。 (CCL)

㉟ 毛子好像脑子很疼，不停敲打着太阳穴，沉浸在过去的回忆中，[……] (CCL)

㊱ 温热的气息忽然逼近，沈醉一惊，反身后退，后脑勺磕在车窗上，似乎很疼，可她感觉不到。 (CCL)

㊲ 那瘦削的小偷滚在车里的地板上，我想他一定很疼，可他始至终没有哼一声，更不要说反抗了。 (CCL)

以上例句中㉛的"看起来"和㉜的"看得出"都表示说话人通过视觉 visual 获得的信息，㉝的"说"表示引用 quotative，㉞的"听说"表示传闻 hearsay，㉟的"好像"和㊱的"似乎"表示推测 inference 或猜

---

9) 有关它们之间在语义上的差异，这里不做详细分析，可以参考 Aoki 1986 以及寺村 1984。

度 assumption，(37)的"想"也可以说表示一种推测或猜度。有的句子同时使用了两个标记，比如(37)"想"和"一定"连用等。这些例句可以说明，汉语在如何使用示证标记上也可以根据说话人对信息处理的不同需求来进行语码化。上述句子中，汉语所使用的信息来源标记囊括了 Aikhenvald 2004 所提出的六大语义参数。尽管并非是严格意义上的示证性范畴的语法标记，但这些成分（有插入语，也有副词，还可以是动词或名词性成分）足以表明它们也是一种示证性的词汇形式。如果去掉这些标记，句子要么难以成立，要么有条件的情况下才能成立。

(31)' ?大门一开，看到寒风中有四个老人，他们<u>很冷</u>。
(32)' ?这时集中了很多看客，女贼羞愧难当，强忍眼泪，<u>很疼痛</u>。
(33)' 娘问她还有什么地方难过，她喉咙<u>有点痛</u>。
(34)' 他当时一咧嘴，牙花子都龇出来，<u>很疼</u>，很痛苦，又像吓唬人。
(35)' 毛子脑子<u>很疼</u>，不停敲打着太阳穴，沉浸在过去的回忆中，
(36)' 温热的气息忽然逼近，沈醉一惊，反身后退，后脑勺磕在车窗上，<u>很疼</u>，可她感觉不到。
(37)' 那瘦削的小偷滚在车里的地板上，他<u>很疼</u>，可他始至终没有啃一声，更不要说反抗了。

去掉示证性标记的(31)'—(37)'与(31)—(37)相比，不仅在显示信息来源等语义上存在差异，而且有的句子甚至难以成立，特别是表示"冷热感"和"疼痛感"的感觉形容词在句末的(31)'—(33)'，也就是说，这时它们也需要加上示证标记。而(34)'—(37)'相对来说比(31)'—(33)'自然一些，这与感觉形容词处在分句中有关。要是把形容词放在句末，就难以成立。

(34)" ?他当时一咧嘴，牙花子都龇出来，<u>很疼</u>。
(35)" ?毛子脑子<u>很疼</u>。
(36)" 温热的气息忽然逼近，沈醉一惊，反身后退，后脑勺磕在车窗上，<u>很疼</u>。
(37)" ?那瘦削的小偷滚在车里的地板上，他很疼。

从(34)"—(37)"可以看到当这些感觉形容词处于句末时似乎不如在分句内自然（有关在分句内的形容词我们将在 4.3 讨论）。

从现实世界来看，他人的感情和感觉有所不同，他人的感情（比如高兴与否）一般可以通过视觉（从脸部的表情或表露于言表的行为）直接观察到。最典型的，比如看到被观察的对象眉开眼笑或眉飞色舞，观察者即可判断此人此时的内心感受。也就是说，人的喜怒哀乐可以从外部表情直接观察到。然而他人的感觉（比如痛痒、冷暖、饥饱等感觉）很难从脸部表情直接观察到。不通过本人的语言或其他方式表达出来，他人难以知晓。由此看来，同样以他人为感受主体，有的不能通过视觉等直接获得信息，对这种客观存在的差异，日语和汉语采取不同的语码化策略。日语采取的策略是，不管是感情还是感觉，都一律被视为他人的内心状态，对此说话人无法直接感受，不能跟自己的感情、感觉一样直接表述，需要用通过明示观察或推测等的标记来语码化，以便区别于属于说话人自身的感受和体验。而汉语采取的策略是：他人的感情可以通过说话人的视觉（对观察对象的外部客观的）观察直接得到信息，因而就像叙述自己的感情一样，用无标的形式来语码化。但是，对他人的感觉，有的无法通过视觉直接获得信息，因此不能作为说话人的亲身体验来加以表述，而需要使用视觉或者推论等示证性标记。也就是说同样为一种直接体验，通过自己的感受或感觉所获得的信息和通过视觉所获得的信息在语码化时汉语和日语有所区别。日语必须区分通过自己的感受（得到的信息）和通过视觉得到的信息。而汉语不作这样的区分。

## 4.2　汉语的无标

对他人感觉的叙述，汉语还存在一种情况，即可以使用无标形式[10]。

(38) 从龙门回到洛阳城里的旅店，他们都<u>很累了</u>。　　　　　(CCL)
(39) 各位朋友，我今天一早去中文系参加论文答辩，从早到晚，一共有九个学生。祝贺同学们！俺今天比较累，其他老师<u>也很累</u>。
　　　　　　　　　　　　　　　　　　　　　　　　　　　(CCL)

---

10) 神尾2002:46-47根据汉语母语者的语感，指出汉语对第三人称的感觉"他头痛"可以用无标形式表达，并从信息领属的角度进行了解释，但没有区分其信息能否通过视觉观察获得。因此与本文的观点有所不同。

⑷⓪ 小茶花摇了摇头，又倒在妈妈怀里睡了。她很累、很渴，就是想睡觉，但又不甘心睡去，因为她（原文为"他"）还没有见过爸爸。
(CCL)

㊳－㊵的"很累"虽然没有示证性标记，但并无不自然的感觉。在我们调查的语料中，表示疲劳感在句末有不使用标记的情况，但表示"痛痒"等感觉的没有出现不用标记的现象。我们认为这种现象还是与说话人能否通过视觉（比如眼圈发黑、脸色发灰等都可以看作是疲劳的症状）以及某些行为举止（例如不眠不休地工作一天后倒在床上呼呼大睡等行为）等直接获得信息有关。当人处于疲劳状态时，自然会在身体外部或者行动上有所表露，可以通过视觉来观察。与 4.1 中所述的痛痒的感觉相比，疲劳感更容易通过视觉获得。通过视觉观察得到的这种感觉似乎更接近"高兴""寂寞"等感情。相比之下，痛痒等感觉只有本人才能感觉到，他人难以从某种外部表现进行观察。比如被人打了一拳以后，可以根据一般常识或已知的经验推测可能会很痛，但究竟痛不痛还是无法直接从外部获得信息，只能以明示猜度 assumption 等信息来源表达。如前所述，与痛痒感相似的还有冷暖感，后者也不容易通过视觉获得信息，因此需要添加标记更为自然。比如：

㊶ "他好像有点冷，别的就看不出什么了。"我说。 （CCL）

㊷ 大门一开，看到寒风中有四个老人，他们看起来很冷的样子。
(CCL)

㊶中"有点冷"之前有"好像"，用来标示说话人的推测或猜度。㊷中的"很冷"前后分别有"看起来"和"样子"来表示通过观察外部所得到的信息来源。我们在调查的语料中没有发现有叙述第三人称感觉时直接用"很冷"的例子。这说明"冷"的感觉也和痛痒等感觉相同，难以直接通过视觉直接得到信息，因此需要加上通过感觉或视觉以及推测等示证标记更为自然。

再看"饥饿感"属于哪种情况。他人的"饥饿"无法通过视觉直接观察，只能通过当事人的报告或者听到胃的蠕动声才可获得信息。

㊸ 他说他肚子很饿。

(44) 他好像肚子很饿。

(43)是引用，(44)可以是（根据某种证据进行的）推测或猜度。不加标记的直接叙述似乎不太自然。

(45) ?他肚子很饿。

(45)的不自然是因为"很饿"是他人的内部的状态，且说话人无法直接通过视觉观察。但是我们发现，把(45)改成(46)的话，即使没有示证性标记也可以成立，至少要比(45)更为自然。

(46) 他肚子饿了。

与(45)不同，(46)是一种状态的变化。为什么同样是他人的内部状态，表示变化的(46)可以成立？我们认为，说话人可以通过自己的听觉（听到当事人在状态变化时肚子发出咕咕叫声），或在当事人说他肚子饿了等情况下获得信息 A：当事人由"不饿"变为"饿"，因此信息 A 可以无标，却不能获得信息 B：即当事人"饿"这一内部状态的信息[11]。因此信息 B 必须有标。(45)与(46)在可接受度上的差异与此有关（有关状态变化，还将在第五节讨论）。

综上所述，汉语在表述他人感觉时，能否通过外部观察获得信息至关重要，同样为感觉，通过视觉或听觉等直接获得信息时可以不用任何示证性标记，相反则需要使用标记。通过上面的分析，我们认为汉语在表述他人感情、感觉时是否需要使用示证性标记方面存在一种等级层次（hierarchy），很难一刀切。也就是说，越是能够从视觉或听觉等外部观察来直接获得的信息越容易采用无标形式，相反则需要用有标形式。其等级层次如下图所示：

无标形式 ◄─────────────────────────────► 有标形式

感情 ＞ 疲劳感 ＞ 饥饿感 ＞ 冷热感／痛痒感

感觉

---

[11] "形容词＋了"与形容词充当谓语的区别正在于此：前者是对变化（即呈现出某一属性或状态）的认定，后者是对属性、状态在某一取值范围内的赋值，即使不伴有程度副词也是如此，这也是不带程度副词时产生对比义的原因。

## 4.3 句法位置与标记的有无

关于他人感觉的表述，我们还需要补充说明的是：有关成分在句内的语法位置也会影响示证标记的出现与否。比如：

(47) ᵗa. 他被人踩了一脚，<u>脚很痛</u>。
　　b. 他被人踩了一脚，<u>脚好像很痛的样子</u>。

(48) 他<u>脚痛</u>，你给他贴张膏药。

以上例句中，同样是叙述他人的疼痛感，如(47a)所示，当"脚很痛"处在句末不太自然，需要添加说话人的外部观察的标记"好像""样子"等后更为自然。但是(48)中"脚痛"处在分句内，不用提供说话人的示证性标记也能成立[12]，至少比(47a)更为自然。这种现象如何解释？我们认为这一现象与说话人的话语动机及信息结构也有一定的关联。当相关语句出现在分句时，说话人的用意是传达主句的"给他贴膏药"，而并不是要传达"他脚痛"。把此信息放在分句内使其背景化，以便使说话人对听话人的要求占据主要信息的位置。信息受到背景化处理后，其提供信息来源的动机也相对降低，因此信息来源的标记也就可以被忽略。这样的例句在语料库中也有发现。

(49) 祥子的右肘<u>很疼</u>，半夜也没睡着。　　　　　　（CCL）

此句中，"很疼"出现在分句内，并不是主要信息，是作为主句的原因来处理的。"半夜也没睡着"才是说话人所要叙述的主要信息。分句内成分的凸显度降低使得我们可以忽略其信息来源。其实4.1中涉及的那些去掉标记后一般难以成立的感觉形容词中，(34)'−(37)'之所以还能成立，也是因为出现在分句内。这一现象与有些句法形式在分句内往往能省略相似。请看以下例句：

(50) a. 周教练事业正值巅峰，可是，他却<u>倒下</u>，倒在只有48岁的英年，倒在万物茂盛的初夏。　　　　　　（CCL）

---

12) 这种现象，即使在有人称限制的土耳其语中也能看到。風間2013指出，土耳其语中类似第三人称的感觉形容词在句末有人称限制，比如"她的头痛。"不能成立，但是感觉形容词在分句时，比如"她的头痛，安静点儿！"就能成立。

?b. 周教练事业正值巅峰，可是，他却倒下。

(51) a. 一个浪头打过来，游在头里的高老二倒下了。　　　　(CCL)

　?b. 一个浪头打过来，游在头里的高老二倒下。

以上例句说明，在句末还是分句内也会影响"了"的隐现。可见，句法位置与标记有无的关联性具有某种普遍意义。

## 4.4　状态与可视性

以上我们确认了汉语的示证性标记的使用与信息是不是说话人能直接观察到的外部状态有密切的关联。其实日语在这方面也并不例外，只是表现方式不同罢了。日语在表述他人的感情、感觉的形容词或动词后加上「ている」使其变成状态后，也能成立[13]。

(52) 妹の家族が到着したことで、父は少し興奮している。

(KOTONOHA)

(53) 今日は四回も戦って勝ったんだぞ。彼は疲れている。

(KOTONOHA)

(54) 二人ともまだ少しおどおどしていて、手を差し伸べたいのに拒絶されるのを怖がっている。　　　　(KOTONOHA)

我们认为，这是因为「ている」是动作或状态的持续标记，添加后将本来无法通过视觉观察到内心的世界包装成可视的外部状态。即本来表持续的「ている」赋予了可视性，从而使说话人将信息包装成可通过视觉（外部观察）直接获得的信息。日语的感情、感觉形容词不具有状态性，需要将形容词动词化后添加体标记「ている」等形式来附加其状态性，增加可视性[14]，以致于定延 2006:172-174 把表示持续的「ている」看作是外部观察的示证标记（对此，山冈 2014 持反对意见）。

---

13) 有关「ている」的用法，定延 2006:189、山冈 2014:27-39、畠山 2012:63-77 都有论述。

14) 比如，有些形容词以过去式「た」形式也能用于第三人称。寺村 1984:345-349 认为这是因为这些形容词具有「感情表出」语义，而形容词加「た」后从「感情表出」改变为「主張」。而金水 1989:121-129 认为这是一种报告的语体。

与此相反，汉语表示感情、感觉的形容词本身就可以表示一个状态，其是否带有可视性（通过视觉观察）取决于形容词的语义，而不必附加其他标记。因为状态是可以通过外部观察的，所以当说话人通过视觉观察并获得信息时即能用无标形式语码化。而他人的疼痛感、冷热感等无法用无标的形式表述，是因为说话人无法通过视觉直接获得信息。

## 5　动作与状态变化

　本节我们将考察表达状态变化时汉语和日语在使用标记上的差异。我们发现：在表述感情、感觉时日语有标、汉语无标的现象在表述将然的状态变化时会出现反转。

　我们知道动作行为和状态变化属于两个不同的范畴，前者是有意志的、可控的，后者是无意志的、不可控的。它们之间在句法表现上存在不少差异，比如是否能用于祈使句等。这种差异在示证性或情态上也有所体现。具体的表现为：汉语在叙述业已实现的事件时，不区分行为动作和状态变化，句末都必须加已然标记"了"，但在叙述将在未来实现的事件时，动作行为可以不加标记，而状态变化则需要强制性地添加某种标记。与此相反，日语不管是现实事件还是非现实事件，动作行为和状态变化的表述并不需要用任何标记加以区别。也就是说，在表示现实事件时，动作行为和状态变化都需要添加已然标记，而在表示非现实事件时，都不需要添加标记。请看以下表示状态变化的句子。

(55) a. (子供が) 服を着なかったので、風邪をひい<u>た</u>。
　　 b. (孩子) 没穿衣服，所以感冒<u>了</u>。
(56) a. あそこの氷が解け<u>た</u>。　　b. 那儿的冰化<u>了</u>。

　以上表述已然的状态变化时，日语句末出现已然标记「た」，汉语的句子中句末出现已然标记"了"，从这点来看，日语和汉语在表述已然的状态变化时在语法标记上呈现出相同的特征。实际语料也是如此。

(57) 私の周りでは、風邪がはやっている。まずチーフが風邪をひい<u>た</u>。次に長女が、続いて次女が風邪をひいた。　　(KOTONOHA)

⑸ 有一天，禹作敏忧心忡忡地告诉罗振岭："我<u>感冒了</u>。" （CCL）
⑼ 住み始めてすぐ台風直撃でかわらが飛びまくり雨漏りしました。
結露で窓が<u>凍りました</u>。 （KOTONOHA）
⑹ 那一年非常寒冷，委鲁拉明水池也全<u>结冰了</u>。 （CCL）

以上例句中的日语和汉语的表状态变化的动词在表述已然事件时分别只用「た」和"了"，而并没有使用示证性标记。从示证性角度来看，已然的状态变化与未然的状态变化有所不同，前者业已出现某种结果，说话人能够通过视觉或其他方式加以观察并确认这种变化后的结果或状态。这是因为对变化后呈现的结果的直接观察是说话人一种直接体验，因此不用添加示证标记即可表述。日语和汉语在这方面可以说是遵循同一原则，并未呈现差异。

不同的是，在表述将然的状态变化时，日语可以用无标形式，即只用终止形，而不用任何示证性标记。相反，汉语必须添加"会（的）"或者"要"等能愿动词才能成立。比如例(61a)和(62a)对将然变化的事态采用无标（即实证性信息来源）的形式就不能成立，而必须如(61b)(62b)一样，使用"会"才能成立。

⑹*a. 这个杯子装了热水<u>爆裂</u>。 b. 这个杯子装了热水<u>会爆裂</u>。
⑹*a. 不穿衣服<u>感冒</u>。 b. 不穿衣服<u>会感冒的</u>。

在我们查到的语料里，表将然的状态变化都有这些标记。

⑹ <u>直接吹风，我也会感冒的</u>！ （CCL）
⑹ 请你们走吧。我已经感觉到冷了。再呆下去，我<u>会感冒的</u>。女人说。
是的。她<u>会感冒的</u>，感冒还<u>会</u>转成肺炎。 （CCL）
⑹ 寒冷的冬天，地面上的温度降低很快，常在0℃以下，湖面的水
就<u>要结冰</u>。 （CCL）
⑹ 4月9日从德国回到包头，他对姜立东说："这几天心里特别难受，说不定哪天就<u>会倒下</u>。" （CCL）

如果去掉这些标记句子就难以成立。

⑹' ?直接吹风，我也<u>感冒</u>！
⑹' ?请你们走吧。我已经感觉到冷了。再呆下去，我<u>感冒</u>。女人说。

是的。她感冒，感冒还转成肺炎。
(65)′ ⁇寒冷的冬天，地面上的温度降低很快，常在0℃以下，湖面的水结冰。
(66)′ ⁇4月9日从德国回到包头，他对姜立东说："这几天心里特别难受，说不定哪天就倒下。"

由此可以看出，汉语在叙述将然的状态变化时，必须使用"要"或"会（的）"等标记。按吕叔湘主编1999的分类，以上例句中的"要"和"会（的）"表示可能，即可能性。从上述的语境来看，是说话人对状态变化所做出的一种可能性判断，从情态的分类来看，属于认识情态，表示对事件或状态变化的趋势的估计。柯理思2005认为"会"和"要"既有情态用法，又有惯常性（habitual）用法，特别是与时间词共现时突显惯常性用法。如果从示证性标记来看，可以说是基于说话人已经掌握的知识或以往的经验推断出来的，应该可以看作是一种猜度（assumption）。但作为对未来变化趋势的估计，也可以看作是一种情态[15]（李佳樑2014:43-44认为"会"只是表示"趋势"）。换言之，就判断依据可以是百科知识或个人的以往经验来看，认为这个"会（的）"既有情态用法又标明信息来源于猜度也未必不可。

汉语和日语的这种差异应该如何解释呢？就将然的状态变化而言，既然变化还没出现，也就无法呈现出因变化而带来的某种结果或状态，说话人也就无法通过视觉等从外部加以观察，因而无法用实证性信息来源的标记（即无标形式）表述，只能以"推测"的形式言及状态变化的可能性。汉语正是遵循这一规则进行语码化的。与汉语不同的是，日语却可以以无标（即用实证性信息来源的）形式来表述。我们所搜集到的语料也说明日语即使是将然的状态变化也可以不加任何信息来源标记。

(67) きみはわたしに何か言う暇を与えなかった」彼は彼女にバスローブを渡した。「風邪をひくよ」「信じないわ」と彼女は言い、バ

---

15) 当然同样为情态，与"好像"等相比，表示"会"更接近命题成分，这点从它们的语法位置及能否用于否定等也可以证明。

スロープを受け取った。　　　　　　　（KOTONOHA）
(68) 朝の六時にはもう起床。すぐに朝食の世話。これを一週間続けてごらん、必ず倒れるよ。　　　　　　　　　　　（KOTONOHA）
(69) ところが、内部の結束を崩せば、城などは雪のように<u>融けてしまう</u>。　　　　　　　　　　　　　　　　　　（KOTONOHA）

　　从有无标记来看，日语的表示将然的状态变化(67)中的「風邪をひく」和(68)的「倒れる」以及(69)的「融けてしまう」前后都没有任何示证性标记或者表情态的成分，和汉语的将然的状态变化截然相反。其实日语动词终止形本身就能表达说话人对事件的主观认识和判断。寺村1984：65指出，日语的终止形具有「確言のムード」，宮崎2002就「〜だろう」和无标形式（动词终止形）在情态上的差异指出：「無標の文末形式は『確信的な判断』を表す」，由此可见，日语在阐述自己对状态变化的认识时，形式上虽然是无标，但是因为表状态变化的动词本身已经包含说话人的一种确信的判断，因此动词无标形式（终止形）也能成立[16]。

　　问题是为什么日语对将然的状态变化（比如"感冒""结冰"等）无需任何示证标记，而对他人的感情、感觉的表述需要添加示证标记呢？这可能与日语的信息领属（神尾1990）有关。他人的感情、感觉属于他人的信息领属，而状态变化是一个存在于外界的客观的事态，并不属于他人的信息领属。说话人在叙述这一客观的变化时无需考虑信息领属（至少可以认为并不属于听话人的信息领属），客观的状态变化趋势的相关信息虽然无法通过外部观察获得，但只要有一定的确信程度就可以按基于常理或自己的经验进行猜度的方式，以无标（动词终止形）的形式来表述。也就是说，日语无标的终止形可以表示说话人对状态变化的确信程度很高的判断。

　　通过以上考察和分析，从示证性角度来看，我们认为汉语和日语在对他人的感情、感觉和状态变化的表述方面，正好形成截然相反的格局，对他人感情的表述，汉语使用的是无标的形式，即是一种通过观察外部得到的实证性信息来源。而日语采用的是有标的形式，同样是通过外部观察得

---

16) 终助词「よ」用于提示对方未知信息，与本文所说的示证性有所不同。

到的信息，日语使用的是推论性信息来源（inference）标记。对他人的感觉，汉语根据能否通过直接观察获得信息来选择是否使用标记，而日语不管能否直接获得信息，都必须使用有标形式。然而，对将然的状态变化的表述，汉语需要使用情态标记"会"等，这种情态标记基于说话人对一般常识或以往的经验进行推测，因此从示证性标记来看比较接近猜度（assumption）。而日语则与实证性信息来源相同，即采用无标的形式来标示。换言之，对状态的变化，说话人能基于已有的知识或者经验进行某种确信的判断时，日语可以用实证性的手段，即动词终止形的无标形式[17]。根据上面的分析，我们可以把汉语和日语之间在表述感情、感觉和状态变化时的有标和无标的情况做如下归纳。

|  | 信息源 | 汉语 | 日语 |
|---|---|---|---|
| 自己的感情、感觉（现实） | attested | 无标 | 无标 |
| 已然的状态变化（现实） | | | |
| 他人的感情（现实） | inference | | 有标 |
| 他人的感觉（现实） | | | |
| 状态变化（非现实） | assumption | 有标 | 无标 |

再从现实（realis）和非现实（irrealis）的角度来看，一般来讲，已经发生的现实事件比将要发生的非现实事件更容易观察和把握。因为对业已发生的事件可以通过视觉、听觉等实证性信息来源加以确认，但是对将要发生的非现实的事件只能用推测或猜度等间接性信息来源加以叙述。对汉语来说，业已露于外表的他人的感情、感觉是一种已经发生的现实事态，可以通过视觉从外部加以观察直接获得信息，因此使用无标形式来语码化。但是对将要发生的变化，无法通过视觉等从外部观察，而只能按一般常理或自己的经验推测。因此只能用说话人对事态的趋势加以估计或推测的手段来表述，即用猜度的示证标记。

---

17) 当然日语的这种策略并不排除可以用推测性「だろう」等标记。这种用动词终止形的无标形式与使用「～だろう」的差异为前者是说话人对状态变化抱有比较确信的语气，而后者则是说话人对状态变化抱有一种不确定（即推测）的语气。

对日语母语者来说，他人的感情、感觉也能从外部表情等观察，但日语把他人的感情、感觉看作是无法直接确认的他人的内心世界，所以需要通过间接的推测（inference）标记区别于自己的感情、感觉。而对于非现实的状态变化，虽然无法通过外部观察得到任何关于将要发生的事态的信息，但是可以凭借百科知识和以往的经验直接表述自己的认识，而且日语的终止形（无标形式）可以表达说话人确信事态为真的语气。从示证性标记来看，日语现实性有标，而非现实性无标的这种情况似乎有悖常理。但是，这种现象在一定程度上与神尾 1990 所提出的「情報のなわ張り理論」有一定的关联。他人的感情、感觉属于别人的信息领属，不属于自己的，叙述时需要考虑避免直接进入他人的信息领属，因此需要用间接形式即有标形式叙述。但是状态变化是自然现象，不属于他人专有，对它的把握和认识，虽然不能说完全归属自己的信息领属，但至少可以说不用考虑是否侵犯他人的信息领属。对不属于任何信息领属的客观事件（状态变化），即使是非现实的，因为用百科知识或个人以往的经验就可以判断并得出结论，因此其确信度要比在第三人称的信息领属内发生的事件更有把握。换言之，日语的信息来源标记的强制程度与信息领属有一定的关联，属于他人信息领属的事件比不属于他人信息领属的事件更容易使用示证性标记。与此相比，汉语的示证性标记的使用并不重视信息领属的因素，而是跟信息是否能通过以视觉为主的外部观察得出密切相关。对已经发生的现实事件，通过客观的外部观察得到的信息就能以无标形式表述，相反则需要以有标形式出现。而对于将要发生的非现实事件，无法直接加以观察，就只能通过百科知识或以往的经验加以猜度并需要标示。这种差异正好反映了上述汉语中感情为无标、感觉为有标或无标、状态变化为有标的使用情况。

## 6　结语

以上我们主要对他人的感情、感觉和客观事态的状态变化进行了考察和分析，并对汉语和日语在示证性和情态是否强制标记方面截然相反的表

现作出了解释。

其实这种差异还表现在其他一些方面。比如在报告天气预报时，汉语和日语的播音员（日本为「天気予報士」）在是否使用示证性手段上存在明显差异。日语必须使用推测等有标形式，如「明日雨が降る見込みです」等，而不能以无标形式「明日雨が降ります」出现。与此相比，汉语必须以无标形式"明天有雨"出现，不能以有标形式"明天可能有雨"或"明天大概有雨"出现。然而，当人们在看过天气预报节目后向他人提及天气情况时，日语可以用无标的形式「明日雨が降るよ」，而汉语也可以用有标形式"说是明天有雨"。这种反转的现象涉及汉日对传闻信息的处理以及语用策略等一系列问题。鉴于篇幅所限，只能另文讨论。

参考文献

畠山真一 2012 感情表出動詞の人称制限と変化後の局面の二重性,『尚絅学園研究紀要人文・社会科学編』第 6 号, pp.62-77

池上嘉彦 1999 日本語らしさの中の〈主観性〉,『言語』1 月号, pp.84-94, 大修館書店

蒋家義 2011 日本語の証拠性表現—証拠存在明示とソース明示,『大学院論文集』NO.8, pp.1-14, 杏林大学大学院国際協力研究科

神尾昭雄 1990 『情報のなわ張り理論』, 大修館書店

神尾昭雄 2002 『続・情報のなわ張り理論』, 大修館書店

風間伸次郎 2013 アルタイ型言語における感情述語『北方人文研究』第 6 号, pp.83-101

金水敏 1989 「報告」についての覚書, 仁田義雄・益岡隆志編『日本語のモダリティ』, pp.121-129, くろしお出版

李佳樑 2014 現代中国語における証拠性——情報源表出形式の意味機能——, 東京大学大学院総合文化研究科博士論文

益岡隆志 2007 『日本語モダリティ探究』, くろしお出版

宮崎和人 2002 認識のモダリティ, 宮崎和人・安達太郎・野田春美・高梨信乃『新日本語文法選書 4 モダリティ』, pp.121-172, くろしお出版

日本語記述文法研究会 2003 『現代日本語文法〈4〉第 8 部・モダリティ』, くろしお出版

定延利之 2006　心内情報と帰属管理―現代日本語共通語「ている」のエビデンシャルな性質について，『言語に現れる「世間」と「世界」シリーズ言語対照〈外から見る日本語〉』，pp.167-192，くろしお出版

寺村秀夫 1982　『日本語のシンタクスと意味Ⅰ』，くろしお出版

寺村秀夫 1984　『日本語のシンタクスと意味Ⅱ』，くろしお出版

王安 2005　現代日本語の感情形容詞における主観性の認知的再考，『日本認知言語学会論文集』第 5 巻，pp.419-429

呉蘭 2011　中国語の推論証拠性表現，『中国語学』第 258 号，pp.213-231，日本中国語学会

山岡政紀 2014　文機能とアスペクトの相関をめぐる一考察：テイル形の人称制限解除機能を中心に，『日本語日本文学』24 号，pp.27-39，創価大学日本語日本文学会

楊凱栄 1990　様態助動詞「～ソウダ」とそれに対応する中国語表現，『日本語教育』72 号，pp.104-116，日本語教育学会

柯理思 2005　汉语里标注惯常性动作的形式，『現代中国語研究』第 7 期，pp.33-49，朋友書店

木村英樹 1997　'変化'和'动作'，『橋本萬太郎紀念中国語学論集』，pp.185-197，内山書店

李讷、安珊笛、张伯江 1998　从话语角度论证语气词"的"，《中国语文》第 2 期，pp.93-102

吕叔湘主编 1999　《现代汉语八百词（增订本）》，商务印书馆

杨文江 2014　《日语示证范畴研究》，北京大学博士论文

张伯江 1997　认知观的语法表现，《国外语言学》第 2 期，pp.15-19

张成福、余光武 2003　论汉语的传信表达，《语言科学》第 3 期，pp.50-58

Aikhenvald, A. Y. 2004　*Evidentiality*, Oxford University Press.

Anderson, L. B. 1986　Evidentials, Path of Change, and Mental Maps: Typologically Regular Asymmetries, in Wallace, Chafe & Johanna, Nichols（eds.）, *Evidentiality: The Linguistic Coding of Epistemology*, Norwood, New Jersey: Ablex Publishing Corporation

Aoki, H. 1986　Evidentials in Japanese, in Wallace, Chafe & Johanna, Nichols（eds.）, *Evidentiality: The Linguistic Coding of Epistemology*, Norwood, New Jersey: Ablex Publishing Corporation

Chafe, W. 1986　Evidentiality in English Conversation and Academic Writing, in Wallace, Chafe & Johanna, Nichols (eds.), *Evidentiality: The Linguistic Coding of Epistemology*, Norwood, New Jersey: Ablex Publishing Corporation

Palmer, F. R. 2001[1986]　*Mood and Modality*, Cambridge University Press

例文出典

　本文汉语例句出处为北京大学中国语言学研究中心语料库（CCL），日语例句的出处为日本国立国語研究所『現代日本語書き言葉均衡コーパス』(KOTONOHA)。未给出处的均为作者本人所作。

（Yáng・Kǎiróng　東京大学）

# 起点を表す"从"と「から」
## ——日本語母語話者が産出した誤用例の分析を通して——

张　恒悦

## 1　はじめに

　動作や行為が行われる空間的・時間的起点を表す"从"は[1]，現代中国語において最も使用頻度の高い介詞の一つである。そのため，"从"は中国語教科書においても，初級段階からさまざまな形で用いられ，教授されている。ところが，これほど頻繁に"从"に触れる機会があるにもかかわらず，日本語人学習者が産出（output）した中国語文には，"从"に関する誤用が数多く見られる。

　日本語母語話者による誤用例をよく観察してみると，日本語の格助詞「から」をそのまま"从"に置き換えていることが分かる。しかし，「から」と"从"は完全な対応関係にはなっておらず，文法的ずれが大きいため，誤用が多く生まれているのである。

　本稿では，日本語母語話者が産出した誤用例を手掛かりに，起点を表す"从"と「から」について，日中比較対照の観点から分析を試みる。日中両言語の文法的共通点と相違点を明らかにすることを通じて，日本語母語話者の誤用の原因を突き止め，さらに，誤用を防ぐための提案も行いたい。

---

1）"从"も「から」も多様な意味機能を持っているが，本稿は両者に共通の意味，即ち空間的・時間的起点のみを考察対象とする。

## 2　先行研究

　"从"に言及した文法書は，これまでにも数多く出版されており，多くの文法書では，"从"は介詞という大きな部類の中の一つとして，説明が加えられている。その結果，"从"の意味的特徴はすでに明らかになっているといえる。

　しかしながら，"从"そのものの文法上の役割は，これまでほとんど論じられてこなかった。このような問題点は，虚詞を専門的に扱う《現代汉语虚词例释》(北京大学中文系 1955・1957 級语言班 1982) や《現代汉语八百词》(呂叔湘主編 1999) のみならず，非母語話者向けの中国語教育を趣旨に書かれた《实用现代汉语语法》(刘月華等 1983) や『Why? にこたえるはじめての中国語の文法書』(相原等 1996) などの総合文法書からも見て取れる。

　"从"に焦点を絞った論文には一定の蓄積がある。例えば，森 1998 のように，"从"が持ついくつかの意味機能の間の関連性を論じたものや，曲宏欣 2010 のように，外国人留学生が作った"从"の不適切な例文を集計・分析したものなどである。しかし，外国語との比較対照という視点を取り入れた研究はごくわずかである。管見の限り，日本語の「から」との対照研究を行った王軼群 2005a, 2005b がその唯一の成果である。

　しかし，王軼群の 2 本の論文は，研究対象を空間的起点に限定したがゆえに，時間的起点に関する考察には至っていない。また，日本人学習者の"从"の習得状況についても言及していない。

　一方，日本の中国語教育の現場において，同じく起点を表す"从"と「から」はむしろ分かち難い関係にあり，「から」が"从"に置き換えられていることが，往々にしてある。現に，筆者が実施した調査では，中国語学習の必需品というべき中日・日中辞典 (14 冊) において，そのほとんどが"从"の対訳語に「から」を，或いは「から」の対訳語に"从"を提示しており，また，28 冊の教科書のうち 21 冊に登場した"从"の説明にも「から」が用いられていることが分かった。筆者が調査した

辞書と教科書を本文の後に記す。

そこで，本稿では日本語母語話者の習得状況に問題意識を持ちながら，"从"と「から」の異同を明らかにすることを目標に分析を進めていく。

## 3　空間的起点

### 3.1　名詞への意味制限

"从"が空間的起点を表す場合，日本語の格助詞「から」との対応関係がしばしば観察される。例えば，

(1) a. 我从北京出发。

　　b. 私は北京から出発する。

(1b)の「から」は，そのまま"从"に置き換えて，(1a)の中国語文を作ることができる。

しかし，このような対応関係が必ずしもすべての文において成立するとは限らない。

(2) a. *他从钱包拿出了一万日元。

　　b. 彼は財布から一万円を取り出した。

(2a)は日本語母語話者が(2b)に基づいて産出した誤用例である。(2b)は自然な日本語であるにもかかわらず，(2a)の中国語文は成立しない。(2a)を自然な中国語に変えようとすれば，"从"に後続する名詞"钱包"の後に方位詞"里"(…の中)を加える必要がある。

では，どうしてこのような相違が生まれるのだろうか。この疑問に答えるには，"从"が後続名詞に課す意味制約に触れなければならない。

一般に，日本語の「から」に前置される名詞は自由であり，助詞「から」により意味的な制約を受けることはない。それとは対照的に，中国語の"从"の後置名詞は，"从"から場所を示す意味的特徴，即ち「場所性」が求められている。(2)の"钱包"は(1)の"北京"と異なり，場所性に欠けるモノであるため，「場所化」[2]という文法操作——方位詞"里"などを付加すること——が求められるのである。

「場所化」という文法操作は，日本人向け中国語教育の分野において，注目に値にする現象である。これは中国語ならではの操作であり，日本語にも英語にも存在しない。日本語文「壁に絵が一枚掛かっている」及びその英訳"There is a picture on the wall"における「壁」と"wall"は，どちらも裸の形であるのに対して，中国語では，"墙"は後に方位詞"上"（…の上）を加えて"墙上挂着一幅画"と表現せざるをえない。日本語母語話者にとってこのような，母語習得においても英語学習においても全く接したことのない「場所化」は，認知的下地ができにくく，マスターすることの難しい文法項目となっているのである。

名詞の後に"上""里"などの方位詞を付加することによって場所化操作が可能になるが，その適用条件について，相原等 1996：92 は，次のように述べている。

(i)類："上・里"の不要なもの
地名，国名などの場所を表す固有名詞や，固有性のある名詞で，場所を指す唯一確定性の高いもの。日本，中国，北京，上海…

(ii)類："上・里"の省略可能なもの
場所を表す意味を含んでおり，日常生活の中で「ある確定した場所」を指すもの。家，宿舎，学校，教室…

(iii)類："上・里"の必要なもの
固有性や場所性がともに薄い，一般名詞や抽象名詞，身体部位名詞など。口袋里，信封里　上，床上，墙上…

上記から，場所化操作を要求するかどうかの鍵が，名詞そのものの場所性にあることが窺える。場所性のない(iii)類においては，方位詞"上／里"を付加することが必須であるのに対して，場所性を備えた(i)類では，"上／里"の付加は不要である。そして場所性がやや薄い(ii)類の場合，方位詞を付加してもしなくてもよい。

---

2) 荒川 1992 が「場所化」現象を提起して以来，これまで多くの議論がなされてきた。それにもかかわらず，「場所化」に関する研究成果は，本文の後に示す筆者が調査した辞書や教科書には反映されていない。

上述した相原等1996：92の指摘は，もともと存現文の文頭に来る文成分及び動詞や介詞"在"に後続する文成分の場所化に焦点を当てたものであるが，実際，それらの規則性は"从"の後続成分についてもあてはまる。(3)-(5)の例文を参照されたい。

(3) a. 哥哥从美国回来了。
　　b. 兄はアメリカから帰ってきた。
(4) a. 他从宿舍（里）走出来了。
　　b. 彼は宿舎から出てきた。
(5) a. 她从床上拿起一本书。
　　b. 彼女はベッドから本を一冊 持ち上げた。

　(3a)の"美国"は高い場所性を内包している名詞であるため，いつも裸の形で"从"に後続する。また，一定の場所性を有する(4a)の"宿舍"も裸の形で"从"に後続することが可能である。こうした例文から"从"が「から」と対応するイメージが得られやすいのであるが，実は(5a)の"床"のように場所性がない名詞の場合，それに方位詞を付加し場所化することが必要とされ，「から」との完全な対応関係は見られなくなる。

　ただし，「場所化」する手段は方位詞の付加だけではない。日本語では，人称代名詞や人を表す名詞が「から」に前置できることも影響し，以下のような誤用もしばしば見られる。

(6) a. *我从他借来了wifi。
　　b. 　私は彼からwifiを借りてきた。
(7) a. *我从妈妈学到了很多做菜的方法。
　　b. 　私は母から料理の作り方を多く学んだ。

中国語では，人称代名詞や人を表す名詞が"从"に後続する場合，方位詞ではなく，"那儿""这里"などの場所指示詞を付加することで場所化が図られる。

(8) 我从他那儿借来了wifi。
(9) 我从妈妈这里学到了很多做菜的方法[3]。

　また，日本語では，一時的な外出を表す「留学」「旅行」「出張」「外出」

などの二字熟語も，直接「から」に前置される。これにより，次のような誤用が生まれる。

(10) a. *从留学回来，我不喜欢他了。

b. 留学から帰ってきたら，彼が嫌になった。

(11) a. *前几天，从新婚旅行回来了。

b. 先日，新婚旅行から戻ってきた。

(10a) (11a) については，次のように2通りの修正方法がある。

(10)' a. 留学回来，我不喜欢他了。

b. 从国外留学回来，我不喜欢他了。

(11)' a. 前几天，新婚旅行回来了。

b. 前几天，从夏威夷新婚旅行回来了。

(10)'(11)'から明らかなように，上記2例が自然さを得られたのは，aでは，"从"そのものを削除することによって「場所性」への要求が解消されたためであり，bでは，"从"の後に然るべき場所名詞を補足することによって「場所性」への要求が満たされたためである。ここからも，「場所性」原則の厳格な遵守が確認される。この意味で，空間的起点を表す"从"が後続名詞に課す「場所性」の制約はきわめて厳しく，文法上重視すべきポイントだと言える。

## 3.2 動詞への依存

日本語母語話者の作文には以下のような誤用もよく見られる。

(12) a. *从台湾的留学生去北海道了。

→从台湾来的留学生去北海道了。

b. 台湾からの留学生が 北海道に行った。

(13) a. *我的作品是从右边第三个。

→我的作品是从右边数第三个。

---

3) 他の介詞による修正方法もあるが，ここでは"从"を使った修正方法のみを挙げた。

  b. 私の作品は<u>右から三番目</u>だ。

 (12a)を(12b)と，(13a)を(13b)と比較してみると，次の相違点が容易に見て取れる。日本語では，名詞と「から」の組み合わせは連体修飾語になれるのに対して，中国語では，"从"と名詞の組み合わせは連体修飾語になれず，動詞を加えなければならない。これはつまり，「名詞＋から」は単独で連体修飾語を担えるのに対して，"从＋名詞"には独立性がなく，動詞に依存している，ということである。

 この動詞への依存をより詳しく観察するために，筆者は日中両言語の母語話者の受講する大学院講義にて調査を行った。"北京"を出発地と指定した上で，"你是从哪儿来的？"（どこから来たのですか）と受講生に尋ねたところ，日本語母語話者は"从北京"と答えたのに対して，中国語母語話者は"北京"或いは"北京来的"と答えた。ここからも，"从北京"のような動詞なしの"从＋名詞"が中国語母語話者の語感に合わず，口語であっても単独使用が認められないことが窺える。その一方で，"北京来的"という答え方は許容される事実も興味深い。動詞さえあれば，"从"が省略されても差し支えないことに，動詞への依存度の高さが表れている。

 周知のように，中国語の介詞は歴史上比較的遅い時期に出現した品詞であり，そのメンバーのほとんどが動詞に由来している。なぜ動詞から介詞への文法化が発生したのか，また，その文法化を促した動機づけは何なのか，これらの問題に踏み込んだ研究としては，時間における一次元性を根拠に解釈を行った石毓智1995が挙げられよう。同論文で述べられているのは，①２つ以上の動詞からなる連動構造が動詞を文法化させ，介詞への変化のきっかけを提供したこと，②時間における一次元性という法則の支配により，連動構造において時間的情報を伝える文法要素（例えば，アスペクト助詞"了""着""过"など）を持てるのが主要動詞のみであること，③そのため，動作や行為に関わる時間・場所・道具などを表す動詞が従属的なものとして扱われていたこと，④そしてこれらの動詞は，主要動詞に付随した存在となる一方で，使用頻度は高い

ため，本来の意味が薄れていくにつれて介詞へ変化したこと（"他用刀切了菜"〔彼はナイフで野菜を切った〕を例に取ると，"切"は時間的情報を持つ主要動詞であり，"用"は動詞から変化した道具を表す介詞）である。この分析が正しければ，介詞は連動構造の中で，主要動詞との関係から地位を確立したものだと言える。これを踏まえると，動詞との共起を前提に，主要動詞と区別されるのが介詞の性質であり，その表れとして動詞への依存性があると考えられる。

一方，介詞のルーツであった動詞自体は現代中国語においても失われておらず，今なおさまざまに用いられている。それゆえ，同じ形式の介詞と動詞が併存することは珍しくない。例えば，介詞"在"（に。で）と動詞"在"（…にある。…にいる），介詞"用"（で）と動詞"用"（用いる。使う），介詞"从"と動詞"从"（従う。ついていく）などである。こうして見てみると，動詞との共起がなければ，介詞の識別が難しいということも否めない。このことも介詞"从"の動詞への依存度を高めた一因であると考えられる。

## 4 時間的起点

### 4.1 連語介詞

人間の空間的認知方式と時間的認知方式には類似性があり，両者が相互に拡張し，影響しあう現象が広く見られる。そのため，日本語の「から」も英語の from も，空間的起点・時間的起点の両方を表すことができる。では，中国語の"从"はどうであろうか。次の例文を参照されたい。

(14) a. *从早上7点一直学习。
　　b. 朝7時からずっと勉強している。
(15) a. *我从现在要学习很多东西。
　　b. 私は今から多くのことを学ばなければならない。
(16) a. *从今年四月，我在福井县当英语老师。

　　　　b.　今年の四月から，私は福井県で英語の先生になる。
　上記3つの中国語文は，いずれも自然さを欠いている。その原因は，日本語の「から」の用法をそのまま中国語にあてはめ，"从"を時間名詞に前置するのみにしてしまったからである。(14)'〜(16)'に示すように，時間名詞に"从"を前置し，さらに後ろに"起"或いは"开始"を後置して，前後で呼応させてこそ，はじめて正しい中国語文となる。
　(14)' a.　从早上七点起一直学习。
　　　　b.　从早上七点开始一直学习。
　(15)' a.　我从现在起要学习很多东西。
　　　　b.　我从现在开始要学习很多东西。
　(16)' a.　从今年四月起，我在福井县当英语老师。
　　　　b.　从今年四月开始，我在福井县当英语老师。
　以上から分かるように，"从"は時間的起点を表す場合，「単一介詞」として単独では使用できず，"起"や"开始"などと呼応して，「連語介詞」という形をとるのが一般的である。つまり，"从"は単に連語介詞の前項にすぎず，"起"や"开始"などの後項が時間名詞を囲む形で後に付加されるのである[4]。
　"起"と"开始"は"从"と呼応する後項として最も多く使用されているものであり，適用範囲もきわめて広い。両者とも，過去の時間的起点 (14' a, b) だけでなく，現在 (15' a, b) 及び未来 (16' a, b) の時間的起点も表すことができる。"起"と"开始"のほか，"以后（之后）""以来"も後項になることが可能であるが，こちらは使用頻度が低い上，適用範囲も狭い。"以后（之后）"は，主に慣用性の高い四字フレーズ（"从这以后""从那之后""从今以后"など）の形で用いられるのみであり，また，

---

4）　筆者が調査した辞典14冊のうち，時間的起点を表す"从"の統語的特徴を指摘したのは，『講談社　日中辞典』(相原茂，講談社，2006) の1冊のみである。連語介詞という用語こそ使用していないものの，「ルール以前！ある時点から始まるとき」という囲みを設け，「ある時点から動作もしくは状態が始まるときには，"从" cóng を使って表す。"从"のあとには必ず"开始" kāishǐ "起" qǐ といった『始める』意味の語が必要で，"从…开始""从…起"という形をとる」と述べている。

"以来"は通常過去の時間的起点にしか用いられない。例えば，

　⒄ 从去年9月份以来，北京街头出现了一种叫"魔鬼糖"的东西。

(CCL)

　　（去年の9月以来，北京の街角に「悪魔キャンデー」というものが現れてきている。）

　連語介詞（"框式介詞"）という用語を中国語学界に紹介したのは刘丹青2002である。同論文によると，連語介詞の概念は，20世紀末にGreenberg 1995が提起したものだとされている。言語学類型論の草分け的存在であるGreenbergが，セミティク語族（Semitic group）やイラン語族に属する言語の語順に関する調査研究の過程で連語介詞を発見し，世に公表したものであるが，この用語はまだ世界各国の言語学研究に浸透しているとは言い難い。中国語の辞書や教科書で，多様な機能を持つ"从"を単一介詞として扱ったまま今日に至ることは，連語介詞という概念への認識不足と無関係ではないだろう。

　中国語にも連語介詞があり，また"从……以来/起"がそれにあたるとした刘丹青2002の主張に，筆者は賛成する。ただ，同論文が介詞と方位詞の共起（"在……上/下/里/外/前……"など）をも連語介詞として扱う点については賛同できない。3.1で論じたように，"在"のみならず，空間的起点を表す"从"も方位詞と共起するケースが多々ある。例えば，"从……上/下/里/外/前……"などである。しかし，これらの介詞と方位詞の組み合わせを連語介詞として認定することは妥当ではない。理由は以下の通りである。

　（ⅰ）"在"や"从"と共起する"上/下/里/外/前……"は，方位詞としての本来の意味を保持しており，虚化は発生していない。そのため，"在"や"从"と連語化させるための文法化は起こっていない。特にコンテクストによって方位詞の選択が必要な点から，"在"や"从"と方位詞は単なる臨時的な組み合わせだと言わざるをえない。

　（ⅱ）3.1でも触れたように，空間的起点を表す"从"は必ずしも方

位詞と共起するとは限らない。事実，"中国""北京"などのような場所性の高い名詞の場合，方位詞の付加は不要である。同様のことが"在"についても言える。例えば，"*我在北京里"は成立しない。

(iii) 方位詞を付加する「場所化」という文法操作は，介詞の後続名詞だけではなく，存現文の文頭（墙上挂着一幅画）や動詞"去"の目的語（去山上玩儿）などの位置でも行われる。このように使用場面の多様な方位詞の中から，介詞と共起するもののみを抽出して連語介詞の後項と見なすのは適切ではない。

以上のことを踏まえて，"从"には2つの側面があると考える。空間的起点を表す"从"には単一介詞という側面が，時間的起点を表す"从"には連語介詞"从……起／开始"の前項として機能する側面があると考えるのである。

### 4.2 "开始"における文法的・意味的役割

刘丹青2002で連語介詞として挙げられたのは"从……以来／起"であるが，使用範囲の広さや文法的自由度に目を向けると，"从……起"のほかに，"从……开始"の重要性も浮上してくる。連語介詞の後項となった"开始"は"起"と同様，本来の動詞としての意味を失い，完全に"从"と一体化している。(18a)から明らかであるが，連語介詞の後項"开始"は単独で認知されるものではなく，"从……开始"全体が「から」或いは"from"の意味に相当する。

(18) a. 这个店从7点开始一直开着。
　　 b. この店は7時からずっと開いている。
　　 c. The shop is open from 7 o'clock.

しかしながら，"开始"が"从"と共起しているからといって必ずしも連語介詞であるとは限らない。(19a)の"开始"は「始める」を意味し，動詞の性質を持っている。

(19) a. 他从去年开始喝酒。

b. 彼は去年から酒を飲み始めた。

英語の場合，begin は from と共起しない。例えば，

(20) School begins at (*from) 9 o'clock.

それに対して日本語では，(19b)のように，「から」は「始める」と共起しうる。そのため，日本語母語話者は"开始"を「始める」と捉えがちで，連語介詞としての"从……开始"の存在を見落としやすい。しかし実際は，連語介詞の後項としての"开始"は意味的にも統語的にも動詞"开始"と異なる振る舞いを見せる。

(18)' *这个店从7点起开始一直开着。

(19)' 他从去年起开始喝酒。

(18)'において"起"の挿入は拒否される。(18)'にはすでに連語介詞が採用されており，他種の連語介詞の後項をさらに受け入れる余地はないためである。この例文の"开始"は前の時間名詞に係り，時間的起点を表す役割を果たしている。一方，(19)'では，"起"の挿入は拒否されない。この例文の"开始"は動詞だからである。"开始"は後の動詞"喝"に係り，動作の開始を表すため，連語介詞の後項"起"とは衝突しないのである。

こうした2つの"开始"の差異は(20)において顕著に表れている。

(21) 从去年11月开始，他开始了《带轱辘的摇篮》一片的拍摄。(CCL)
　　（去年の11月から，彼は『車輪付きゆりかご』という映画の撮影を始めた。）

ただし，注意すべきは，2つの"开始"が同時に(21)に用いられるのは，間に主語"他"があるからである。主語などの成分によって文の途中が区切られていなければ，2つの"开始"の同時出現はできない。

(22) *他从去年开始开始喝酒。

(22)を正しい中国語文にするには，2つの方法がある。一つは，(19)'のように連語介詞の後項を"起"にすることであり，もう一つは，(19a)のように連語介詞後項としての"开始"を削除することである。後者においては，経済性原則が働いていると考えられるが，動詞の"开始"はその意味の強さから，削除が不可能であり，文中に残るのである。よっ

て，連語介詞"从……开始"が動詞"开始"に隣接する場合，連語介詞後項の"开始"は不要となる。

### 4.3 起点と終点の共起

時間的起点を表す"从"がこれまで単一介詞と目されてきたことは，"从……到……"という起点・終点の共起表現とも関わりがあると考えられる。

"从……到……"は，日本語の「…から…まで」に似ており，空間的起点・終点と時間的起点・終点の両方を表すことができる。また，空間・時間を問わず同じ形式を維持している点も，「…から…まで」と類似している。例えば，

(23) a. 从北京到上海要多长时间？

b. 北京から 上海まで何時間かかりますか。

(24) a. 从星期一到星期五一直写论文。

b. 月曜日から金曜日までずっと論文を書いていた。

上記の類似性に加え，距離や期間に関する表現の実用性の高さゆえに，"从……到……"が比較的早く教科書に出現することも，"从"=「から」という印象形成に影響していると考えられる。

しかし，時間的起点・終点を表す"从……到……"の"从……"は，連語介詞の省略形と見ることもできる。なぜなら，このような"从……到……"に連語介詞の後項"起""开始"を加えても，問題なく文が成立するからである。

(25) 从星期一开始到星期五一直写论文。

(26) 从星期一起到星期五一直写论文。

"到"のほか，"迄""至"なども時間的終点を表すことが可能である。いずれにしても，時間的起点を表す"从"が時間的終点と共起した場合，連語介詞の後項を省略する傾向が顕著である。

(27) 从去年11月中旬迄今，美国联邦政府部分机构两度关门歇业，第二次持续了22天，可谓史无前例。

(CCL)

(去年11月中旬から今日まで，アメリカ連邦政府の一部の機関は2度にわたって休業した。2度目の休業は22日間続き，これは歴史上前例がないと言ってよい。)

⒇ 从去年9月至今年6月，已有3.8万人得到赔付。　　　　　　(CCL)
(去年9月から今年6月までで，すでに3.8万人が賠償金の支払いを受けている。)

## 5　中国語教育への提案

　介詞は具体的な概念を表さず，文法上の働きのみを有するため，日本人学習者にとって学習難度の高い文法カテゴリーとなっている。介詞の誤用はさまざまであるが，介詞そのものの誤選択も少なくない。その一例として"对""向""跟""给"などの混同が挙げられよう。この混同は，上記のいずれの介詞も，コンテクスト次第で日本語の「に」に訳すことができ，日本語母語話者にとって区別しにくいためだと考えられる。それと対照的に，"从"に関しては介詞の誤選択がほとんどなく，むしろ"从"の関連要素の誤りが目立っている。
　本稿で述べてきたように，起点を表す"从"は決して「から」や"from"ほどシンプルではない。空間的起点を表すか時間的起点を表すかが大きな分岐点となる。空間的起点の場合，"从"は単一介詞として機能するが，後続名詞には意味的制約を加える。よって，場所性のない後続名詞には場所化操作が必須なのである。また，"从＋名詞"が単独で連体修飾語になれない点も，日本語とは異なっている。一方，時間的起点を表す場合，"从"は連語介詞となり，後項の"开始"や"起"を伴うことが一般的である。しかしながら，連語介詞であっても，後項が削除されるケースや省略可能なケースもある。動詞"开始"と隣接する連語介詞の後項"开始"は削除されることとなり，そして時間的終点と共起した連語介詞の後項は省略可能となる。
　こうした複雑な文法的振る舞いを見せる"从"についての，これまで

の文法書や辞書での対応は十分とは言えない。より効果的な中国語教育のためにも，日本人学習者が難点を知り克服できるような，詳細かつ正確な記述と説明が望まれる。教科書編集の面でも，「から」という対訳語を提示するのみの対応は，見直しが必要である。学習者のレベルに応じて，"从"の導入方法や教え方にさらなる検討と工夫が必要であるが，少なくとも学習初期段階から，"从"≠「から」という認識を学習者にしっかり持たせておくべきであろう。

崔希亮2005による英語母語話者を主要対象とした調査では，介詞の使用における"从"の誤用率が高く，"在"に次いで第2位という結果が得られたという。ここから"从"が日本語母語話者だけの習得難点ではないことを窺い知ることができる。本稿は主に日中両言語の比較対照を踏まえ，"从"の特質を分析したものだが，本稿が日本語以外の言語を母語とする学習者の中国語教育にも役立つことを願う。

**筆者が調査した辞書と教科書**
中日辞書
(辞書名末尾の○，●，◎はそれぞれ，"从……起"〈=…から〉，"从……开始"〈=…から〉，"从……开始"〈=…から…始める〉が，単独項目として収録されていることを表す。)
1.『漢日辞典』(吉林大学漢日辞典編集部，吉林人民出版社，1982)　2.『現代中国語辞典』(香坂順一，光生館，1983)　3.『アクセス中日・日中辞典』(蘇文山監修，三修社，1999)　4.『クラウン中日辞典』(松岡榮志，三省堂，2001)○　5.『基礎中国語辞典』(上野恵司，日本放送出版協会，2002)　6.『白水社中国語辞典』(伊地智善継，白水社，2002)○●◎　7.『中日辞典(第2版)』(商務印書館・小学館，小学館，2003)○　8.『東方中国語辞典』(相原茂・荒川清秀・大川完三郎主編，東方書店，2004)○　9.『中日大辞典(第3版)』(愛知大学中日大辞典編纂所，大修館書店，2010)　10.『講談社　中日辞典(第3版)』(相原茂，講談社，2010)　11.『プログレッシブ中国語辞典(第2版)』(武信彰・山田眞一，小学館，2013)○◎
日中辞書
1.『アクセス中日・日中辞典』(蘇文山監修，三修社，1999)　2.『講談社　日中

辞典』(相原茂, 講談社, 2006) 3.『日中辞典(第3版)』(対外経済貿易大学・商務印書館・小学館, 小学館, 2015)

教科書("从"あり)

1.『フレンズ中国語』(千葉謙悟・熊進, 朝日出版社, 2013) 2.『Start! キャンパス中国語』(朱春躍・崎原麗霞, 朝日出版社, 2015) 3.『楽しい中国語第一歩』(山下輝彦, 朝日出版社, 2016) 4.『いま始めよう！アクティブラーニング』(陳淑梅・張国璐, 朝日出版社, 2016) 5.『新訂版中国のひとり旅』(陳淑梅・張国璐, 朝日出版社, 2016) 6.『改訂版スタートライン中国語』(九米井敦子・余慕, 駿河台出版社, 2016) 7.『標準中国語読解力 UP 編』(王安・楊川・王欣・孫樹林, 朝日出版社, 2012) 8.『おぼえチャイナ1』(八木章好・鄺麗媚, 朝日出版社, 2014) 9.『入門ビジュアル中国』(遠藤光暁監修, 朝日出版社, 2015) 10.『你好！晴佳 light 版』(呉悦・大野香織・王紅艶, 朝日出版社, 2012) 11.『ゼロから学ぶ中国語』(周一川・郭海燕・賈曦, 同学社, 2012) 12.『中国語会話』(陳浩・梁月軍, 郁文堂, 2008) 13.『これでパーフェクト！中国語の旅』(張勤, 朝日出版社, 2012) 14.『おもしろスキット初級中国語』(榎本英雄, 同学社, 2008) 15.『ほあんいん！中国語 (会話編)』(邢玉芝・王鳳蘭, 郁文堂, 2012) 16.『ベーシック中国語』(張作義・重松淳・張悦, 郁文堂, 2015) 17.『四コマ漫画で学ぶ中国語』(三宅登之監修, 朝日出版社, 2015) 18.『中国語の翼』(山田留里子監修, 郁文堂, 2014) 19.『hikaru 中国語力』(矢野光治・劉力, 駿河台出版社, 2013) 20.『好きです♡中国語』(中村俊弘・吉田泰謙・郝佳璐, 朝日出版社, 2016) 21.『佳縁漢語』(孫樹林・王欣・楊川・王安・岡村宏章・丁雷, 朝日出版社, 2015)

教科書("从"なし)

1.『楽しく学ぼうやさしい中国語 購読編』(王武雲・張慧娟・朱藝, 郁文堂, 2012) 2.『ジョイフル中国語 初級編』(呉凌非, 郁文堂, 2012) 3.『LOVE! 上海』(楊凱栄・張麗群, 朝日出版社, 2015) 4.『Campus 汉语』(植松希久磨・何秋平・原瀬隆司, 駿河台出版社, 2014) 5.『中級サクセス中国語』(海村惟一・関久美子・唐雋・李偉・林秀娟, 郁文堂, 2014) 6.『たのしくできる We Can! 中国語 初級』(佐藤晴彦監修, 朝日出版社, 2016) 7.『わかりやすい実用中国語』(崎原麗霞, 朝日出版社)

## 参考文献

相原茂・石田知子・戸沼市子 1996 『Why? にこたえるはじめての中国語の文

法書』，同学社
荒川清秀 1992　日本語名詞のトコロ（空間）性，『日本語と中国語の対照研究論文集（上）』，pp.71-94，東京：くろしお出版
森宏子 1998　"从"の空間認識，『中国語学』245，pp.122-131
王軼群 2005a　起点としてのヒトを示す「から」と"从"——他動性の観点から——，『甲南女子大学研究紀要　文学・文化編』第 41 号，pp.65-71
王軼群 2005b　起点を表す日本語の「から」と中国語の"从"——状態・状態変化を表す場合を中心に——，『国際文化学』第 12 号，神戸大学国際文化学会，pp.89-103
北京大学中文系 1955・1957 级语言班 1982　《现代汉语虚词例释》，商务印书馆
崔希亮 2005　欧美学生汉语介词习得的特点及偏误分析，《世界汉语教学》第 3 期，pp.83-95
刘丹青 2002　汉语中的框式介词，《当代语言学》第 4 期，pp.241-253
刘月华・潘文娱・故韡 1983　《实用现代汉语语法》，外语教学与研究出版社
吕叔湘主编 1999　《现代汉语八百词》增订本，商务印书馆
曲宏欣 2010　汉语学习者介词"从"的偏误分析，《长春工程学院学报》第 11 卷第 4 期，pp.82-85
石毓智 1995　时间的一维性对介词衍生的影响，《中国语文》第 1 期，pp.1-10
Greenberg, J. 1995　The diachronic typological approach to language. In Shibatani, M. and T. Bynon, eds., *Approaches to Language Typology*. Oxford: Clarendon Press

**例文出典**

　　主に大阪大学外国語学部中国語専攻の学生の会話や作文から収集したもので，一部は北京大学 CCL コーパス（http://ccl.pku.edu.cn:8080/ccl_corpus/）からの引用である。

＊本稿は日本中国語教育学会第 13 回全国大会（2015 年 6 月 7 日，龍谷大学）での口頭発表を基に加筆修正したものである。この場をお借りして，貴重な助言を下さった荒川清秀先生と続三義先生に感謝を申し上げたい。

（Zhāng・Héngyuè　大阪大学）

# 日中両言語における
# 蓮，桃に関する慣用表現の対照研究

靳　卫卫　　段　静宜

## 1　はじめに

　長い歴史の中で，人類は植物と密接な関係を保ってきた。春は桜やチューリップ，夏はアジサイや蓮，秋はコスモス，もみじ，冬は水仙，蠟梅など，植物は四季の風物詩として欠かさないものである。植物は人類の日常生活との関わりの中で，まずは食用や薬用として利用され，その後，社会の発展とともに，装飾物となり，言語や詩歌を代表とする文学作品にしばしば用いられ，文化の面でも切り離せない存在となっている。
　認知言語学において，認知主体は周りの物事を介して外部世界を理解する。特に，メタファーは親しい事物を通して新たな事物を認識していく認知現象の一つとして，人が世界を能動的に認識し，そして理解する手段でもある。われわれの身近な存在である植物は人が世界を認知するプロセスの中で重要な役割を担っている。
　中国語において，植物には特定の様々な意味が与えられ，中国文化を彩っている。中国と一衣帯水の隣国，日本は自然と共存してきた国であり，日本語は特に花や木に対して豊かな言語として世界中に知られている。中国と日本は同じアジアの国であるが，何千年もの間，お互いの文化に影響を与え合い，それぞれ独自の文化を作り出したと言える。両国の間には，歴史や文化，そして風俗などの相違があるため，植物に関するメタファー表現が同じとは言えない。

本稿は先駆諸家の研究を踏まえて，日中両言語における蓮，桃に関する慣用表現を通して，認知的立場に着目し，人間の認知プロセス，また，日中文化についての考察を行うこととする。

## 2　研究背景

日中対照言語学の研究が盛んに行われているが，植物に関する言語表現を中心とする日中対照研究はまだ少ない。さらに，認知言語学の視点から植物にまつわる言語表現の研究に力を入れる学者は極めて少ないようである。筆者はこうした現状を踏まえ，蓮，桃をキーワードと設定し，《现代汉语大词典》，《新华词典》，《俗语10000条》，《惯用语10000条》，『動植物のことば辞典』，『動植物のことわざ辞典』，『精選版 日本国語大辞典』，『大辞林』，『広辞苑』，『新明解国語辞典』，『三省堂国語辞典』に収録された蓮，桃に関する慣用表現，北京大学汉语语料库（CCL）[1]，少納言現代日本語書き言葉均衡コーパス（BCCWJ）[2]，中日対訳コーパス[3]から例文を集め，認知言語学の角度から対照研究を試みる。

## 3　蓮についての考察

夏の風物詩である蓮は中国では歴史のある植物で，"荷"，"芙蓉"とも呼ばれる。また，蓮は水中に生きているため，"水芝"，"水华"，"水芸"，"水旦"とも言い，色や様態などの特徴に因んで"碧环"，"净友"と名付けられた。"玉环"という別称もあり，中国古代の"四大美人"[4]中の

---

1) 北京大学中国语学研究中心開発
   http://ccl.pku.edu.cn/
2) 大学共同利用機関法人人間文化研究機構国立国語研究所と文部科学省科学研究費特定領域研究「日本語コーパス」プロジェクトが共同で開発
   http://chunagon.ninjal.ac.jp/
3) 北京日本学研究センター開発
4) 四大美人：西施，王昭君，貂嬋，楊玉環

楊貴妃が蓮の花に喩えられる[5]ことに由来しているらしい。

日本では蓮の名の由来は花托の形状が蜂の巣（ハチス）に似ているからだという説がある。漢字では，「蓮」で表記することが多いが，ほかに「荷」も当てる。「蓮」の読み方について，全体を指す場合は「ハス」，地下茎（蓮根）の場合は「レン」と使い分けるのが一般的である。

### 3.1 蓮の花

花で女性を喩えることは中国語にも，日本語にもよく見られ，"閉月羞花"（花も恥じらう），"解语花"（解語の花），"交际花"（社交界の花）などの表現は日中共通である。

中国語では蓮の花の部分が最も注目され，当然，蓮の花も女性と切り離せない。

(1) 虽是布衣荆钗，淡淡梳妆，却自有一番天然的风韵，真像是<u>出水芙蓉</u>，丝毫没有雕饰的痕迹。

白に薄いピンクの蓮の花は，赤や黄などの鮮やかさに比べて，さっぱりと清らかな感じがする。水を浴びて出てきた清潔な蓮の花を"出水芙蓉"[6]と言い，女性の化粧をしない美しい素顔や，装飾なく素朴で自然な格好と似ているので，例(1)のように，蓮の花は自然で清純な女性の喩えとして使われている。

(2) 当天，她穿着一件藕丝单衫，<u>立在晚风中，趁着碧波绿荷，恰似一朵素雅的出水芙蓉</u>。

（その日，娘はうす紫のひとえを身につけていた。緑一面の湖水を背にして，そよ吹く夕風の中に立つその姿は，<u>蓮の花の精</u>かと見まがうほどだった。） 　　　　　　　　　　　　　　　　　　（《钟鼓楼》）

例(2)が示すように，"出水芙蓉"は日本語で「蓮の花の精」と訳したが，

---

5) 楊貴妃：楊玉環。唐の詩人白居易は《长恨歌》に"芙蓉如面柳如眉，对此如何不泪垂"と楊貴妃の美を描写した。

6) 出水芙蓉："清水出芙蓉，天然去雕饰。"
　　　　　　（〈经乱离后天恩流夜郎忆旧游书怀赠江夏韦太守良宰〉唐・李白）

中国語のように女性の清らかさは表しにくいようである。日本語には，女性の清らかさを表現する際，例(3)，(4)のように，水仙，百合の花に比喩される傾向がある。また，例(5)のように，女性の優雅な歩く姿を百合の花にも喩える。

(3) <u>水仙の花</u>のような<u>清い</u>感じの女性

(4) <u>百合の花</u>にも似た<u>清らか</u>な女性

(5) ほんとにすてきな女性ですね。立てば芍薬座れば牡丹<u>歩く姿は百合の花</u>，という形容がぴったりなんだ。

(『分野別・日本語の慣用表現』)

女性の飾りのない天然の美以外，中国語において，蓮の花は女性の足と強く結びついている。女性が歩いている優雅な姿を"步步莲花"("莲步")[7]と言い，"莲花"は女性の足のメタファーになる。

(6) 奶奶受尽苦难，终于裹就一双<u>三寸金莲</u>。　　　　　　(《红高粱》)

(苦難の末に，祖母は三寸の金蓮〔当時，纏足の足に対する美称〕をものにした。)

(7) 奶奶更多地是看到自己穿着大红绣花鞋的脚，它<u>尖尖瘦瘦</u>，带着凄艳的表情,从外边投进来的光明罩住了它们，它们像<u>两枚莲花瓣</u>，它们更像两条小金鱼埋伏在澄澈的水底。

(いや，大きな花模様の靴をはいた自分の足のほうがもっとよく見える。足は<u>かぼそく，寂しげで</u>，外からの光におおわれている。<u>まるで二枚の蓮の花びら</u>，というより澄みきった水底に潜む二尾の金魚のようだ。)

(《红高粱》)

宋の時代から，纏足の風習が中国全土に広がった。纏足した女性の小さな足を"三寸金莲"と言う。例(7)の描写から，纏足後の足は小さくて尖った様に変形し，蓮の花びらのようになることがわかり，女性美の

---

7) 步步莲花："又凿金为莲华以帖地，令潘妃行其上，曰：'此步步生莲华也'。"

(《南史・齐本纪下》)

南斉の東昏侯は金箔製の蓮の花を地面に貼らせて，妾の潘氏にその上を歩かせ，潘氏が歩いた所はまるで蓮の花が咲き始めたかのようであったという。

象徴となっている。

　古代中国の文人たちは自分の道徳観念，人生への追求を花に寄せ，"花十友"[8]，"花十二客"[9]，"花王花相"[10]という別称を花に与え，花は人間と同じ性格を持つように擬人化されている。

　蓮の花は「花の君子」[11]と誉められ，泥のたまった池の底から生えても，水面では汚れのない美しい花を咲かせる"出淤泥而不染"[12]という特徴は，中国の文人たちが憧れる"君子"の正直，高潔など優れた品格とぴったり合い，蓮の花は君子のメタファーとして中国文化に定着することとなった。"出淤泥而不染"という表現は蓮の花のように，悪い影響を受けずに，心の美しさを保つことを喩える場合に用いられるようになった。

　日本語にも，「泥中の蓮」[13]という表現があり，一見，"出淤泥而不染"と似ているような表現であるが，その出自は同じとは言えない。中国語の"出淤泥而不染"は儒教の君子思想の影響を大きく受け，その一方，日本語の「泥中の蓮」は仏教との関係が深いようである。

　日中の「一蓮托生」はもともと共に仏教用語で，死後ともに極楽に往生して，同一の蓮の花に身をたくすることである。特に，日本語では，「一蓮托生」は仏教用語から，例(8)のように，善くも悪くも最後まで行動や運命をともにするという意味に拡張し，四字熟語として慣用化され

---

8)　花十友：梅花－清友、茶花－韵友、茉莉花－雅友、瑞香－殊友、海棠－名友、荷花－静友、栀子－禅友、芍药－艳友、桂花－仙友、菊花－佳友
9)　花十二客：梅花－清客、茶花－雅客、茉莉－远客、瑞香－佳客、牡丹－贵客、荷花－静客、兰花－幽客、菊花－寿客、桂花－仙客、丁香－素客、蔷薇－野客、芍药－近客
10)　花王：牡丹；花相：芍药
11)　花の君子："予谓菊，花之隐逸者也；牡丹，花之富贵者也；莲，花之君子者也。"
　　　　　　　　　　　　　　　　　　　　　　　　　　　《爱莲说》宋・周敦颐）
12)　出淤泥而不染："予独爱莲之出淤泥而不染，濯清涟而不妖。"
　　　　　　　　　　　　　　　　　　　　　　　　　　　《爱莲说》宋・周敦颐）
13)　泥中の蓮：『法華経』による「道を学んで世間の法に染まらないことは，蓮華が水に在るに似る。」

(8) そんなことを言ってくれるなよ。こうなりゃあお互えに<u>一蓮托生</u>じゃねえか。なにしろ何どうも弱ったな。

(『岡本綺堂・権三と助十』)

そのほか，中国語の"口吐蓮花"[14]も仏教からきた言葉で，例(9)のように，弁舌を弄するという意を表し，"舌粲蓮花"とも言う。

　(9) 在他尚未结婚之前，一张嘴就早已练的<u>口吐莲花</u>，有起死回生之效了。

### 3.2　蓮の葉

中国人にとって，蓮の葉は単なる花の装飾物で，花には豊かな表現があるが，葉はほとんど無視されている。しかし，日本人は蓮の葉にフォーカスをあて，葉には花とは異なる特別な意味があるようである。

　(10) ナオミの態度も，人をそらさぬ愛嬌はあって，<u>蓮っ葉でなく</u>，座興の添え方やもてなし振りはすっかり理想的でした。

　　　(纳奥米也和蔼可亲，待人周到，<u>举止稳重</u>，座上凑趣的言谈和待客的态度都是非常令人满意的。)　　　(『痴人の愛』)

『大辞林』によると，「蓮っ葉」は言動が浮薄なこととある。特に，女性の態度やおこないに品がないことを指す。日本語には，「蓮っ葉女」[15]という言葉もある。江戸時代，京阪の問屋で接客した軽はずみな女性を「ハスハオンナ」と言うようになった。蓮の葉が水をはじく時，翻る様子から来た表現らしい。現代でも，軽々しい女性のことを比喩している。

「蓮っ葉商い」という言葉もある。これは，日本の盂蘭盆という年中行事と関係がある。お盆に使う蓮の実や蓮の葉を売ること，また，商品の多くを蓮の葉に置いて売っていたことから，季節の物を商売すること

---

14) 口吐蓮花：赵国主石勒召佛图澄，试以道术。佛图澄便"取钵盛水，烧香呪之，须臾钵中生青莲花，光色曜日。"　　　(《晋书・艺术传》佛图澄)
15) 蓮っ葉女：「どうぞ私の賤しい諫めをお用ひ下さって，蓮っ葉な，靡き易い女には御用心なされませ。」　　　(『源氏物語』)

を言う。蓮の葉はその時期にしか使わないため，短期にしか役立たない物を指し，そして，時期によって，値段が高くなったり，安くなったりする商売のことを喩える。

### 3.3 蓮根

食卓によく登場する"藕"(蓮根)は中国人に親しまれている。蓮根を切り離しても細かい糸はまだつながっているという特徴から，中国語には"藕断丝连"[16]という言い方があり，表面的には断ったように見えても，実際にはつながっている字面通りの意味から，人間の切れない関係を表すのに拡張した。特に，例(11)のように，男女の間に未練があることを喩える。

(11) 我实话实说。还有点<u>藕断丝连</u>。忙起事情就顾不上多想他，一回到家，一闲下来，就想起他。

（やっぱり<u>ふっ切れない</u>ところもあるって，正直に言ったわ。忙しい時はそうでもないけど，家に戻った時とか，一息ついた時に，あの人のことを考えてしまうのよ。） 　　　　　　　　　　　（《金光大道》）

また，蓮根の節があり，白っぽい特徴から，例(12)のように，女性の白くて肉づきのちょうどいい手首や腕を連想させている。

(12) 罗汉大爷挽着我奶奶的胳膊，侧目看到我奶奶那两只娇秀金莲，那一段<u>肥藕般的手腕</u>，嗟叹不已。

（祖母の腕をとりながら，羅漢大爺は横目で祖母の愛らしい金蓮と<u>ふとい蓮根のように肉づきのいい手首</u>を見てしきりにため息をついた。）

　　　　　　　　　　　　　　　　　　　　　　　　（《红高粱》）

日本では，蓮根は穴が多く，空いている状態から，「先を見通す」という縁起がよいものとして，正月のおせち料理に欠かせない食材となる。中国では，"藕"は"偶"(二つで対をなすもの。縁起がいいとされている)と通じて，めでたいという意味も含む。

---

16) 藕断丝连："妾心藕中丝，虽断犹牵连。"　　　　　　　〈去妇〉唐・孟郊

## 3.4 蓮の実

　蓮は多子植物であり，新婚夫婦に蓮の実を贈って，たくさんの子供を授かるようにという祝福を表すという風習は中国の民俗文化に定着した。

　中国の詩文においては，"蓮"の発音は"恋"，"怜"と同じで，恋のシンボルとして用いられる。例(13)の"莲子"は"怜子"と同音で，蓮を採る女に恋する気持ちを婉曲に伝える。

　(13) 低头弄莲子，莲子清如水。　　　　　　　（南朝・乐府《西洲曲》）

## 3.5 蓮の慣用表現に対する分析

　中国語は蓮の花に関する慣用表現が豊かで，特に女性と切り離せず，女性の顔や足などのメタファーと使用されている。それは，類似性を見いだすという認知能力と関わっている。

　白に薄いピンクの蓮の花は女性の素顔や清らかな格好，蓮の花びらは女性の小さな足と色や形状など外観的類似性を持ち，蓮に対するイメージを女性に拡張していくので，このようなメタファーが成り立つ。

　蓮の花が「花の君子」と考えられるのは，植物としての蓮と人間の「君子」の間に形状的な類似性があるためではなく，人間が能動的に創りだした心理的な類似性に基づき，人間の主観性による擬人化表現だと考えられる。

　日中両言語とも蓮の清らかさに注目する。「泥中の蓮」と"出淤泥而不染"は，蓮の花は泥の中にいながら美しい花を咲かせるという本義から意味が拡張され，劣悪な環境の中でも，悪い影響を受けることなく，心の清らかさや美しさを失わずに保つことの喩えとなっている。このようなメタファー表現は，人間の経験的基盤に基づき，連想によるものである。その認知プロセスは【図1】のようになる。【図1】が示すように，泥に対する汚いイメージは，視覚や触覚の身体経験から得たものである。

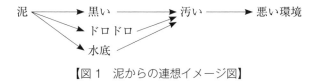

【図1　泥からの連想イメージ図】

蓮の花の色及びその形態からは，【図2】で表すような連想を引き起こし，蓮の花に対する美しいイメージを作り上げ，メタファーが成り立つ。

【図2　蓮からの連想イメージ図】

前に述べたように，中国語には蓮の花に関する表現が非常に豊富である一方，日本語には蓮の葉に特に注目する傾向がある。蓮に対する認知の相違が生じるのは図と地の反転がその原因の一つであろう。

【図3】のように，中国語の場合は蓮の花を前景として焦点を置き，蓮の葉を背景化しつつある。逆に，日本語の場合は蓮の葉の部分は図として記号化され，蓮の花は地になる。認知プロセスの差異を探究するには図と地の反転が重要な役を担っている。

言語は文化を担っている。メタファーを言語表現の一種として，その成因を分析する際，文化的背景を考慮しなければならない。

古来，蓮を採ることを生業としている女性は中国江南の水郷の風景の

【図3　図と地の反転】

一つである。"耶溪采莲女，见客棹舟回。"[17]，"荷叶罗裙一色裁，芙蓉向脸两边开。"[18]などの詩句は蓮を採る少女を描く。この点から見れば，蓮が女性の喩えとなるのは，空間隣接のメトニミー（換喩）に基づき成立したものと考えることもできる。

　古人は子孫を増やすことを大変重視したが，生殖についての認識は少なかった。人間は子孫を増やす過程の中で，「性」を意識して，生殖ということを崇拝し始めた。その一方，古人は人間の生殖の主導権は神様にあると信じていた。植物に対して，人間は植物の強く無限の生命力に憧れ，植物からこのような生命力を身に受けようと思ったようである。

　中国では蓮は多子植物で，生殖崇拝の典型的な例だと言える。蓮の花は女性の生殖器の形と似ているので，このような蓮の生育の意味により古人に蓮が好まれ，中国の年画（【図4】）によく描かれる魚と蓮の組み合わせには男女の交わりの意味が含まれているようである。

　言語は音声から始まる。日常生活の中の音声関係に基づくメタファー表現，あるいは同音異義語による隠喩は中国の民俗文化にもよく現れている。

　中国には新年を迎えるため，ドアや窓に【図4】のような年画を貼る風習がある。中国語において，"莲"と"连（年）"，"鱼"と"余"は発音が同じであるため，音声的関係によって，人々の新年への願いを表している。

莲 → 连（年）：続く
鱼 → 余：余裕
连年有余／年年有余
　→ 富裕が続くように／毎年余裕を持つように

【図4　年画―连年有余（年年有余）】

---

17) "耶溪采莲女，见客棹舟回。笑入荷花去，佯羞不出来。"　（〈越女词〉唐・李白）
18) "荷叶罗裙一色裁，芙蓉向脸两边开。乱入池中看不见，闻歌始觉有人来。"
　　　　　　　　　　　　　　　　　　　　　（〈采莲曲〉唐・王昌龄）

また，"蓮"と"恋"，"藕"と"偶"，"荷"と"和（合）"も音声的関係があるので，蓮という植物は中国文化において愛情，吉祥，平和の意味を持ち，多くの中国人に愛されている。
　日中両言語における蓮の比喩的意味関係を【図5】，次頁【図6】のようにまとめる。

## 4　桃についての考察

　桃は中国原産の植物であり，大陸から日本に伝わってきた。モモ（桃）の語源はモモ（百）すなわちモモ（実々）で，実がたくさんある意を表す。漢字「桃」（トウ・ドク）の「兆」は実が二つに割れる意味で，桃の実の形からきたらしい。

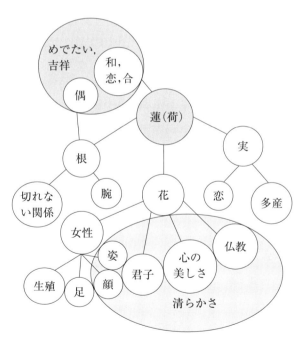

【図5　中国語における蓮の比喩的意味関係図】

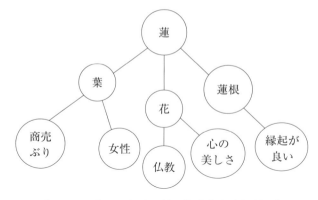

【図6　日本語における蓮の比喩的意味関係図】

## 4.1　桃の花

　春の風物詩となる桃の花は中国文学及び中国文化において重要な存在だと言える。"桃之夭夭，灼灼其华"[19]という詩句は赤々と燃えるように輝く桃の花が若い少女を喩え，初めて中国文学に登場した。

　その後，桃の花は女性と切り離せない存在となり，文人たちに絶えず詠われ，"人面桃花相映红"[20]は有名な一句である。桃の花が美女の頬と輝き合う，その美しさをこの詩句から感じることができる。桃の花は美女のメタファーとして使用され，"桃花面"，"桃花脸"，"桃腮粉脸"，"桃腮杏脸"，"桃腮柳眼"など，いずれも美女を喩える。

(14) 奶奶想这一双乔乔金莲，这一张桃腮杏脸，千般的温存，万种的风流，难道真要由一个麻风病人去消受？
　　（この愛らしい金蓮，この花のかんばせ，ありあまる女らしさと色香を，ほんとうに一人の麻風病者にささげるのか。）　　　　　（《红高粱》）

(15) 我听说奶奶会吸大烟但不上瘾，所以始终面如桃花，神清气爽。
　　（祖母は阿片を吸っていたが中毒にはならなかったから，いつも顔色は

---

19)　"桃之夭夭，灼灼其华，之子于归，宜其室家。"　　　（《诗经》〈周南・桃夭〉）
20)　"去年今日此门中，人面桃花相映红。人面不知何处去，桃花依旧笑春风。"
　　　　　　　　　　　　　　　　　　　　　　　　　（〈题都城南庄〉唐・崔护）

つやつやしており，さわやかな気分でいられたのだそうだ。)

(《红高粱》)

中国語では，例(14)，(15)のように，桃の花が女性のメタファーとして用いられる。桃の花は薄ピンク色で，花びらが柔らかい。この視覚，触覚からくる人間の感覚によるメタファーで，女性の美しさ，艶かしさ，若さを喩え，プラスの意味を含む。

一方，艶やかな桃の花は大げさに人の注目を集めるという点で，軽はずみと感じられるようである。例(16)では，"桃花"の後に"妖精"が付いている。日本語では，「妖精」は自然界の精霊で，可愛らしいイメージがあるが，中国語の"妖精"は化け物，妖婦，男を惑わす艶かしく美しい女を指し，悪いイメージを持つ。ここの"桃花"は女性の妖艶な様子を喩え，マイナス，軽蔑の意味がある。

(16) 算起来她也有三十好几了，她的脸还艳如桃花妖精相。

また，古代中国では艶やかな桃の花は娼妓をも比喩している。桃の花が描かれた"桃花扇"は娼妓を演出する道具として，娼妓の象徴となる。

(17) 桃花扇何奇乎？妓女之扇也，荡子之题也。

(清・孔尚任〈桃花扇小识〉[21])

桃の開花期は短い。きれいに咲いてすぐ衰える桃の花から青春真っ只中で亡くなる女性を連想させ，桃の花は佳人薄命のことを喩える。清代の曹雪芹[22]の名作《红楼梦》には桃の花に関する描写が多く，若死にする女性の悲惨な運命を隠喩する。"黛玉葬花"はそのクライマックスで，ここでの"花"はシネクドキで，「桃の花」を指す。

桃の花が女性のメタファーと目されていることから，"桃花运"は女運を表し，桃の花はさらに恋や愛情の比喩的意味を持っている。

(18) 她娘家是鲍山那边十里铺的人家，做姑娘时如花似玉。都说鲍秉德交了桃花运，娶了十里铺的一枝花。

---

21) 〈桃花扇小识〉：孔尚任（1648-1718）が清代，歴史劇《桃花扇》の脚本を著した。〈桃花扇小识〉はその脚本から抜き出したものである。
22) 曹雪芹：（約1715-約1763）清代，中国古典四大名書《红楼梦》の著者。

（実家は鮑山の向こうの十里鋪にあるが，娘時代は花のような美人で，
　　　鮑秉徳は女運に恵まれて，十里鋪から花を一輪手にいれた，と評判だっ
　　　たものだ。）　　　　　　　　　　　　　　　　　　　　（《小鮑庄》）
　中国では，女性を桃の花で喩える表現が多く，プラスとマイナスの二
極化した比喩的意味に分けられ，美人，艶やかさ，若さ，天真爛漫の比
喩である一方，娼妓，妖婦，艶めかしさ，世俗，薄命の比喩でもある。
　日本では，桃の花は女の子とゆかりが深い。三月三日は，「桃の節句」
と呼ばれ，女の子の幸せや健康な成長を祈り，女の子の日と定着してき
た。しかし，日本語には，桃の花に関する表現は極めて少ない。ただ，
「桃色」は多く使われるようである。この場合は女の子，女性の比喩に
限られないようである。

　⑲　桃色の餅菓子のような体に抱きしめられて，女はどんな気持ち
　　　がするのだろう。
　　　（试想一个落溷飘茵的妓女，被抱紧到他那桃粉色点心一般的法身
　　　里，她会作何感想呢？）　　　　　　　　　　　　　　（『金閣寺』）

「桃色」は，中国語でもそのまま"桃色"，または"桃红色"，"桃粉色"，
"粉红色"と訳される。使用するときは，主に"事件"，"新聞"などの
語と結びつき，曖昧な男女関係を表す。

　⑳　又讯，黎君自缢，或与某桃色事件有关。
　　　（黎君の自殺は情事がらみとか。）　　　　　　　　（《活動変人形》）

日本語には，男女間の色情にまつわる事物を表す「桃色遊戯」という
語もある。比喩的な意味として，「桃色」は男女関係，情事，色情を表
すのは日中共通なようである。
　中国語では桃の花は女性のメタファー以外に，"世外桃源"，"桃花源"
という表現があり，俗世間を離れた平和な別天地，ユートピアの意味を
表すことがある。

　㉑　政治是可怕的，也是肮脏的。我照着他的话做了。可是没有世外
　　　桃源。
　　　（政治は恐ろしくて，汚いものだと。ぼくは言われた通りにした。しか

し，この世に理想郷は存在しない。)　　　　　　　　　　(《人啊，人》)

　こういう使い方は晋の陶淵明の〈桃花源記〉[23]からきたものである。日本語にある「桃源郷」という言葉もここからきたものであろう。

## 4.2　桃の実

　桃の実は中国文化の中で恋・愛情の証，生殖，長寿などの意味が含まれている。

　古代中国には，"投桃"という風習があった。桃を他人に投げ与え，投げられた人はそれに相当する物を返す，他人と交際する行動で，"投桃報李"[24]ということわざは友好往来を喩える。"投桃"は特に男女の間でよく行われるので，桃は愛情の証となる。

　桃の実は右と左に割れるという特徴があり，生殖を崇拝するメタファーでもあり，桃は実がたくさん結ぶことから，子孫繁栄を喩える。

　また，古典神話小説《西游記》には西王母の桃園にたくさんの桃が植えられ，人間が食べると，末長く生きることができるという話がある。桃の実は不老不死の象徴として中国人に愛されている。お年寄りが誕生日を祝う際，"寿桃"[25]を食べる風習が今日にも残っている。

　日本語には桃の花より，桃の実に関する慣用表現が豊かなようである。「桃割れ」は日本の女の子の髪型の一つである。丸くまとめた髷の部

---

23)〈桃花源記〉：陶淵明（352か365-427）は，東晋，中国田園詩人の代表的人物，《陶淵明集》を著した。〈桃花源記〉は《陶淵明集》に収録された一篇である。魚を捕るのを仕事にしている男が道に迷って，桃の花が咲く林に出くわした。林の奥に進むと，村落があって，老若男女が楽しそうに生きている。男が話しかけると，村人の先祖が戦争を避けるため，この秘境にやってきて，何百年の間，村中の人々が外の世界を知らず，自給自足の日々を過ごしていることを知った。男は戻ってこの桃源郷の話を役所の長官に報告した。それ以後，桃源郷を訪ねられなくなったという話である。

24) 投桃報李："投我以桃，報之以李。"
　　　　　　　　　　　　　　(《诗经》〈大雅・抑〉)

25) 寿桃：小麦粉で作った桃形の食品で，本物の桃を使用する時もある。

【図12　寿桃】

分が二つに分かれていて，割った桃のように見える。

また，桃の実の形から，「桃尻」という言葉がある。もともとは馬に乗る際，鞍の上に尻がうまく座らないことを指す言葉で，現在，女性の桃のように美しい形をした尻の表現として使われている。

(22) 美少女タレントは，<u>白桃のように</u>滑らかで可愛らしい尻を，男の目の前に高々と突き出す。

(『アイドル「接写」スタジオ倒錯の下半身撮影』)

例(23)，(24)，(25)のように，桃の形，色，さらに触覚から，乳房，頬，皮膚を連想させ，比喩している。

(23) <u>白い桃の実のよう</u>な乳房のふくらみ。

(24) ぽちゃとした肉づきが<u>白い桃のよう</u>に美しい。

(25) 生毛のある頬のあたりが<u>若い白桃のよう</u>にういういしい。

日本には桃に関するいろいろな故事，神話伝説がある。桃が文献にはじめて現れるのは『古事記』のようである。伊邪那岐命(いざなぎのみこと)は黄泉の国の悪霊を撃退するため，桃三個を持って待ち伏せして撃ち，追ってきた者たちはことごとく逃げ帰ったという物語である。また，桃から生まれた桃太郎の物語は多くの日本人に親しまれている。桃の実の霊力で鬼を退治するという考え方は，桃の原産地中国での桃が邪気をはらうという除魔の思想や西王母の伝説と関連するような気がする。

## 4.3 桃の木

"桃李満天下"[26]という言葉のように，"桃李"は桃とスモモの木のことで，中国語のことわざでよく一緒に使われて，いろいろな比喩的意味を表す。ここでは門生の喩えである。

---

26) 桃李満天下："天下桃李，悉在公門矣。" (《资治通鉴・唐纪》武后久視元年)
唐の名相狄仁傑は門生が数多く，当時の皇帝武則天に優れた門生を数人推薦した。"天下桃李，悉在公門矣"と人々に褒められたことから，桃李は門生の喩えとなった。春秋時代，子質という人が桃とスモモの木の下で門生を教え，門生たちが師恩を感謝するため，自分の庭に桃とスモモの木を植えた。子質は門生が桃とスモモの木のように天下に満つと自慢したという説もある。

桃とスモモは花も実も美しいので，招かなくとも自然に人が集まり，木の下に小道ができるため，"桃李不言，下自成蹊"[27]ということわざは立派な人格者の周囲には，招かなくともたくさんの人が集まってくることを言い，人柄の優れた人の喩えになる。

"李代桃僵"[28]は桃を助けるため，スモモがその代わりに死んだという故事から，兄弟互いに助け合う意を表し，他人の苦難を代わりに背負うことを喩える。

中国では桃の木は神仙のいる仙界の植物で，邪気をはらい，不老不死の力があると信じられてきた。この思想の影響で，宋の詩人王安石[29]が「元日」に書いた"爆竹声中一岁除，春风送暖入屠苏。千门万户曈曈日，总把新桃换旧符。"のように，新年を迎える際，厄除けのため，除魔の力がある"桃符"（桃の木で作ったお札）を門に貼って，新しい一年の平安や健康を願ってきた。現在の"春联"を貼る風習はここからきたようである。

### 4.4 桃の慣用表現に対する分析

中国語では桃の花に豊かな比喩的意味が与えられるのに対して，日本語には桃の花に関する表現は極めて少ない。

桃の花のメタファー表現の中では，女性にかかわるものが多い。"面若桃花"，"桃花脸"，"桃腮杏眼"は全て女性の美しさを喩える。桃の花がきれいに咲く様子から若くて美しい女性，果実をたくさん結ぶことから女性の多産，さらに，茂った桃の葉から家族の繁栄を容易に連想させる。次頁【図7】に示すように，時間の推移による桃の成長過程は女性

---

27) 桃李不言，下自成蹊："谚曰：'桃李不言，下自成蹊。'此言虽小，可以谕大也。" 　　　　　（《史记・李将军列传》）
28) 李代桃僵："桃在露井上，李树在桃旁，虫来啮桃根，李树代桃僵。树木身相代，兄弟还相忘！"
　　　　　　　　　　　　（《乐府诗集・鸡鸣》宋・郭茂倩）
29) 王安石：1021-1086。北宋の有名な思想家，政治家，文学家。

【図13　桃符】

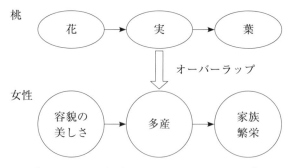

【図7 時間の推移による成長過程の類似性】

の成熟と類似性があるのが分かる。

　桃が女性のメタファーとなるのは成長過程の類似性に基づく面があるようである。桃から桃の花にズームインして，"面若桃花"，"桃花人面"，"桃花脸"などは，女性の顔の艶かしさ，若さ，さらに美人のメタファーになる。

　桃の花は女性のメタファーとして使用される場合，美女，少女，さらに娼妓がその比喩の対象となる。また，"面若桃花"は女性の若くてつやつやしている顔や顔色の良さなど，文脈によって差異が生じる。その原因はメタファー表現の決定がかなり主観性に左右されているからであろう。桃の花の顕現特性は美しい，艶かしい，若くて柔らかい，衰えやすいなどと多く認知される。比喩的な叙述として使われるのは，これらの顕現的な特性である。主観性に基づき，これらの特性によって作られたメタファー表現は多様性を呈している。顕現特性の選択，またいくつかの特性を組み合わせることから多種多様な表現が生じるようである。【図8】に示す。

　古くから，中国では桃の花は恋・愛情，婚姻と切り離せないようである。"桃花运"，"桃花妆"などの語からもそれがわかる。また，春の雨は"桃花雨"，雪解け水や春雨が流れる川を"桃花水"と言う。桃の花が咲いている春は，青年男女が恋愛する季節だと思われ，このような文化的背景には，桃の花がメタファーにより恋愛の象徴となっていること

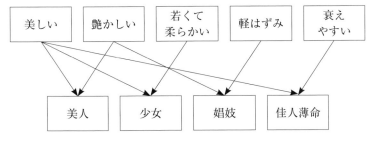

【図8　主観性による顕現特性との組み合わせ】

があり，シネクドキ（提喩）も働いているようである。

　春に咲く桃の花を考えた場合，種としてのこの花の存在は類としての春の集合の一例である。この場合，種から類への概念的なシネクドキのプロセスにより，桃の花→花→春の物→春の一般化が可能になる。次に，類から種への概念的なシネクドキのプロセスにより，春の物→春の花→春の行事→恋・愛情の特殊化が可能になるだろう。

　日本語では桃の花がなぜ用いられないのであろう。次の二点が推測できる。

　まず，「花」は桜の花という一般的な連想が日本の文化の中で定着している。桃の花は桜と同じく春の花なので，無視されやすい。桜の花は春の花のプロトタイプと認識されている。【図9】に示す。

　次に，桃の花に関して，視覚による色の鮮やかさは言語表現として桃色に代用され，桃の花はかなり背景化されたようである。

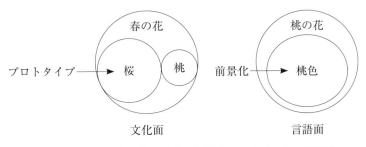

【図9　日本語の桃の花に関する慣用表現のなさの原因推測】

日中両言語における桃の比喩的意味関係を【図10】,【図11】のようにまとめる。

## 5　おわりに

蓮,桃に関する慣用表現から,改めて日本と中国との悠久の関係が見えた。中国大陸から日本に伝わった蓮,桃など,中国が原産とも言われる植物は伝統的な中国文化を反映する上に,日本人により日本的な文化的意味も付与され,日本的なものとして日本文化に定着した。

言葉は知的なものであるだけではなく,言語主体としての人間の感性や創造力,主観的な視点などとも切り離せない。また,認知的視点から日中の蓮,桃に関する慣用表現に対する分析を通して,言葉の誕生はどのような基盤に動機づけられたのか,どのようなプロセスを経たのかなどの問題をも考察し,これらのメタファーをいっそう理解することがで

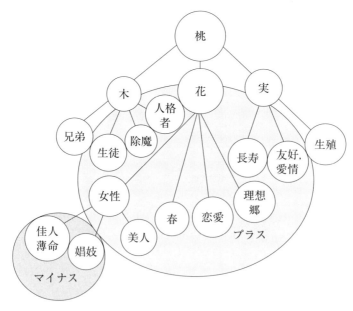

【図10　中国語における桃の比喩的意味関係図】

日中両言語における蓮，桃に関する慣用表現の対照研究　387

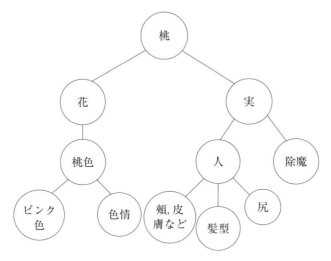

【図11　日本語における桃の比喩的意味関係図】

きるような気がする。

　蓮や桃のメタファーは日中両国の歴史文化，風俗習慣，価値観などと深い関係を持っている。蓮や桃は単なる植物ではなく，言語的，文化的意味を人間に与え，感情を伝える媒介の役割をも担っているのである。

データソース
北京大学汉语语料库からの例文：(1)，(9)，(16)
少納言現代日本語書き言葉均衡コーパスからの例文：(22)
中日対訳コーパスからの例文：(2)，(6)，(7)，(10)，(11)，(12)，(14)，(15)，(18)，(19)，(20)，(21)
『日本語表現大辞典』からの例文：(23)，(24)，(25)
『分野別・日本語の慣用表現』からの例文：(5)
ウェブサイトからの例文：(3)，(4)，(8)，(13)，(17)
【図4　年画―连年有余（年年有余）】，【図12　寿桃】，【図13　桃符】：
　　http://image.baidu.com/

ウェブサイト
百度：https://www.baidu.com/

日本語表現インフォ　http://hyogen.info/hiyu/
四字熟語辞典オンライン　http://yoji.jitenon.jp/

**参考文献**
有岡利幸 2012　『桃』，法政大学出版局
足田輝一 1995　『植物ことわざ辞典』，東京堂
ジョージ・レイコフ，マーク・ジョンソン 1986　『レトリックと人生』，渡部昇一・楠瀬淳三訳，大修館書店
石川忠久 2007　『陶淵明詩選』，日本放送出版協会
加納喜光 2006　『詩経・Ⅰ恋愛詩と動植物のシンボリズム』，汲古書院
川口謙二 1982　『花と民俗』，東京美術
川合康三 2011　『中国の恋のうた「詩経」から李商隠まで』，岩波書店
川合康三 2013　『桃源郷　中国の楽園思想』，講談社
見坊豪紀・金田一京助等 2008　『三省堂国語辞典』（第六版），三省堂
小林忠雄・半田賢龍 1999　『花の文化誌』，雄山閣出版株式会社
前川文夫 1973　『日本人と植物』，岩波新書
松村明 2006　『大辞林』（第三版），三省堂
森田良行 2010　『日本語の慣用表現辞典』，東京堂出版
鍋島弘治朗 2011　『日本語のメタファー』，くろしお出版
中村明 1977　『比喩表現の理論と分類』，秀英出版
新村出 2008　『広辞苑』（第六版），岩波書店
野内良三 1998　『レトリック辞典』，株式会社国書刊行会
小内一 2005　『日本語表現大辞典―比喩と類語三万三八〇〇』，講談社
斉藤正二 2002　『植物と日本文化』，八坂書房
坂本祐二 2012　『蓮』，法政大学出版局
小学館国語辞典編集部 2006　『精選版　日本国語大辞典』（第三巻），小学館
高橋秀治 1997　『動植物ことわざ辞典』，東京堂出版
田一汐 2014　中日樹木に関する慣用表現における比喩イメージの対比研究，碩士学位论文，西南大学
東郷吉男・上野信太郎 2006　『動植物ことば辞典』，東京堂出版
山田宗睦 1989　『花―古事記　植物の日本誌』，八坂書房
山田忠雄・柴田武等 2011　『新明解国語辞典』（第七版），三省堂
山梨正明 1991　『比喩と理解』（第三刷），東京大学出版会

山梨正明 2000 『認知言語学原理』，くろしお出版
山梨正明 2004 『言葉の認知空間』，開拓社
山梨正明 2015 『修辞的表現論　認知と言葉の技巧』，開拓社
吉田金彦 2001 『語源辞典　植物編』，東京堂出版
毕庶昌 2013　日本荷文化发展与中国荷文化交流，《中国园林》第 9 期
邱永君 2008　荷花中的文化，《百科知识》第 18 期，pp.50-51
高林广 2004　唐诗中的"桃"意象及其文化意义，《汉字文化》第 3 期，pp.30-33
何晓明・彭利民 2005　灼灼桃花蕴诗情—浅谈唐诗中的桃花意象，《语文漫谈》第 6 期，pp.7-8
洪涛 2001　中国古典文学中的桃花意象，《古典文学知识》第 2 期，pp.123-128
黄建华 2009　浅谈日本的花文化，《佳木斯教育学院学报》第 4 期，pp.171-172
靳卫卫 2004　《走进日本—透视日本语言与文化》，北京语言大学
兰旻 2007　为何偏是"桃花"源—谈桃花源中桃花意象的选择及其对后世的影响，《襄樊职业技术学院学报》3 月第 6 卷第 2 期，pp.104-107
李敏・吴登云 2010　中国古典诗歌中桃花意象的嬗变，《曲靖师范学院学报》9 月第 29 卷第 5 期，pp.49-52
李晓东 2008　试析中日花文化之异同，《河南理工大学学报》4 月第 9 卷第 2 期，pp.254-257
李志勇 2007　汉语动植物词汇及其语用和文化认知研究，硕士学位论文，中央民族大学
廖开顺 1997　桃花文化与中国女性、中国文人，《怀化师专学报》8 月第 16 卷第 3 期，pp.297-301
林雪华 2007　中国古典诗词中"桃花"意象解析，《阅读与鉴赏（教研版）》第 5 期，pp.31-33
刘兴龙 1999　传统文学中的荷花意象，《语文教学与研究》第 12 期
刘莹 2012　浅析中国古典文学中的桃花意象，《学理论　文学历史研究》第 35 期，pp.200-201
罗霓霞 2009　晚唐荷花诗与佛教，《湘潭师范学院学报》1 月第 31 卷第 1 期，pp.77-78
潘亚萍 2012　从日本花文化透视日本民族的审美意识，《湖北师范学院学报》第 32 卷第 1 期，pp.20-22
彭春梅 2014　中日"咏花诗歌"及文化异同比较研究，硕士学位论文，云南师

范大学

商务印书馆辞书研究中心修订 2013 《新华词典》(第4版),商务印书馆

孙新平・魏林 2000 日语中的花与日本人的花情节,《日语知识》第12期,pp.30-31

王杰斐 2012 汉语植物成语研究——围绕植物成语隐喻展开,硕士学位论文,上海交通大学

王青 2007 《诗经》植物意象的文化解读,《河海大学学报》6月第9卷第2期,pp.59-91

王素霞 2006 情趣盎然的荷花文化,《内蒙古林业》第7期,p.46

王彤 2012 以花卉为视点看中日民族心理差异,福建省外国语文学会年会论文

王文 2014 唐代花卉文化研究,硕士学位论文,华中师范大学

王寅 2007 《认知言语学》,上海外语教育出版社

王运璇 2013 隐喻视角下的中日花语意义对比分析,《山西青年(理论研究)》第8期,pp.126-127

温端政 2012 《俗语 10000 条》,上海辞书出版社

温端政 2012 《惯用语 10000 条》,上海辞书出版社

《现代汉语大词典》编委会编 2000 《现代汉语大词典》,世纪出版集团

徐丽华 2013 《红楼梦》中桃花的悲情意象探析,《牡丹江师范学院学报 第2期,pp.23-25

颜亮 2011 漫谈荷花文化,《园林科技》第2期,pp.26-28

姚文清 2001 中日花文化比较 桃花与樱花,《华侨大学学报(人文社科版)》第1期,pp.89-96

张春秀・张小华 2013 莲花考辨,《农业考古》第3期

张璐 2015 中日与花有关的惯用句的对比研究—以《超级大辞林 3.0》和《中国惯用语大辞典》为中心,硕士学位论文,内蒙古师范大学

张鹏飞 2009 论"荷花情结"对中国佛教文化的审美观照,《中南民族大学学报》第9期,pp.71-74

赵海菱 1995 感时花溅泪—论杜诗桃花意象的感伤色彩,《东岳论丛》第1期,pp.96-100

周武忠 2008 中国花文化研究综述,《中国园林》第6期,pp.79-84

(Jìn・Wèiwèi 関西外国語大学)

(Duàn・Jìngyí 関西外国語大学大学院在学)

# 日本語と中国語の「頭」を含む漢字語彙
―― その形態的特徴と意味比較 ――

大西　博子

## 0　はじめに

　日本語と中国語は，漢字という共通の文字体系を有するが，漢字の表す意味や指示対象は，必ずしも完全に一致しない。例えば「頭」という漢字は，中国語では"头"と表記し，「頭部」を指す。よって，「私は頭が痛い」を中国語に直訳し，"我头痛"と表現しても[1]，日本語と同じ意味は伝わる。しかし，「私は頭が悪い」を中国語に直訳し，"我头不好"と表現しても，日本語と同じ意味は伝わらない。なぜなら，この表現では，「頭」の具体的な指示対象である「思考力」といった意味まで伝えることができないからだ。もし日本語と同じ意味を伝えたければ，"脑"という漢字を用いて，"我头脑不好""我脑子不好""我脑筋不好"などと表現する必要がある。

　このように日中両言語の「頭」は，基本的な指示範囲として身体部位というカテゴリーを共有しているが，両者の指示範囲（意味領域）には少々ずれがあることがわかる。方小贇2010：44によれば，日本語の「頭」は，身体部位としての「頭」と思考や感情が働く場所の「脳」の両者の概念を指示するが，中国語の"头"には，「脳の働き」という意味が認められない。このことについては，吉田・支1999：108にも同様の指摘

---

[1]　「頭が痛い」の意味を表す中国語には，"头疼"と"头痛"の両者の表現が可能であるが，ここでは日本語からの直訳体を優先し"头痛"の表記で示す。

がある。

　一般に，身体部位を表す語彙は，様々な形で比喩的拡張がなされ，著しい多義性を持つことで知られる（Ullmann 1962，国広 1970）。特に中国語の"头"は，身体部位詞の中で最も意味拡張が進んでいると言える。なぜなら"头"は，名詞接尾辞として，名詞，形容詞，動詞に後接し，名詞を形成する機能が備わっているからである。他の身体部位詞に，同様の文法機能が発達していないのは注目に値する。唯一"头"のみ，このような機能を持ち得た要因の一つとして，その多義性の豊かさが考えられるのではないだろうか。本稿が，身体部位詞の中から「頭」を選んだ理由はそこにある。

　日中両言語の「頭」に関しては，上述した通り，すでにいくつかの対照研究が見られる（吉田・支 1999，方小贇 2010，刘小莉 2011）。これらは，慣用句を対象とし，両言語における「頭」の意味拡張パタンを分析しているが，具体的にその拡張が，音声や語構成といった形態論や統語論的側面とどう関わっているのかといった分析までは十分に行われていない。また，対象とされるのは，和語慣用句が中心で，漢語慣用句については，日中両言語に古くからある語が多いとされる（宮地 1982:249）中，ほとんど分析されていない。よって本稿では，日中両言語に共通して分布する漢語語彙に着目することにした。この多くが漢字二字から構成されていることから，本稿では二字漢字で表記される語を対象に，その形態的特徴と意味分布を明らかにしながら，「頭」を含む語彙の日中対照比較を行っていくことにする。

## 1　対象語彙

　語の分析に先立って，まずは本稿が対象とする語とは何かを述べておきたい。

　本稿が扱う語彙は，慣用句に現れる語に限らず，「頭」を含む漢字二字から構成される語すべてを対象とする。この漢字で表記される語を漢

字語彙と称するが，これは所謂漢語語彙とは異にする。漢語語彙は，字音形態素，つまり音読みの語種で構成される語に限定されるが，漢字語彙は，語種は漢語に限定されない。例えば「頭数」は，［あたまかず］とも［トウスウ］とも読め[2]，前者が和語，後者が漢語に属するが，本稿ではどちらの語形も考察の対象とする。

　語の選定は，まず『からだことば辞典』から「頭」を含む82語を抜き出し，さらに複数の漢和辞典[3]からも補った上で，現代使用されていると考えられる語を選び[4]，最終的に125語を日本語の語例として選定した。中国語の語例は，日本語の語例のうち［トウ］の字音語に限定した上で，『逆引き中国語辞典』，『日中同形異義語1500』，『日中同形異義語辞典』を参考に，日中同形語を選別し，《现代汉语词典（第六版）》を基準に，現代標準語（普通话）で使用されていると考えられる語53語を同形語として選定した。よって，表面上同形であっても，《现代汉语词典》に収録されていない語や〈方〉と記載されている語については，考察の対象から外れていることを断っておきたい。

## 1.1　語基か接辞か

　一般に，語構成要素となる形態素は，語基と接辞に大別できる。語基は，語の意味的な中核となるもので，単独で語を構成できるが，接辞は語基と結合して形式的な意味をそえたり，語の品詞性（文法的性格）を決定したりするもので，単独では語にならない（野村 1977：250）。

　「頭」という字には，音と訓の異形態（allomorph）がある。字訓形態素は，漢字一字で一語となり，自立できるので語基と見なすことに問題

---

2)　本稿では，字音はカタカナ，字訓はひらがなで表記する。
3)　語例は，以下4冊の漢和辞典からも収集した。『漢和中辞典』『漢語林(第2版)』『新字源』『大辞林』。
4)　『からだことば辞典』収録語彙はすべて採用した上で，漢和辞典からの追加語彙に対して，以下3冊の国語辞典を基準に，3冊中2冊に記載のあるものを対象語彙として選別を行った。『ポケット版常用語字典』『常用語辞典』『新明解国語辞典(第7版)』。

はないが，字音形態素の場合，事情が複雑である。
　例えば，［トウ］という字音形態素は，それ自体で一語となり得ないので，前述した定義に従うと，接辞ということになる。しかし，二字漢語の中には，「年頭」「会頭」「街頭」など，「頭」の字義が明確に現れる語も多数含まれており，これらにおける「頭」をすべて接辞と扱うわけにはいかない。［ズ］という字音形態素も同様，現代語では自立性が弱まっているが，「頭が高い」といった慣用句の中では，自立語として生き残っていることから，接辞として扱うことはできない。よって，字音形態素の場合，自立できるか否かで語基か接辞かに区分するのは適切ではないと考える。従って，本稿では，語構成要素に対し，語基か接辞かといった区別は，必要でない限り，一々たてないことにする。

## 1.2　単純語か複合語か

　語は，単純語と合成語に大別され，合成語はさらに語基同士の結合からなる複合語と語基と接辞の結合からなる派生語に分類される（野村1977：253）。しかし，漢語では，要素が自立的であるかということで複合語か派生語に二分するやり方は適当ではないと見なされているし（荒川1988：57），本稿でもこの考えに従う。
　単純語は，単一の形態素，つまり一字の漢字からなる語で，複合語は，二字の漢字からなる語と意識されやすいが，現代語では，二字漢語が複合語であるという意識は，ほとんど薄れている（野村1988：45）。例えば先頭は「先頭」，饅頭は「饅頭」で，はじめて単語として認識される。先頭を「先」と「頭」，饅頭を「饅」と「頭」の意味の総和として理解している日本人は，おそらくいないだろう。この点から考えると，二字漢語は，単一語基相当の機能を持つ単純語とほとんど変わらないと言える。しかし，新しくできる語は，ほとんどが既成の語基や接辞を組み合わせて作られていくため（野村1977：254），本稿で扱う二字漢語も元をただせば，語基と語基との結合であると言えるし，この点から考えると，複合語と扱うこともできる。

但し、梵語起源の「頭陀」や唐音語形の「塔頭」と「饅頭」は、漢語とはいえ外来語的な性格が強いため、単純語として扱う方が合理的である（森岡1967：44）。仮に一字一字に分割しても、意味は不明確だし、語源に遡ることもできない。

以上のことから、本稿では、梵語起源の「頭陀」、唐音語形の「塔頭」と「饅頭」の計3語は、単純語と見なし、考察の対象から外すことにするが、複合語と扱う語の中には、実質上単純語にかなり近いものも含まれているということを断っておきたい。

## 2　音形分類

構成要素となる語は、同語種同士の結合を原則とするが、少数ながら和語＋漢語（頭金（あたまキン）、頭分（かしらブン）、上頭（うえトウ））や漢語＋和語（小頭（コがしら）、頭取（トウどり）、頭重（ズおも））といった語種を異にする語（混種語）の結合も見られる。

語の構成要素となる「頭」には、［トウ］と［ズ］の漢語音形と［あたま］と［かしら］の和語音形があり、語種の違いで意味の違いを表すことは容易に想像できるが、同語種の異形態での意味分布も分析するため、本稿では音形を基準に語形分類を行うことにする。

### 2.1　前項音形

前項に「頭」が現れる語形を音形によって分類したのが、〈表1〉である。二字漢字という形態的な制約があるためか、和語語形は必然的にその数が限られる。

〈表1　前項の音形と語形〉

| あたま | 頭数、頭株、頭金 |
|---|---|
| かしら | 頭分 |
| ズ | 頭重（ズおも）、頭蓋、頭巾、頭上、頭痛、頭脳 |
| トウ | 頭韻、頭角、頭骨、頭首、頭書、頭数、頭足、頭注、頭取（トウどり）、頭髪、頭尾、頭目、頭領、頭顱 |

## 2.2 後項音形

　後項に「頭」が現れる語形の音形による分類は、〈表2〉の通りである。
　[かしら]は、後項では[がしら]と連濁化するのが主で、非連濁語形は、「尾頭」と「筆頭」[5]に限られる。一方、[トウ]は連濁しないのが主で、連濁化するのは「茶頭(サドウ)」と「船頭(センドウ)」に限られる[6]。なお、「音頭」の[ド]は、一般に慣用音として見なされるが、本稿では[オンドウ]に由来する音形として、[トウ]の項目に分類している。
　また音訓の兼用語形が10語あった。表中にて、網掛けで表示しているのが該当例である。これらの多くは、音訓の区別で意味が異なる。例えば「人頭」は、[ジントウ]と音読みすれば「頭数(あたまかず)」の意味であるが、[ひとがしら]と訓読すれば部首名を表す。中には音訓の区別で意味が異ならない場合もある。例えば「禿頭」は、[はげあたま]と読んでも[ト

〈表2　後項の音形と語形〉

| あたま | 石頭, 地頭, 禿頭 |
|---|---|
| かしら | 網頭, 芋頭, 老頭, 大頭, 尾頭, 小頭, 座頭, 潮頭, 地頭, 白頭, 竜頭, 年頭, 虎頭, 波頭, 旗頭, 発頭, 膝頭, 人頭, 筆頭, 前頭, 目頭 |
| ズ | 牛頭, 竜頭 |
| トウ | 咽頭, 上頭(うえトウ), 駅頭, 音頭, 会頭, 回頭, 街頭, 巻頭, 関頭, 竿頭, 岩頭, 亀頭, 教頭, 橋頭, 行頭, 巨頭, 鶏頭, 原頭, 喉頭, 叩頭, 光頭, 口頭, 後頭, 語頭, 茶頭, 座頭, 指頭, 地頭, 社頭, 塾頭, 出頭, 墻頭, 床頭, 初頭, 心頭, 人頭, 陣頭, 舌頭, 先頭, 尖頭, 船頭, 前頭, 台頭, 弾頭, 断頭, 池頭, 柱頭, 枕頭, 低頭, 店頭, 点頭, 到頭, 禿頭, 乳頭, 年頭, 念頭, 白頭, 波頭, 番頭, 筆頭, 埠頭, 文頭, 劈頭, 冒頭, 発頭, 没頭, 竜頭, 両頭, 露頭, 路頭, 話頭, 湾頭 |

---

[5] 「筆頭」は、[かしら]と[がしら]の両音が分布する。
[6] 「巻頭」「陣頭」「番頭」「到頭」の4語は、[トウ]と[ドウ]の両音が分布する。

クトウ］と読んでも意味は同じである。ただ［トクトウ］は，「禿頭病」などの医学用語に限られ，文体的な制約を受ける。

## 3　意味分類

本稿では，「頭」の意味領域を 7 項目：【頭部】【頭髪】【上部】【先端】【長】【はじめ】【ほとり】に区分する。各項目の指示内容は，以下の通りである。語形は，語種の違いから，和語語形と漢語語形に大別した上で分類を行う。意味は『日本国語大辞典（第 2 版）』の記述を基準とする。

　【頭部】人や動物の首から上の部分。
　【頭髪】髪の毛。髪型。
　【上部】物の上部。
　【先端】物の先端の部分。
　【長】組織や集団の上に立つ人。あることに最も秀でている人。
　【はじめ】物事の一番初め，最初。
　【ほとり】～の近く。辺り。

### 3.1　和語語形

和語の［あたま］と［かしら］を含む語形の意味分類は，以下の通りである。語形の中には，「石頭（いしあたま）（融通がきかない）」「芋頭（いもがしら）（親芋）」「網頭（あみがしら）」など，意味の比喩的拡張がおき，物体詞や部首名になっている語もあるが，これらは原義や拡張の起点となった意味領域に基づき，「石頭」は【頭部】，「芋頭」は【長】，「網頭」は【上部】に分類している。なお，複数の意味領域に分布する語形は，出現順に番号を付している。例えば「年頭」は，「最年長者」と「年初」の意味を含むので，【長】と【はじめ】の項目に分類しているが，前者は「年頭$_1$」，後者は「年頭$_2$」と表記している。

　(i) あたま
　　【頭部】頭数，石頭【頭髪】地頭，禿頭【長】頭株【はじめ】頭金

(ii) かしら

【頭部】尾頭，龍頭，人頭$_1$【頭髪】白頭【上部】網頭，老頭，虎頭，旗頭$_1$，発頭，人頭$_2$【先端】大頭$_1$，潮頭，波頭，膝頭，筆頭$_1$，目頭【長】頭分，芋頭，大頭$_2$，小頭，座頭，地頭，年頭$_1$，旗頭$_2$，筆頭$_2$，前頭【はじめ】年頭$_2$

### 3.2 漢語語形

漢語の［ズ］と［トウ］を含む語形の意味分類は，以下の通りである。［トウ］は，構成位置で表す意味領域が異なるため，前項と後項に区分して分類している。すでに物体詞や身体詞となっている語，慣用句でしか使われない語，抽象義を表す語など，すべて拡張の起点となった意味領域に基づき分類している。

(i) ズ

【頭部】頭重，頭蓋，頭巾，頭上，頭脳，頭痛，牛頭，竜頭

(ii) トウ（前項）

【頭部】頭角，頭骨，頭首$_1$，頭数，頭足，頭髪，頭尾$_1$，頭目$_1$，頭顱【上部】頭注【はじめ】頭韻，頭書，頭尾$_2$【長】頭首$_2$，頭取，頭目$_2$，頭領

(iii) トウ（後項）

【頭部】鶏頭，叩頭，後頭，出頭，人頭，尖頭$_1$，前頭$_1$，台頭，断頭，低頭，点頭，没頭，竜頭，両頭$_1$，露頭【頭髪】光頭，禿頭，白頭【上部】墻頭，波頭$_1$【先端】咽頭，回頭，関頭，竿頭，亀頭，喉頭，口頭，指頭，心頭，陣頭，舌頭，先頭，尖頭$_2$，前頭$_2$，弾頭，柱頭，店頭，到頭，乳頭，念頭，波頭$_2$，筆頭，両頭$_2$，話頭【長】上頭(うえトウ)，音頭，会頭，教頭，巨頭，茶頭，座頭$_1$，地頭$_1$，塾頭，船頭，番頭，両頭$_3$【はじめ】巻頭，行頭，語頭，座頭，地頭，初頭，年頭，文頭，劈頭，冒頭【ほとり】駅頭，街頭，岩頭，橋頭，原頭，座頭$_2$，地頭$_2$，社頭，床頭，池頭，枕頭，埠頭，路頭，湾頭

## 4 音形と意味との相関性

　以上の分析を踏まえ，音形の意味領域における分布状況をまとめたものが〈表3〉である。表中の数字は，各領域における語形の分布数を表し，網掛けは当該音形において，最も分布が高かった領域を示す。
　この表から，音形による意味の役割分担が読み取れる。［あたま］は【頭髪】，［かしら］は【長】，［ズ］は【頭部】，［トウ］は【先端】と【ほとり】の意味を表す傾向が高いと言える。
　［あたま］に関しては，【頭部】と【頭髪】の分布数が同じであるが，【頭髪】を表す語がより生産的であることから[7]，漢字語彙において［あたま］の主な役割は，【頭髪】を表すことにあると考える。［トウ］の【ほとり】は，分布数から見ると決して優勢な意味であるとは言えないが，他の音形には現れない意味であるため，［トウ］の主な分担領域として見なした。また［トウ］は，前項か後項かで分担領域が異なり，前項では【頭部】の意味が強く表れる。

〈表3　音形の意味領域における分布状況〉

|  | 頭部 | 頭髪 | 上部 | 先端 | 長 | はじめ | ほとり |
|---|---|---|---|---|---|---|---|
| あたま | 2 | 2 |  |  | 1 | 1 |  |
| かしら | 3 | 1 | 6 | 6 | 10 | 1 |  |
| ズ | 8 |  |  |  |  |  |  |
| トウ（前） | 9 |  | 1 |  | 4 | 3 |  |
| トウ（後） | 15 | 3 | 2 | 24 | 12 | 10 | 14 |

### 4.1　和語音形と意味

　このような音形による意味領域の分担は，和語の場合，位相や語源にも関わってくると考える。

---

[7]　二字漢語に限定しなければ，「毬栗頭」「坊主頭」「薬缶頭」「おかっぱ頭」など，【頭髪】の意味領域に分布する［あたま］の語形は複数見られる。

現代日本語において、「頭」を表す代表語形は［あたま］であるが、室町時代のある時期までは、［かしら］が代表語形であった（宮地1979）。［かしら］は古く奈良時代にまで遡れ、室町時代では、文語と口語の中間的な役割を果たしていた様相が窺える（柳田1972）。

一方、［あたま］は、『和名類聚抄』に見えるように、平安時代にすでに存在していたが、元々は頭の「前頂」を表す語で、［かしら］と同義語ではなかった。しかし、室町時代末期では、［あたま］が口語において優勢となり（木之下1962：89）、人間の【頭部】全体を表すようになり、［かしら］は、人間以外の動物の頭に使われるようになっていく（柳田1972）。

現代日本語において、［かしら］はすでに人間の【頭部】を表す語ではなくなり、文語化ないし古語化してしまった。しかし、【上部】【先端】【長】などを表す語に、［あたま］ではなく、依然として［かしら］が残されていることから、両者の住み分けは、そもそも原義が異なることにも関わるのではないかと考える。

### 4.2 漢語音形と意味

［ズ］と［トウ］では意味領域が異なることが観察できたが、［ズ］は呉音、［トウ］は漢音なので、役割分担が異なるのは当然であるのかもしれない。

呉音は、漢音より古い時代に日本に伝えられた字音で、仏教用語をはじめ歴史の古い言葉に多く使われる。［ズ］の8語のうち、6語（頭巾、竜頭、牛頭、頭痛、頭脳、頭上）は、上代（700年頃）から中世半ば（1300年頃）にかけ日本に伝来した語であり[8]、その中には牛頭（ゴズ）（地獄の鬼）や竜頭（リュウズ）（釣鐘のつり手）といった仏教系の用語も含まれる。しかし、語例の中には、［ズ］と［トウ］の両音を兼ねる語も見られ[9]、「頭蓋」な

---

[8] 語形の伝来時期に関しては、『日本国語大辞典（第2版）』における語義に対する出典の成立年を参考にしている。

ど翻訳漢語[10]においても，［ズ］で読まれる語形の方が定着している。このことから，単に古い言葉だから［ズ］で読まれるというよりか，【頭部】を表す字音として，［ズ］の方がよりなじみが深く，また根強い勢力であったということで，呉音の語形が定着したと考える。

一方，漢音の［トウ］に関しては，語構成の位置だけでなく，語形の由来によっても意味領域が異なる傾向がある。漢語語形には，様々な源流があるが（山田1958），［トウ］の語形にも，漢学や仏教の書より伝わった語とそうでない語，所謂伝来漢語語形と和製漢語語形が含まれる。両者の語形の意味分布を詳しく分析すると，［トウ］の表す意味領域は，一律【先端】や【ほとり】でないことがわかる。本稿では，漢籍に典拠が求められるか否かを基準に[11]，［トウ］の語形を伝来語形と和製語形に分類し，両者の意味領域を分析してみた。その結果は〈表4〉に示す通りである。表中の数字は分布数，網掛けは当該語形において優勢に現れる意味領域を示す。

〈表4　［トウ］の伝来語形と和製語形の意味領域〉

|  | 頭部 | 頭髪 | 上部 | 先端 | 長 | はじめ | ほとり |
|---|---|---|---|---|---|---|---|
| 伝来語形 | 20 | 2 | 1 | 16 | 6 | 2 | 10 |
| 和製語形 | 6 | 1 | 2 | 8 | 9 | 10 | 4 |

伝来語形：【頭部】鶏頭，叩頭，出頭，人頭[1]，尖頭[1]，台頭，断頭，低頭，点頭，頭角，頭首[1]，頭数，頭足，頭髪，頭尾[1]，頭目[1]，頭顱，竜頭，両頭[1]，露頭[1]【頭髪】禿頭，白頭【上部】波頭[1]【先端】回頭，竿頭，口頭，指頭，心頭，陣頭，前頭[1]，柱頭，店頭，到頭，乳頭，念頭，波頭[2]，筆頭，両頭[2]，話頭【長】音頭，茶頭，座頭[1]，船頭，頭領，番頭【はじめ】行頭，

---

9) 呉音と漢音を兼ねる語は，以下の4例である。頭巾［ズキン・トキン］，頭痛［ズツウ・トウツウ］，頭上［ズジョウ・トウジョウ］，頭蓋［ズガイ・トウジョウ］。
10) 蘭学における翻訳書に現れる漢語を指す。『解体新書』（1774）には「頭蓋，頭顱，乳頭，亀頭」，『重訂解体新書』（1798）には「咽頭，喉頭」が収められているが，そのうち「頭蓋」のみ［ズガイ］と［トウガイ］の2語形が分布している。
11) 典拠の有無は，『日本国語大辞典（第2版）』および『大漢和辞典（修正版）』を用いて調査を行った。

劈頭【ほとり】街頭, 橋頭, 原頭, 社頭, 床頭, 池頭, 枕頭, 埠頭, 路頭, 湾頭

和製語形:【頭部】後頭, 人頭$_2$, 前頭$_2$, 頭骨, 没頭, 露頭$_2$【頭髪】光頭【上部】墻頭, 頭注【先端】咽頭, 関頭, 亀頭, 喉頭, 舌頭, 先頭, 尖頭$_2$, 弾頭【長】会頭, 教頭, 巨頭, 地頭$_1$, 塾頭, 頭首, 頭取, 頭目, 両頭$_3$【はじめ】巻頭, 語頭, 初頭, 頭韻, 頭書, 頭尾$_2$, 年頭, 文頭, 冒頭, 発頭【ほとり】駅頭, 岩頭, 座頭$_2$, 地頭$_2$

上表から, 伝来語形は【頭部】【先端】【ほとり】, 和製語形は【長】と【はじめ】の意味領域に分布する傾向が強いことがわかった。よって, 上述した[トウ]の分担する意味領域は, 伝来語形においては当てはまるが, 和製語形においては当てはまらないと言える。

## 5 日中同形語の意味比較

伝来語形の中には, 漢籍の意味と指示領域は同じでも, 現代語における実際の指示対象が異なるといった例が見られる。例えば「頭巾」は, 漢籍において「頭の被り物」を指し, 意味領域は【頭部】であるが, 実際の対象物は, 現代のものとは大きく異なる[12]。こうした語義の異なりには, いったいどのような傾向が見られるのか, またそれはいつごろから異なるようになったか, 原因は何であるかなど, 様々な点が問題になるが, 発生の時期に関しては, すべての語義に対し, 典拠となる資料が明らかにされているとは限らないので[13], その考察には限界があり, 原因を探る上でも困難が生じる。よって, 本稿では, 意味の異なりの傾向を考察することを第一の目的とし, 分析を進めていくことにする。

なお, ここでは[トウ]の語形に限定するが, 単に漢籍との対照比較

---

12) 頭巾は, 古くは律令制で朝服に用いた被り物（幞頭（ぼくとう））を指したり, 修験者の被り物を指したりした（『日本国語大辞典（第2版）』による）。
13) 語形の中には, 語義に対し, 出典が明らかにされていないものも含まれる（例えば「行頭, 語頭, 頭書」など）。

だけでは，十分な分析ができないため，現代中国語に共通して分布する語（日中同形語）を対象に考察を行う。

## 5.1 伝来語形における同形異義語

同形語として選定した53語のうち，5語には複数の意味が分布するので，対象語形数は実質58語となる。そのうち伝来語形が35語，和製語形が23語あった。伝来語形の中には，現代中国語と意味が異なるものが10語ある。それらはどのように意味が異なるのか，本稿ではこうした同形異義語を対象に意味の異なり方の傾向を分析していくことにする。

次頁〈表5〉に，該当語形の意味分布を記す。日本語語形は，出典（漢籍）と現代語とで意味が異なる場合，両者を区別して意味を記すが[14]，異ならない場合は，一行にまとめて記す。中国語語形は，"头"の音形[15]と語形の品詞を明記した上で意味を記す。

〈表5〉において，漢籍と現代語間の意味分布に着目すると，その異なり方には，ある一定の傾向があることに気付く。それは，語の意味に関わるものと語基の構造に関わるものとに大別できる。前者は，さらに意味の特定化，意味の縮小，意味の拡張といった3パタン，後者は，語基の接辞化と語基の結合関係の2つのパタンに区分できる。以下，〈表5〉における語形をそれぞれのパタンに分類してみる。

(i) 意味の特定化…「回頭」「出頭」「竜頭」

ここで扱う意味の特定化には，指示対象が限定される場合だけでなく，結合相手が固定化される場合をも含む。例えば「回頭」では，めぐらす対象が，「人の頭」から「船や飛行機の頭」に特定化され，「出頭」では，出向く場所が「役所や警察」に限定されている。また「竜頭」は，結合

---

[14] 表中の漢籍欄の意味は『大漢和辞典（修正版）』，現代語欄の意味は『三省堂国語辞典（第7版）』，中国語の意味は『中日辞典』を主な参照先としている。

[15] 音形は，"头"のピンイン表記のみを記す。「儿化」の表記に関しては，《現代汉语词典》の記載にならう。

〈表5 伝来語形における同形異義語の意味比較〉

| | | | |
|---|---|---|---|
| 1 | 回頭 | 漢籍 | こうべをめぐらす。ふりかえる。 |
| | | 現代語 | 船・飛行機などが進路を変えること。 |
| | 回头[tóu] | 動詞 | ふりかえる。帰ってくる。改心する。 |
| | | 副詞 | しばらくして。 接続詞 さもなくば。 |
| 2 | 行頭 | 漢籍 | 店の番頭。行列の長。役者の装束及び道具。 |
| | | 現代語 | （文章の）行のはじめ。 |
| | 行头[tou] | 名詞 | 旧劇で用いる衣装や道具。転じて服装。 |
| 3 | 指頭 | 漢・現 | 指先。 |
| | 指头[tou] | 名詞 | 指。 |
| 4 | 出頭 | 漢籍 | 頭角を出す。その場に出る。 |
| | | 現代語 | （呼び出しを受け）役所や警察などに出向くこと。 |
| | 出头[tóu] | 動詞 | 苦境から脱する。（物体が）表面に出る。顔を出す。 |
| | 出头(儿)[tóu(r)] | | 端数が出る。（整数の後について）上回る。 |
| 5 | 枕頭 | 漢籍 | 枕もと。枕。 |
| | | 現代語 | 枕もと。 |
| | 枕头[tou] | 名詞 | 枕。 |
| 6 | 到頭 | 漢・現 | 結局。とどのつまり。 |
| | 到头(儿)[tóu(r)] | 動詞 | 極限に達する。尽きる。 |
| 7 | 禿頭 | 漢・現 | はげあたま。 |
| | 秃头[tóu] | 動詞 | 帽子をかぶらない。 |
| | | 名詞 | はげあたま。はげた人。 |
| 8 | 白頭 | 漢・現 | 白髪あたま。 |
| | 白头[tóu] | 名詞 | 白髪あたま。年寄り。 |
| | | 形容詞 | 署名や捺印がない。 |
| 9 | 筆頭 | 漢籍 | 筆の穂。人の頭の尖った形容。連名中の首席者。 |
| | | 現代語 | 書き出し。名前を出した中での一番目（の人）。 |
| | 笔头(儿)[tóu(r)] | 名詞 | 筆先。字を書く技巧や文章を書く能力。 |
| 10 | 竜頭 | 漢籍 | 竜の頭。竜頭鷁首（げきしゅ）（竜頭を刻した船）。 |
| | | 現代語 | （「竜頭蛇尾」の形で）竜の頭。 |
| | 龙头[tóu] | 名詞 | （水道の）蛇口。リーダー，主導的存在。 |

相手が固定化しており，「竜頭蛇尾」といった成語の中でしか残されていない。
(ii) 意味の縮小…「出頭」「筆頭」"行头"
　「出頭」では「頭角を出す」，「筆頭」では「尖った頭」，"行头"では「店の番頭」と「行列の長」の意味が，現代語辞典から消えている。これらは見方を変えれば，意味の特定化とも考えられなくもないが，従来の意味が失われているといった点から，意味の縮小と考える。
　しかし"行头"の「舞台衣装」が転じて「服装」という意味で使われる用法に関しては，相手の身なりを揶揄する表現として使用上の制限を伴うことから，意味の特定化とも捉えられる。
(iii) 意味の拡張…"回头""出头""出头(儿)""秃头""白头"「筆頭」"笔头""龙头"
　一方，意味の縮小とは対称的に意味の拡張も見られ，中国語語形に多く分布する。その拡張は，語の比喩的拡張と「頭（头）」自身の意味拡張とに分類できる。"回头（改心する）""出头（苦境から脱する）""秃头（はげた人）""白头（年寄り。署名がない）"「筆頭（書き出し）」"笔头(儿)（文章力）""龙头（蛇口。リーダー）"は前者，"出头(儿)"の"头（端数）"は後者に属する。
(iv) 語基の接辞化…"指头""枕头"
　意味分布の違いは，単に語義の変化に関わるのではなく，語基の文法化にも関係する。現代日本語の「指頭」と「枕頭」の［トウ］には，「先端」や「ほとり」の意味が明確に現れているのに対し，"指头"と"枕头"では，"头"の字義はほとんど意識されない。これは意味の縮小とも考えられなくもないが，「頭（头）」の語基としての機能が弱化し，接辞化した結果であると考える。
(v) 語基の結合関係…"到头""秃头"
　また意味の違いは，語基の結合関係にも影響する。上表において，日本語では連体修飾関係であるのに対し，中国語では「動詞＋目的語」の結合パタンになっているものがある。該当するものに，"到头"と"秃头"

があるが、こうした語基の結合関係の違いも意味の違いを生み出す要因になると考える。

この他、「行頭」に関しては、現代日本語において漢籍に見られる意味が一つも見られないことから、同一語の意味が変化したものとは見なさないことにする。おそらく、字面は同じであるが、従来のものとは無関係に新たに語が作り出された結果ではないかと分析する。

## 5.2　和製語形における同形異義語

次に、和製語形における同形異義語を〈表6〉に記す。該当語例は12語、日本語語形は、品詞を明記した上で現代語の意味のみ記す。

〈表6〉からは、現代日本語と中国語との意味分布を比較するが、これらの異なり方は、5.1で述べた5項目（意味の特定化、意味の縮小、意味の拡張、語基の接辞化、語基の結合関係）のうち、意味の縮小を除く4項目に分類できる。以下、各項目に該当する例を挙げながら、日中両言語間の意味分布の相違を分析していく。

(i) 意味の特定化…"会头"「教頭」"教头"「地頭」"墙头""墙头""先头""没头"

例えば日本語の「会頭」と中国語の"会头"では、前者が「会長」を指すのに対し、後者は「会の発起人（多くが初代会長）」を指し、指示対象が特定化されている。同様に「教頭」と"教头"も、それぞれある特定の職種の「長」の意味に限定されている。"先头"（形容詞）と"没头"は、結合相手が固定化しており、"先头部队"や"没头没脑"などといった語や成語の中でしか用いられない。

(ii) 意味の拡張…"后头""地头""地头(儿)"「舌頭」"舌头""先头(儿)""年头儿""冒头(儿)"「没頭」"没头"

語の比喩的拡張として、"后头（今後）""地头（頁下の余白）""地头(儿)（あぜ）"「舌頭（弁舌）」"舌头（スパイ）""先头(儿)（以前）""年头儿（年数）"「没頭（熱中する）」が挙げられる。"头"の意味拡張として、"冒头(儿)"の"头（兆し。端数）"、"没头"の"头（手がかり）"が挙げられる。

〈表6 和製語形における同形異義語の意味比較〉

| | | | |
|---|---|---|---|
| 1 | 会頭 | 名詞 | 団体の代表者。 |
| | 会头[tóu] | 名詞 | 会の発起人。 |
| 2 | 教頭 | 名詞 | 校長の次の位の先生。 |
| | 教头[tóu] | 名詞 | (旧社会)軍隊で武芸を伝授する師匠。スポーツのコーチ。 |
| 3 | 後頭 | 名詞 | 頭の後ろの方。 |
| | 后头[tou] | 名詞 | 後ろ。今後。 |
| 4 | 光頭 | 名詞 | はげて光るあたま。 |
| | 光头[tóu] | 動詞 | 帽子をかぶらない。 |
| | | 名詞 | 坊主頭。はげ頭。 |
| 5 | 地頭 | 名詞 | 鎌倉時代,荘園をおさめ税を取り立てた職の名。 |
| | 地头[tóu] | 名詞 | 頁下の余白。 |
| | 地头(儿)[tóu(r)] | | 田畑のへり,あぜ。 |
| 6 | 墙頭 | 名詞 | マストの上部。 |
| | 墙头(儿)[tóu(r)] | 名詞 | 塀のてっぺん。 |
| | 墙头[tóu] | | 背の低い壁や仕切り。 |
| 7 | 舌頭 | 名詞 | 舌の先。弁舌。 |
| | 舌头[tou] | 名詞 | 舌。敵情を聞き出すために捕えてきた捕虜。 |
| 8 | 先頭 | 名詞 | まっさき。列を作って進むものの一番先。 |
| | 先头[tóu] | 形容詞 | 先頭の,前衛の(多く軍隊に用いる)。 |
| | | 名詞 | 前方。前。 |
| | 先头(儿)[tóu(r)] | 名詞 | (時間的に)以前。 |
| 9 | 前頭 | 名詞 | 頭の前の方の部分。 |
| | 前头[tou] | 名詞 | 前。先。 |
| 10 | 年頭 | 名詞 | 年始。年のはじめ。 |
| | 年头儿[tóur] | 名詞 | (足かけの)年数。長い年月。時代。収穫。 |
| 11 | 冒頭 | 名詞 | 文章・談話・作品などのはじめ。 |
| | 冒头(儿)[tóu(r)] | 動詞 | 表面に出てくる。兆しが現れる。端数が出る。 |
| 12 | 没頭 | 動詞 | 一つのことに熱中すること。 |
| | 没头[tóu] | 動詞 | ("没头没脑"の形で)手がかりがない。糸口がない。 |

(iii) 語基の接辞化…"后头""舌头""前头"

　これらの"头"は，すべて軽声で読まれることから，語基としての役割はなく，すでに接辞化していると見なす。日本語では，「後頭」と「前頭」に「頭」の意味が，「舌頭」に「先端」の意味が残されている。

(iv) 語基の結合関係…"光头""冒头(儿)"

　"光头"は，「形容詞＋名詞」構造にも「動詞＋目的語」構造にもなり得る。後者の結合関係は，日本語には見られないことから，必然的に後者の意味が日本語と異なってくる。また"冒头(儿)"は，"头"の拡張義に日本語との違いが見られるほか，動目構造であるということも，意味の違いを生み出す一因になっていると考える。

## 6　まとめ

　本稿は，「頭」を含む語彙の日中対照比較を目指したものであったが，結局は，論考の大半を日本語の語彙分析に費やされてしまった。それは，ひとえに日本語の多層性と複雑性によるものである。

　日本語の漢字語彙には和語と漢語を含むが，同語種であっても音形の違いで異なる意味を表す。本稿では，［あたま・かしら・ズ・トウ］の4音形による意味分類を行い，音形と意味との相関性を分析した。その結果，［あたま］は「頭髪」，［かしら］は「長」，［ズ］は「頭部」，［トウ］は「先端」と「ほとり」の意味を表す傾向が強いことが理解できた。但し［トウ］に関しては，語構成の位置や語形の由来によって，意味的な役割分担が異なる傾向がある。後項の位置では「先端」や「ほとり」の意味を表す場合が多いが，前項の位置では主に「頭部」の意味を表す。また伝来語形では，「頭部」「先端」「ほとり」の意味を表す傾向が強まるのに対し，和製語形では，「長」と「はじめ」の意味が分担されやすく，すでに古語化した［かしら］の役目が［トウ］によって担われているようにも見える。

　この他，［トウ］の字音語の中から日中同形語を選出し，漢籍と現代

語との意味比較を行い，語形の意味的変化の傾向や語構成との関わりを分析した。意味変化の傾向としては，語の意味的な特化や意味の縮小或いは拡張，そして意味の異なりには，語基としての機能の弱化や結合の違いといった統語的側面も関わってくることが理解できた。

　現代中国語の"头"には，日本語の［トウ］には分布しない「端数」「兆し」「手がかり」といった拡張義が含まれる。また語の比喩的拡張も日本語以上に多く見られる。これは"头"の音形が軽声或いは儿化されていることからも容易に理解できる。一方，［トウ］の語形は，「到頭」のように口語の中に溶け込んでしまっている語もあるが，「枕頭」「禿頭」「白頭」などのように，文語でしか使われない語の方が多数を占める。日中同形語の日本語は，意味領域が狭く，抽象的に偏ることが指摘されているが（大河内1992：184），これは漢語が日本語の中で意味的に特化され，一語として固定化されている結果（中川2005：131）と結びつく。ただ，一部の［トウ］に関しては，依然として「語基＋語基」の結合体意識が根強く残されているように思う。例えば「枕頭」が，「枕」という意味ではなく，「枕もと」の意味として残されているのは，「枕頭」を一語としてではなく，二字の結びついた語として意識されてきたからではないだろうか。「枕頭」を［チンドウ］と連濁化しない音声現象からも理解できよう。同形語でありながら，異なる意味が生まれる背景には，意味的な変化や構造面の違いだけでなく，こうした日中間での語構成意識の違いも関係しているのかもしれない。


参考文献

相原茂 2010 『中日辞典（第3版）』，講談社

荒川清秀 1988 複合漢語の日中比較,『日本語学』7巻5月号，pp.56-67，明治書院

方小贇 2010 『日本語と中国語における身体語彙慣用句の比較研究――認知言語学の視点から見た「頭部」表現を中心に』，宇都宮大学国際学研究科博士論文

郭明輝・磯部祐子・谷内美江子 2011 『日中同形異義語 1500』, 国際語学社
貝塚茂樹・藤野岩友・小野忍 1959 『漢和中辞典』, 角川書店
鎌田正・米田寅太郎 2001 『漢語林（第 2 版）』, 大修館書店
見坊豪紀等 2014 『三省堂国語辞典（第 7 版）』, 三省堂
木之下正雄 1962 『徒然草語彙索引』, 大野晋編, 『国文学：解釈と鑑賞』11 月号, pp.68-149, 至文堂
北原保雄 2003 『日本国語大辞典（第 2 版）』, 小学館
国広哲弥 1970 『意味の諸相』, 三省堂
馬淵和夫・梅津彰人 1982 『常用語辞典』, 講談社学術文庫
宮地敦子 1979 『身心語彙の史的研究』, 明治書院
宮地裕 1982 『慣用句の意味と用法』, 明治書院
森岡健二 1967 現代漢語の成立とその形態, 『国語と国文学』4 月号特輯号, pp.23-47, 東京大学国語国文学会
諸橋轍次 2000 『大漢和辞典（修正版）』, 大修館書店
中川正之 2005 『漢語からみえる世界と世間』, 岩波書店
野村雅昭 1977 造語法, 『岩波講座日本語 9　語彙と意味』, pp.245-275, 岩波書店
野村雅昭 1988 二字漢語の構造, 『日本語学』7 巻 5 月号, pp.44-55, 明治書院
小川環樹・西田太一郎・赤塚忠 1968 『新字源』, 角川書店
大河内昭爾監修 2004 『ポケット版常用語字典』, 成美堂
大河内康憲 1992 日本語と中国語の同形語, 『日本語と中国語の対照研究論文集（下）』, 大河内康憲編, pp.179-215, くろしお出版
三省堂編修所 1997 『大辞林』, 三省堂
東郷吉男 2003 『からだことば辞典』, 東京堂出版
上野恵司・相原茂 1993 『逆引き中国語辞典』, 日外アソシエーツ
王永全・小玉新次郎・許昌福 2007 『日中同形異義語辞典』, 東方書店
山田忠雄等 2012 『新明解国語辞典（第 7 版）』, 三省堂
山田孝雄 1958 『国語の中に於ける漢語の研究（訂正版）』, 寶文館
柳田征司 1972 室町時代における口語語彙と文語語彙——アタマ・カシラ・カウベについて——, 『国語と国文学』11 月号, pp.44-63, 東京大学国語国文学会
吉田則夫・支洪濤 1999 身体語を含む慣用句についての日中対照研究——「頭」

の場合,『教育学部研究集録』第110号,pp.105-109,岡山大学
刘小莉 2011 《"X"头式词语的多角度考察》,上海师范大学硕士论文
徐越 2001 现代汉语的"－头",《语言教学与研究》第4期,pp.64-68
中国社会科学院语言研究所词典编辑室 2012 《现代汉语词典（第六版）》,商务印书馆
Ullmann, Stephen 1962 *Semantics: An Introduction to the Science of Meaning*, London: Basil Blackwell

＊本稿の執筆にあたり,漢語方言研究会のメンバーから有益な助言を賜った。この場を借りて心より感謝申し上げたい。

(おおにし・ひろこ　近畿大学)

# 日本語の名詞型同語反復文に関する語用論的研究
　　——コンテクストを視野に入れて——

葛　婧

## 1　はじめに

　日本語の中で,「子供は子供だ」というような文があり, その主語, 述語は同じ名詞である。このような文に対し, 学者たちは異なる呼び方をしている。森山1989：2-9では, この構文を「自同表現」と呼び, 意味論の観点から分析し, どのレベルで同語反復文の名詞成分を強調するかにより,「X は X だ。」という形の同語反復文を「記号の同一性確認」,「同一指示の排他的確認」, 及び「属性確認」の三種類に分けている。「X が X だ。」は「当該名詞の特定の文脈状況における在り方を確認する」という意味を表し, 言い換えれば,「コノ X ガコノヨウナ X ダ」であると述べた。「X も X だ。」という形は,「基本的には X ガ X ダ型の延長線に考えることができる」。「『X は X だ。』は属性の同一性を確認するものである」。「『X が X だ。』では, X が特定状況であることを表し, 特殊性を強調することになる」と述べている。
　許宗华2001：199 では,「同語反復の名詞述語文」と呼び, 語用論の観点から「A は A だ。」という形の「同語反復の名詞述語文」を考察し, また「A が A だ。」,「A も A だ。」等の形を「A は A だ。」の変形に分類した。許宗华2001：199 では, 文脈に対する依存性の強弱により, 名詞性同語反復文を「低依存度の同語反復の名詞述語文」及び「高依存度の同語反復の名詞述語文」に分類した。文脈における「A は A だ。」の

意味について下記のように述べた。

　　Aの指示対象にn個の属性があることは，発信者にとっても受信者にとっても常識のようなことである。それらを $A_1$，$A_2$…$A_n$ で示すことにしよう。もし，発話のコンテクストが $A_i$，$A_j$，…$A_m$（i, j, …m は 1, 2, …, n に属する）と関係がある，または，それら以外の属性と関係がないのなら，発話「AはAだ。」の具体的な意味は「Aは $A_i$（で），$A_j$（で），…$A_m$（だ）。」となる。

瀬戸 2002：74 では，これを「同語反復」と呼び，同語反復の中の二つの名詞の意味が同じであると考え，同語反復を使用する最も基本的な表現の意図は「意味の同一性の確認」，「AはAです，勝手にBやCの意味で使ってもらっては困ります」，「同語反復は，意味の変化に歯止めをかけ，慣用的な意味を確認するという大切な役割を担います」と述べた。また，李淼 2003：38-40 では，反復語の性質により，日本語の同語反復文を体言型同語反復と用言型同語反復に分類した。語用論の観点から，「AはAだ。」形の「同語反復の名詞述語文」を研究し，「AがAだ。」，「AもAだ。」等の形を「AはAだ。」の変形に分類した。森山 1989：2-9 では，格助詞が「は／が／も」である同語反復文の意味の区別をそれぞれ考察したが，発話のコンテクストの角度からこの構文を考察しなかった。李淼 2003：38-40 では，同語反復の表現方式の語用論的意味を考察する際，コンテクストから独立した核心的意味の同語反復とコンテクストに高度に依存する同語反復に分けられると考え，「昨日は昨日，今日は今日」が慣用句になり，コンテクストから独立した同語反復に属すると指摘している。本稿では，この同語反復も同様に，社会的コンテクストに依存しなければ意味がないと考える。同時に，李淼 2003：38-40 は，コンテクストに依存する同語反復の主な語用論的意味は強調であると指摘したが，この構文の語用論的意味を完全に明示していない。許宗华 2001：199，瀬戸 2002：74 は，語用論及び修辞の観点から同語反復文の意味及び表現の意図をそれぞれ考察したが，この構文の語用論的特徴と機能を完全に明確にしなかった。

文は人々が意思を交流する際の最小単位であり，人々の意思と感情を表さなければならない。そのため，構文も必ず，あるコンテクストと関わらなければならない。構文の研究の中で最も重要な課題の一つは，構文の語用論的価値の研究であり，語用論的価値の考察も完全なコンテクストで行わなければならない。よって，本稿は名詞型同語反復文をコンテクストに置き，その語用論的特徴及び機能を考察していく。

## 2　構文の語用論的特徴

　『朝日新聞』，『青空文庫』等の電子コーパス及び筆者が実際の小説，ドラマのセリフから収集した例文について分析した結果，この構文の表層形式と深層意味が実は一致していないことがわかった。形式上，主語と述語が同じ単語であるが，その深層の意味は違う。

(1) 大竹は「大きくなったんですが，**子供は子供**。今日ちゃんと食べたかなって心配する。コミュニケーションは大事。息子の方は写真なんて送ってくれないですけど」と話した。

(朝日新聞 2014.07.23)

　例文(1)の一つ目の「子供」は，文の主体である大竹自身の子供であり，具体的，実際に存在するものである。二つ目の「子供」は，子供に対する大竹の理解であり，子供は自分があらゆる面において面倒を見なければならない存在であるというものである。表層形式と深層意味は一致していない。

(2) まだ興奮が冷めないかとの問いかけに，「まあ，**きょうはきょう，明日は明日**ですから」と早口で語った。北の湖理事長は明言している。「両横綱を倒して13勝なら，優勝に準じています」。残り2連勝なら，初場所は綱とりになる。　　(朝日新聞 2013.12.13)

　「XはXだ。」構文を具体的なコンテクストに置くと，主語の部分と述語の部分のXは具体的なコンテクストにおける意味を獲得し，表層形式と深層意味の不一致が生じる。例文(2)の「**きょうはきょう，明日**

は明日ですから」の一つ目の「きょう」は時間概念の「きょう」を暗示的に表すのである。二つ目の「きょう」は，選手がきょうですでに収めた成績を指している。この文は，きょうの成績はきょうだけを表し，未来の成績につながらないという意味である。一つ目の「明日」も時間の概念「明日からの今後」を暗示的に表すものであり，二つ目の「明日」はこれから直面する状況を指している。この文は，これから直面する状況に対する不確定性を表している。

例文(1)の表層形式と深層意味の不一致性と具体的なコンテクストとの関連性はさほど大きくないが，人々の認知，つまり一般的に公認される考え方と一致している。例文(2)の表層形式と深層意味の不一致性は具体的なコンテクストに制約されている。実際のコーパスから見れば，この不一致性が表している語用論的特徴は主に婉曲性と変化性である。

## 2.1 婉曲性

日常的な言語交流の中で，人々は，常に自分が表したい意味を直接に言わず，ある方式で間接的に自分の意図を表現する。この表現の間接性は，言語の字面の意味とコンテクスト意味の不一致性であり，一種の婉曲な表現でもある。「XはXだ。」の表層意味，すなわち字面の意味と深層意味，すなわちコンテクストにおける意味が一致しない場合は，間接的な表現となり，言外の意味を反映し，婉曲な表現となる。

(3) <u>仕事</u>は<u>仕事</u>できちんとこなし，休みの日は地域のイベントに家族で参加する。葉山では，世代を問わず，そういう暮らしを自然に楽しむ人が多い。　　　　　　　　（朝日新聞 2013.07.13）

例文(3)の「仕事は仕事で」は，字面では「仕事は仕事です」という意味であるが，このコンテクストでは，人々の一つの観点を表している。つまり，仕事は仕事に過ぎず，勤務中に真面目に対処すればよい。退勤後まで仕事を持ち込まずに，退勤した後はちゃんと生活を楽しみ，仕事と生活を区別すべきであり，仕事を生活のすべてとみなすことに反対する。

## 2.2 変化性

　変化性とは，異なるコンテクストの中で，同一の表現形式に異なる深層意味が生じることである。つまり，「XはXだ。」構文のXは変わらないが，コンテクストが変化したことにより，Xが表す深層意味も変化する。

　(4) 生命科学を専門にしていた彼は，朝から晩まで研究に没頭していて，<u>私は私</u>で土日にアルバイトが入っていたこともあって，なかなか一緒にいることはできませんでした。

（朝日新聞 2014.05.01）

　(5) 大事なのは「なぜ<u>私は私</u>であり，あなたではないのか」という問いでした。あなたが悲しみを乗り越えないと，私も同じ悲しみのブラックホールに陥ったまま。　　　（朝日新聞 2013.08.23）

　例文(4)と例文(5)にはいずれも「<u>私は私で</u>」があり，字面的な意味は一致しているが，コンテクストは異なる。例文(4)の「私は私で」は，私は「彼」と同じようになりたくない，「彼」のように暮らしたくないという意味である。彼は朝から晩まで研究に没頭していたが，私は週末にアルバイトが入っていた。これは私と彼の比較対照であり，私の生活に対する態度を表している。例文(5)の「私は私で」は友人に対する心遣いと深い友情を表しており，自分が友人ではないため，友人の悲しみを分かち合えないことを残念に思っている。

　例文(4)と例文(5)の「<u>私は私で</u>」の意味が違うことから，「XはXだ。」構文はコンテクストの中で理解しなければならないことがわかる。

　「XはXだ。」構文は，具体的なコンテクストに制約されず，ただ，社会的コンテクストにある場合，複数の内包的な意味を有する可能性がある。たとえば，雑談している場面であれば，「子供は子供だ。」は，子供の考え方が甘い，未熟だという暗示的な意味である。食事をしている場面であれば，子供がおいしい料理に対する興味が高いことを指している可能性もある。遊んでいる場面であれば，子供が元気いっぱいで，遊

びが好きであることを指しているかもしれない。

　一方で,「X は X だ。」構文の外延的意味が多い場合,その意味を明確にするためには,具体的なコンテクストが必要となる。

　⑹ <u>私は私</u>で自由な一人暮らしを満喫する予定でした。ところが渡仏して1カ月後,娘が別れた恋人の子どもを身ごもっていることが判明したのです。　　　　　　　　　　（朝日新聞 2014.04.01）

「<u>私は私</u>で」は多くの外延的意味を有する文であり,周りの人とのつながりをなくすことができる。たとえば,「彼は彼で,私は私です。」,「あなたはあなたで,私は私です。」。互いにつながりがなく,私は彼らと比較しないという意味を表す。また,他人に自分の態度を主張するためにも使える。たとえば,あなたはお金持ちなので,1千万寄付できるが,私は私で,金がないから,あなたのマネはしないという意味を表す。例文⑹では,コンテクストに制約されているため,「私は私で」の意味が唯一となり,つまり文の主語自身の人生に対する態度を表明するだけである。

　⑺ 一平「たださ,これじゃあ,やっぱり駄目なんだよね。利口な女なら絶対お嫁にきてはくれないさ。それでもいいじゃないか。**<u>俺は俺</u>だ**。一生独身だってこの家でおばあちゃんと暮らすッ,母さんや父さんの面倒もみるッ,それしかないじゃないかッ…」と急にパタンと寝てしまう。　　　　　　（橋田寿賀子『大家族』）

例文⑺の「俺は俺だ」は,文のコンテクストに制約されており,その意味も具体的なものになった。一平は,優秀な女性は自分のお嫁に来てくれないと思っているが,彼に大きく影響せず,彼は依然として彼であり,親や家族と一緒に暮らすことができる。

　一般的な主述構造の文の中で,主題の部分は通常,古い情報であり,題述の部分は通常,新しい情報を提供し,文が強調したい焦点である。しかし,同語反復文の中で,主語と述語は形式上同じであり,文の焦点となる題述の部分は新しい情報を提供しない。ただし,深層意味から見れば,題述の部分は実は新しい情報を提供している。次の例文を見てみ

よう。

　(8) 純子が知ったら，またお説教されそうである。しかし，伸子は話すつもりはなかった。いくら伸子が説得しても，純子が警察を呼ばないはずはない。相手が誰だろうと，**約束は約束**である。伸子は十二時にマンションへ，一人で行く決心だった。

(赤川次郎『女社長に乾杯！』)

　例文(8)の「約束は約束である」が伝えているのは，約束したことは変えられない，会う約束をしたら時間通りに行くべきだという意味である。この意味は，主に題述の部分から推測されたものである。同語反復文の題述の部分の付加的な意味が際立たされ，文の焦点となる。同語反復文の中で，主題の部分と題述の部分は形式上，同じであるが，具体的なコンテクストの中で表す意味の重点が異なる。主題の部分は語の指示的意味を強調し，題述の部分は語の付加的意味を強調する。

## 3　構文の語用論的機能

　意味論は通常，文の字面の意味を研究する。意味論の理論で同語反復文を研究すれば，なかなか新しい発見はできない。一方で，具体的な言語環境を結びつけ，コンテクストの中で同語反復文を考察すれば，この構文は非常に豊かな語用論的意味を有していることがわかる。コンテクストは，一般的に文脈的コンテクスト，場面的コンテクスト，社会文化的コンテクストを含む。文脈的コンテクストには，口語コンテクストと文語コンテクストを含む。口語コンテクストは普通，言語交流活動のコンテクストを指す。言語交流活動の中で，字面の意味のみを考えれば，誤解が生じてしまう場合が多く，交流の目的は達成できない。言葉の意味を正確に理解するには，特定のコンテクストと結びつけて考えなければならない。認知言語学によれば，会話の意味は言葉の意味とコンテクストの要素が総合的に作用する結果である。言語の語用論的意味を分析するのが，人の知識的要素と具体的なコンテクストを総合的に推理する

過程である。文のコンテクストを考えずに，文の表層意味しか考えなければ，文の語用論的意味に対する解読に影響を及ぼす。同じ文であっても，異なるコンテクストにおいて異なる意味がとられる。コンテクストにおける言葉の情報に対する認知は，文の理解に重要な影響をもたらす。同語反復文は文そのものの情報が限られているため，或いは簡潔すぎるため，具体的なコンテクストを借りて文を理解する必要性がより強いのである。たとえば，次の例文(9)を見てみよう。

　(9)「別に困ることはないでしょう。理由は，あなたが一番よく知っているのだから」妻に見詰められて，久木は思わず顔を背ける。あるいは，と思っていたが，妻はやはり凛子のことを知っていたのか。ともかくこれまでは，そんな気配は一切見せず，「**あなたはあなた，わたしはわたし**」という淡々とした態度を取り続け，それはそれで好都合だと思っていたが，全て妻に見抜かれていたとすると読みが甘かったことになる。（渡辺淳一『失楽園』）

例文(9)中の「あなたはあなた，わたしはわたし」は，表層意味から見れば，意味がはっきりしているように見える。「あなたはあなたで，わたしはわたしです」，紛らわしい意味はない。しかし，コンテクストの中で，その意味はこれではなく，あなたはあなたで，わたしはわたしであり，あなたの考え方を私に押し付けないでくれ，私はあなたと関係がなく，あなたの影響は受けない，という文の主体の態度を表している。

上述の分析からわかるように，「XはXだ。」構文の語用論的特徴は，表層形式と深層意味の不一致性，婉曲性，変化性である。これらの語用論的特徴は構文の実際の使用において，さまざまな語用論的意味として現れる。たとえば，婉曲性は日本人が主張や考え方を表す習慣に一致しており，この構文が表す語用論的意味の一つは「観点の陳述」と言える。収集した例文についての分析から，「XはXだ。」構文には主に次のような語用論的意味があると考えられる。

## 3.1 観点を陳述し，態度を表明する

「XはXだ。」構文の重要な語用論的意味は観点を陳述し，態度を表明することである。観点を陳述し，態度を表明する方法はいろいろあり，たとえば，語彙の選択，構文の選択，ムード，表情，ジェスチャー，トーン等がある。しかし，「XはXだ。」構文で表現すれば，たいがい特別な効果が生じる。

(10) 友達は中国のある資産家の息子で金に不自由のない男であったけれども，<u>学校が学校</u>なのと<u>年が年</u>なので，生活の程度は私とそう変りもしなかった。従って一人ぽっちになった私は別に恰好な宿を探す面倒ももたなかったのである。（夏目漱石『こころ』）

例文(10)の意味は下記のとおりである。友達は中国のある資産家の息子で，とても金を持っている。しかし，まだ学生で，年も若いから，生活の程度は私とそう変わらなかった。これは「私」の考え方であるが，文中では「学校が学校なのと年が年なので」の形で，学校には学校のルールがあり，思う存分に金を遣うことはできないことを暗示的に表し，同時に，友達の年齢がまだ若く，たくさんの金を遣うことはないことを暗示的に表している。これは，「私」の友達を認める態度を表している。

(11) 冬が来た時，私は偶然国へ帰えらなければならない事になった。私の母から受取った手紙の中に，父の病気の経過が面白くない様子を書いて，今が今という心配もあるまいが，<u>年が年</u>だから，出来るなら都合して帰って来てくれと頼むように付け足してあった。（夏目漱石『こころ』）

例文(11)の意味は下記のとおりである。冬が来た時，私は偶然用事ができ，故郷に帰らなければならないことになった。母から手紙を受け取った。手紙には父の病気の経過が書かれ，状況がよくなく，今は心配がないが，いずれにしても年をとっているから，時間を作って帰った方がいいと書かれていた。私に家に帰って父の様子を見てもらいたいという，母の態度を表明するとともに，「年が年だから」の形で，母のどう

しようもない気持ちを表し，息子に心配をかけたくない母が息子を慰める言葉でもある。

(12) **彼は彼**だよ。僕らを比較することはできないさ。それに，（比較することで）君たちは彼をたたえているね。(朝日新聞 2013.01.13)

例文(12)は，彼は彼であり，僕らを比較しないでくれ，比較したいなら，君たちが比較しろという意味である。「彼は彼だよ」は，「彼」を認めない，或いは謙譲という，「私」の態度を強く表明している。

上述の例文から，「X は X だ。」構文は，態度を陳述し，観点を表明するために使われる場合，感情や気持ちを婉曲的に表出していることがわかる。

## 3.2 対比・陳述し，両者の違いを強調する

両者を対比して陳述する際，「X は X だ。」構文は，「X は X だ，Y は Y だ。」構文まで拡張する。

(13) 子ども記者の提案で，親子並んでではなく，**子どもは子ども，親は親**で同じテーブルを囲んだことも食事の楽しみを倍増させた様子。地元の豚肉やソーセージ，ニジマス等をたっぷり用意したバーベキューや，地元大豆の豆腐，スタッフ手づくりの煮物や漬物など，お腹一杯楽しみました。　　(朝日新聞 2012.12.17)

例文(13)の比較の構文は，子どもと子どもが一緒に，親と親が一緒に座ることを述べると同時に，昔のやり方を変えることで雰囲気を変えることを強調しており，客観的に陳述する意味が明確である。

(14) 「**自分は自分，親は親**」という認識が，この世代においてはスタンダードなのかもしれません。　　(朝日新聞 2012.12.17)

例文(14)の「自分は自分，親は親」は，形式上，自分と親の比較であり，意味の面から強く強調したいのは自分と親の違いで，両者の間に対立し，ひいては解決できないものが存在しているということである。それは思考モデル，ある事物，現象に対する考え方の違い，或いは世界観の違いである。この構文が対立の意味を表す場合，X と Y の対立は通常，話

し手の主観的認識と関わっている。

### 3.3　解釈・説明或いは提案

　実際の言語使用において，話し手が相手にある問題を解釈，説明し，或いは相手に対して提案する場合も，この構文が使える。

　⒂「じゃあ，大ベテランですね。夜の方がお好きなんですの？」
　　「うん，夜は港も静かだし，出入りする大きい船もいないしね。誰の迷惑にもならないから，やっぱり夜の方がいいねえ」
　　「でも，万一事故にあったら，昼間なら誰かに見つけてもらえますでしょ。」
　　「**そのときはそのとき**です。僕がボートから落っこちていなくなったら，竜宮城へ行ったと女房は思いますよ。」
　　　　　　　　　　　　　　　　　　　　　　（高木のぶ子『夜舟』）

例文⒂の「そのときはそのときです」は，一種の解釈・説明であり，後続の文は，「僕」は「そのときはそのときの具体的な状況があり，現在の状況は違っており，一概に論じてはいけない」という思いを解釈・説明している。

　⒃「豪いものですな。ソ連にもあんな魚がいるんですな。——それにしても，構わんじゃあないですか。**貴方は貴方**で出版した方がよろしい，負けずにやったらどうです？」　　　（『明日来る人』）

例文⒃は，「ソ連にあんな魚がいるとしても，構わないじゃないですか。あなたは構わずに出版すればいいでしょう。相手と対抗したらどうですか」という意味である。「貴方は貴方で」は話し手が聞き手に対する提案を表している。

　⒄甲：私が日本に行くと言ったら，「日本!? そんな野蛮な国に行ったら危ないよ」。「そうよ!! 武士に斬られたりしたらどうするの!!!」と反対されて大変でした。
　　乙：どうやって説得してきたの？
　　甲：それはですね。日本は皆が思うような未開な国じゃないの。

武士には魂があって一般人に手を出したりしないんだか
　　　ら!! という説得をして分かってもらいました。
　　乙：それで納得する**周囲**も**周囲**だ。
　　　　　　　　　　　　　　　（海野凪子『日本人の知らない日本語』）
　例文(17)の「周囲」の前には，「それで納得する」という修飾語があり，XがどのようなXであるかを説明する。さらにその前の文で「周囲」の特殊性を説明している。その「周囲」はもともと現代の日本を全然知らないフランス人であり，現在の日本でも武士が政権を握っていると思い，「甲」が日本に行くことに反対したが，「甲」の同じく常識のない解釈を聞いて納得したという「周囲」である。

### 3.4　不満，文句のある気持ちを表す

　この構文が「XもXだ」の形で現れる場合は通常，不満，文句を表す。
　(18)　最低！ 全部遥花の計算だったんだ。でも遥花のわなとはいえ，**伊藤君**も**伊藤君**だよ。これですべてが終わった。もう取り返しがつかないことってあるんだ。　　　　　（『彼は妹の恋人』）
　例文(18)で，話し手は自分の妹「遥花」に対する非常に不満な気持ちを表し，すべてが悪魔の妹の計算で，すべて妹のせいであると思っている。しかし，その後の文で，逆接を表す「とはいえ」を使い，X「伊藤君」に対する不満を表した。したがって，このような名詞型同語反復文は他人に対する不満の感情を表す。
　(19)　「どうでしょうね，もう！」顔をめちゃくちゃにかきむしってやりたい気分だったが，ここはぐっとこらえる。それにしても，伸子の**叔父**も**叔父**である。姪の所へ来て金を借りて，平気な顔をしている。　　　　　　　　　　（赤川次郎『女社長に乾杯！』）
　例文(19)では，前後の文脈で「伸子の叔父」が特殊性を有する原因を説明した。姪の所へ来て金を借りて，平気な顔をしている。話し手の「伸子の叔父」に対する不満の感情を表している。

## 4  おわりに

上述の分析から見れば，発話のコンテクストの中で，名詞型同語反復文は明確な語用論的特徴を有するとともに，相応な語用論的機能を有する。語用論的特徴は，表層意味と深層意味の不一致性，婉曲性，コンテクストによる変化性にまとめることができる。語用論的機能は，観点を陳述し，態度を表明すること，対比陳述し，違いを強調すること，解釈・説明或いは提案，文句或いは不満を表すことにまとめることができる。

**参考文献**

森山卓郎 1989　自同表現をめぐって，『待兼山論叢』第 23 号，pp.2-9

瀬戸賢一 2002　『日本語のレトリック―文章表現の技法』，p.74，岩波ジュニア新書

许宗华 2001　『現代日本語の名詞述語文の語用論的研究』，p.199，军事谊文出版社

李森 2003　日语中的同语反复，《解放军外国语学院学报》第 26 卷第 2 期，pp.38-40

（Gě・Jìng　北方工业大学）

# "娘"字疏證

## 胡 士雲

### 1 問題的提起

在日本教授漢語幷提及中日漢字的語義差異時，許多人都會提到"娘"字。用作親屬稱謂，現代漢語普通話的"娘"指生養自己的人，是"母親"的意思；日語的"娘"指自己生養的人，是"女兒"的意思。差別如此迥異，爲什麽？這是作本文的緣由。

### 2 漢語"娘"字的形音義

#### 2.1 "娘"的形與音

現代漢語中，"娘"字包括"孃"字，幷且把"孃"作爲"娘"的繁體字。

文獻中，"孃"早見於《說文解字·女部》："煩擾也。一曰肥大也。從女襄聲。"依其字義，《說文》中的"孃"字應與"攘"同。《玉篇》中也收錄了"孃"字："孃，母也。""娘"字最早出現在南朝梁代，如任昉（460-508）《述異記》："越俗以珠爲上寶，生女謂之珠娘，生男謂之珠兒。"[1] 其後的顧野王（519-581）《玉篇·女部》也有"娘，少女之號"的記述。上引資料說明兩點：一，《說文》的"孃"字和《玉篇》的"孃"字不一樣；二，至少到南北朝時代，"孃"和"娘"意思不同。

---

1) 南朝梁·任昉《述異記》卷上：3，中華書局，出版年不詳；又，《文淵閣四庫全書》子部十二。

關於讀音，清·段玉裁《說文解字注》說"孃"字"女良切。按前後二義，皆當音壤"。《玉篇》："孃，女良切，又如常切。""娘，女良切。"《玉篇》裡"孃"的"如常切"當與《說文》讀音相同，"女良切"與"娘"讀音相同。換句話說，在《玉篇》時代，"孃"有兩個讀音，分別相當於今天普通話的"ráng"和"niáng"，"娘"有一個讀音，相當於今天的"niáng"。後世的《廣韻》也是"孃"有兩個讀音，"娘"有一個讀音[2]。

由此看來，"孃、娘"的形音并不複雜，因此無需"大動干戈"。本文主要考察的是讀作"女良切"的"孃、娘"的意義以及源流，而作為"攘"的通假字的"孃"則不在考察範圍。

## 2.2 "娘"的意義

筆者檢索了《現代汉语词典》《辞海》《辭源》《汉语大词典》《漢語大字典》《中文大辭典》《古汉语常用字字典》等現代出版的各類漢語辭書，綜合起來，"娘（孃）"的意義可分為兩類：

第一類，用來指稱女性：

1，年輕女子：娘子，娘子軍，廚娘，魚娘。
2，女性通稱：娘兒們，老娘兒們，娘姨[3]，娘娘腔。
3，女性人名用字：武媚娘，扈三娘，杜十娘，杜麗娘。
4，封建時代的宮妃：正宮娘娘，貴妃娘娘。
5，尊稱女性神靈：王母娘娘，娘娘廟。
6，妓女：姑娘兒，娘兒愛俏，鴇兒愛鈔。

第二類，用來指稱女性親屬：

7，母親：爹娘，爺娘，娘老子，親娘，娘家，娘舅，娘胎，娘兒倆。
又，封建家庭中奴婢稱女主人當為同一用法。
8，姑母，即父親的姐妹。

---

2) 《廣韻·陽韻》："孃，汝陽切。女良切。""娘，女良切。"
3) 《現代汉语词典》（第五版，商务印书馆，2005年）："娘姨：〈方〉保姆，女佣人。"《汉语大词典》（光盘版，汉语大词典出版社，1998年）："娘姨：1，方言，称姨母。2，方言，旧时称女佣人。"

9，婆母，即丈夫的母親。
10，指稱長一輩或年長的已婚婦女：大娘，嬸娘。
11，祖母。
12，妻子：娘子，婆娘，老板娘。
13，詈詞：娘的。又，《漢語大字典》說"娘"字還是"表示驚異或怨詈之辭"。

很顯然，筆者雖然抄錄歸納了若干辭書對"娘（孃）"意義的說明，但這只是各義項的平面羅列。筆者希望找到"娘（孃）"各義項的最早出處及其在後世的使用情況，而後梳理它們的變化脈絡。

## 3 漢語"娘""孃"字的意義演變

### 3.1 "娘"字

第一，"娘"單用指稱少女早見於《述異記》及稍後的《玉篇》，上文已引用[4]。後世文獻如北周·庾信（513-581）有《舞媚娘》詩，《北史·后妃傳下》錄有"馮娘""李娘""王娘""穆娘"之稱。又北宋·郭茂倩《樂府詩集·清商曲辭四·黃竹子歌》："江邊黃竹子，堪作女兒箱。一船使兩槳，得娘還故鄉。"[5] 又南宋·陸游《吳娘曲》："吳娘十四未知愁，羅衣已覺傷春瘦。"

青樓女子也可稱"娘"，早見於唐代，如白居易《代謝好妓答崔員外》："青娥小謝娘，白髮老崔郎。謾愛胸前雪，其如頭上霜。"

也作"娘子"，早見於南朝梁代，如吳均（469-520）《續齊諧記》："會稽趙文韶……倚門唱《西夜烏飛》，其聲甚哀怨。忽有青衣婢，年十五六，前曰：'王家娘子白扶侍，聞君歌聲，有門人逐月游戲，遣相聞耳。'"又唐·谷神子還古《博異記》："漢陽異之，乃問曰：'客者謂誰？'曰：'一措大耳，不記姓名。'又云：'青衣言諸小娘子，苦愛人間文字。'"清·

---

4) 任昉《述異記》卷下："梁時有村人韓文秀，見一鹿產一女子在地，遂收養之。及長，與凡女有異，遂爲女冠。梁武帝爲別列一觀，號曰鹿娘。"
5) 唐·李康成："《黃竹子歌》《江陵女歌》，皆今時吳歌也。"

蒲松齡《聊齋志異・邵女》："若個娘子，何愁無王侯作貴客也。"

"娘""娘子"由指稱"少女"進而指稱"女兒"早見於唐代，如唐・李延壽《南史・劉孝綽傳》："孝綽……其三妹，一適琅邪王叔英，一適吳郡張嵊，一適東海徐俳，並有才學。俳妻文猶青拔，所謂劉三娘者也。"這裡的"劉三娘"當爲"劉家三女兒"之意。又唐・韓愈《祭李氏二十九娘文》："惟年月日，十八叔翁及十八叔婆盧氏，遣昶以清酌庶羞之奠，祭於李氏二十九娘之靈。"又唐・范攄《雲溪友議・卷下》："嘆曰：王家十三娘二十年太原節度使女，十六年宰相妻，誰能書得長信昭陽之事，死亦幸矣。"又南宋・汪應辰《祭女四娘子文》："維年月日，爹爹、媽媽，以清酌時果庶羞之奠，祭於四小娘子之靈。"又南宋・吳自牧《夢梁錄・嫁娶》："女家回定帖，亦如前開寫，及議親第幾位娘子。"

第二，"娘"指稱已婚的較年輕的女性早見於南朝梁代，如唐・李百藥（564-648）《北齊書・楊愔傳》："（琛子）睿……特爲高祖所愛，養於宮中，令游娘母之，恩同諸子。"又唐・李延壽《南史・后妃傳》："季江每嘆曰：'柏直狗雖老猶能獵，蕭溧陽馬雖老猶駿，徐娘雖老尚多情。'"新婚女性則稱作"新嫁娘"，如唐・王建有《新嫁娘詩三首》[6]。

用"大娘"指稱長一輩或年長的婦人早見於唐代中期，如杜甫（712-770）有《觀公孫大娘弟子舞劍器行》詩，李肇《唐國史補》錄有船工"俞大娘"之稱，鄭處誨《明皇雜錄》錄有教坊"王大娘"之稱。年長女性也稱作"娘行"，早見於明代，如馮夢龍《古今譚概・巧言・吳妓張蘭》："吳妓張蘭色麗而年已娘行。"

第三，"娘"單用作女性統稱早見於唐代，如元稹《估客樂》："亦解市頭語，便無鄉里情。鍮石打臂釧，糯米吹項瓔。歸來村中賣，敲作金石聲。村中田舍娘，貴賤不敢爭。"又元・陸泳《吳下田家志》："五日寒食便下田，寒食過了無時節，娘養花蠶郎種田。"

也作"娘娘"，早見於唐代，如《敦煌變文集・佛說阿彌陀經講經文》：

---

6) 王建《新嫁娘詩三首》其二："錦幛兩邊橫，遮掩侍娘行。遣郎鋪簟席，相并拜親情。"

"或爲奴婢償他力,衣飯何曾得具全,夜頭早去阿郎嗔,日午齋時娘娘打。"元《三國志平話》卷下:"軍師引手下三千軍離皆庭約百里,有一大樹,西見一莊,令人喚出一娘娘,當面問:'此處屬那裡?'"

也作"娘子",早見於北朝北齊時期,如李百藥《北齊書·祖珽傳》:"老馬十歲,猶號騮駒;一妻耳順,尚稱娘子!"

也作"娘行",早見於金代,如董解元《西廂記諸宮調》卷三:"料得娘行不自由,眉上新愁壓舊愁。"又清·蒲松齡《聊齋志異·阿英》:"若要勿言,須歌一曲,爲娘行侑酒。"

第四,"娘"單用來指稱人之妻早見於唐代早期,如歐陽詢(557-641)《藝文類聚·人部》:"京邑有士人,婦大妒忌,於夫小則罵詈,大必捶打。……婦眠。士人入廁,以繩繫羊,士人緣墻走避。婦覺,牽繩而羊至,大驚。怪,召問巫。巫曰:'娘積惡,先人怪責,故郎君變成羊。'"又唐·劉禹錫《與歌童田順郎》詩:"天下能歌御史娘,花前月底奉君王。"又明·馮夢龍《警世通言·三現身包龍圖斷冤》:"(孫押司)歸到家中,押司娘見他眉頭不展,面帶憂容。"

也作"娘子",早見於唐代末年,如范攄《雲溪友議·卷中》:崔涯戲李端端,"曰:'李家娘子纔出墨池,又登雪嶺,何期一日黑白不均。'"又上引劉禹錫詩中"田順郎"在唐末段安節《樂府雜錄·歌》中記述爲"貞元中有田順郎,曾爲宮中御史娘子。"又《敦煌變文集·難陀出家緣起》:"(難陀)向妻道:'娘子!娘子!'"又明·陶宗儀《輟耕錄·婦女曰娘》:"都下自庶人妻以及大官之國夫人,皆曰娘子。"

也作"夫娘",早見於唐代,如法琳《辯證論·十代奉佛》:"南宋蕭齊,崇尙佛法,閤內夫娘,并令修戒;麾下將士,咸使育經。"明楊慎《丹鉛總錄·卷十》注釋說:"夫娘之稱本此,謂夫人娘子。"

也作"娘兒們""老娘兒們",早見於清代,如文康《兒女英雄傳》第九回:"我從幼兒的毛病兒,見個生眼兒的娘兒們就沒說話先紅臉。"

第五,"娘"單用來指稱母親早見於唐代,如張鷟(660-740)《朝野僉載·卷五》:"尙書(婁師德)切責之曰:'汝辭父娘,求覓官職,不能謹潔,知復奈何?'"又范攄《雲溪友議·卷下》:"貧兒二畝地,乾枯十

樹桑。桑下種粟麥，四時供父娘。"又《敦煌變文集·故圓鑒大師二十四孝押座文》："佛道孝爲成佛本，事須行孝向耶娘。"又元·黃公紹、熊忠《古今韻會舉要·陽韻》："娘，母稱曰娘。"

也作"娘娘"，早見於唐代，如《敦煌變文集·目連緣起》："娘娘且是親生母，我是娘娘親福（腹）兒。"

也作"娘母"，早見於元代，如楊景賢《西游記》第一本第三出："寺外山前人家，新沒了孩兒的娘母有乳者，我將盤纏去與老僧抬舉者。"

也作"娘親"，早見於元代，如曾瑞《留鞋記》第三折："娘呵，你年過五旬，擡舉的孩兒青春恰二八，不爭葫蘆提斬首在雲陽下，把我這養育的娘親痛哭殺。"又《四庫全書·御定曲譜·杵歌》："繡篋兒，繡牡丹，是娘親針線。平日珍藏，十分愛憐。"

第六，"娘子"用作奴婢對女主人的稱呼早見於唐代，如張鷟《朝野僉載·卷二》："梁仁裕爲驍衛將軍，先幸一婢，妻李氏甚妒而虐縛婢，擊其腦。婢號呼曰：'在下卑賤，勢不自由娘子鎖項，苦毒何甚。'"又宋·孫光憲《北夢瑣言》卷十："唐咸通中，前進士李昌符……有詩云：'春娘愛上酒家樓，不怕歸遲總不留。推道那家娘子臥，且留教住待梳頭。'"又明·施耐庵《水滸傳》第七回："官人休要坐地！娘子在廟中和人合口！"

也作"娘"，早見於明代，如蘭陵笑笑生《金瓶梅詞話》第二十八回："那秋菊拾著鞋兒道：'娘這個鞋，祇好盛我一個腳指頭兒罷。'"

第七，"娘"疊用指稱婆母即丈夫的母親早見於明代，如明·黃煜《碧血錄》卷上引魏大中自譜："（孺人）篝一燈先孺人柩前，獨紡常至丙夜……諸妹或從暗中相警，紡如故。明日以爲言曰：'我時思見我娘娘，何懼？'"

第八，"娘"疊用指稱祖母早見於清代，如錢大昕《十駕齋養新錄·永清縣宋石幢》："永清縣南辛溜村大佛寺有石幢，周遭鐫智炬如來心破地獄眞言。其末云：'大宋燕山府永清縣……王士宗奉，爲亡考特建頂幢一口，亡耶耶王安、娘娘劉氏、亡父文清母梁氏。'……其稱大父耶耶，則北人猶有此稱，大母曰娘娘，則未之聞也。"

第九，"娘"單用指稱宮妃早見於北朝北齊時期，如唐·李延壽《北史·

后妃傳序》：" （北齊）文襄（皇帝）既尚魏朝公主，故無別號。兩宮自餘姬侍，並稱娘而已。"

也作"娘娘"，早見於宋代，如蔡絛《鐵圍山叢談》卷一："國朝禁中……至謂母后，亦同臣庶家曰娘娘。"又元·王實甫《西廂記》第一本楔子："這寺是先夫相國修造的，是則天娘娘香火院。"

也作"娘子"，早見於唐代，如《舊唐書·后妃傳上·玄宗楊貴妃》："太眞……每倩盼承迎，動移上意，宮中呼爲'娘子'，禮數實同皇后。"前蜀·花蕊夫人《宮詞》之十三："諸院各分娘子位，羊車到處不教知。"

第十，"娘"疊用指稱女性神靈早見於明代，如《水滸傳》第四十二回："正中七寶九龍床上，坐著那個娘娘。"又清·無名氏《后會仙記》："予姐淑貞命以此爲元靈娘娘壽。"供奉女性神靈的廟宇則稱爲"娘娘廟"，如清·文康《兒女英雄傳》第十五回："你瞧瞧他那臉蛋子，有紅似白兒的，不像那娘娘廟裡的小娃娃子麼？"

第十一，"娘"用於人名早見於南北朝時期，雖以女子居多，但男子也用，如庾信《又謝趙王賚息絲布啟》"某啟：某息荀娘，昨蒙恩引曲賜絲布等五段。"清·倪璠注："本傳云：'子立嗣。'荀娘豈庾立小字耶？"又《舊唐書·李君羨傳》："太宗因武官內宴，作酒令，各言小名。君羨自稱小名'五娘子'，太宗愕然，因大笑曰：'何物女子，如此勇猛！'"上兩例的"娘"均用於男子名。女子名如唐武則天名"武媚娘"，其他唐代文獻中還有"眞娘""和娘""董娘""巴娘""泰娘""桂娘""聶隱娘""黃四娘""任五娘""段七娘""杜秋娘"等名字。又唐·蘇鶚《蘇氏演義》："順宗時，南海貢奇女子盧眉娘，年十四，能於一尺絹上繡《法華經》七卷。"

第十二，"娘"用作詈詞早見於金代，如董解元《西廂記諸宮調》卷七："行一似揀老，坐一似猢猻。甚娘身分！"

## 3.2 "孃"字

第一，"孃"單用指稱母親早見於南北朝，如《木蘭辭》："軍書十二卷，卷卷有耶名。……朝辭耶孃去，暮宿黃河邊。不聞耶孃喚女聲，但聞黃河流水鳴濺濺。"又《隋書·韋世康傳》："況孃春秋已高，溫清宜奉，

晨昏有闕，罪在我躬。"又唐・杜甫《兵車行》："耶孃妻子走相送，塵埃不見咸陽橋。"

也作"孃孃"，早見於唐代，如《敦煌變文集・漢將王陵變》："儻若一朝拜金闕，莫忘孃孃乳哺恩！"又《敦煌變文集・孔子項託相問書》："項託入山遊學去，又手堂前啟孃孃：'百尺樹下兒學問，不須受記有何方。'"又敦煌變文《目連冥間救母變文》："孃孃得吃食與否？"又李燾（1115-1184）《續資治通鑑長編・卷八十二》："皇子即后宮李氏所生，於是五年矣，劉皇后以爲己子，使楊婉儀保視之，故仁宗常呼后爲大孃孃，婉儀爲小孃孃。"

也作"阿孃"，早見於唐代，如魏徵（580-643）《隋書・文四子列傳》："（太子）勇昔從南兗州來，語衛王云：'阿孃不與我一好婦女，亦是可恨。'"又宋・劉克莊《滿江紅・壽唐夫人》詞："塵世少如孃福壽，上蒼知得兒忠孝。"

也作"孃子"，早見於宋代，如司馬光《書儀》卷一："古人謂父爲阿郎，謂母爲孃子。"

第二，"孃"疊用指稱嬪妃早見於宋代，如無名氏《朝野遺記・光宗欲速得正位》："後詢近侍大臣屢排當位何故？旁側有奏曰：'意望孃孃爲趣上爾。'"

也作"孃子"，早見於宋代，如蔡絛《鐵圍山叢談》卷一："國朝禁中，稱乘輿及后妃多因唐人故事，謂至尊爲官家，謂后爲聖人，嬪妃爲孃子。"

第三，"孃"之稱祖母早見於南宋，如戴侗《六書故》："孃，亦謂爲王母。"

第四，"孃"用同"娘"指稱年輕女性早見於南北朝時期，如南朝陳・徐陵（507-583）《玉臺新詠》收錄了范靖婦《戲蕭孃》詩、徐悱《答唐孃七夕所穿針》詩、徐悱婦《摘同心支子贈謝娘》詩。

也作"孃子"，早見於唐代，如釋道世（?-683）《法苑珠林》："令遣左右縛打此人，將爲私盜。學生具說，逗留口云：'非唯得娘子此物，兼留上下二衣共某辭別，留爲信物。'"

第五，"孃"用同"娘"作人名早見於南北朝，如《周書・列傳第五》

說，後梁明帝長子畢剌王蕭巋"性強濟，有威略。慮隋文帝傾覆宗社，言頗泄露，尋爲所害，并其子弘義、恭道、樹孃等，國除。"

### 3.3 "娘""孃"的演變脈絡

通過上述梳理，我們可以看到如下一些事實：

一，"孃娘"在隋代以前大致分用，"孃"指稱母親，"娘"作"少女之號"。段玉裁《說文解字注》說唐人"孃娘"二字"分用畫然，故耶孃字斷無作娘者"。但是，我們現在幾無可能看到隋唐時期的原版書籍，因此，段氏的看法是否真的符合歷史，難以斷言。

二，因爲"孃娘"發音相同，所以唐代以後雖字形兩存，但逐漸混用并進而合流；這種混用至晚在中唐時期就已發生。如唐·李善（630-689）《文選註·奏彈劉整》中的"列孃"，在《五臣註文選》（成書於唐玄宗時期）中就寫作"列娘"。實際上，唐代文獻在後世的傳抄轉刻中，不同版本中"孃娘"不相一致的現象並不少見。這種混用現象在敦煌變文資料裡看得尤爲清楚，以至於後世將"孃娘"作爲繁簡體來處理。

三，現代漢語"娘（孃）"具有的語義，唐代基本都有了；含有"娘（孃）"的雙音節詞也大半出現於唐代。

四，因爲時代的久遠和文獻的缺失，我們已很難找到"娘（孃）"意義演變的完整鏈條，而且所得資料的信息也未必絕對準確。但是，基於所查資料，筆者還是大膽推測如下：A，"娘"由"少女之號"逐漸取得"女兒"之意。B，"娘"由"少女之號"而用於女性名號。C，"娘"由"少女之號"進而指稱所有年輕女性，包括新婚少婦、青樓女子。D，女子新婚可稱爲"新嫁娘"，妻子也可尊稱爲"娘子"。因爲從他稱謂的原因，"娘子""娘"逐步取得了"母親"的意義。指稱宮妃、主母當爲基於此意義而形成的尊稱。E，"孃"指稱母親，興許早期人們比較注意其與"娘"用法的差異，但由於同音的原因，"娘""孃"從唐代早期就開始逐漸混用，以至於在後來的敦煌變文中完全無法分別兩者的用法。F，由於疊用有意義相加的效果，"娘（孃）"逐步取得了"祖母"的意義；這一變化應該在宋代以後。

從筆者所查的資料來看，"娘（孃）"意義的演變不是一蹴而就的，也不完全是同時進行的。但時隔千年，我們難以體察其詳細的演變過程。筆者記得二十世紀八十年代初在北京求學時，北京人爲了區別寄信用的"郵票"和憑證買食用油的"油票"，有意將前者讀作"yōupiào"，"郵局""郵信"的"郵"也刻意讀作"yōu"。後來隨著物質的豐富，"油票"早已退出人們的生活，"郵票"又讀回了"yóupiào"。這種細微之處非身處其時其境，是無法體會的。"娘（孃）"意義演變的細節或許如此。

## 4  現代漢語方言中的"娘"字

現代漢語方言中，"娘"仍然是一個廣泛使用的稱謂，分布於各方言。據曹志耘主編《汉语方言地图集》和陈章太、李行健主編《普通话基础方言基本词汇集》，"娘"在現代漢語方言中有如下用法：

第一，用來指稱祖母，其詞形有"娘、娘娘、阿娘、老娘、親娘、娘母"，主要分布在晉方言和吳方言，西南官話區有零星分布。也用來指稱外祖母，其詞形爲"姥娘"，主要分布在中原官話、華北官話和東北官話區。

第二，用來指稱母親，其詞形有"娘、娘娘、阿娘、俺娘、唔娘"，主要分布在華北官話、中原官話和西南官話區，其他官話區和吳方言、湘方言及贛方言區有零星分布。

第三，用來指稱妻子，其詞形有"婆娘、阿娘、老娘、娘兒們、老娘兒們、娘子、婦娘、姑娘、嫁娘、媽娘"，主要分布在東北官話、西北官話、西南官話、湘方言區，其他官話區和方言區有零星分布。

第四，用來指稱女兒，其詞形有"姑娘、閨娘、娘囝、小娘囝、阿娘囝、娘囝崽、細娘、客娘"，除沿海的閩方言區相對集中分布外，其他地區均爲零星分布。

第五，用來指稱兒媳婦，其詞形有"新婦娘""細婦娘"，零星分布在湘方言區。

## 5　日語中的"娘"字

自公元六、七世紀時漢字及漢語典籍大量傳入日本後，漢語對日語產生了很大的影響，許多漢語詞彙在日語中"落戶扎根"，日語單詞也依意義與漢字"對號入座"，比如"娘"指稱女兒，便是這一漢字的意思與日語"産む女め(musume)"一詞的配對兒。筆者檢索了『広辞苑』『古語詞典』《新日漢詞典》等現代出版的日語詞典及其他資料，知道日語中有"娘孃嬢"三個字形，後兩者爲新舊字體；有"むすめ(musume)"和"じょう(jyo)"兩個讀音。在所查資料中，雖有將"娘嬢"放在一起處理的，但大多數分列詞條。其意義如下：

"娘むすめ"有兩個義項：1，女兒，包括養女、繼女：娘心、生娘、愛娘、一人娘、姑娘、繼娘。兒媳婦也可以稱"娘"。2，年輕的未婚女性：看板娘、小町娘、花娘、雪娘。

"嬢じょう"有四個義項：1，女兒。2，年輕的未婚女性。3，用在女性特別是女藝人名字的後面，尊稱那位女性：春子嬢。4，用作詞尾，指稱女子：交換嬢。

由上述資料來看，漢語"娘（嬢）"指稱母親或祖母的意思并沒有在日語中扎根。筆者檢索了『日本書紀』中"娘嬢"的使用情況，共得"娘"25 例，其中有 8 例重複，均用於天皇的女兒即公主或貴族家女兒的名號；"嬢"2 例，均指年輕女性。例如：

二月辛亥朔壬子、立前妃春日大娘皇女、爲皇后。春日大娘皇女、大泊瀬天皇娶和珥臣深目之女童女君所生也。（卷第十五）

東漢直駒、偸隱蘇我嬪河上娘、爲妻。河上娘、蘇我馬子宿禰女也。（卷第二十一）

是歳、有人奏之曰：「日向國有孃子、名髮長媛、即諸縣君牛諸井之女也、是國色之秀者。」天皇悦之、心裏欲覓。（卷第十）

皇詔大伴室屋連曰：「朕頃得美麗孃子、是皇后母弟也、朕心異愛之。冀其名欲傳於後葉、奈何。」（卷第十三）

## 6　結語

　　上面梳理了文獻中的"娘（孃）"的意義演變，并考察了其在現代漢語方言和現代日語中的使用情況。作爲漢語的親屬稱謂，"娘（孃）"是後起詞。與魏晉南北朝時期出現在漢語中的許多稱謂一樣，"娘（孃）"是否原來就是漢語，仍需要進一步考察。

參考文獻

松村明・山口明穂・和田利政編 1994 　『古語辞典』（第八版），旺文社
新村出編 2008　『広辞苑』（第六版），岩波書店
曹志耘主編 2008　《汉语方言地图集》，商务印书馆
陈章太、李行健主编 1996　《普通话基础方言基本词汇集》，语文出版社
大连外国语学院编 1979　《新日汉词典》，辽宁人民出版社
廣東、廣西、湖南、河南辭源修訂組，商務印書館編輯部 1979　《辭源》（修訂本），商務印書館
胡士云 2007　《汉语亲属称谓研究》，商务印书馆
蒋礼鸿 2001　《蒋礼鸿集》第一卷，浙江教育出版社
罗竹风主编 1998　《汉语大词典》（光盘版），汉语大词典出版社
王力等 2005　《古汉语常用字字典》（第 4 版），商务印书馆
武汉大学出版社 1998　《文渊阁 四庫全書》（原文电子版）
夏征农、陈至立主编 2009　《辞海》（第六版），上海辞书出版社
徐中舒主编 1986　《漢語大字典》，四川辞书出版社、湖北辞书出版社
中国少数民族语言简志丛书编委会编 1981　《中国少数民族语言简志丛书》，民族出版社
中国社会科学院语言研究所词典编辑室编 2005　《现代汉语词典》（第 5 版），商务印书馆
中文大辭典編纂委員會編 1973　《中文大辭典》（修訂普及本），中國文化大學

（Hú・Shìyún　神戸学院大学）

# 杉村博文先生　著作目録

## 一，著書

『中国語入門Q&A 101』，共著，大修館書店，221p，1987年
『中国語学習Q&A 101』，共著，大修館書店，238p，1991年
『中国語文法教室』，大修館書店，293p，1994年
『中国語　類義語のニュアンス』，共著，東方書店，205p，1995年
『どうちがう？中国語類義語のニュアンス』，共著，東方書店，201p，2000年
『北京の中国語入門』，三省堂，227p，2001年
『世界の言語シリーズ2　中国語』，共著，大阪大学出版会，285p，2010年

## 二，訳書

『現代中国語文法研究』，共訳，白帝社，292p，1983年（原著：朱德熙《现代汉语语法研究》，商务印书馆，1980年）
『文法講義—朱德熙教授の中国語文法要説』，共訳，白帝社，330p，1995年（原著：朱德熙《语法讲义》，商务印书馆，1982年）
『語順類型論と介詞理論』，共訳，日中言語文化出版社，434p，2013年（原著：刘丹青《语序类型学与介词理论》，商务印书馆，2003年）

## 三，論文

"他课文念得很好"について，『中国語学』223号，pp.92-97，1976年
纽带在哪里？，《语言教学与研究》第3期，pp.34-46，1981年
"是……的"——中国語の"……のだ"の文，『講座日本語学12　外国語との対照』，pp.155-172，明治書院，1982年
"的"前移せよ，『伊地智善継、辻本春彦両教授退官記念　中国語学・文学論集』，pp.465-484，東方書店，1983年
V着V着、V啊V啊およびV来V去，『未名』第三号，pp.149-164，神戸大学中文研究会，1983年
试论趋向补语". 下"".下来"".下去"的引申用法，《语言教学与研究》第4期，pp.102-116，1983年
処置と遭遇—"把"構文再考，『中国語学』231号，pp.11-24，1984年
道具目的語の形成，『中国語学』232号，pp.14-22，1985年
-者 -家，『日本語学』5巻3号，pp.92-96，明治書院，1986年

关于"谁跑得快，谁就得第一"一类格式的几个问题，《第二届国际汉语教学讨论会论文选》，pp.358-365，北京语言学院出版社，1988年

"的"と「の」，『中国語』8・9月合併号，pp.21-24，内山書店，1990年

現代中国語における『むこう』と『こちら』の諸相，大河内康憲編『日本語と中国語の対照研究論文集（上）』，pp.153-180，くろしお出版，1992年

可能補語の考え方，大河内康憲編『日本語と中国語の対照研究論文集（上）』，pp.213-232，くろしお出版，1992年

遭遇と達成—中国語被動文の感情的色彩—，大河内康憲編『日本語と中国語の対照研究論文集（下）』，pp.45-62，くろしお出版，1992年

語法，『中国語』1992年9月号～12月号連載，pp.34-37，内山書店
　　場所を処置対象とする"把"構文，9月号
　　〈疑問代詞＋"都"……〉の意味分析，10月号
　　〈疑問代詞＋"也"……〉の意味分析，11月号
　　補語を導く"V得"の文法機能，12月号

现代汉语"疑问代词＋也／都……"结构的语义分析，《世界汉语教学》第3期，pp.166-172，北京语言大学出版社，1992年

这孩子这嗓子！——"这"による指示の諸相，『中国語』6月号，pp.61-67，内山書店，1995年

中国語における動詞・形容詞の承前形式，『語学大会研究論集3』，pp.51-68，大東文化大学語学教育研究所，1995年

名詞性連体修飾語と結構助詞"的"，『大河内康憲教授退官記念　中国語学論文集』，pp.279-302，東方書店，1997年

现代汉语表"难事实现"的被动句，《世界汉语教学》第4期，pp.57-64，北京语言大学出版社，1998年

イヌとワンピースと好漢，『中国語』2月号，pp.25-30，内山書店，1998年

文法—データ・分析・記述・生成，『現代中国語学への視座』，pp.69-92，東方書店，1998年

"的"字结构、承指与分类，侯精一・江蓝生主编《汉语现状与历史的研究》，pp.47-66，中国社会科学出版社，1999年

"把个老汉感动得……"について，『現代中国語研究論集』，pp.347-362，中国書店，1999年

"走进来"について，『荒屋勸教授古希記念 中国語論集』，pp.151-164，白帝社，2000年

"我妹妹"和"我的妹妹"的位置,『現代中国語研究』第2期, pp.39-49, 朋友書店, 2001年

"他妈的"的句法研究,『現代中国語研究』第3期, pp.111-131, 朋友書店, 2001年

现代汉语"把"字句"把"的宾语带量词"个",《世界汉语教学》第1期, pp.18-27, 北京语言大学出版社, 2002年

论现代汉语特指疑问判断句,《中国语文》第1期, pp.14-21, 社会科学文献出版社, 2002年

从日语的角度看汉语被动句的特点,《语言文字应用》第2期, pp.64-75, 2003年(英訳版:Features of Chinese Passive Sentences: A Japanese Perspective, Feng Shi and Hongming Zhang〔eds.〕, *Linguistics in China 1*, pp.138-164, 世界图书出版公司, 2010年)

択一対応,周遍対応及び偏向指示,『中国語学』250号, pp.50-67, 2003年

个人电脑和互联网所引起的研究方式的变化——一个将不再是梦想的梦想——,『平井勝利教授退官記念 中国学・日本語学論文集』, pp.178-187, 白帝社, 2004年

中国語の受動概念,筑波大学現代言語学研究会編『次世代の言語研究Ⅲ』, pp.29-43, 2004年

否定情報の獲得と応用,『中国語学』252号, pp.36-60, 2005年

从功能主义的角度论现代汉语的话题化,《励耘学刊》语言卷第1期, pp.101-116, 学苑出版社, 2005年

汉语的被动概念,邢福义主编《汉语被动表述问题研究新拓展》, pp.284-295, 华中师范大学出版社, 2006年

"VN"形式里的"现象"和"事例",《汉语学报》第1期, pp.59-63, 商务印书馆, 2006年

句尾助词"了"的语义扩展及其使用条件,《汉语教学学刊》第2辑, pp.87-98, 北京大学出版社, 2006年

量词"个"的文化属性激活功能和语义的动态理解,《世界汉语教学》第3期, pp.17-23, 北京语言大学出版社, 2006年

日汉语"名词・名词"结构生成装置对比研究,潘家懿编《怎样教日本学生汉语》, pp.179-190, 深圳大学留学生教学部, 2006年

中国語授与構文のシンタクス,『大阪外国語大学論集』第35号, pp.65-96, 2007年

多層"的"構造における"的"の脱落現象について,『現代中国語研究』第9期,pp.13-24,朋友書店,2007年

让所有的语言都拥有一部基于汉外对比的教学语法,《汉语教学学刊》第3辑,pp.163-185,北京大学出版社,2007年

事件脚本和"了₂"的用法表述,《对外汉语研究》第5期,pp.87-98,商务印书馆,2009年

现代汉语量词"个"的语义、句法功能扩展,《语言学论丛》第40辑,pp.251-269,商务印书馆,2009年

汉日语叙述基点转换情况比较—以由整体与部分充当的叙述基点为例—,《汉语学报》第1期,pp.65-73,商务印书馆,2009年

可能补语的语义分析——从汉日语对比的角度,《世界汉语教学》第2期,pp.183-191,北京语言大学出版社,2010年

中国語VN構造における任意項の必須項転換,『日中言語教育と日本語教育』第3号,pp.1-12,好文出版,2010年

対立空間転位の諸相——「方向補語」再考,『現代中国語研究』第13期,pp.15-30,朝日出版社,2011年

汉日语特指问句的语序和语义比较,『中国語文法研究』2012年卷,pp.68-87,朋友書店,2012年

中国語における姿勢形成と空間移動——終端プロファイリングによる系列動作統合,影山太郎・沈力主編『日中理論言語学の新展望(2)意味と構文』,pp.125-144,くろしお出版,2012年

電子コーパスを用いた現代中国語文法研究,『中国語学』259号,pp.5-31,2012年

现代汉语可选论元转换为必有论元的三种途径,『現代中国語研究』第14期,pp.15-25,朝日出版社,2012年

论终端凸显式系列动作整合,《中国语文》第1期,pp.18-27,社会科学文献出版社,2015年

论两类"的"字句与其中助词"的"的句法性质,《世界汉语教学》第1期,pp.12-24,北京语言大学出版社,2015年

袁毓林《汉语意合语法的认知机制和描写体系》をめぐって,『中国語学』262号,pp.31-56,2015年

完了イメージの構築と受身文,『日本中国語学会メールマガジン』第101号,2015年

汉语第一人称施事被动句的类型学意义，《世界汉语教学》第 1 期，pp.3-15，北京语言大学出版社，2016 年

四．其の他
学習記事：「君の中国語の点検」語法知識点検，『中国語』10 月号，p.5，大修館書店，1984 年
連載：中国語入門講座，『中国語』1989 年 4 月号〜1990 年 3 月号，pp.2-6，大修館書店
翻訳：劉亜洲「周恩来」，『大阪外国語大学論集』第 8 号，pp.85-104，1992 年
翻訳：老舎「断魂の槍」，『大阪外国語大学論集』第 10 号，pp.161-172，1993 年
講読教材：『一厘米　1 センチ』，東方書店，96p，1997 年
連載：初級教授者のための文法 12 章，『中国語』1999 年 4 月号〜2000 年 3 月号，内山書店
　　形容詞と程度，4 月号，pp.61-63
　　"我妹妹" と "桌子底下"，5 月号，pp.58-60
　　あなたはだれ？名前は？，6 月号，pp.58-60
　　目的語の意味，7 月号，pp.58-60
　　主語の意味，8 月号，pp.58-60
　　中国語の品詞，9 月号，pp.63-65
　　文をめぐって，10 月号，pp.63-65
　　行為と結果，11 月号，pp.58-60
　　多義形式の解説について，12 月号，pp.63-65
　　方向補語 "过" の意味，1 月号，pp.58-60
　　"给" の意味と用法，2 月号，pp.64-66
　　"了" の意味と用法，3 月号，pp.60-62
連載：Q & A，『中国語』2000 年〜2003 年，内山書店
　　言うが早いか，2000 年 9 月号，p.32
　　隙間の中，2001 年 3 月号，p.56
　　目上の人に "送你" は失礼？，2001 年 8 月号，p.66
　　ゲンコツ一発で一頭の牛を！，2002 年 2 月号，p.65
　　辞書になくても，2002 年 8 月号，p.65
　　"呀" の発見，2003 年 2 月号，p.65

編集協力：伊地智善継編『白水社中国語辞典』，白水社，2128p，2002 年
分担執筆：石井米雄・千野栄一編『世界のことば・出会いの表現辞典』，北京語部分担当，pp.178-187，エッセー「重畳と重複」，pp.360-361，三省堂，2004 年
編集顧問：李汛主編《汉语综合写作教程》，北京大学出版社，200p，2009 年

（2016 年 11 月 30 日現在）

## 執筆者紹介 (掲載順)

| | |
|---|---|
| 刘　丹青 | 中国社会科学院语言研究所所长 |
| 沈　阳 | 长江学者特聘教授，南京大学文学院教授 |
| 吴　菡 | 对外经济贸易大学外语学院讲师 |
| 原　由起子 | 姫路獨協大学名誉教授 |
| 古川　裕 | 大阪大学言語文化研究科教授 |
| 任　鷹 | 神戸市外国語大学外国語学部教授 |
| 簡　靖倫 | |
| 西　香織 | 北九州市立大学外国語学部准教授 |
| 徐　雨桼 | 大阪大学・関西学院大学非常勤講師 |
| 章　天明 | 筑波大学人文社会系准教授 |
| 木村　英樹 | 追手門学院大学社会学部教授 |
| 鈴木　慶夏 | 釧路公立大学経済学部教授 |
| 橋本　永貢子 | 岐阜大学地域学部教授 |
| 島村　典子 | 京都外国語大学外国語学部講師 |
| 袁　晓今 | 大阪大学言語文化研究科特任研究員 |
| 小野　絵理 | 深圳日本人学校教職員 |
| 中田　聡美 | 東大阪大学こども学部特任助教 |
| 袁　毓林 | 北京大学中文系教授 |
| 李　强 | 上海大学中文系讲师 |
| 杨　凯荣 | 東京大学大学院総合文化研究科教授 |
| 张　恒悦 | 大阪大学言語文化研究科特任准教授 |
| 靳　卫卫 | 関西外国語大学英語国際学部教授 |
| 段　静宜 | 関西外国語大学大学院博士課程在学 |
| 大西　博子 | 近畿大学経済学部教授 |
| 葛　婧 | 北方工业大学日语系副教授 |
| 胡　士雲 | 神戸学院大学グローバル・コミュニケーション学部教授 |

(2017年3月現在)

杉村博文教授退休記念　中国語学論文集
(Papers on Modern Chinese Linguistics――A Festschrift for Prof. Hirofumi Sugimura)

2017 年 3 月 7 日　印刷
2017 年 3 月 10 日　発行

　　編　者　　杉村博文教授退休記念中国語学論文集刊行会
　　発行者　　佐 藤 康 夫
　　発行所　　白　帝　社（Hakutei-sha Co.,Ltd.）

〒171-0014　東京都豊島区池袋 2-65-1
TEL 03-3986-3271　FAX 03-3986-3272
info@hakuteisha.co.jp　http://www.hakuteisha.co.jp/

組版・印刷　倉敷印刷㈱　　製本　カナメブックス

© Sugimura Hirofumi kyoju taikyu kinen chugokugogaku rombunshu 2017
Printed in Japan 6914　ISBN 978-4-86398-260-4
造本には十分注意しておりますが落丁乱丁の際はお取り替えいたします。